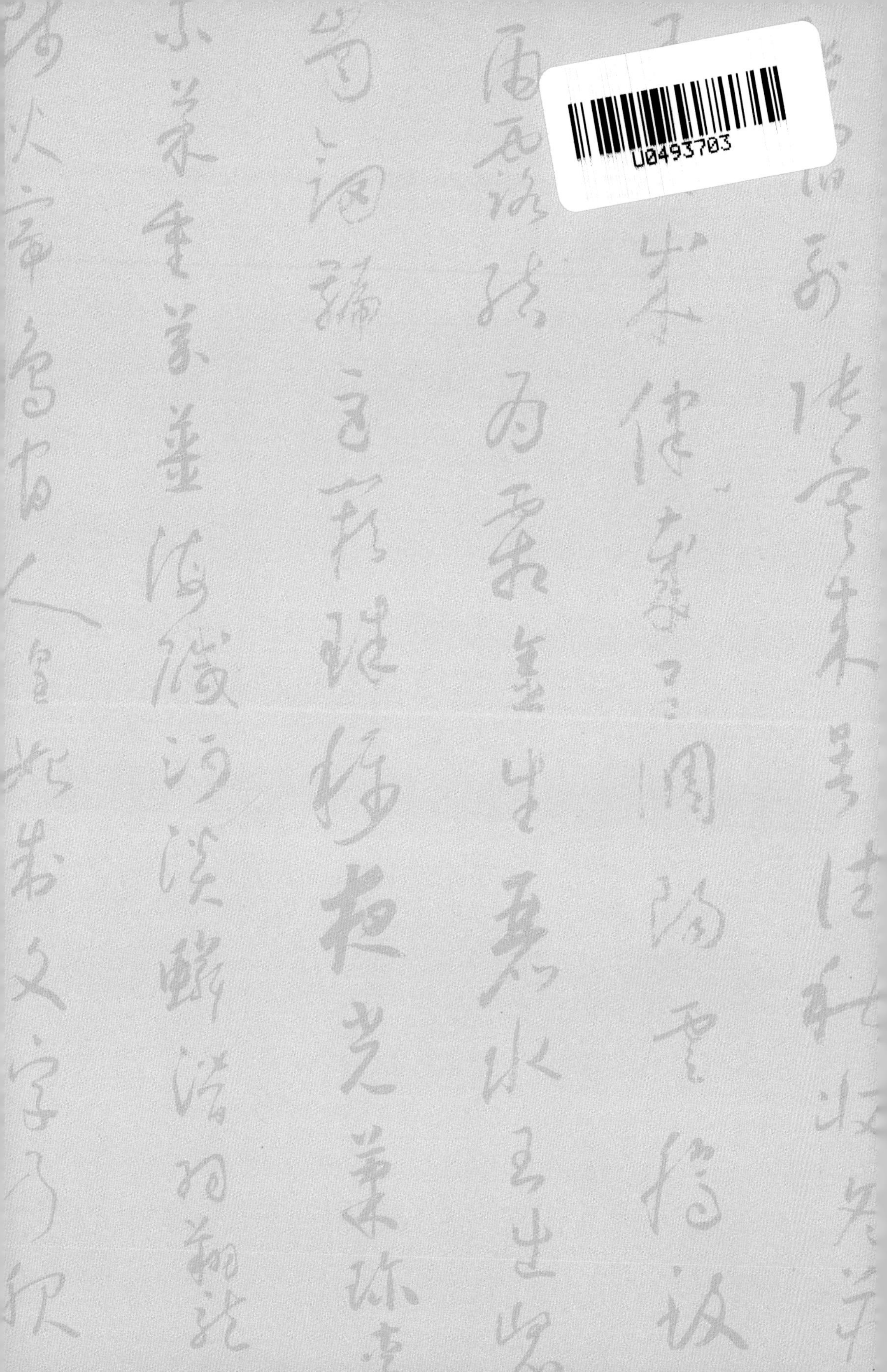

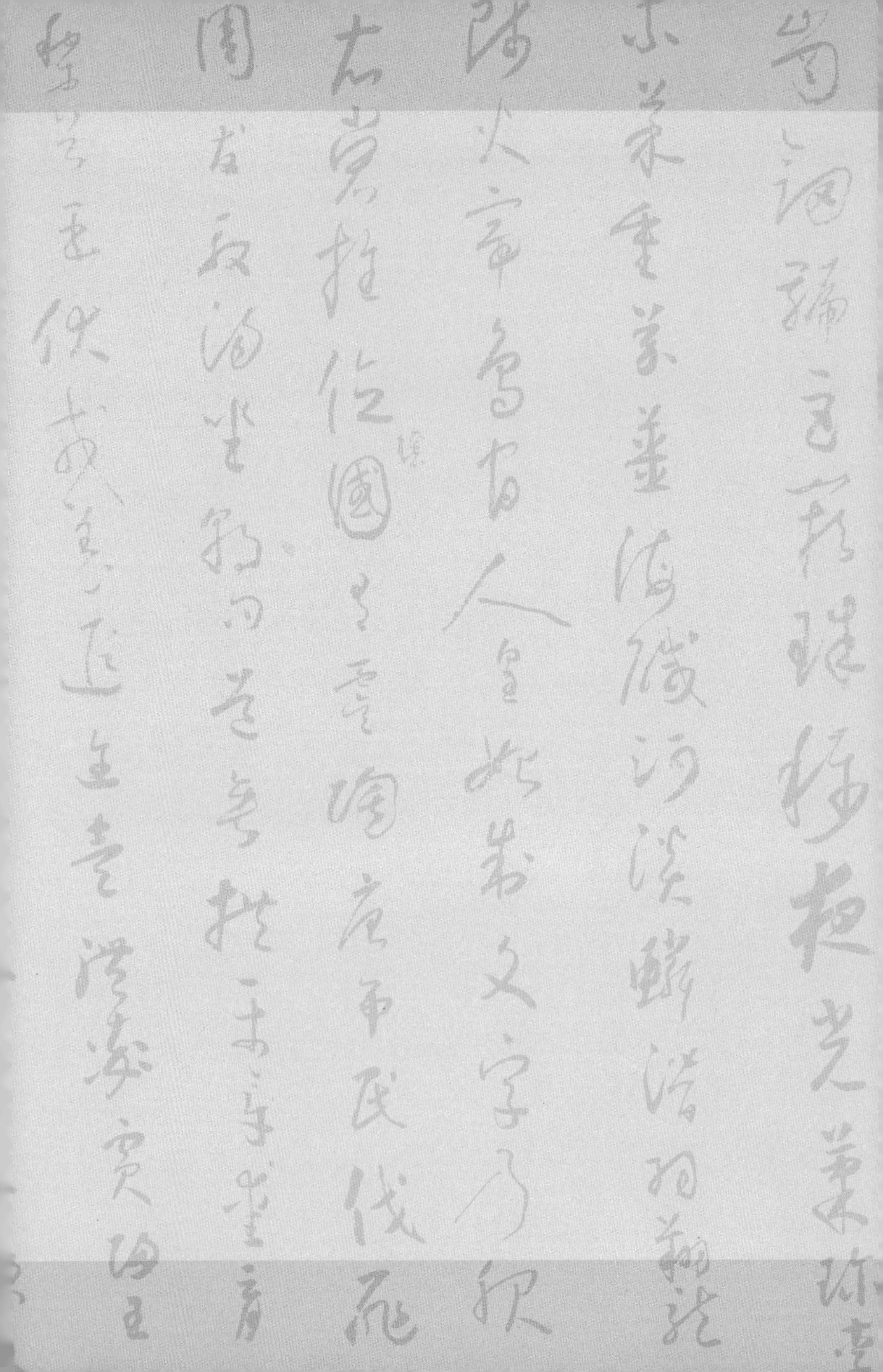

风雅与生计

钱泳与乾嘉道时期的碑帖镌刻

姚灵 著

社会科学文献出版社
SOCIAL SCIENCES ACADEMIC PRESS (CHINA)

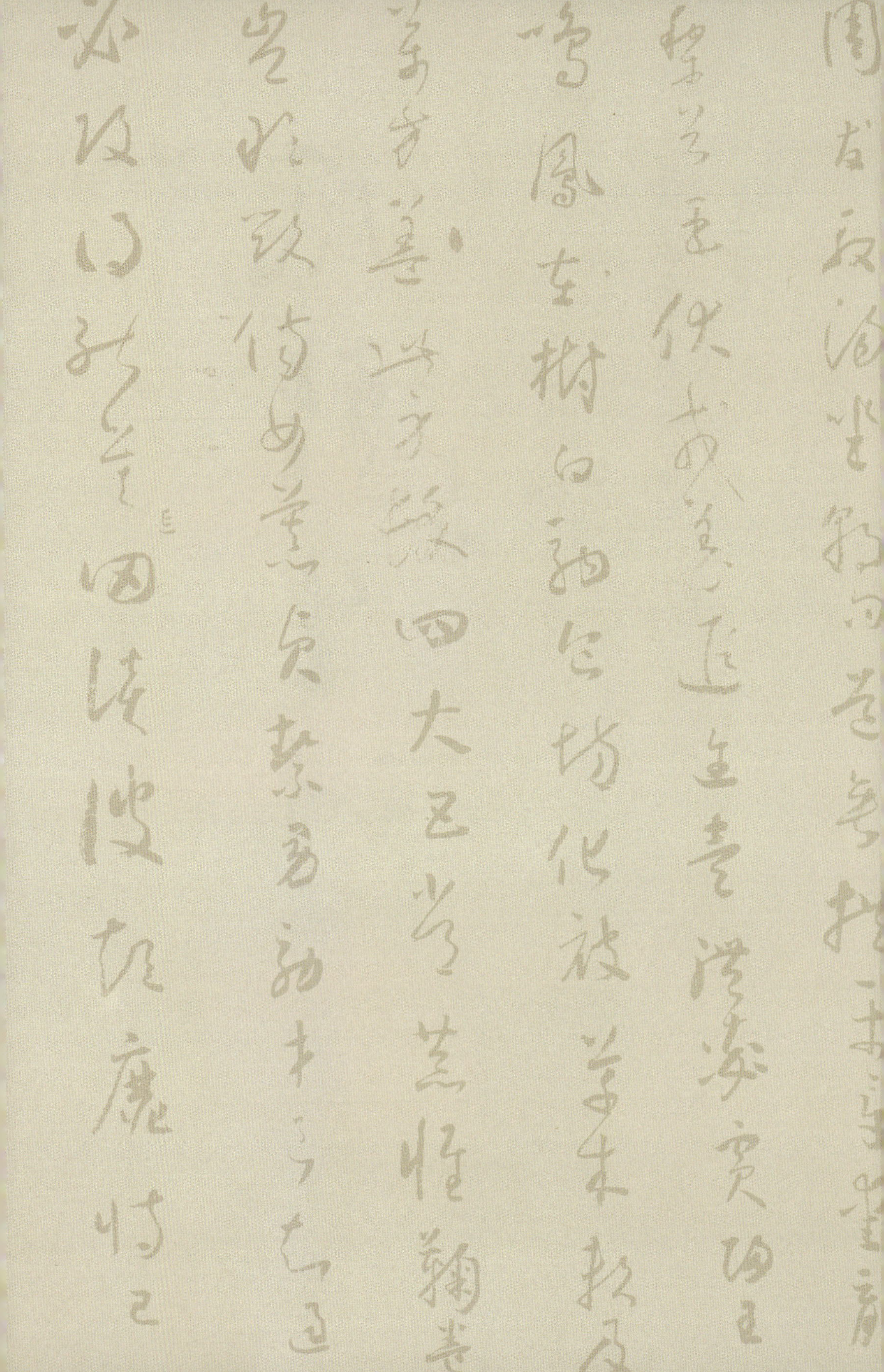

本书得到中国政法大学基本科研业务费资助、中国政法大学科研创新项目资助（23ZFQ76001）、中央高校基本科研业务费专项资金资助，特致谢忱。

序言

莫家良

过去数十年，中国艺术史研究成果丰硕，其中对于艺术社会史领域的开拓，成果尤其令人瞩目。严格来说，关注中国艺术社会史最早见于西方学界的画史研究。自20世纪80年代始，有关艺术赞助、作品买卖，以及画家生活、社交、应酬、谋食等的研究陆续出现，并日趋普遍，成绩斐然。中国书法史研究亦在这一趋势下，渐多与艺术社会史相关的著作。西方学者如柯律格（Craig Clunas）在其研究中已谈及文徵明的书画酬应，但毕竟书法艺术有其文化特性，外国学者不易掌握，故相关研究还是以中国学者的贡献最大，其中如白谦慎、何炎泉、薛龙春等的著作，尤其重要。在关于明清书家的研究中，他们剖析书家的笔墨酬应、谋食生涯，从而揭示出书法的生活意义与现实意义，其中更涉及书迹与书风形成的因素，对于书法史的重新诠释，具有相当大的启发性。事实上，这些研究一直发挥着导航的作用，影响着书法史领域的年轻学者。本书的作者姚灵女棣便是新一辈的学者，其对于钱泳的研究亦蕴含艺术社会史的意味。

姚灵女棣在香港中文大学攻读艺术史博士期间，以钱泳为研究主题，深入探讨此清代书家的书法生涯，并以其碑帖镌刻活动为重点，分析其个人以至乾嘉道时期碑帖镌刻的现象与文化意义。本书是其博士论文修订后的成果。修订后，姚灵女棣在书名上加上“风雅与生计”作为主题，清楚说明此书的重点：书法对于钱泳而言，既是风雅艺事，亦是谋生之道。钱泳具有传统文人的身份，但科名不售，其一生的经历，包括游幕、访碑、著述等，让他建立了广阔的人际网络，而其书法声望远扬四方，又精于金石碑版之学，对碑帖镌刻尤其擅长，甚至以之作为谋取生计的手段。毋庸置疑，钱泳是研究清代书家与书坛的一个上佳个案，足以反映乾嘉道时期有关书家的身份、游历、谋食等问题，以及碑帖的时代好尚、鉴赏风气、摹刻制作、收藏买卖等社会与文化现象。姚灵女棣此书尤其着心之处，是有关钱泳受托与自发的两类碑帖镌刻，从中可见乾嘉道时期碑帖镌刻的生态。可以说，此书是目前有关钱泳书法与碑帖镌刻的最为详尽而深入的著作，现即将付梓，令人感到欣慰。

此书的出版，是姚灵女棣学术生涯的一个重要起点，亦令人思考各地大学书法史教育的成就。多年以来，不少大陆、台湾与香港的大学开设了艺术史与书法学的硕士与博士课程，为书法史研究培育出众多年轻学者。这些具有高等学历的年轻一代，不少以硕士或博士论文为起点，迈步走上学术之路。学术道路或许会崎岖不平，但期望他们都能坚持下去，继续耕耘，为书法史研究做出更多的贡献。姚灵女棣此书的意义，亦可作如是观。

是为序。

2023年5月

·目录·

·图版目录·

引　言

夙昔倾王侯，只为谋衣食。
归来守坟园，久呼作山贼。
寓意揽云烟，消闲弄文墨。
聊免尘网牵，岂知岁华逼。
宰相有书来，问我长生术。
愧余未暇学，康强乃逢吉。

这是钱泳在八十岁这年所做《道光戊戌元旦书怀八首》之一。[①]诗中回望了过去的人生并描述了眼下的山林生活，诗句平实无奇，却暗藏着自己并非寻常村居文人的隐隐自得。钱泳在诗后附的夹注中写道“昨岁适得云台相国书问”，向读者表明诗中的“宰相”是著名官员兼学者阮元。在此，他以自己年迈时仍保有的非同凡响的社交关系呼应了诗句之首的“夙昔倾王侯”，道出了自己人生经历中最可称道的成就。这份成就，是普通文人难以获得的与社会上层高官文士的大量社交联结，而这些联结又主要来源于他的“谋衣食”之道——碑帖镌刻之技。

碑帖镌刻是在前现代社会中保存并复制书作的最佳选择，书写的文字被精心摹刻上石之后，一方面通过石材坚固的物理特质获得了更为长久的存在可能性，另一方面又可通过传拓的方式制作出许多拓片，分散传播较为便利，同时也进一步增加了原作存留于后世的概率。金石研究者与书法爱好者都可以通过精良的拓片很大限度地了解原作的文字信息与书写面貌，因而碑帖拓

① 见（清）钱泳《癸甲集》，中国国家图书馆藏清刻本。

片在相关的文艺生活中是必不可少的存在。钱泳生活在乾嘉道时期（1736~1850），这正是金石研究和书艺研习盛行的时期，也是碑帖镌刻行为显著上升的时期。

一个时期的碑帖镌刻史可以极好地揭示出这个时期的文化好尚和书法品味，而了解围绕碑帖镌刻所产生的人际互动与商业往来也对进一步理解当时的社会生活极有裨益。碑帖的底本来源、制作和传播，不仅反映了当时社会对于哪些事件值得“上石铭记”的文化选择偏好，也反映并影响了当时的书法风尚和相关学术讨论的旨趣。围绕着碑帖的拥有与制作，也会衍生出相应的文化行为与社会心理，这一情形在现代影印技术与传播渠道发展之后很容易被身处其中的人们所忽视。在现代社会中，一个人不需要费太大的精力便可以看到钟鼎文字、汉碑佳拓或历代书家名迹的清晰图片，也可以前往博物馆观摩、欣赏现存的古碑与名家墨迹实物。至于现代文化事件与名家书作，更是无须再借助碑帖进行传播。然而在清中期的社会环境下，即使是位于社会上层的高官、学者也远不能拥有这样的便利，而当时的学者文人圈中又有着金石与书法鉴赏、研习的强烈需求，同时有着将镌刻碑帖作为重要纪念手段的现实动力。在这种情况下，如何选择碑帖底本，如何整理、制作、传播，如何与同好进行交流并在交流过程中建立个人的文化地位等都成了当时与金石书法相关的文艺生活中的日常。进入历史情境进一步认清这些事实，有助于更好地理解当时文化风尚的具体细节，揭开学者文人的普遍文化心理。

钱泳生于乾隆二十四年（1759），卒于道光二十四年（1844），是乾嘉道时期极为突出的碑帖镌刻者，以他的个人经历为引线来考察这一时期碑帖镌刻情况，正可使研究有一个扎实的微观层面切入点，同时又可兼及宏观层面的探讨。钱泳享寿86岁，历经乾嘉道三朝，活跃于公卿名士间，镌刻了大量碑帖，“手书碑版几遍江浙”[①]，为金石书法圈中之知名人物。在当时，钱泳书名甚著，尤其擅长隶书，在各方邀请下书写的酬应与代笔之作不计其数。他的书风端庄秀丽、用笔精熟，但因创造不足，终未形成一家风格而未能跻身一流书

① 容庚：《丛帖目》，中华书局2012年版，第591页。

家之列，因而钱泳生前虽然书名颇著，却未在身后的书法史中占据一席之地。然而，钱泳一生之中除书写应酬外，实以镌刻碑帖为其主要的立身之资，他凭借此技周旋于乾嘉名流之间，曾与清皇族郑亲王乌尔恭阿、质郡王绵庆、辅国公裕瑞等人有所往来，受聘于军机大臣英和、户部尚书刘镮之等，加入过毕沅幕府并游幕江浙多年，与阮元、翁方纲、孙星衍、黄易、潘奕隽、王绍兰、曾燠、姚元之、梁章钜、钱樾等著名官员、学者建立私交，亦曾请教过梁同书、袁枚等前辈名士。钱泳长年受聘于各级官员和地方名流，为他们提供寻帖、刻帖、镌碑、书丹以及鉴定等服务，经眼过手之物既包括汉唐碑刻、古本法帖及历代名家墨迹，亦包括古铜器、古泉、古砖、古砚等各类器物。因此，无论是从人际交往还是服务内容的广泛程度来看，钱泳的个人经历都是串联起乾嘉道时期金石书法文化现象的绝佳范例。同时，钱泳作为一个连秀才[①]都未能考上的地方普通文人，在并无官位、家财、文名、学力等其他因素加持的情况下，主要凭借书法及碑帖镌刻等技艺获得声名，亦可借此考察这些技能在当时作为个人所拥有的一项文化资本如何参与社会互动、建立社会影响并获取相应利益。

钱泳一生镌刻了大量的碑帖，他参与竖立了许多新碑，亦重刻了不少古碑，这些碑刻既反映了清中期文人阶层的各种纪念性需求，亦反映了他们的金石学好尚以及由此衍生的趣味。钱泳还以大量的刻帖在清代刻帖史上占据了一席之地，其中著名者有替毕沅摹刻的《经训堂法书》、替英和摹刻的《松雪斋法书》、替刘镮之奉旨摹刻的《清爱堂石刻》、纂集成亲王永瑆书法所成的《诒晋斋法书》等。出于扩大个人名望以及获取商业利润的考虑，他还制作了一系列自己书写的临古法帖并广为发行，在当时的社会条件下为普通文人学习碑刻书法提供了便利。因此，以钱泳为考察对象还可以为了解当时书法模板的制作、传播以及市场风向等细节问题提供不少有益的讯息。

① 钱泳早年应试不售，但声名兴起之后拥有国子监生、候选布政司经历及儒林郎的头衔，应为捐纳所得。

关于钱泳，在艺术史范畴[①]内已经有了一些研究文章，分别围绕钱泳的生平交游、书法技艺、书学观念、碑帖摹刻活动等内容展开了讨论。这些研究基本建立在钱泳本人及其弟子所书写编纂的史料上，其中尤以钱泳所著《履园丛话》、中国国家图书馆所藏的两种《梅溪先生年谱》被使用的最多。这些史料由于涵盖信息广泛、获取较为便利，同时也较完整地勾勒出了钱泳的人生履历而被研究者大量使用，但仅凭借这些信息开展研究尚难称全面。钱泳是一个勤于记录且重视整理自己人生经历的人，在著名的《履园丛话》之外，钱泳还有不少笔记、诗集、信札、题跋及其他著作收藏在各处图书馆中，与钱泳往来之人的诗文集里亦有关于他的不少信息存世，这些材料从目前来看远未被充分利用。钱泳一生镌刻的碑帖甚多，其中尚有不少碑帖原石及拓本存世，这些材料迄今为止仅被讨论了一小部分，大部分未经研究。就材料使用方面来看，以钱泳为主要观察对象的研究尚有大量可深入的空间。

就钱泳的生平交游而言，已有的研究成果多关注他与阮元、翁方纲等执学界牛耳者的交往，亦有学者关注他与黄易的金石之交。但除此之外，作为一个地方普通文人，钱泳与满族皇亲、各级官员、海内名士及地方乡绅均有交往，其人际交往的范围、互动模式和往来内容尚未被仔细讨论过，从艺术社会史的角度而言，这方面的探讨将极有意义。

钱泳的书论颇为著名，其论述集中呈现于《履园丛话》中的“书学”一章，

---

① 这些文章中较有代表性的有：陈雅飞《乾嘉幕府的碑帖风尚——以钱泳为视角》，载莫家良、陈雅飞编《楹联·帖学·书艺国际研讨会论文集》，香港中文大学艺术系、香港中文大学文物馆2008年版，第147～180页；卢慧纹《碑与帖的交会——钱泳〈攀云阁帖〉在清代书史中的意义》，（台北）《美术史研究集刊》第31期，2011年，第205～276页；马成芬『江戸時代における「問経堂法帖」の受容』，载日本关西大学『文化交涉　東アジア文化研究科院生論集—第4号』、2015、第165～176頁；卢慧纹《缩率更鲁公于分厘之间，运龙跳虎卧于格式之内——钱泳的〈缩临唐碑〉与清代楷书风尚》，载莫家良主编《合璧联珠三——乐常在轩藏清代楹联》，香港中文大学中国文化研究所文物馆2016年版，第18～29页。在书法史范畴内以钱泳为研究对象的学位论文亦有多本，如张胜利《钱泳〈书学〉研究》，吉林大学2009年硕士学位论文；余立《钱泳碑帖摹刻活动研究》，南京艺术学院2012年硕士学位论文；傅凤恋《钱泳书论与书艺实践之研究》，高雄师范大学2012年硕士学位论文；等等。关于钱泳的生平，李国强整理有《钱泳年谱》，湖南师范大学2017年硕士学位论文。在艺术史范畴之外，对钱泳的研究主要集中于《履园丛话》，研究角度多集中在清代经济史、文学史、社会史等方面，因与本书讨论主题相去较远，故不列举。

其观点常被许多研究引用并讨论。细考钱泳的书学思想，可知其书论的主要价值并不在于开创性，而是在于总结性。他博采诸家观点而形诸文字，实际上是乾嘉道时期有代表性的书法观念的综合体现，如崇尚秦篆、汉隶、唐碑，欣赏赵孟頫书风，赞同阮元南北书派有别、碑版翰牍有异的提法，不排斥新出现的端庄一路的北碑等，因此深具史料价值。此外，他自身有大量的镌刻经验与书法教育经验，因而他在讨论碑帖摹刻与书法临习时多有个人独到之心得，颇为可贵。但总体来说，钱泳的书论在书学理论史中并非最具独创性，还原钱泳的书学观念与他的个人身份、眼界及时代环境的关系，是更加稳妥的做法，而不应刻意夸大其在书学思想史上的影响。

就钱泳的碑帖镌刻而言，其在钱泳的生平中占据着重要地位，实为钱泳的主要经济来源与立身之资，而对此的全面研究还处于较为简略的状态。钱泳虽作文写诗，以书生自居，但他明白，镌刻碑帖的相关才能是他获得公卿名士折节下交的重要原因。他一面接受各方人士的碑帖镌刻委托，一面亦自行制作不少碑帖产品，以此结交各方人士，并意图凭此留名后世。他的碑帖镌刻虽有时遭受后代学者之诟病，如张伯英就多次在著作中批评钱泳所刻之帖伪作甚多，亦曾批评其刻帖风格平软，但同时也不得不承认他“在嘉道间甚负盛名，自刻之书遍天下”。[①]钱泳碑帖镌刻活动的研究价值正在于他镌刻的种类、规模及影响，这是探索乾嘉道时期的金石、书法及相关文化潮流的一个窗口。钱泳所刻之碑帖在后人眼中的真伪问题及其风格缺陷虽不可回避，但他所镌刻的碑帖并不因其中有许多未能达到“既真且精”的标准便丧失研究价值。跳出后人的评判标准回到历史语境，可以发现这类碑帖的广泛流传有其特定的原因，甚至钱泳本人也没有把确保所刻碑帖的“真”当作他所追求的目标。探究这些碑帖制作背后的动机与细节，是目前已有的研究涉及尚少的。此外，钱泳既刻碑亦刻帖，但目前已有的研究关注刻帖远多于刻碑，这亦是值得继续探究之处。

---

① 见张伯英《学古斋四体书刻四卷》，载《张伯英碑帖论稿》第三卷，河北教育出版社2007年版，第273页。

本书将全面考察钱泳的碑帖镌刻活动，既包括他碑帖镌刻的内容、种类、质量，也包括他开展镌刻活动的具体方式以及在此过程中与各方官员、文人的大量互动，碑帖刻成之后的影响与传播也在关注范围之内。对于钱泳镌刻的重要碑帖，本书将一一对其展开分析，对于其底本来源、摹刻过程、摹刻目的、摹刻质量等方面进行尽可能详细的阐述。钱泳的生平经历、书法艺术、书论思想以及他对于个人形象的塑造也将穿插其中加以论述，这些内容在有助于理解钱泳碑帖镌刻活动的同时，亦能全面细致地展现钱泳的个人特质和行为方式并进一步传递出时代信息，从而为深入了解乾嘉道时代的文人生活和艺术活动提供帮助。

本书使用的文字资料主要来源于钱泳自己编纂、著述的一系列著作，并佐以往来友朋的信札、赠诗及相关著述，其中尤以记载了钱泳碑帖镌刻活动的两种《写经楼金石目》和收录了钱泳与友朋往来信札的《兰林集》使用较多，[①]这些资料在之前的研究著述中远未被充分使用。本书使用的图像资料主要来源于通过实地考察所得的钱泳碑帖原石图像和访问各家图书馆所见的钱泳碑帖拓片，各家博物馆和诸多图录提供的大量图像亦为重要组成部分。这些资料大部分未经研究，它们对于全面揭示钱泳的碑帖镌刻情况至关重要。但同时，尚有不少资料未能获见，只能有待于将来。

纵观历史，钱泳确是一个小人物，作为普通文人，他没有机会参与重要的历史事件。他于乾隆五十八年在象山偶然见到英国马戛尔尼的访华使团，于嘉庆四年（1799）在京听闻和珅被赐死狱中，这些似乎是他最为接近重大历史事件的时刻，但他也仅仅是遥远的旁观者。他的一生主要注目于碑帖、金石、书画，并以之谋生，虽然在当世颇为知名，但由于出身限制，始终无法跻身于艺林第一流。他以非同凡响的精力进行了广泛的社交，留下了大量的碑帖镌刻产品和丰富的个人记录，向观者强调他是一位“风雅之士”，并持续展现着他想有所成就、想名垂不朽的大量努力。这些丰富的碑帖和文字遗存使得他在自己努

① 《写经楼金石目》为钱泳晚年所纂的平生碑帖镌刻详目，现有清刻本（五册）和钱氏述祖德堂抄本（三册）两种，内容不同。《兰林集》为钱泳抄录的乾嘉道名流寄与钱泳的信札，全集原有两册，上海图书馆中现仅存一册。

力经营的领域留下了身后之名，而当世许多社会地位在他之上的人，在时过境迁之后，还常常要借助他的记叙才能为后人所知。在钱泳的身上，可以看到宏大历史脉络通常不会留意的普通个体的生命经验，但他身上所蕴含的丰富信息又使得其成为一个观察宏大历史的细节的窗口，他的文化理念和行为模式既来源于又参与塑造了当时的历史情境，通过他，历史可以被更加细致和生动地观察到。

第一章
乾嘉道时期的碑帖镌刻风尚

"碑"与"帖"二字在中国传统文化的不同语境中常有不同含义。具体到书法史而言，由于康有为（1858～1927）对举"碑学"与"帖学"的用法，对于何者为"碑"，何者为"帖"，便需要在展开讨论之前予以明确的范围界定。本书的研究时代落在清朝的乾嘉道时期，正是书法史上通常所说的晚清"碑学大兴"的前期，因而也常被描述为由"尊帖"到"尊碑"的转折期。细考这种论点，便能发现这种陈述下"碑学"中的"碑"，指的是以北朝碑刻为主要代表的过去在书法学习中未受重视的非名家书法，[①]如在书法史中久受重视的名家唐碑则不在此列。但这种讲法及其隐含的意义主要是在近现代书法史研究中被使用，在清代的传统学术语境下，相对严肃的学者所说的"碑"与"帖"，其主要区别还是来自石刻形制及其制作目的之不同，本书所说的"碑帖镌刻"中的"碑"与"帖"，亦是在这种意义上使用的。

"碑"，正如《说文解字》所言，"竖石也"，它在使用中具有广、狭二义："从狭义来讲，它不过是许多石刻种类中的一种；从广义来讲，它是泛指各种形制的石刻文字。"[②]狭义的"碑"，形制完善于汉代，并在其上书刻文字，而经过含义的引申"它可以是刻石、碣、墓志、塔铭、刻经、造像、石阙、摩崖、题名、桥柱、井栏、食堂（享祠纪事）、界石、画像题字等等，一切刻有文字的石刻（除刻帖外）的总称"。[③]"帖"，原义为帛书，后来汇刻名家书迹于石或木之上，则有刻帖的出现，在形制上与碑明显的区别是"碑是竖石，帖是横石。一

① 参见（清）康有为《广艺舟双楫·尊碑第二》，载上海书画出版社、华东师范大学古籍整理研究室选编校点《历代书法论文选》，上海书画出版社1979年版，第754～756页；华人德《评帖学与碑学》，《华人德书学文集》，荣宝斋出版社2008年版，第214～221页。

② 王壮弘：《碑帖鉴别常识》，上海书店出版社2008年版，第2页。

③ 王壮弘：《碑帖鉴别常识》，第2页。

般石高约尺许，宽约二尺五、六。也有用木版刻的，一般多用梨木”。[①]从最初的设立目的来看，碑是为了记事表功而立，帖是为了传播书法而设。尽管在日常用语中，可能会出现叶昌炽（1849～1917）所说的“今人碑帖不分，凡刻石之文，统呼为碑。及墨而拓之纸，则又统呼为帖。虽士大夫未能免俗”[②]的情况，但在学者们讨论刻画文字之物质载体具体形式的语境下，“碑”与“帖”的区别还是相对明晰的，如阮元（1764～1849）在《南北书派论》中将“碑版”与“诸帖刻石”对称，[③]又如毕沅（1730～1797）在《中州金石记》中称“临帖不如临碑”，将“碑”与“法帖”对称。[④]

一　碑的镌刻

碑的镌刻主要分为两种情况，一是镌刻新碑，二是重刻旧碑。[⑤]刻石记事表功的传统在中国古已有之，尤其是东汉碑制完善以来，立碑风潮大兴，虽在漫长历史过程中曾有过禁碑令的存在，但立碑终究还是成为社会上下层均习用的纪念性手段。目前可见到的历代碑刻内容涵盖范围十分广泛，从各级政府的政令文书、事功记载到民间的乡规公约、行业协定，从儒释道的经书典籍、教化文字到个人的文章诗词、墓志碑文，古代社会官私生活中的许多重要时刻都伴随着新碑的竖立。重刻旧碑主要分为两种情况，一种情况是一些重要碑刻在亡佚损毁之后，常有重刻之举：或是原碑的书丹墨迹本尚在，依原迹重刻；或是原碑的旧拓本尚在，依旧拓本重刻；或是原碑有后人的摹写本传世，依摹写本重刻。[⑥]另一

① 马子云：《碑的概说与碑、帖之分》，《故宫博物院院刊》1982年第1期，第90页。

② （清）叶昌炽撰、柯昌泗评《语石　语石异同评》，中华书局1994年版，第180页。

③ （清）阮元：《南北书派论》，《历代书法论文选》，第632页。

④ （清）毕沅：《中州金石记》卷二，中华书局1985年版，第35页。

⑤ 此外，还有伪刻的存在，相关讨论见第四章。

⑥ 见王壮弘《碑帖鉴别常识》，第20页。王壮弘书中以原碑是否存佚为依据将“重刻”与“翻刻”区别开来，这也是其他很多现代碑帖学术著作所采用的分类方法。但由于在古人的行文中此两词并无这样的严格区别，为不致在征引文献时产生混乱，本书采用叶昌炽在《语石》一书中的用法，将现在所称的“重刻”与“翻刻”统归为“重刻”一类。参见（清）叶昌炽撰、柯昌泗评《语石　语石异同评》，第539页。

种情况是原碑尚在，依据拓本再另刻一石：或是因为原碑椎拓不便，为方便取拓而刻；或是因为政治、经济、文化等方面的需要，在异地复制原碑。若非特殊情况，重刻碑的文字内容应当与原碑大体一致，依然具有文献价值，但两者的碑刻书法水平则大有不同，除了少数情况下的依书丹墨迹本重刻，无论是依拓本还是摹写本刻石，都多少要失却原刻的书法细节，因而从书法艺术的角度看，重刻远不如原刻有价值。

（一）镌刻新碑

在碑刻兴盛后的任何一个时代，镌刻新碑的总量都要大过重刻旧碑，其内容、碑材与书刻质量都是当时、当地社会文化风尚的缩影。从今日可见的各类金石学著录及碑刻资料汇编可知，由汉至清，各地所立碑刻的数量十分庞大，尽管历经各类战火洗劫，留存至今的总量依然十分惊人。由于年代较近，毁坏相对较少，在包括清朝的石刻资料汇编中，清朝碑刻都占着相当大的比重，此外还有大量的清碑至今未经整理与著录。自入关以来，清朝皇室为巩固统治，积极学习汉族文化，康熙朝便有许多御制碑刻出现，御书碑版亦为数不少。在雍正皇帝治下数量明显减少之后，乾隆皇帝时期御制及御书碑刻的数量显著上升。这些碑刻制作精良，意在彰显皇帝的文治武功和书艺文采。到了嘉庆、道光两位皇帝在位时，御制御书碑刻的数量又相对减少，直到清末，清朝皇帝于御制御书碑刻的制作上虽未再现乾隆时期的辉煌，但出自皇家的碑刻仍有许多存世。①自康熙朝以来，清代社会渐趋承平，经济渐盛、文教渐兴，各级官员及文士于公私场合多有立碑之举；随着商业的发展，经济兴旺地区出现了大量的工商业碑刻；②随着人口数量的增长与富有人数的增加，较为体面的墓碑大量出现；此外，由于清朝实际统治疆域的扩展，远

① 参见（清）乾隆皇帝敕撰《钦定皇朝通志》卷115～117，《金石略》，《四库全书》文渊阁本第645册，上海古籍出版社1987年版；吴廷燮等纂《北京市志稿·金石志》，北京燕山出版社1998年版；北京图书馆金石组编《北京图书馆藏中国历代石刻拓本汇编》，中州古籍出版社1989年版。此外，北京石刻艺术博物馆等地也保存了许多清代碑刻。

② 参见苏州历史博物馆、江苏师范学院历史系、南京大学明清史研究室合编《明清苏州工商业碑刻集》，江苏人民出版社1981年版。

离中原的非汉民族聚居区也开始竖立许多碑刻。[①]

具体到本书所关注的乾嘉道时期，这一时期通常被描述为清朝由盛到衰的转折期，也是传统中国进入近代之前的最后一页。在这段长达一百多年的时间里，商品经济繁荣发展，人口急剧增加，政治统治由承平走向危机，民间社会由安宁走向动荡，学术风潮由乾嘉朴学转向经世致用，而这段时间镌刻的不同种类的大量新碑正能反映出当时社会情况的各种面相，提供了上至朝堂、下至田舍的许多历史细节。

这段时期也是金石学风潮大兴的时期，自清初顾炎武（1613～1682）访碑并提倡以碑证史以来，于元、明两朝沉寂了的宋代金石学传统再度复兴，并更加繁荣，这一点由清代层出不穷的金石学著作可知。[②]进入乾嘉时期以来，朴学兴盛，以金石证经史成为许多学者的治学手段，同时金石拓片的审美价值也成为当时好古收藏者所追捧的对象，因而社会上对历代金石资料的搜集热情十分高涨，金石学的内容甚至还出现在科考题目之中。这一时期文人多以访碑为雅事，此时出现的大型碑刻著录书籍如王昶（1725～1806）的《金石萃编》、孙星衍（1753～1818）的《寰宇访碑录》等，其搜罗古代碑刻之宏富远超前代，反映出文化阶层对于碑刻资料的空前重视。尽管时人在搜罗碑刻上难免贵古贱近，如《金石萃编》搜集至宋、辽、金时期，《寰宇访碑录》搜集至元朝，均不及明朝，遑论清代，但碑刻“承载史事”“能垂久远”的功能在这样的学术热潮里自然深植于文化阶层心中。不难想象，“后之视今，亦犹今之视昔”，在对古代碑刻投入大量关注之时，当时的文化人士亦格外热衷于镌刻新碑，以期名附金石、永垂不朽。翻阅当时的史料，可见大量的“勒石记之”“以垂久远”的行为，在富庶而又文士众多的地方比如江南地区，立碑行为相对贫困地区而言更加普遍。[③]在经济发达、财力雄厚的时期，官员、士绅兴修地方重要建筑、办理地方或宗族重要事务的场合增多，而相应的立碑记功

① 参见卢蓉《中国墓碑研究》，苏州大学2013年博士学位论文，第80～82页。

② 容媛『金石書錄目附補編』、大安株式會社、1963。

③ 如今江苏、浙江二省多地设有专门的碑刻博物馆，如苏州、常熟、无锡、杭州等，其中有大量清中期的碑刻，种类繁多，内容多样，充分反映出当时立碑行为的普遍。

的需要亦随之增多。此外，在重要古迹重竖新碑亦是普遍的文化行为，如毕沅便在陕西为至少110座帝王、名贤陵墓立碑，数量为明清之最。[①]在家有余财的情况下，文化人士于私家园林、书斋亦多有立碑刻石之举，如阮元便为自己收藏古物、书籍之所“隋文选楼”立碑，孙星衍为自己的书斋“平津馆”立碑。以上文所言的广义之“碑”来说，当时文人雅集成风，在聚会、游艺后所留下的题名刻石更是不胜枚举。这些碑刻或由主事的高官名士亲自书丹，或请友朋或名家书手书丹，之后再请名匠镌刻，冀将书艺附石永传，亦是清中期书法艺术风潮兴盛的表现。时风所及，文化人士对于碑刻的狂热程度可由金石爱好者江德量（1752～1793）不避忌讳、自制小型“墓碑”的夸张行为窥见一斑。[②]

（二）重刻旧碑

重刻旧碑的行为古已有之，重刻对象多是名碑。名碑有着重要的历史文化及艺术价值，为了满足中国传统观念中根深蒂固的存古、怀古情结，即便重刻之碑在质量上不能与原刻相比，也远胜于无。

名碑损毁之后将其重刻的行为在历史上不胜枚举，重刻者亦可借此留名后世。如秦《峄山刻石》，乃传为李斯（约公元前280～公元前208）小篆书丹的秦始皇纪功刻石，损毁之后重刻不绝，唐杜甫便有“峄山之碑野火焚，枣木传刻肥失真”之句，史籍中记载有多个重刻本，其中以宋代郑文宝（953～1013）所刻的南唐徐铉（916～991）摹本最为著名，即“长安本”《峄山刻石》，现存于西安碑林博物馆。正如宋代赵明诚（1081～1129）所言：“秦时文字见于今者

① 见陈斯亮、杨豪中、赵荣《清人毕沅为陕西陵墓立碑考》，《山西档案》2008年1月，第161～164页。

② “扬州江秋史侍御，前安庆太守恂子，中乾隆庚子恩科进士第二人。博雅能诗，尤嗜古碑帖，自周、秦、两汉、魏、晋、六朝、唐、宋、元、明金石文字，搜罗殆遍。余于乾隆壬子年在京师始识之。时秋史丁太守公艰，赋闲无事，时相过从，语必终日，不知谁为宾主也。忽以青田石一块，高二三寸许，琢为汉碑，式极古雅，上刻云：‘君讳德量，字量殊，江都人，太守君之元子也。举进士，官御史，世精古文、金石、竹素，靡不甄综。乃于乾隆五十七年霜月之灵刊兹嘉石，以传亿载。’其明年将服阕，卒于京师，咸以为碑谶云。”见（清）钱泳撰、张伟点校《履园丛话》，中华书局1979年版，第157页。

少，此虽传摩之余，然亦自可贵云”，[1]因此重刻本一直为后世所珍。其他名碑如虞世南（558～638）书《孔子庙堂碑》、欧阳询（557～641）书《化度寺碑》等，原石损毁后均在不同时期被一刻再刻。

原碑尚存的重刻行为在历史上同样不少。如先秦《石鼓文》原石留存至今，但经历代劫余，碑体多有残泐，因其所享有的显赫声名，宋、元、明、清均有多次重刻；又如传为夏禹所书的《岣嵝碑》，云南、浙江、四川、陕西、江苏等地均有翻刻之碑；再如颜真卿（709～784）的《大唐中兴颂》，为巴蜀地区所重，多次被重摹上石。[2]

自清朝金石学复兴以来，文化阶层对于古代碑刻的关注范围和重视程度超越前代，在搜集到古碑精良拓本之后，便热衷于据此重刻旧碑。就乾嘉道时期而言，乾隆皇帝曾下令重排《石鼓文》，重刻于太学及热河文庙，此举被视为他一生中的重要文化成绩之一。[3]阮元亦以天一阁藏北宋《石鼓文》拓本为据，参以明初其他拓本，于嘉庆二年重刻十石，置于杭州府学，后又于嘉庆十二年再刻十石，置于扬州府学，[4]此为清代重刻的众多《石鼓文》中的最善本。此外，作为学者型封疆大吏，阮元重摹古碑的行为极有影响力，阮元收藏有秦《泰山刻石》残字旧拓本、汉《西岳华山庙碑》旧拓本，并在家中设有“泰华双碑馆”，嘉庆十四年，阮元先后将此两件旧拓及三国吴《天发神谶碑》的旧拓本重摹上石，置于扬州北湖阮氏祠塾之中，以存“古之矩矱”。[5]身为当时金石学界领军人物的翁方纲（1733～1818）对于重刻名碑亦十分上心，如乾隆五十三年，他将钱塘黄易（1744～1802）、金匮钱泳和如皋姜氏所摹的《熹平

① （宋）赵明诚：《金石录》卷13，台北：艺文印书馆1966年版。

② “蜀中……其俗最重颜鲁公书《中兴颂》，资州东岩、北岩，各有一本。剑州鹤鸣山有一本。字皆左行。据刘氏《沓古志》，铜梁县临江壁上，亦有一本。”见（清）叶昌炽撰、柯昌泗评《语石　语石异同评》，第104页。

③ 嘉庆皇帝在乾隆皇帝崩逝后总结其文化成绩时，重制石鼓一事在其列，如他在追谥乾隆皇帝的诏书中称颂道：“石经正误，迥轶开成。猎碣排章，重摹史籀。”见《清实录·仁宗睿皇帝实录》卷42第28册，中华书局1985～1987年版，第513页。

④ 见（清）阮元《杭州扬州重摹天一阁北宋石鼓文跋》，载《揅经室集》三集卷三，《清代诗文集汇编》第477册，上海古籍出版社2010年版，第385页。

⑤ 见（清）阮元《摹刻泰山残字跋》《摹刻汉延熹华岳庙碑跋》《摹刻天发神谶碑跋》，载《揅经室集》三集，《清代诗文集汇编》第477册，第382、358页。

石经》残字重刻于南昌府学，影响甚大。[①]身为严谨学者，翁方纲在重刻名碑时态度极为认真，毫发必较，如重摹唐《化度寺碑》时，从底本选择，到双钩质量，再到选匠、刻石的过程，都精益求精，不计烦琐。[②]时风所及，当时的官员、学者、文人大量重刻名碑，尽管质量良莠不齐。

由于清中期朝野上下对于古碑拓本的热衷，坊间碑估同样大量重刻名碑，出售拓本，以求重利。如唐欧阳询书《九成宫醴泉铭》，“自宋、元、明以来为艺林所重，几至家弦户诵，人人家有一本。惟椎拓日多，佳本日少，故字多残阙。又经俗工洗凿，满纸模糊，率更面貌，十不存一矣。……吾乡秦氏有旧本，千金不易，有秦仲坚者遂取翻刻，以售于人，谓之秦板。今坊家锦装檀匣，转相售易，所称宋拓者大半皆秦板也”；又如唐《王居士砖塔铭》，“明末时始出土，石已分为三块，近则愈拓愈坏，又亡去百二十余字，无全本矣。然得片纸只字，犹珍藏之不置者，因其秀劲有法，在欧、褚之间，故学者纷纷，遂为名碑。……今吴门重刻有十余本，皆以西纸拓之，以充原刻，可发一笑”。[③]

二　帖的镌刻

刻帖形制的产生，是专为传播书法之用。自宋太宗刊刻丛帖《淳化阁帖》以来，刻帖风气渐渐兴盛，在宋代官私均有制作。元代刻帖不兴，到了明代，刻帖重新风靡，随着经济的发展，在明朝中后期的江南地区出现了大量的私家刻帖。进入清代以来，刻帖盛极一时，于数量上达到了顶峰，从容庚（1894～1983）所撰的《丛帖目》来看，在其所收录的310余种刻帖中，有240余种为清代刻帖。

刻帖的兴盛客观上是由于书法学习热潮的需要，正如明永乐年间（1403～

① 见翁方纲摹并跋《熹平石经》残字拓片，载北京图书馆金石组编《北京图书馆藏中国历代石刻拓本汇编》第75册，中州古籍出版社1989年版，第103页。

② 翁方纲在与友人的往来信札里详细地讨论了重刻《化度寺碑》的事宜，如与吴荣光的往来信札。见（清）翁方纲撰、沈津辑《翁方纲题跋手札集录》，广西师范大学出版社2002年版，第514～519页。

③（清）钱泳撰、张伟点校《履园丛话》，第241～242页。

1424）摹刻了《东书堂集古法帖》的藩王朱有燉（1379～1439）所言："每欲为书，不得晋唐人之墨迹，但规模石刻，各有不同。"① 在名家真迹难得，而现代影印技术又未出现之前，刻帖是传播书法范本的最佳选择。有清一代书学昌盛，康熙皇帝爱好书法，又兼统治需要，下旨摹刻了《懋勤殿法帖》二十四卷，是为清皇家刊刻大型丛帖之始。之后，康熙皇帝又下令将自己的书法刻成《渊鉴斋法帖》和《避暑山庄御笔法帖》等。乾隆皇帝登极之后，开展了一系列法帖刊刻工程，除了将雍正皇帝的御书刊刻成《朗吟阁法帖》和《四宜堂法帖》之外，还于乾隆十五年（1750）刻成《三希堂石渠宝笈法帖》三十二卷，"以昭书学之渊源，以示临池之模范"，② 之后又刻有《墨妙轩法帖》四卷、《钦定重刻淳化阁帖》十卷等。这些大型丛帖摹刻精良，体现了清廷对书艺的重视，也彰显了清朝统治者确立自身统治地位及文化合法性的强烈意图。除了大型丛帖之外，清朝皇帝还多次下旨摹刻臣下的书法作品，如沈荃（1624～1684）书《落纸云烟帖》是奉康熙皇帝之旨所刻，陈奕禧（1648～1709）书《梦墨楼帖》是奉雍正皇帝之旨所刻，汪由敦（1692～1758）书《时晴斋法帖》是奉乾隆皇帝之旨所刻，永瑆（1752～1823）书《诒晋斋书》、刘墉（1719～1805）书《清爱堂石刻》是奉嘉庆皇帝之旨所刻。至于清朝内廷散刻的皇帝御书及词臣书作，更是多不胜举。③

清朝皇家刻帖的规模超越前代，私家刻帖同样兴盛一时。以容庚《丛帖目》所收刻帖为依据，可大致看出清代刻帖之基本情况，详见表1-1。

表1-1 《丛帖目》所载清代刻帖信息

年代	帖名	卷数	刻帖信息[1]
清初	快雪堂法书	五卷	涿州冯铨撰集，宛陵刘光旸摹镌。无刻石年月
清初	月虹馆法书	四卷	米芾书。刻人不详
清初	秋碧堂法书	八卷	真定梁清标鉴定，金陵尤永福摹镌
顺治	琅华馆帖	七卷	王铎书。顺治六年，长安张翱（飞卿）、宛陵刘光旸（雨若）摹镌

① 容庚：《丛帖目》，第190页。

② 容庚：《丛帖目》，第445页。

③ 参见尹一梅《清御书处镌碑刻帖事务述略》，《故宫博物院院刊》2017年第1期，第99～107页。

续表

年代	帖名	卷数	刻帖信息
顺治	拟山园帖	十卷	王铎书。顺治十六年，其子无咎集，古燕吕昌摹、张翱镌，孟津蒋刚董
康熙	秀餐轩帖	四卷	康熙初年，海宁陈春永纂辑
康熙	式古堂法书	十卷	康熙六年，卞永誉撰集，黄元铉双钩，刘光旸镌
康熙	职思堂法帖	八册	康熙十一年，新安江湄撰集，旌德刘御李、汤文栋、汤国干、汤元耀、汤国元、汤泉海勒石
康熙	翰香馆法书	十卷附二卷	康熙十四年，宛陵刘光旸摹勒，附虞世璎书二卷
康熙	太原段帖	四卷	傅山书。康熙二十三年，段綍摹勒
康熙	懋勤殿法帖	二十四卷	康熙二十九年，奉旨摹勒上石
康熙	来益堂帖	四卷	康熙三十一年，闽中叶长芷临摹，宛陵李万纪勒石
康熙	萤照堂明代法书	十卷	康熙三十二年，邵阳车万育撰集，金陵刘文焕镌
康熙	百石堂藏帖	十卷	董其昌书。康熙三十四年，蒲州贾铉撰集，李是龙摹刻
康熙	懋勤殿法帖	八卷	福临、玄烨书。康熙三十八年，奉旨摹勒上石
康熙	存介堂集帖	八卷	康熙四十三年，东海张琦撰集，东垣韩崇孟摹刻
康熙	落纸云烟帖	四卷	沈荃书，康熙四十四年奉旨摹勒
康熙	予宁堂法书	四卷	陈奕禧书。康熙四十七年，西河于准审定，旌德吕祚星镌刻
康熙	敬一堂帖	三十二卷	康熙五十四年，虞山蒋陈锡辑，刻于山东巡抚署，旌德汤典贻、吴门朱廷璧镌木
康熙	避暑山庄御笔法帖	五卷	玄烨书。康熙五十五年，蒋涟奉旨摹勒
康熙	古宝贤堂法书	四卷	康熙五十七年，铁岭李清钥撰集，宛陵朱声远摹勒
康熙	宝雪斋赵帖	二卷	康熙五十七年，瑞应律院摹刻
康熙	白云居米帖	十二卷	康熙六十年，吴门姚士斌辑刻八卷；乾隆五十三年，姚学经续辑四卷
康熙	李书楼正字帖	八卷	康熙间，扬州李宗孔撰集。帖名六字篆书。吴门管一纠摹，宛陵刘光信刻

续表

年代	帖名	卷数	刻帖信息
康熙	一经堂藏帖	二卷	康熙年间，长洲吴一蜚撰集
雍正	宗鉴堂法帖	六卷	王羲之、王献之书。雍正三年，匡山金轮辑，慈水王文光摹
雍正	虚舟千文十种		王澍书。雍正十年，汪竹庐摹勒
雍正	宗鉴堂法书	三卷	雍正间，匡山金轮（姑音）撰集，慈水王文光勒石
乾隆	朗吟阁法帖	十八卷	胤禛书。乾隆元年，奉旨摹勒
乾隆	四宜堂法帖	八卷	胤禛书。乾隆元年，奉旨摹勒
乾隆	清华斋赵帖	十二卷	乾隆五年，旌德姚士斌辑刻八卷；乾隆五十五年，姚学经续辑四卷，四明茅绍之摹勒
乾隆	米氏祠堂帖	八卷	乾隆八年[2]，米澍撰集
乾隆	金石图	二卷	乾隆八年，郃阳褚峻摹，滋阳牛运震说
乾隆	三希堂石渠宝笈法帖	三十二卷	乾隆十五年，梁诗正、蒋溥、汪由敦、嵇璜等奉敕编
乾隆	墨妙轩法帖	四卷	乾隆二十年，蒋溥、汪由敦、嵇璜等奉敕编，焦国泰镌刻
乾隆	时晴斋法帖	十卷	汪由敦书。乾隆二十三年，奉旨摹勒上石
乾隆	环香堂法帖	一卷	乾隆二十七年，鄂弼撰集
乾隆	滋蕙堂墨宝	八卷	乾隆三十三年，惠安曾恒德撰集
乾隆	钦定重刻淳化阁帖	十卷	乾隆三十四年奉敕摹勒
乾隆	仁聚堂法帖	八卷	乾隆三十五年，昆山葛正笏撰集，穆大展镌
乾隆	酣古堂法书	四卷	乾隆中年，穆大展镌
乾隆	澹虑堂墨刻	八卷	乾隆三十六年，吴江汪鸣珂撰集，吴郡王景桓镌刻
乾隆	眠云谷藏帖	四卷	乾隆三十九年，浮山张道源撰集
乾隆	清芬阁米帖	十八卷	米芾书。乾隆三十九年，临汾王亶望撰集
乾隆	传经堂法帖	四卷	董其昌书。乾隆四十二年，吴县宋思敬撰集，吴门王凤仪镌
乾隆	贯经堂米帖	六卷	米芾书。乾隆四十四年，宛平张模摹勒
乾隆	怀旧诗帖	四卷	弘历书。乾隆四十四年摹勒
乾隆	兰亭八柱帖	八卷	乾隆四十四年，内府摹勒

续表

年代	帖名	卷数	刻帖信息
乾隆	槐荫楼印谱	一卷	金城王效通（西谷）篆刻。乾隆五十四年，男光晟撰集，吴门冯大有铁笔
乾隆	延禧堂忆旧帖	二卷	乾隆四十八年，漳浦蔡新摹刻
乾隆	吾心堂临古	六卷	郑润书。乾隆四十九年，江阴孔广居，古吴谭芳洲、刘恒卿刻石
乾隆	因宜堂法帖	八卷	乾隆五十年，旌德姚学经仿宋薛氏摹刻
乾隆	唐宋八大家法书	十二卷	乾隆五十二年，旌德姚学经撰集
乾隆	瑶山法帖	六卷	乾隆五十二年，江阴孔广居摹勒
乾隆	晚香堂苏帖	十二卷	苏轼书。乾隆五十三年，旌德姚学经撰集，子姚在昇、在暹镌刻
乾隆	经训堂法书	十二卷	乾隆五十四年，镇洋毕沅撰集，金匮钱泳、孔千秋镌刻，毕裕曾（晓山）编次
乾隆	小行楷书帖	十卷	弘历书。乾隆五十九年，臣金简恭摹上石
乾隆	双节堂赠言墨迹	十卷（附录汪辉祖墓志铭一卷、家传一卷）	乾隆五十九年，萧山汪辉祖撰集，金陵冯鸣和、江阴孔味茗摹勒
乾隆	高义园世宝	四卷	乾隆五十九年至嘉庆三年，苏州范来宗撰集，江阴孔尧山摹勒
乾隆	太虚斋珍藏法帖	五卷	乾隆六十年，德清蔡廷弼摹刻
乾隆	荔青轩墨本	四卷	乾隆中年，桐城方观承撰集，吴门汤士超镌刻
乾隆	玉虹鉴真帖	十三卷	乾隆中年，曲阜孔继涑摹勒
乾隆	玉虹鉴真续帖	十三卷	乾隆中年，曲阜孔继涑摹勒
乾隆	谷园摹古法帖	二十卷	乾隆中年，曲阜孔继涑摹勒
乾隆	玉虹楼帖零种	九卷	乾隆中年，曲阜孔继涑摹勒
乾隆	玉虹楼法帖	十二卷	张照书。乾隆中年，曲阜孔继涑摹勒
乾隆	瀛海仙班帖	十卷	张照书。乾隆中年，曲阜孔继涑摹勒
乾隆	国朝名人法帖	十二卷	乾隆末年，孔继涑摹勒。嘉庆间，子孔广廉、孙孔昭熏续摹勒
乾隆	玉虹楼石刻	四卷	张照、孔继涑书。乾隆末年，曲阜孔广廉、孔昭焕摹勒
乾隆	式好堂藏帖	四卷	董其昌书。乾隆间，蒲城张士范撰集，古歙黄润章镌

续表

年代	帖名	卷数	刻帖信息
乾隆	知恩堂书课	二卷	清曹秀先书，乾隆间自刻
乾隆	听雨楼帖	四卷	乾隆间，云南嶍峨周于礼撰集，金陵穆文、宛陵刘宏智镌
嘉庆	安素轩石刻	十七卷	嘉庆元年，歙县鲍漱芳撰集，道光四年，其子治亭、约亭刻成，江都党锡龄（梦涛）摹刻
嘉庆	宋黄文节公法书	四卷	黄庭坚书。嘉庆元年，分宁万承风审定
嘉庆	快雨堂诗帖	二卷	嘉庆元年，汪谷摹刻
嘉庆	清啸阁藏帖	八卷	明人书六卷，嘉庆三年钱塘金棻、陈希濂撰集，冯瑜、冯鸣和、刘征、孔昭孔、孔微民、卢世纪、刘恒卿、汤又新刻字。恽寿平书二卷，嘉庆元年金棻撰集，刘征、孔昭孔刻字
嘉庆	三希堂法帖模本	六卷	嘉庆四年，无锡秦震钧摹勒
嘉庆	五百罗汉像帖		嘉庆四年，常州府天宁寺仿杭州净慈寺塑像绘图勒石，晋陵吴树山镌字
嘉庆	刘梁合璧	四卷	刘墉、梁同书书。嘉庆五年，青浦陈韶摹刻
嘉庆	寄畅园法帖	六卷	嘉庆六年，无锡秦震钧撰集，宣州汤铭摹刻
嘉庆	爱石山房刻石	一卷	恽寿平书。嘉庆七年，新安王曰旦撰集，毛湘渠摹勒
嘉庆	平远山房法帖	六卷	嘉庆七年，沧州李廷敬撰集，宣州汤铭、汤维宁摹勒
嘉庆	绿溪山庄法帖	四卷	嘉庆八年，秀水唐作梅撰集，汤铭摹镌
嘉庆	诒晋斋书	五卷	永瑆书。嘉庆九年，奉圣旨摹勒。刻工长沙陈伯玉、元和袁治
嘉庆	天香楼藏帖	八卷	嘉庆九年，上虞王望霖撰集，仁和范圣传镌
嘉庆	碧柰山房篆武王铭	二卷	冯云鹏拟古，嘉庆九年摹勒
嘉庆	契兰堂法帖	八卷	嘉庆十年，吴县谢希曾撰集，古郧高铁厂、晋陵毛渐逵、毛湘渠摹刻
嘉庆	诒晋斋法帖	四卷	嘉庆十年，永瑆撰集，元和袁治摹勒
嘉庆	清爱堂石刻	四卷墨刻二卷	刘墉书。嘉庆十年，其侄刘镮之奉旨摹勒，金匮钱泳镌刻
嘉庆	寿石斋藏帖	四卷	永瑆书。嘉庆十年，昆山孙铨撰集，昆山陈景川镌刻

续表

年代	帖名	卷数	刻帖信息
嘉庆	人帖	四卷	嘉庆十一年，铁保撰集，长沙周锷书帖目并小传
嘉庆	试砚斋帖	四卷	嘉庆十二年，休宁汪谷撰集，汤泽山摹勒
嘉庆	宋贤六十五种	八卷	嘉庆十二年，吴县刘恕摹勒
嘉庆	诒晋斋巾箱帖	四卷	永瑆书。嘉庆十二年，钱泳摹勒
嘉庆	诒晋斋巾箱续帖	四卷	永瑆书。嘉庆十三年，平江贝墉千墨龛摹勒
嘉庆	寿石斋藏帖	四卷	嘉庆十三年，昆山孙铨撰集
嘉庆	松雪斋法书	六卷	赵孟頫书。嘉庆十四年，金匮钱泳摹勒
嘉庆	涧上草堂帖	一卷	嘉庆十四年，吴江徐达源撰集，吴县叶潮刻石
嘉庆	杨忠愍公墨迹	二卷	杨继盛书。嘉庆十四年，扬州丁淮（砚山）撰集，江宁王日华（鉴远）摹勒，石藏焦山
嘉庆	惕无咎斋藏帖	二卷	嘉庆十六年，清江杨懋恬撰集，金陵刘文奎、子镜澄锓刻
嘉庆	紫藤花馆藏帖	四卷	嘉庆十六年，吴江徐达源（山民）撰集
嘉庆	诒晋斋集锦帖	四卷	永瑆书。嘉庆十六年，袁治摹勒
嘉庆	诒晋斋藏真帖	四卷	永瑆书。嘉庆十七年，袁治摹勒
嘉庆	诒晋斋藏帖	四卷	永瑆书。嘉庆十七年，袁治摹勒
嘉庆	小清秘阁帖	十二卷	嘉庆十七年，金匮钱泳摹勒
嘉庆	桃花书屋墨刻	一卷	嘉庆十七年，吴大冀撰集，袁存烈刻
嘉庆	红蕉馆藏真	五卷	嘉庆十七年，仁和周光纬撰集，吴县叶潮摹
嘉庆	贞隐园法帖	十卷	郭秉詹书。嘉庆十八年，南海叶梦龙撰集，谢青岩摹勒
嘉庆	甬上明人尺牍	二卷	嘉庆十九年，宁波黄定兰撰集，金陵冯瑜摹勒
嘉庆	枫江渔父图帖	一卷	嘉庆十九年，吴江徐达源撰集
嘉庆	福州帖	四卷	蔡襄书。嘉庆廿年，金匮钱泳摹勒
嘉庆	黄文节公法书石刻	六卷	嘉庆二十年，分宁黄嵋撰集，金匮钱泳摹刻
嘉庆	写经堂帖	八卷	嘉庆二十年，金匮钱泳摹勒
嘉庆	明人国朝尺牍	十卷	嘉庆二十年，钱唐梁同书审定及书目录，金陵冯瑜摹勒
嘉庆	宝严集帖	五卷	嘉庆二十年，平江贝墉撰集，方云裳、乔铁庵摹勒

续表

年代	帖名	卷数	刻帖信息
嘉庆	友石斋法帖	四卷	嘉庆二十年，南海叶梦龙编次，南海谢云生摹刻
嘉庆	秦邮帖	四卷	嘉庆二十年，韩城师亮采撰集，金匮钱泳摹勒
嘉庆	国朝名人小楷	四卷	嘉庆二十年，镇海王曰升撰集
嘉庆	刘文清公手迹	四卷	刘墉书。嘉庆二十年，英和撰集
嘉庆	青霞馆梁帖	六卷	梁同书书。嘉庆二十年，海盐吴修撰集，金陵冯瑜摹勒
嘉庆	松雪斋法书墨刻	六卷	赵孟頫书。嘉庆二十一年，钱泳为齐彦槐摹勒
嘉庆	如兰馆帖	四卷	董其昌书。嘉庆二十一年，宣州汤铭摹勒
嘉庆	滥竽斋遗草	二卷	胡九思小楷书，张学鸿著。嘉庆二十一年，陈景徽摹勒
嘉庆	惟清斋手临各家法帖	四卷 续临二卷	铁保书。嘉庆二十一年，其子瑞元撰集，吴县支云从、翰茂斋张锡龄镌
嘉庆	问经堂帖	四卷	钱泳书。嘉庆二十一年，萧山施淦撰集，程芝庭摹
嘉庆	餐霞阁法帖	五卷	嘉庆二十二年，常州毛渐逵撰集
嘉庆	频罗庵法书	八卷	梁同书书。嘉庆二十二年，金陵冯瑜摹勒
嘉庆	吴兴帖	六卷	嘉庆二十三年，金匮钱泳摹勒
嘉庆	朴园藏帖	六卷	嘉庆二十三年，北野巴光诰撰集，金匮钱泳摹勒
嘉庆	隐墨斋帖	八卷	孔继涑书，嘉庆二十三年，孙孔昭熏勒石
嘉庆	话雨楼法书	八卷	永瑆书。嘉庆二十三年，华阳卓秉恬撰集，金陵周玉堂、陈士宽、穆玉琨摹勒
嘉庆	快霁楼法帖	四卷	永瑆书。嘉庆二十三年，华阳卓秉恬摹勒
嘉庆	攀云阁临汉碑	十六卷 附初刻二卷	钱泳临。嘉庆廿三年，钱曰奇、钱曰祥摹勒
嘉庆	缩本唐碑	三十二卷	钱泳书。嘉庆二十四年，歙县鲍氏摹勒
嘉庆	诒晋斋法书	十六卷	永瑆书。嘉庆二十四年，钱泳摹勒
嘉庆	抱冲斋石刻	十二卷附二卷	嘉庆二十五年，斌良撰集，金匮钱泳摹勒
嘉庆	寿金龕石刻	四卷	斌良书。嘉庆二十五年，金师巨摹勒
嘉庆	明人尺牍	四卷	无锡秦瀛收藏。嘉庆二十五年，海昌马锦撰集，句曲冯瑜摹勒

续表

年代	帖名	卷数	刻帖信息
嘉庆	国朝尺牍	四卷	无锡秦瀛收藏。嘉庆二十五年，海昌马锦撰集，句曲冯瑜摹勒
嘉庆	宝汉斋藏真九种		嘉庆二十五年，蔡廷宾撰集，曲阜郭邻鄘刻石
嘉庆	望云楼集帖	十八卷	嘉庆间，嘉善谢恭铭审定，陈如冈摹
嘉庆	游氏兰亭叙帖	十一卷	嘉庆间，撰人未详，江阴孔省吾、方可中镌刻
嘉庆	完白真迹	四卷	邓石如书。嘉庆年间，李兆洛摹勒
嘉庆	明人小楷帖	二卷	嘉庆末年，长洲蒋凤藻撰集
道光	瓣香楼近刻	四卷	道光初年，阳湖杨玉骐撰集，维扬大东门越城内汪耀南镌
道光	蔬香馆法书	五卷	道光元年三月，杭州金芝原（寿潜）撰集，江阴方云和摹
道光	述德堂枕中帖	四卷	钱泳临各家书。道光二年，其子钱曰祥摹勒
道光	养云山馆法帖	四卷	道光四年，钱塘吴公谨撰集
道光	倦舫法帖	八卷	道光五年，临海洪瞻墉撰集，高要梁琨同、男端荣镌刻
道光	老易斋法书	四卷	姜宸英书。道光五年，胡钦三摹刻
道光	仁本堂墨刻	四卷	周升桓书。道光六年，其子以辉撰集，钱泳摹勒
道光	昭代名人尺牍	二十四卷	道光六年，海盐吴修审定，句容冯瑜、同子遵运、遵建、遵拱刻
道光	味古斋恽帖	二卷	恽寿平书。道光六年，吴县陈墉撰集，陈贯霄摹勒
道光	宝恽室帖	四卷	恽寿平书，道光七年，嘉善戴公望撰集
道光	吴郡名贤像赞	八卷附传赞总目	道光七年，吴县顾沅撰集，孔继尧摹绘，沈君钰临摹入石，谭松坡镌石
道光	完白山人篆书帖	六卷	邓石如书。道光八年，武进李兆洛摹勒。咸丰十年，杨翰重刻
道光	学古斋四体书刻	四卷	钱泳缩临。道光八年，华士仪摹勒
道光	澄鉴堂石刻	二卷	道光八年，肤施张井收藏，金匮钱泳摹勒
道光	海山仙馆藏真	十六卷	道光九年至二十七年，番禺潘仕成撰集
道光	风满楼集帖	六卷	道光十年，南海叶梦龙撰集，高要陈龢兆摹刻

续表

年代	帖名	卷数	刻帖信息
道光	莲池书院法帖	六卷	道光十年，那彦成撰集，江宁周玉堂、富平仇文法镌
道光	筠清馆法帖	六卷	道光十年，南海吴荣光撰集
道光	绿天庵帖	二卷	怀素书。道光十三年及二十七年，僧达受摹勒
道光	辨志书塾所见帖	四卷续刻一卷补遗一卷	道光十四年，阳湖李兆洛撰集，江阴孔宪三摹勒
道光	采真馆法帖	四卷续刻二卷	道光十四年，慈溪董恒撰集，江阴方云裳摹勒
道光	天香楼续刻	二卷	道光十五年，上虞王望霖撰集
道光	曙海楼帖	四卷	刘墉书。道光十五年，上海王寿康撰集，金兰堂摹勒。咸丰八年，王庆勋补勒
道光	湖海阁藏帖	八卷	道光十五年，慈溪叶元封撰集，朱安山刻
道光	春草堂法帖	四卷	道光十五年，钱塘王养度撰集
道光	寒香馆藏真帖	六卷	道光十六年，顺德梁九章撰集
道光	贮香馆小楷	八卷	道光十七年，宁波万后贤（石君）撰集，江阴方文煦、侄方埻，仁和范圣传，句容冯瑜、子冯建，江阴孔宪三，吴郡刘季山，朱安山摹勒
道光	荔香室石刻	二卷	道光十八年，石门蔡载福撰集，海盐胡衣谷摹勒
道光	观海堂苏帖	一卷	苏轼书。道光十八年，南海廖甡撰集
道光	清爱堂家藏钟鼎彝器款识法帖	一卷	道光十八年，东武刘喜海撰集，鹭门林墨香摹勒
道光	岳麓书院法帖	一卷	道光十九年[3]，南海吴荣光撰集，端州郭子尧摹刻
道光	怀米山房吉金图	二卷	道光十九年，苏州曹奎撰集，吴松泉摹勒
道光	南雪斋藏真	十二卷	道光二十一年至咸丰二年，南海伍葆恒撰集，端溪郭子尧、区远祥、梁天锡镌刻
道光	春晖堂石刻	二卷	道光二十二年，上海徐渭仁撰集，詹文瑞、旌邑汪铭山镌
道光	啸云阁墨刻	四卷	道光二十二年，钱萱（树堂）摹勒
道光	墨缘堂藏真	十二卷	道光二十四年，上元蔡世松撰集，钱祝三摹
道光	小竹里馆藏帖	四卷	道光二十四年，萧山王锡龄（啸篁）撰集

续表

年代	帖名	卷数	刻帖信息
道光	英光堂帖	一卷	米芾书。道光二十四年，上海徐渭仁重摹英光堂帖，题作宝真斋米帖，海盐胡裕摹勒
道光	国朝画家书	四卷	道光二十五年，石门蔡载福撰集，海盐张辛摹勒
道光	填词图题咏	二卷	道光二十五年，阳羡万贡珍撰集，长沙胡万本排类摹勒
道光	英光堂帖	一卷	米芾书。道光二十六年，盐官蒋光煦重刻，海盐胡裕、张辛摹勒
道光	月轮山寿藏图记帖	二卷	道光二十六年，杭州吴公谨撰集
道光	耕霞溪馆法帖	四卷	道光二十七年，南海叶应旸撰集
道光	约园藏墨	二卷	恽寿平书。道光二十七年，阳湖赵起撰集，钱雨若、孔宪三摹勒
道光	听帆楼法帖	六卷	道光二十八年，番禺潘正炜编次，杨万年刻石
道光	海山仙馆藏真续刻	十六卷	道光二十九年，番禺潘仕成撰集
道光	红豆山斋法帖	十卷	道光二十九年，宁乡刘康鉴定，男鹤编次，宁乡汪蔚、沩山傅寅、长沙李心芝摹勒
道光	张氏巾箱帖		张照书。道光二十九年，张祥河撰集，富平杜思白镌
道光	东坡苏公帖	三卷	苏轼书。道光三十年，长白瑛桂撰集，频阳仇和摹刻于开封郡署
道光	尊颉堂帖	四卷	傅山书。道光三十年，太谷员氏收藏，寿阳刘霈摹，李其芳镌
道光	昭代名人石刻	六卷	道光间，金匮钱泳撰集，钱萱摹勒
道光	萃英室石刻	四卷	英和书。道光年间，姚元之撰集
道光	陈老莲先生真迹	六卷	陈洪绶书，无刻人姓名。姚元之隶书题签“陈老莲先生真迹”七字，当刻于道光年间
道光	有是楼刻石	二卷	吕世宜缩临。道光间，易若谷撰集，李兆櫺摹刻
道光	瓯香馆法书	四卷	恽寿平书，金陵冯瑜摹勒。无年月，当为嘉道间
咸丰	澄观阁摹古帖	四卷	咸丰初年，南海伍葆恒撰集，端溪郭子尧、区远祥、梁天锡镌刻
咸丰	听雨楼法帖	四卷	咸丰元年，太谷孙阜昌撰集，金陵穆庭椿、邵仁礼、吴鸣岐、穆霭堂镌刻

续表

年代	帖名	卷数	刻帖信息
咸丰	适园藏真集刻	一卷	咸丰二年，江阴陈式金撰集，江阴张乔刻
咸丰	海山仙馆摹古	十二卷	咸丰三年，番禺潘仕成撰集
咸丰	醉经阁分书汇刻	八卷	咸丰三年，石门蔡锡恭撰集，海盐张辛、胡衣谷摹勒
咸丰	石寿山房印谱	二卷，附石寿山房兰亭缩本一卷	咸丰四年，长沙汪蔚摹刻
咸丰	海山仙馆藏真三刻	十六卷	咸丰七年，番禺潘仕成撰集
咸丰	人帖续刻	一卷	咸丰八年，魏塘金以诚摹勒，并书目录
咸丰	忠义堂帖	一卷	咸丰十一年，平定张穆摹刻
咸丰	眉寿堂二王法帖	四卷	咸丰十一年，长白瑛棨撰集，富平仇星乙摹刻
咸丰	忠义堂帖	二卷	颜真卿书。咸丰间，何绍基摹刻
咸丰	百泉帖	二卷	傅山书。咸丰年间，太谷员生荣收藏，寿阳刘嵩峙模勒
同治	兰言室藏帖	四卷	同治三年，上海王寿康撰集
同治	焦山兰亭叙帖五种		同治三年，归安吴云等移置焦山寺中
同治	尺素遗芬	四卷	同治四年，番禺潘仕成撰集，梅州邓焕平摹刻
同治	宋四大家墨宝	六卷	同治四年，番禺潘仕成撰集
同治	海山仙馆禊叙帖	一卷	同治五年，番禺潘仕成撰集，梅州邓焕平摹刻
同治	昭潭名人法帖	四卷	同治六年，湘潭冯准撰集，傅荣镌石
同治	敬和堂藏帖	八卷	同治十年，义州李鹤年撰集，黄履中摹勒
同治	盼云轩鉴定真迹	六卷	同治十三年，遵化李若昌摹刻于京师
光绪	话山草堂帖	八卷	沈道宽书。光绪元年，其子敦兰撰集
光绪	忠义堂颜书	四卷	光绪元年，桐城光熙摹勒
光绪	梅花馆扇帖	四卷	光绪四年，李吉寿（次星）撰集，周典、李受之、李骅年摹刻
光绪	岳雪楼鉴真法帖	十二卷	光绪六年，南海孔广陶撰集
光绪	穰梨馆历代名人法书	八卷	光绪八年，归安陆心源撰集，石门胡镢摹刻
光绪	过云楼藏帖	八卷	光绪九年，元和顾文彬撰集
光绪	且静坐室集墨	四卷	光绪十三年，吉林廷俊（彦臣）撰集，石门胡镢摹刻

续表

年代	帖名	卷数	刻帖信息
光绪	林文忠公手札	八卷	林则徐书。光绪十六年，归安姚觐元撰集
光绪	景苏园帖	六卷	苏轼书。光绪十八年，成都杨寿昌撰集，江夏刘维善镌刻
光绪	邻苏园法帖	八卷	光绪十八年，宜都杨守敬撰集
光绪	秦邮续帖	二卷	光绪二十年，仪征张丙炎撰集
光绪	摹古斋石刻	二卷	陈璚书。光绪二十二年自辑，善化章寿鼎双钩入石
光绪	兰雪斋帖	二卷	光绪二十四年，常熟邵松年撰集，长沙陈伯玉摹勒
光绪	小倦游阁法帖	四卷	包世臣书。光绪二十六年，真州张丙炎撰集
光绪	古今楹联汇刻	十三卷	光绪二十六年，山阴吴隐摹勒
光绪	小长芦馆集帖	十二卷	光绪二十六年，慈溪严信厚撰集，吴隐、叶铭摹刻
光绪	小长芦馆集字帖	四卷	光绪二十八年，慈溪严信厚撰集，吴隐摹勒
光绪	橘隐园赵帖	四卷	光绪二十九年，长沙徐德立撰集，湘潭尹砺夫摹勒
光绪	春江意钓图帖	一卷	光绪二十九年，慈溪严信厚撰集
光绪	明贤诗册	四卷	光绪二十九年，善化黄自元撰集，长沙蒋畴摹石
光绪	司空图诗品帖	一卷	杨沂孙篆书。光绪三十年，金匮华鸿模（子随）摹刻
光绪	石耕山房法帖	六卷	光绪三十二年，长沙徐德立撰集，湘潭尹砺夫摹勒
光绪	王虚舟摹古法帖	十六卷	王澍书。光绪中，奉新许振祎撰集，关中孙维新、刘生荣摹勒
宣统	昭代名人尺牍续集	二十四卷	宣统三年，阳湖陶湘撰集
不详	停云馆真迹	四卷	文徵明书，刻人刻年未详
不详	清晖阁藏帖	十卷	董其昌书，刻人刻年未详
不详	三松堂墨刻	十卷	潘奕隽、潘世璜书，江阴方云裳模，刻年不详

注：1.此表中专刻帖单独注明，其余集帖不再另注。虽然《丛帖目》中所标时间时有不准确之处，但为检索方便起见，暂时使用《丛帖目》中所标时间进行大致排序。

2.据张伯英所引米澍题语，应为雍正八年刻成，而非乾隆八年。

3.按吴荣光帖后所跋，应刻于道光十三年。

由表1-1可见，在《丛帖目》所收的约246种清代刻帖中，乾隆皇帝在位约60年，其间所刻约44种；嘉庆皇帝在位约25年，其间所刻约72种；道光皇帝在位约30年，其间所刻约55种。总计在乾嘉道时期的115年中，所刻帖约171种，而在清朝其余的152年中，所刻帖约75种。[①]由此可见，说乾嘉道时期为清代摹刻丛帖的高峰期应不为过，其中，嘉庆、道光二朝此风尤甚。

从已知的刻帖信息来看，乾嘉道时期的私家刻帖多集中在江南地区，此外广东地区亦为数不少，这充分反映了地区经济实力与刻帖风潮的关系。刻帖的发起者有高官、士绅、富商，而刻帖工匠因为行业便利亦常自行刻帖，另外碑帖商贩专为牟利亦有刻帖，但这种刻帖通常质量不高。刻帖的内容除了翻刻前代旧帖、摹刻前代著名书家的作品之外，当朝、当时、当地名家的作品亦为主要摹刻对象，同时，将家中前辈或自己的书法作品摹刻上石亦为常见做法。刻帖的原初意图是传播优秀的书法作品以作学书模板，但在刻帖制作热潮中，这一目的有时也会产生偏离，刻帖成为保存并宣传文本的高级手段，书法艺术反而退居其次。举例而言，这一时期名人信札被大量刻帖，如《明人国朝尺牍》《昭代名人尺牍》等，信札作者的声名而非书名成为刻帖者的主要考虑对象。[②]铁保（1752～1824）还有《人帖》之刻，将明朝名人墨迹汇刻成帖，直言“凡止以书名家者不与焉。欲学者以人为帖，不以书为帖，学其书，正学其人也”。[③]此外，还有将个人诗集刻成帖的，如《滥竽斋遗草》；有将名人题赠诗文汇刻成帖的，如《兕觥归赵图咏》，[④]这更加偏离了刻帖创设的本意。这些都体现了刻帖这一形式在当时的风靡及其所承载的更多文化信息。

① 这些数字并非精确，只是大致估计，以求得出一个总体趋势。

② 如钱泳在《履园丛话》中所言：“张怀瓘《书断》云：‘楷者，法也，式也，后世以为楷法者也。’余亦曰：‘楷者，法也，式也，后世以为法帖者也。’近世刻帖者不明此意，但以古人墨迹，无论可法不可法，辄刻之帖中以为备，则非法帖矣。如岳忠武、文信国，以功显，以忠著，非书家也；王荆公、陆放翁，以文传，以诗名，非书家也；藏其墨迹可也，刻诸法帖不可也。近有某君刻国朝名人尺牍成大部者，费至数千金，殊觉无谓。大凡前人手札，皆率意为之，非如二王真迹之字字可法也。其中有大家书，有名家书，有托名书，有同名书，又有并不善书而随手属笔者，亦有他人代书者，未必字字可法，而刻诸石，其可乎哉？是不知《书断》之所谓法帖者也。”见（清）钱泳撰、张伟点校《履园丛话》，第257页。

③ 容庚：《丛帖目》，第575页。

④ 刻于清乾隆五十三年（1788）至嘉庆三年（1798），石存常熟碑刻博物馆。

自明朝中后期以来，私家刻帖的拓本就广泛被用作人际交往之中的礼物，同时也作为商品出售。[①]在乾嘉道时期，随着刻帖规模的扩展，这些行为更加频繁，私家刻帖的制作与流通反映了当时人情与经济往来的许多面相。刻帖的纂集摹勒、刻帖过程中友朋之间的交流请教、刻成之后拓本的使用、刻帖原石的处理等，都能细致地反映出刻帖这一文化行为在当时社会中除了提供学书模板之外，还作为一项参与者所享有的文化资本，帮助其维系并拓展社交渠道，同时塑造其社会地位。在这种风气之下，既有鉴定较优、制作严谨的刻帖产品，亦有大量不计工拙、纯为人情世故而制作的刻帖，如钱泳便记载了当时的一则趣事："有某观察，偶然弄笔，临小《兰亭》一纸，计三十三行，中间又笔误数字。一门客遂以上石。后有某君题跋，以为误字断不可易，古人常有之，其廿八行之改为三十三行，引米南宫、董思翁临本以为证，殊可笑也。一日，观察持以示余，余笑曰：'自昔欧阳率更、褚中令皆作廿八行，公何以改耶？'观察始悟，乃知刻者题者之谄谀耳。"[②]由此可以窥见，在刻帖作为有效的文化身份宣示手段的社会情境中，这一行为已成为重要的阿谀手段，从刻石者到题跋者皆心照不宣，刻帖在这些场合已纯然成为下位者对上位者进行利益输送的有效工具。

在乾嘉道时期兴盛的碑帖镌刻风气之中，本书的研究对象钱泳是一位极为显眼的人物。钱泳大量参与了碑的制作，既参与新碑竖立，亦摹刻旧碑。在刻帖方面，他更是声名卓著，从表1–1中可以看到，在《丛帖目》所收录的约171种乾嘉道时期丛帖中，钱泳参与的多达21种，[③]而实际上可能还要更多。钱泳的碑帖镌刻行为在乾嘉道时期极为显著，从数量上而言，正如容庚所说，"钱泳……刻石之富，古今未有也"；[④]从影响上而言，钱泳所刻碑帖在清代传

① 参见方波《文化资本与文化商品：明代江南私家刻帖的一个面向》，载孙璘主编《明清江南刻帖研讨会论文集》，河北美术出版社2012年版，第21页。

② （清）钱泳撰、张鸿鸣点校《登楼杂记（外一种）》，浙江古籍出版社2022年版，第157页。

③ 容庚将《昭代名人石刻》归为钱泳撰集、钱萱摹勒，但据研究，此帖的撰集摹刻应主要出自钱萱之意，钱泳或有从旁指导（详见第七章）。

④ 容庚：《丛帖目》，第591页。

播广泛，正如张伯英（1871～1949）所说，“流传当多，随在可见”。[①]在讨论清代碑帖镌刻时，钱泳是无法绕过的重要人物，因而对其镌刻碑帖活动及其生平经历展开研究，正是观察乾嘉道时期乃至整个清代碑帖镌刻文化的一个绝佳窗口，亦可为当时的书法史、社会史等领域提供更多有益的历史细节和思考维度。

① 容庚:《丛帖目》，第1109页。

第二章
钱泳的早年生活与职业选择

钱泳字立群，号梅溪[①]，初名鹤，后改名，于乾隆二十四年正月二十八日寅时，出生在江苏常州府金匮县（今属无锡[②]）泰伯乡，为五代十国时期吴越王钱镠（852～932）的第三十世孙。

表2-1　钱泳世系

1	钱镠	吴越国武肃王
2	钱元瓘	吴越国文穆王
3	钱俶	吴越国忠懿王，纳土归宋
4	钱惟演	历任宋工部尚书、枢密使等，卒赠英国公，谥文僖。博学能文
5	钱晅	历任宋抚州、台州刺史等，卒赠冀国公
6	钱景臻	尚宋仁宗第十女秦鲁国大长公主，封康国公，卒赠会稽郡王
7	钱愐	累迁至德庆军节度使，封秦国公，卒赠咸宁郡王。随宋高宗南渡
8	钱端璃	任东南路转运使
9	钱筠	以世荫补承事郎
10	钱显祖	以世荫补承事郎
11	钱迪	以世荫补承事郎，迁家于无锡
12	钱致謙	任江东节干史
13	钱伯一	
14	钱奎	元至元间新恩举胶庠进士，官至江西铅山州学正
15	钱均辅	
16	钱佑	

① 因自称居士，又有梅花溪居士之称。

② 无锡自明代以来为常州府下辖县，清雍正四年（1726），无锡被拆分为金匮、无锡两县，同属常州府。民国时，两县重新合并为无锡县。

续表

17	钱谦	明洪武中累荐以人才科，将授官，以疾引退
18	钱纲	正统十年丁卯科贡士，选授河南偃师县知县
19	钱时高	
20	钱钟秀	
21	钱起元	为邑诸生
22	钱尊古	
23	钱良	嘉靖中由城赘于泰伯乡之浦家巷，为迁乡第一代祖
24	钱森	
25	钱烤	
26	钱安国	
27	钱集选	明末避乱隐居山中，康熙时家颇饶裕，能赋诗
28	钱成基	好道术，喜击剑
29	钱钺	能诗文，好《易经》
30	钱泳	

资料来源：世系信息来源于（清）徐颖编，钱泳校订《梅溪先生年谱》，载北京图书馆编《北京图书馆藏珍本年谱丛刊》第122册，北京图书馆出版社1999年版，第163～171页。

从表2-1中可以看出，钱泳虽为吴越王孙，但往上追溯十一代均未有出仕信息，亦未有出色的科举成绩，先祖余荫的荣光早已不存。曾祖父钱集选身处明末清初之时，颇有家财，在家中筑有“遗安堂”“归鹤庵”，并赋诗“烽火惊心事已非，翻身云外作孤飞，故园犹有前朝树，留得清阴待我归”，[①]可见其有一定的文化修养。康熙初年，江浙乡间盗贼多有，钱集选曾著《守乡二十条》，力抗盗贼，[②]可证钱家此时在乡间颇有地位声望。钱泳祖父钱成基好道术，悠游度日，可见家境尚可。钱泳之父钱钺（？～1795）字锦山，为钱成基第四子，通诗书文墨，不事生产，尤好《易经》，在家中著书解说，并自名书斋为“养竹山房”，长居乡间。

① 见（清）徐颖编，钱泳校订《梅溪先生年谱》，载《北京图书馆藏珍本年谱丛刊》第122册，第170页。

② 见（清）钱泳辑《守望新书》后记，上海图书馆藏道光壬寅春三月扬州朴存堂刻本。

可见，钱泳成长于乡间的书香之家，家中虽不至于贫困，但也不富裕。[①]他自幼在家中学习文墨，先由姐姐教授《毛诗》，后由父亲亲自教导。11岁时，钱泳读完四书五经，13岁学习科举制艺，14岁开始参加县试，至17岁还未考上生员。

清中期的江南是全国的经济与文化中心，盐税、漕粮多出于此，同时文风鼎盛。无锡地区因运河便利及商品经济的发展，为苏南富庶之地，文教昌盛。在明清社会，科举功名是提升一个人乃至整个家族社会地位的主要途径，因而富庶的江南地区科考之风甚炽，但凡家有薄产，便多促使子弟投身制艺。在明清时期的苏南地区，无锡科举成绩名列前茅，科甲人才辈出，为江南地区进士集中出产地之一。[②]清中期江苏的经济与文化成就虽然瞩目，然而随着人口的大量增长，科举难度急剧提高，“寒微之士在与社会上层竞争时越来越居于劣势。这样的竞争在江苏最为尖锐……尽管从产生进士的绝对数目来看，清代东南诸省仍居全国领先地位，然而，区域之内流动方式的剧烈变化，造成出身寒微和比较寒微的人在社会上遭受巨大的挫折”。[③]比如乾隆时期进行的科举改革增加了考试难度，要求应试者掌握更多的诗赋技能与经学知识，使得在江南藏书家辈出的时代，无力接触藏书的寒微士子与富家士子所获教育资源悬殊，因而寒素之士科考极难成功。

从钱泳的少年学习经历来看，他由未取得功名的父亲亲自课读，似不曾延请塾师，家中未见有丰富藏书，又未有显贵亲戚可以请教，若非天资聪颖，在文才辈出的无锡地区参加科考可谓极为不利，结果他连通过最低等级的童试都有困难。在钱泳弟子徐颖所撰的年谱中，钱泳被描述为自幼不喜做八股文，这为钱泳早年的科举失利提供了合理借口，也进而塑造了钱泳天生“不乐仕进”的名士形象。然而钱泳晚年曾回忆道：“余年十二三，最顽疲，不明读书，尤不

① 钱泳晚年曾回忆道：“余少寒俭，每饭不过菜羹一味，觉饭之香、菜之美，辄谓膏粱珍馔，不是过也。弱冠后，游幕公卿间，日厌粱肉，虽岁列满前，不堪下箸。”（清）钱泳撰、张鸿鸣点校《登楼杂记（外一种）》，第145页。

② 参见范金民《明清江南进士数量、地域分布及其特色分析》，《南京大学学报》1997年第2期，第171~178页。

③ 何炳棣：《明清社会史论》，台北：联经出版事业股份有限公司2013年版，第298页。

喜作时文。先君子训诫綦严，至今犹以为悔，所谓‘少壮不努力，老大徒伤悲’也……呜呼，泳一生不能自立，奋身科第，皆由不肯读书作时文。而今老矣，尚何言哉。”[①]可见他对于无法登第终生耿耿于怀，除却常见的少年顽皮与天赋偏好，成长环境的制约也难以忽视。

在钱泳童试失利后，关心儿子前程的钱钺见情形不妙，便把17岁的钱泳带到苏州，想给他寻找老师。在机缘巧合之下，钱泳因书法见赏于曾任贵州按察使的金祖静（1696～1776），[②]被收为弟子。此时的钱泳虽“不能为文”，却“能书”，因自小积累的书法技艺，得登苏州缙绅之门，实为幸事。[③]

钱泳自小便熟习家中藏有的著名书家王澍（1668～1743）的手书楹联，5岁起在父亲的指导下习字。少年时期，“习书法日数十纸，旁及篆隶，兼好写生”。[④]清代科举考试兼重文艺与书法，备考士子均须练习小楷，钱泳亦不例外，常以小楷替父亲誊写文章，能做到日书千字而不倦。14岁时，钱泳见到无锡先贤秦道然（1658～1747）的隶书匾额，爱好不已，心追手摹。当时泰伯乡中有吴氏人家，家中有明朝一位名为吴宪之（生卒不详）的文人手书的隶书石刻，父亲钱钺见钱泳爱好隶书，便带他到吴氏家中观摹，并拓下拓片，以供钱泳临写，这是钱泳认真学习隶书的开始。约半年后，钱泳在虎丘碑帖铺买到汉魏碑刻13通，便放弃了之前所学的明人隶书，改临碑帖，渐渐工于汉隶。

进入金祖静门下之后，钱泳读书之余，亦向老师请教书法。金祖静“书法自幼模虞永兴（虞世南——引者注），继从外舅杨大瓢（杨宾，1650～1720——引者注）先生游，专攻晋帖。四十后，由二王稍降赵集贤（赵孟頫，

① （清）钱泳撰、张鸿鸣点校《登楼杂记（外一种）》，第156页。

② “忽有乡先生前任贵州按察使金公祖静游虎邱，与锦山公相遇于悟石精舍，遥见先生状貌皙白、眉目如画，乃问曰：‘此生能文乎？’谢曰：‘未成也’。曰：‘能书乎？’先生起揖曰：‘颇能之。’金公遂命书数字，先生乃持笔大书‘凌云志气’四字。金公喜，屡目之曰：‘此生英发，吾当收为弟子，授其笔法，可乎？’锦山公大悦，即命先生跪拜于轩下，择日负笈。”见（清）徐颖编，钱泳校订《梅溪先生年谱》，《北京图书馆藏珍本年谱丛刊》第122册，第176页。

③ 金祖静曾给钱泳写信道：“十九日颙望文驭惠临相助笔墨，竟虚所瞩。怅怅。二十日始接手书，知已回县，想早晚必赶赴院试，把晤仍不远也。寿礼概不收领，今来文物四种，皆极雅妙。破格领讫，肃谢不宣。”可见二人相处情形。见（清）钱泳辑《兰林集》，上海图书馆藏清稿本。

④ （清）胡源、褚逢春编《梅溪先生年谱》，《北京图书馆藏珍本年谱丛刊》第122册，第207页。

1254～1322——引者注），而尤近文待诏（文徵明，1470～1559——引者注）。群从子弟以时相见问字，必博征古今，缘起根末，终日无倦”，[①]可见他所熟稔的正是传统“帖学”一路。

除了金祖静之外，钱泳在苏州还有另一位教授书法的老师，名林蕃钟（1746～1784）[②]。钱泳拜师的具体时日不详，但应在十几岁的少年时期。[③]林蕃钟考中举人，善于书法，“乾隆中吴中以书友教者三人，林蕃钟、吴三锡（生卒不详）、韩敏（生卒不详）。蕃钟教人学碑帖，故蕃钟弟子其书各不相似”，[④]不同于其他书法教师多教弟子学习己书，林蕃钟以碑帖教学生，给钱泳直接取法古人打开一个至关重要的窗口。钱泳在隶书学习中能放弃明人书法而转投汉魏碑帖，当与林蕃钟的教学方法不可分割。在林蕃钟的指导之下，钱泳还致力于学习赵孟頫书法，并奉之为学书门径，[⑤]从钱泳现存的书迹（图1）来看，确实终身深受赵孟頫影响。

钱泳到了苏州，尤其是进入金祖静的门下，有了与江南上层文人士绅交往的机会，[⑥]17岁这年（1775）他便认识了王鸣盛（1722～1797）、蒋廷恩（1751～1822）等著名学者。可惜好景不长，钱泳拜师不及半年，金祖静便辞世了，顿失师长的钱泳前景变得黯淡起来。

金祖静逝世后，由于家境不算富裕，钱泳就在苏州的一户潘姓人家做儿童启蒙教师，之后又陆续辗转于苏州各户人家中教书谋生，东家更换得颇为频

① （清）钱泳撰、张伟点校《履园丛话》，第144页。

② “长洲林煜奇蕃钟，少孤嗜学，年十八补诸生。乾隆戊子举于乡。性恺悌……年三十九卒”，见（清）余金辑《熙朝新语》卷13，上海古籍出版社1983年版。“余金”为徐锡麟、钱泳合用之名。

③ 《同治苏州府志》载：“闻诗字过庭，少与毛怀、施城、钱泳同学书于林蕃钟”，见（清）李铭皖、谭均培修，冯桂芬纂《同治苏州府志》卷110，载《中国地方志集成·江苏府县志辑》第9册，江苏古籍出版社1991年版，第771页。

④ 《中国地方志集成·江苏府县志辑》第9册，第771页。

⑤ “余自束发即学松雪翁书，至十八九岁，最喜临摹黄山谷，业师林蠡槎（林蕃钟号蠡槎——引者注）先生谓泳受病已深，仍以松雪为退转之法。后每见松雪墨迹，辄留神披览，如《黄庭经》、《乐毅论》、《汲黯传》、《过秦论》及《洛神》、《枯树》、《雪赋》、《头陀寺碑》、《归去来辞》之类，不一而足。”见（清）钱泳撰、张伟点校《履园丛话》，第598页。

⑥ “泳年十七曾受业于先生之门，得与吴中贤士大夫游，自此始也”，见（清）钱泳撰、张伟点校《履园丛话》，第145页。

繁，生活难称安定。从钱泳最初几年的教书生涯来看，他教授的内容一为儿童启蒙经典，二为书法与弹琴，至于进一步的科举时艺，则非他所能教授。[①]课徒之外，他读书、临帖、弹琴度日，并与苏州的吴三锡、韩敏等地方书法名流往来，学会了镌碑、刻帖、双钩、响拓等技艺。在当时，作为童子师的底层文人常有朝不保夕之生存困境，书画等技艺的提升常能给个人带来更多的就业机会，或是能够在更加上流的文士家庭谋得相对稳定的教职，或是有机会成为官员的幕客。钱泳积极读书，练习书法、刻石等技艺，客观上是为了应对迫切的生存压力。

作为未有科举功名的底层塾师，最初几年钱泳的坐馆收入约为每年几十两银子，仅够家用。21岁时，钱泳一度中断了坐馆，经济上面临困境。这年秋天，苏州替宫中置办物品，有“御屏上欲写隶书数千字，又有刻于玉山玉屏以为陈设者”，[②]与钱泳同住的友人见他情况窘迫，便替钱泳介绍了这个差使，于是钱泳写刻隶书两个月，得到了百余两银子的报酬。

在清中期隶书风行的文艺环境中，精于隶书是一项有效的谋生技艺，乾隆内府便有大量的器物以隶书书刻于其上，大小官员的日用陈设也常用隶书以作装点，在此情形之下，擅长隶书能够获得更多的谋生机会在一定范围的文人中已成共识。如当时华亭有一位“家中奇贫”的底层文人周芳容，“尝为童子师，见人画兰竹，窃效其法。又于书肆中得《曹全碑》残本，亦时时临仿。既登舟，以其余晷学书作画，又取官僚中启事尺牍，晨书夕写，以为数者兼习之，庶可借以游楚也”。[③]由此可见底层文人将训练隶书技艺作为有效的进身之阶。钱泳早年也处于童子师的窘境之中，为乾隆内府写刻隶书得到的丰厚报酬让他更加看清了自己的谋生方向，加之他也许早早就认清了自己在科举上的不利处境，从

---

① （清）徐颖编，钱泳校订《梅溪先生年谱》载：“上年冬，先君子复堂公已聘先生馆于舍下，授颖毛氏诗，先兄颋是年十有五，欲请先生教之弹琴、兼学书，又延汪孝廉元亮授先兄作时文。”载《北京图书馆藏珍本年谱丛刊》第122册，第187页。

这条记载是年谱编订者徐颖的自述，由此可见钱泳的教授内容。

② （清）徐颖编，钱泳校订《梅溪先生年谱》，《北京图书馆藏珍本年谱丛刊》第122册，第179页。

③ （清）钱泳撰、张伟点校《履园丛话》，第136页。中国国家图书馆藏《攀云阁临汉碑》后有周芳容观款，自称是钱泳弟子。

此便更加用功于隶书与金石学，除了仔细研读当时必备的隶书字书——顾蔼吉（活跃于康熙年间）的集字字书《隶辨》外，他还着意搜罗了许多汉魏碑刻拓片，以提升自己的眼光。

亲自操刀刻石、摹拓碑帖近似工匠，但由于与书法这门精英士人专属的艺术密切相关，因而在文人叙事中有着不少著名书家亲自动手刻石的传说。在这种语境下，具有文化修养尤其是善于书法的人动手刻石被渲染上一层风雅的色彩。比如传说唐代书家李邕（678～747）的书法就多由他自己亲手刻石，然后假托黄仙鹤、伏苓芝之名，这个说法至迟在宋朝便有，到了明清更是被各类书籍广泛征引，几成共识。此外还有颜真卿等著名书家亲自动手刻石的传说。[①]而正史中明确记载亲手刻石的是东晋名士、善书画的戴逵（约326～396），史称其"总角时以鸡卵汁溲白瓦屑作《郑玄碑》，又为文而自镌之，词丽器妙，时人莫不惊叹"。[②]元文宗图帖睦尔（1304～1332）也曾经自书、自刻、自拓"永怀"二字。[③]

有了这些先例，自视为文人的钱泳动手刻石似乎有了合理的依据。但"劳心者治人，劳力者治于人"的传统观念根深蒂固，镌刻碑帖需要在大块的石材或木材上运刀，显然在体力上耗费不轻，文人兴之所至，偶一为之，不靠其谋生尚可称风雅，若是专以此谋生，则不免被人目为匠人，社会地位便有下降之虞。除刻碑帖外，在一些小件物品上进行镌刻，如刻印章、刻砚台等，耗费体力相对较少，与文房联系密切，自明末清初以来，业余为之，亦被文人接受为雅行。在这种背景下，钱泳虽有动手刻石的能力，并且看到了谋生的可能，但仍没有放弃坐馆这项标志着文人身份的职业。

① 持此观点的书籍甚多，在此不一一列举。如叶昌炽在《语石》中写道"唐碑自书自刻者多矣，颜鲁公、李北海皆如此"，"北海书碑多自镌，《苍润轩帖跋》云：凡黄仙鹤、伏灵芝、元省己之类皆托名也。鲁公书亦然"。见（清）叶昌炽撰、柯昌泗评《语石　语石异同评》，第417、413页。邓之诚在《骨董琐记》中"致石"项下写道："李北海诸碑，皆手自镌刻，所云黄仙鹤、伏苓芝，皆无其人而托名。邢子愿（邢侗，1551～1612——引者注）言钟元常、李太和、颜平原，多自书自镌"，见邓之诚著、邓珂增订点校《骨董琐记》，中国书店1996年版，第152页。曾毅公在《石刻考工录》中亦采用了同样的说法。

② （唐）房玄龄等撰《晋书》卷九十四，列传第六十四·隐逸，中华书局1974年版，第2457页。

③ 见马成名编著《海外所见善本碑帖录》，上海书画出版社2014年版，第183页。

从23岁到25岁，钱泳经吴县名士顾公燮（1734～？）的引荐，在苏州双林巷郭毓圻家中坐馆，郭毓圻为乾隆三十年（1765）举人，官国子监学正，工山水，喜鉴古。在此之前，钱泳只在无官职的普通人家坐馆，此次任教让钱泳有了更多与上层文人缙绅往来的机会，意义非凡。在这三年中，他不仅与郭毓圻交流探讨，交情颇笃，还结识了他一生中最为重要的朋友之一，清代著名学者、时任内阁协办侍读的潘奕隽（1740～1830）。此外，借着坐馆的机缘，他还结识了往来郭家的韩是升（1735～1816）、蒋耀宗（活动于乾嘉年间）、彭绍升（1740～1796）、陆恭（1741～1818）等人，这些人或有中高阶功名，或出任地方官员，或精研儒、佛，或爱好金石书画、富于收藏，与他们往来，使钱泳的眼界与见识得到了拓展，获得了更多与精英文人对话的能力。

从26岁到28岁，钱泳坐馆于苏州陆氏家中，雇主正是工于篆隶的书家陆绍曾（活动于乾隆年间）的弟弟。陆绍曾及其兄长陆允康素喜赏鉴金石书画，每当购得了新的碑帖书画，便与钱泳讨论真伪，钱泳还曾以陆绍曾为师学习隶书。[①]陆氏富于收藏，便多有同好往来，钱泳于此次坐馆期间，又与鲍廷博（1728～1814）、张燕昌（1738～1814）、吴骞（1733～1813）等著名藏书家与金石爱好者订交。在这段时间中，钱泳在苏州又认识了著名经学家江声（1721～1799）、段玉裁（1735～1815）等，并获袁枚（1716～1798）赏识，之后多有书信往来。[②]

梁启超论及乾嘉学风时曾言："大抵后辈志学之士未得第者，或新得第而俸入薄者，恒有先辈延主其家为课子弟。此先辈亦以子弟畜之，当奖诱增益其学；此先辈家有藏书，足供其研索；所交游率当代学者，常得陪末座以广其闻见，于是所学渐成矣。"[③]在此时风之下，钱泳虽在经学等传统学术的核心领域无有建树，但在坐馆期间，与前辈学者的密切往来使得钱泳在书法技艺、刻石技艺、古物鉴赏、碑帖考订等方面大有进益，在艺事及金石学上渐有小成。比如

① （清）钱泳撰、张伟点校《履园丛话》，第171页。

② 如钱泳曾写信给袁枚陈述生平经历、志向及对未来和世事的困惑，以后辈之姿向前辈请教。见钱泳《寄袁简斋太史书》，收录于《履园文集》，清述祖德堂抄本，载《清代诗文集汇编》第456册，第695页。

③ 梁启超：《清代学术概论》，上海古籍出版社1998年版，第65页。

他在陆家，便见到吴骞访碑所拓回的《吴禅国山碑》及其考订文字，“向所未见之字尽出”。[①]他又因友人所招，有机会陪同袁枚游灵岩、天平诸山，访宋韩世忠（1090～1151）墓前所立的《韩蕲王碑》。[②]他与名士彭绍升之间的忘年交同样对他帮助良多，钱泳在友人处见到汉《樊敏碑》的拓本，认为是原刻并临写，[③]之后或向彭绍升请教，彭绍升直言不讳地指出了他的问题所在：“隶书以骨重神寒为上，轻圆娟好为下，近时学者不患无姿，只患无骨，望足下有以矫之，但小字不妨兼取风韵，如《樊敏碑》临本亦佳矣。”[④]钱泳在接到将一幅明代朱熹（1130～1200）像刻石的工作之后，[⑤]也曾向彭绍升商谈请教，彭绍升在信中指出“朱子像标题字甚劣，幸有割裂痕，它日重装，可别换也”，[⑥]又在另一封信中写道：“朱子像颇觉肉胜于骨，殊乏道气。王梦楼（王文治，1730～1802——引者注）言扬城李泰来家所藏真像最为殊胜，将来当托友转借对临刻石，此时姑少缓之”，[⑦]其教导帮助之殷勤可见一斑。此外，各前辈学者也多有请钱泳刻石的，如钱泳的东家陆氏为自己营造生圹，便请钱泳为墓碑书丹刻石。彭绍升亦请钱泳将他所撰写的《黄氏卓行碑》碑文以隶书书丹刻石[⑧]，他还曾请钱泳刻印。[⑨]借

① （清）钱泳撰、张鸿鸣点校《登楼杂记（外一种）》，第107页。

② （清）钱泳撰、张鸿鸣点校《登楼杂记（外一种）》，第110～111页。

③ （清）钱泳撰、张伟点校《履园丛话》，第238页。

④ 彭绍升给钱泳的书信，见（清）钱泳辑《兰林集》，上海图书馆藏清稿本。

⑤ 这幅明代朱熹像是著名学者孙星衍的父亲、时任句容县教谕的孙勋所得，经孙星衍之手赠送给毕沅。乾隆五十一年（1786），吴县秀才陆氏捐资刻石并立于苏州紫阳书院，请钱泳操刀并用隶书题识。见（清）钱泳《宋徽国朱文公像》，载《写经楼金石目》，中国国家图书馆藏清刻本（以下简称清刻本）。

⑥ 见陈烈主编《小莽苍苍斋藏清代学者书札》，人民文学出版社2014年版，第239页。

⑦ 信见（清）钱泳辑《兰林集》，上海图书馆藏清稿本。

⑧ 见（清）钱泳《吴门陆君霁亭生圹志》《黄氏卓行碑》，载《写经楼金石目》未刊本，中国国家图书馆藏清述祖德堂抄本（以下简称未刊本）。此外，彭绍升在给钱泳的信中写道：“前示碑中须增为叔完姻事，极是。但未知此事在葬前葬后若干年，得并示增入为妥。助刊自当如约，现所需乏少几何？”“碑文如教，增益二十余字，如尊公不便书名，仍以字代之，不必与它人一例也。刻资纳上八折银四两，此系近取堂公仲银，不须刻捐人姓名，为嘱。”依内容推断，此信正是交代关于《黄氏卓行碑》的刊刻事宜，由此可见二人在碑刻细节与刻资上的商讨情况。信见陈烈主编《小莽苍苍斋藏清代学者书札》，第239～240页。

⑨ 彭绍升写信请钱泳治印：“印石五方，求铁画篆文，它日造谢。”见陈烈主编《小莽苍苍斋藏清代学者书札》，第238页。

着这些镌刻的委托，钱泳一方面增加了自己的收入，另一方面也得以积极维系自己在文士圈中的人际网络。

在乾隆五十年，即钱泳27岁这一年，因机缘巧合，他有了一次在全国文化圈中扬名的机会，那便是发现并重刻《熹平石经》残字之举。《熹平石经》自诞生之日起，便在中国传统文化中享有崇高地位，进入汉学复兴、经学大盛的清中期之后，地位更是有增无减。《熹平石经》所刻的东汉末年官方正定的儒家经典文本对于热衷经学考据的清代学者来说，是极为珍贵的文献材料，而《熹平石经》所使用的传为蔡邕（133～192）所书的典范型汉隶，亦是清代文人心向往之的书法经典。由于经年历劫，《熹平石经》仅剩少许残石，因此，在藏古鉴古盛行的清代文化圈中，发现了《熹平石经》的旧拓本便会备受瞩目，而发现者或收藏者亦能在学者的源流考订文字中留名后世。

乾隆五十年的夏天，据钱泳自述，他在苏州玄妙观前的书肆中购买到明刻《管子》十五卷，发现书中夹杂有零星片纸，纸上是双钩的隶书，再三考究之后，又取宋洪适（1117～1184）《隶释》中的相关著述进行对照，认定是《熹平石经》残字，这次共“得《尚书·洪范篇》七十八字，《君奭篇》十一字，《鲁诗·魏风》七十三字，《唐风》三十一字，《仪礼·大射仪》三十七字，《聘礼》二十八字，《公羊·隐公四年传》十八字，《论语·微子篇》百七十字，《尧曰篇》三十九字，‘又盍毛包周有无不同之说及博士左立姓名’十八字，合五百余字”，[①]结合书中印记，又认定为是明末清初苏州文人徐树丕（1596～1683）所摹。其实徐树丕从何处摹得石经残字并不可考，但一次发现五百余字，并与《隶释》记载吻合，在当时并无可靠原石拓本传世的情况下，即使是来源不清的《熹平石经》残字双钩本，也如金石考古学家黄易（1744～1802）在题跋自家的宋拓《熹平石经》残字拓本时所称的，“然世传止此，即同祖石观矣”。[②]这份《熹平石经》残字双钩本的价值立刻被钱泳意识到了。

钱泳有了这一发现之后，立即亲自动手，费时三个月，将这批《熹平石经》

① （清）徐颖编、钱泳校订《梅溪先生年谱》，《北京图书馆藏珍本年谱丛刊》第122册，第184页。

② 题跋原文见秦明编著《蓬莱宿约——故宫藏黄易汉魏碑刻特集》，紫禁城出版社2010年版，扉页。

残字摹勒上石（图2）[①]，之后拓上三百余本，寄给张燕昌、陆绍曾等人，[②]散布海内。这是钱泳生平第一件值得夸耀的扬名之举，因而钱泳弟子徐颖在《梅溪先生年谱》中记载道："是时，高宗纯皇帝稽古尊经，崇尚文学，将建辟雍宫而立石经以教诲多士，海内诸儒亦群然向风，惟《熹平石经》仅余残字，鲜有见者，故士大夫每得先生所模，珍如球璧，莫不知其姓名为博雅好古之士也。"[③]虽无文献明确记载，但依据当时惯例，这些拓本必然有部分是作为商品四处出售，为

① 东京国立博物馆藏有一份拓片，题签为"宋拓汉石经残字梅华溪居士旧藏本"，『Museum 東京国立博物館美術誌』1976年12月号登载的角井博『宋拓の汉石経残字—东京国立博物馆新収「錢泳旧蔵本」の绍介』一文对之进行了详细介绍。拓片上有落钱泳款的小字隶书数行，写道："余得汉石经残字宋拓凡十三纸……诮愿子孙，勿轻易示人，当知余宝经，非宝石。"拓片后又有翁同龢（1830~1904）题跋称："世传宋拓汉石经残字有三本……此本有十三纸之巨观……梅溪居士得经后秘不示人……覃溪（翁方纲——引者注）且不使之见……"细考钱泳个人的多种自述及当世之史料，并无一字提及钱泳曾获有宋拓《熹平石经》。如钱泳真自认为获有宋拓，公开之后便能在文士圈中享有更高声名，因此并无隐匿不示人，反而称自己只获得来源不明的明末双钩本之理。细看这份"宋拓"石经残字可以发现，这份残字与钱泳摹刻的徐树丕双钩石经残字的内容完全一致，可以肯定这是钱泳重刻的《熹平石经》残字拓片，并非宋拓。此外，无锡东林书院藏有一份钱泳重刻的《熹平石经》残字拓片，从可见的照片来看，与这份"宋拓"大体一致。浙江省博物馆藏有钱泳缩摹的《熹平石经》残字，也与"宋拓"大体相似，可见这份"宋拓"，就是钱泳在文人圈中广为散布的重刻本之一。因为这份"宋拓"的存在，便有学者怀疑钱泳有意伪造《熹平石经》宋拓，进而认为这份石经残字亦为钱泳伪造（详见柳向春《汉熹平石经残字伪宋拓两种简介》，载《2016年中文古籍整理与版本目录学国际学术研讨会论文集》，广西师范大学出版社2018年版，第247~254页）。首先钱泳不曾在公开场合宣称自己有宋拓《熹平石经》残字，他一直对外宣称自己的《熹平石经》残字来源于明末徐树丕双钩本，也从不掩饰自己在重刻上石时对之所做的必要润色；其次，这份"宋拓"上落钱泳款的题跋称钱泳从未将此宋拓示人，只留与子孙宝藏，但实际上类似的拓本早已以"明末双钩本"之名广布世间，此事于情理颇为不通。因此，不能排除这份题跋是有心人假冒钱泳之名而作伪（此需进一步比对手迹原件方能确定），意欲将钱泳重刻本充作宋拓出售，当时钱泳的隶书石刻常被充作汉刻出售，因而有人作假并不稀奇。那么，钱泳获得徐树丕双钩本是否属实？有学者怀疑钱泳一次获得五百余字，甚为可疑。其实，以钱泳此时的隶书水平而言，他凭空造出一份《熹平石经》残字的可能性并不大，钱泳的隶书有着高度程式化的特征（详见第三章），这限制着他能造出可入多位名家法眼的、变化更加丰富的《熹平石经》残字。因而他重刻这份《熹平石经》残字必然有所凭依，不可能完全出于己意。另外，以钱泳此时的处境而言，他急于在精英文士圈中获得能见度，以他此时的年龄、资历而言，他很难有自信假造《熹平石经》残字而不被戳穿，如果他一旦作伪而被识破，那将对他的声名有严重影响，因而他不应轻率作伪以冒此险。由此看来，在没有更多证据证明这份《熹平石经》残字另有所本的情况下，姑且采信钱泳自己的说法似较稳妥。

② 见（清）钱泳《重模汉熹平石经残字》，载《写经楼金石目》清刻本。

③（清）徐颖编、钱泳校订《梅溪先生年谱》，《北京图书馆藏珍本年谱丛刊》第122册，第186页。

钱泳带来了经济利益。而更重要的是，这批重摹的《熹平石经》残字拓本极大地增加了钱泳在人际往来中的文化资本。

清代文人交往时常互赠礼物、互相交流学问与收藏。完全可以想象，无法提供具有一定质量的礼品或收藏品的人，在人际交往中将处于不利的地位，对于无功名、无官职的人来说，尤其如此。对钱泳来说，这批自刻的《熹平石经》残字拓本成了他与文人学士交往中的有利资本。举例而言，乾隆五十一年腊月，钱泳在随同袁枚等人游览灵岩山等地时，在舟中主动出示拓本，与在座诸多文士同观，袁枚还题跋道："《熹平石经》在唐宋时已不可多得，况今日乎。近惟见北平翁氏模本百余字耳。钱君此刻淳古浑厚，犹不失中郎面目，洵希世珍也。"[①]此外，彭绍升在拓本上题跋道："予访求汉石经者有年，一鳞半爪邈不可得，观钱君所模，令人发尚有典形之叹。斯亦足以称雄于吾党间矣。"[②]洪亮吉（1746～1809）在拓本上题跋道："右经梅溪居士以双钩本刻石，兼以故纸拓之，几于虎贲中郎之似矣。春时见黄小松（黄易——引者注）汉石经残字共一百二十七，已校蓬莱阁本多一二字，今又见此，真经笥中之秘宝也。"[③]

除了请著名学者文人赏鉴题跋外，钱泳还将拓本广泛分赠。比如，官至湖北襄阳府同知的苏州籍举人蒋业晋（1728～？）、官至翰林院侍读的苏州籍进士褚廷璋（1763年中进士）等都在重摹《熹平石经》残字刻成后不久收到了作为礼物的拓本，随后又都在酬赠诗中对钱泳表达了感谢。[④]

重摹《熹平石经》残字之举给钱泳带来的最大收益当属引起了翁方纲的注意。翁方纲作为当时学界的领军人物之一，精研金石学，多年致力于《熹平石经》残字的搜集整理，考订题跋多个版本，并于乾隆四十二年（1777）将黄易购得的宋拓《熹平石经》残字在家中摹刻上石，又追仿宋代洪适在越州蓬莱阁

① （清）钱泳：《重模汉熹平石经残字》，载《写经楼金石目》清刻本。

② （清）钱泳：《重模汉熹平石经残字》，载《写经楼金石目》清刻本。

③ （清）钱泳：《重模汉熹平石经残字》，载《写经楼金石目》清刻本。

④ 见（清）钱泳辑《写经楼题赠集》，上海图书馆藏清稿本。

重摹《熹平石经》之事，将家中书斋命名为“小蓬莱阁”。[①]替翁方纲完成这项摹刻工作的是张燕昌，[②]张燕昌与翁方纲交好多年，常常将苏州新出的碑帖拓本及古物玩好赠送给翁方纲，而钱泳恰好又将自己新摹的《熹平石经》残字拓本寄送张燕昌，因而翁方纲很有可能从张燕昌处很快地得到了钱泳的拓本。

与洪适记载相吻合的五百余字《熹平石经》残字让翁方纲十分重视，同时他也高度肯定了钱泳的摹刻功力。翁方纲之子翁树培（1765～1811）在题跋中写道：“《熹平石经》洪文惠（洪适——引者注）、石熙明（石邦哲，南宋人——引者注）先后摹刻，今未得同审也。梅溪先生此刻顿还旧观，而同时复有会稽本、吴门刘氏缩本并吾家小蓬莱阁本，今并几研玩，竟让此本之妙，家君所以每称叹不置者也。”[③]翁方纲的欣赏程度可见一斑。

乾隆五十三年秋，即钱泳重摹《熹平石经》残字三年之后，翁方纲在江西学政任上重新摹刻《熹平石经》残字于南昌府学，并有题跋同勒于石：“昔鄱阳洪文惠公以所得汉《熹平石经》残本千九百余字重镌八石于会稽蓬莱阁，石久不存矣。近日如□平张氏及吾乡孙氏所藏摹本残字，惟《盘庚》一段，《论语》二段而已。方纲于钱塘黄氏、如皋姜氏、金匮钱氏前后摹得一十二段，凡残字六百七十有五。乾隆五十三年秋九月敬勒于南昌县学宫，凡四石，虽未及洪文惠所刻之半，亦足以追越州石本之遗意尔。”[④]由此可知，翁方纲共重摹六百七十五字，而从钱泳处所得便占了五百余字，可见钱泳的重刻本是翁方纲此次重摹《熹平石经》残字的主要底本（图3）。

翁方纲这次重刻《熹平石经》残字为当时文士圈中的重要文化事件之一。

---

① 翁方纲在许多诗作中均提到这一事件，如他曾在一首诗的长标题中记载道：“昔鄱阳洪文惠重摹汉石经于越州蓬莱阁，今六百廿年矣，丁酉秋予以黄秋盦（黄易——引者注）所藏三段摹刻于小斋，因自名‘小蓬莱阁’，而秋盦之先世实有小蓬莱之号，诚足异矣……”见（清）翁方纲《复初斋诗集》卷三十六，《续修四库全书》第1455册，上海古籍出版社1995年版，第7页。

② 翁方纲曾就此事赠诗给张燕昌，题为：“芑堂（张燕昌——引者注）为我摹刻汉石经残字于壁，赋此报之，如报小松（黄易——引者注）之数”，见（清）翁方纲《复初斋诗集》卷十七，《续修四库全书》第1454册，第503页。

③ （清）钱泳：《重模汉熹平石经残字》，载《写经楼金石目》清刻本。

④ 见《翁方纲摹并跋〈熹平石经〉残字拓片》，载北京图书馆金石组编《北京图书馆藏中国历代石刻拓本汇编》第75册，中州古籍出版社1989年版，第103页。

由于翁方纲一贯在重摹古刻上精益求精，加之其文渊阁直阁事詹事兼翰林院侍读学士、提督江西学政的身份，这个重刻版本备受重视。刻成之后，翁方纲自赋《南昌学宫摹刻汉石经残字歌》诗一首，追和的官员与学生多达2000多人，一时声势不小，这些诗作多有提及“金匮钱氏”字样，因而钱泳的知名度也有所提高。翁方纲对于这次重刻行为还称不上完全满意，他在多年后给钱泳的信中写道：“此石摹刻出工匠之手，自问不逮梅溪铁笔之精也。”[①]可见他对于钱泳摹刻技艺的称赏。

从现有材料来看，翁方纲与钱泳在乾隆五十七年六月十一日于山东济南的会面似为两人的初次见面，在此之前，两人是否有直接书信往来尚不得而知。这次会面翁方纲出示多种藏品请钱泳赏鉴，钱泳于次日启程北上时翁方纲还亲自相送，翁方纲的殷勤厚意自然与《熹平石经》残字不可分割，也与他随后对于钱泳的种种委托相关联。会面后的第二年，即乾隆五十八年，钱泳重新翻检徐树丕的双钩残纸，在零碎的残本中“以意连属”，又得到《论语・学而》中的38字，再度刻石，并直接将拓本寄赠翁方纲，翁方纲回信道：“承惠石经《论语・学而》篇五行，摹勒之精更胜前刻，拓得墨光亦极妙，但只新拓之一纸，不胜贪饫之私，更乞多惠十余纸，更感更感。”[②]又有回诗一首，题为“钱梅溪又得汉《熹平石经》《论语・学而篇》五行摹本见寄，赋此为报”，诗中写道：“龙图晋玉莫矜负，黄初孔庙谁争雄，不见钱子甫二载，字增七百光熊熊。”[③]可见重摹《熹平石经》残字一事在两人交往中起的关键作用。

钱泳于乾隆五十年重刻《熹平石经》残字上石之后，在乾隆五十一年又完成了一项重要的工作。这一年担任河南巡抚的毕沅因调查水灾泛滥的淮水源头，获赐乾隆皇帝御制《淮源记》一篇，毕沅便在一方端砚上用蝇头隶书写刻了这篇御制《淮源记》上贡，“奏进称旨”后，毕沅十分高兴。[④]替毕沅完成隶书写刻工作的正是钱泳。毕沅作为江苏镇洋（今太仓一部）人，在苏州置有家业，又

---

① 见（清）钱泳辑《写经楼题赠集》。

② 信见（清）钱泳辑《兰林集》。

③ 诗见（清）翁方纲《复初斋诗集》卷46,《续修四库全书》第1455册，第92页。

④（清）徐颖编，钱泳校订《梅溪先生年谱》,《北京图书馆藏珍本年谱丛刊》第122册，第186页。

因苏州为能工巧匠会聚中心，常替内府制作器物，因而他自然在苏州寻找能书刻端砚之人，钱泳既有充分的隶书书刻能力，这份工作能交到钱泳手上亦是情理之中。钱泳此次书刻的端砚得到了乾隆皇帝的称许，于是毕沅决定聘请钱泳入幕。

乾隆五十二年秋九月，29岁的钱泳辞去教职，应毕沅之聘，离开江苏乘舟前往开封，从此开始了与全国范围内的名公巨卿的交游。出发前后，苏州本地的文人士绅多有相送者，因为此事专门绘制有一幅《山塘送别图》以作纪念，钱泳邀请各位送别者在其上题写赠诗。[①]目前所知的赠诗者有陈广宁（1763～1813）、蒋业晋、褚廷璋等，诗中多以“陆机入洛”来恭维钱泳的初次游幕，而钱泳却在旅途中作诗道：“平生爱清旷，行役非良图。”[②]无论如何，从底层塾师到巡抚幕客是当时无功名之文人能够获得的显著职业飞跃，钱泳的人生经历和他的碑帖镌刻生涯就此进入了一个全新的阶段。

① 这些赠诗见（清）钱泳辑《写经楼题赠集》。

② 见钱泳《乾隆丁未岁九月将赴汴梁，自丹阳至京口夜泊咏怀四首，示陈雪樵上舍广宁》一诗，载《梅花溪诗草》，清嘉庆二十四年履园刻本，《清代诗文集汇编》第456册，第579页。

第三章
钱泳的生平经历及书法技艺

毕沅幕府是乾嘉时期影响极广的学者幕府，钱泳于29岁进入其中，得以结识当世的许多官员及学者，此次游幕对于他眼界之开拓、学识之积累有着不同凡响的意义。之后，钱泳还在人生的不同阶段中游幕于江浙官署。游幕带给钱泳“官员座上宾”的社会地位，[①]又提供了广阔的交游平台，因而游幕是他重要的人生经历。在关于钱泳的已有研究中，钱泳的游幕活动常被作为他人生的主要经历进行叙述，并多有他“大半生出入幕府”[②]的表述，类似研究给人留下了他“主要以游幕为生”的印象。然而，细考钱泳的生平经历，可知实际情况并非如此。

表3–1 钱泳生平简表

时间	年龄	时长	主要经历
乾隆五十二年十月至乾隆五十三年七月	29～30岁	约10个月	在开封，河南巡抚毕沅幕中
乾隆五十三年八月至乾隆五十四年二月	30～31岁	约7个月	返回苏州，在毕沅宅中开展刻帖工作
乾隆五十四年四月至八月	31岁	约5个月	在武昌，两湖总督毕沅幕中

① 关于幕友的社会地位，参见瞿同祖《清代地方政府》中“幕友”一章，范忠信、晏锋译，法律出版社2003年版。

② 见陈雅飞《乾嘉幕府的碑帖风尚——以钱泳为视角》，载莫家良、陈雅飞编《书海观澜二——楹联·帖学·书艺国际研讨会论文集》，香港中文大学艺术系、香港中文大学文物馆2008年版，第147页。文中将钱泳的游幕活动作为钱泳的主要生平进行考察，并有“钱泳一生的书法姻缘都离不开游幕生活”等论断。此外，如张胜利在《清代乾嘉道时期江南地区的私家刻帖活动——以钱泳为中心的考察》（载孙璘主编《明清江南刻帖研讨会论文集》，第271～281页）一文中称“钱泳一生未至显官，长期游走在大江南北充当幕僚”（第273页）；又如余立在《钱泳碑帖摹刻活动研究》（南京艺术学院2012年硕士学位论文）中专辟“钱泳的游幕活动”一章，称他“出入幕府数十年”，“钱泳的一生……是乾嘉时期书家游幕风气的写照”等（第4页）。

续表

时间	年龄	时长	主要经历
乾隆五十四年九月至乾隆五十六年七月	31~33岁	约23个月	先在苏州毕沅宅中继续刻帖工作，后往来江苏各地
乾隆五十六年八月至乾隆五十七年四月	33~34岁	约9个月	在绍兴知府李亨特幕中
乾隆五十七年四月至十月	34岁	约7个月	经山东到北京游历
乾隆五十八年初至秋季	35岁	大半年	在杭州知府李亨特幕中
乾隆五十八年秋	35岁	约3个月	在金匮家中养病
乾隆五十九年五月至八月	36岁	约4个月	在杭州监修表忠观
乾隆五十九年十一月至乾隆六十年闰二月	36~37岁	约5个月	前往福建游历
乾隆六十年三月至六月	37岁	约4个月	在杭州，为族人修宗谱并寻访先祖墓地
乾隆六十年六月至八月	37岁	约3个月	在金匮家中
嘉庆元年	38岁	约1年	在杭州，入浙江督粮道（后为浙江盐运使）张映玑幕中
嘉庆二年至嘉庆三年三月	39~40岁	约1年3个月	在杭州，入浙江转运使秦震钧幕中
嘉庆三年十一月至嘉庆四年五月	40~41岁	约7个月	在北京游历
嘉庆四年末至嘉庆五年初	41~42岁	约3个月	从金匮迁居于常熟
嘉庆五年五月至六月	42岁	约1个月	在北京游历
嘉庆五年末至嘉庆十年初	42~47岁	约4年余	往来于常热、扬州等地
嘉庆十年三月至八月	47岁	约6个月	在北京开展刻帖工作
嘉庆十年末至嘉庆十三年初	47~50岁	约2年余	多在常熟家中
嘉庆十三年二月至十月	50岁	约9个月	陆续至杭州、山东、北京等地
嘉庆十三年末至嘉庆十四年初	50~51岁	约3个月	在江南，应用常熟附近
嘉庆十四年三月至八月	51岁	约6个月	在北京游历、开展刻帖工作
嘉庆十四年末至嘉庆十八年末	51~55岁	约4年	多在常熟家中，间至苏州等地
嘉庆十八年末	55岁	约2个月	至湖州游历
嘉庆十九年二月至十一月	56岁	约10个月	在高邮州知州冯馨幕中

续表

时间	年龄	时长	主要经历
嘉庆二十年至嘉庆二十三年	57～60岁	约4年	多在常熟家中，时常往来苏州，间至海州、湖州等地游历
嘉庆二十四年	61岁	约1年	在苏州，入江苏苏松常镇太粮储道斌良幕中
嘉庆二十五年至道光二年	62～64岁	约3年	多在苏州、扬州一带往来
道光三年	65岁	约1年	间至杭州、绍兴、扬州等地游历
道光四年至道光八年初	66～70岁	约4年	多在常熟家中，间至苏州、天台、嘉善等地
道光八年三月至道光九年二月	70～71岁	约1年	在清江浦，江南河道总督张井幕中
道光九年二月至八月	71岁	约7个月	在常熟家中处理诉讼事宜
道光九年十月至道光十年四月	71～72岁	约7个月	在清江浦，江南河道总督张井幕中
道光十年五月至八月	72岁	约4个月	在常熟、苏州等地
道光十年八月至岁末	72岁	约5个月	在清江浦，江南河道总督张井幕中
道光十一年初	73岁	约3个月	在常熟、杭州等地
道光十一年四月至八月	73岁	约5个月	在清江浦，江南河道总督张井幕中
道光十一年八月至十一月	73岁	约4个月	在常熟家中
道光十一年十二月至道光十二年二月	73～74岁	约3个月	在清江浦，江南河道总督张井幕中
道光十二年二月至道光十九年	74～81岁	约8年	多在常熟家中，间至嘉善、惠山、杭州、临安、松江等地
道光二十年	82岁	约数月	在镇江，为友人支丰宜修家谱
道光二十一年至道光二十四年	83～86岁	约4年	多在常熟家中，往来镇江、扬州、江宁等地

资料来源：此表主要根据（清）徐颖编、钱泳校订《梅溪先生年谱》，（清）胡源、褚逢春编《梅溪先生年谱》及其他相关材料编制。钱泳简要生平参见附录《钱泳年表》。

由表3-1可知，在钱泳首次外出游幕之后的57年里，正式的幕主有毕沅、李亨特（1754～1815）、张映玑（1742～？）、秦震钧（1735～1807）、冯馨（生卒不详，活跃于嘉庆年间）、斌良（1784～1847）、张井（1776～1835），而钱泳真正在官署幕中的时间合计起来为10年左右，这在他长达86年的人生中，只占了一小部分，并且他持续留居官署的时间最长不超过1年3个月，显示出了他在游幕过程中有着极大的自由度，这也意味着他在大部分时间里并非幕主的核心幕僚成员。钱泳人生中的大半时间其实是以乡间家居生活为中心，同时频繁地游历江浙各地，偶尔长途远游。他离开江南地区的旅行，除了早年前往开封及武昌的毕沅幕府工作之外，只有为时不长的数趟北京之旅及一趟福建之旅，而前往这两地的旅行也与游幕无关。

钱泳在游幕生涯中并非专以镌刻碑帖和书法技艺见用，在幕主之中，委托钱泳镌刻丛帖的只有毕沅、斌良和张井，钱泳分别为他们摹刻了《经训堂法书》十二卷、《抱冲斋石刻》十二卷及《澄鉴堂石刻》四卷。此外，钱泳为李亨特重刻了秦《会稽刻石》和《熹平石经》残字、书刻了《清白堂记》、书写了《重修绍兴府学宫碑记》等，为冯馨撰写并书刻了《明故处士冯君墓表碑阴》（墓主为冯馨族中先祖），为斌良书写了《虞山兴福寺八咏石刻》及《兴福寺题名》，至于张映玑与秦震钧二人，暂未见到他们有委托钱泳参与碑帖事宜的记载。

钱泳一生书刻碑帖数量众多，生活来源应大部分仰赖于此，但来自幕主的委托暂时只见上述几种，可见他主要的碑帖委托工作并不来源于幕主。钱泳因在端砚上用蝇头隶书写刻了乾隆皇帝御制《淮源记》而获毕沅之聘，毕沅聘请钱泳之后交付给他的最主要工作是摹刻《经训堂法书》，但他同时在毕沅官署还承担了部分“佐理翰墨”的工作，[1]如乾隆五十三年关于湖北荆州水灾赈济的奏书便是出自钱泳之手，乾隆五十四年毕沅为和珅（1750～1799）贺寿的册子亦为钱泳缮写。在毕沅幕中钱泳承担的最接近学者身份的工作是在开封为毕沅校勘《中州金石记》，也许正是因为这段时间毕沅幕中学者型人才缺乏，编书校书

① 参见尚小明《学人游幕与清代学术》，社会科学文献出版社1999年版，第38页。“佐理翰墨”常为代拟诗文及呈进奏议。

工作需要人手，[①]才让钱泳有了这样的工作机会，但也反映出钱泳虽然科考不售，在金石学上确有专长，能够置身于学者的话语圈中。此外，钱泳还替毕沅撰写了《金石文字类编序》一篇，显示了他在金石学上的造诣以及毕沅对他学术水平的信任。[②]另需一提的是，钱泳虽然连生员的功名都未曾考取，但最迟在乾隆五十七年已拥有国子监生的头衔，钱泳在传世的任何资料中都未明确提及此事经过，但按当时惯例，这一头衔应为捐纳取得。[③]捐纳监生头衔虽算不得光彩，但在清代极为普遍，它毕竟标志了儒生的地位且拥有了进一步科考及捐官入仕的可能，这一身份使得钱泳正式与平民阶层区别开来。[④]此外，最迟在嘉庆十四年，钱泳还进一步捐得了“例授儒林郎候铨布政司经历”的头衔，至少在名义上成为士绅圈中的一员。

离开毕沅幕府之后，钱泳受聘于绍兴知府李亨特，获聘的主要工作是重修《绍兴府志》，从完稿的府志可以看到，钱泳的名字列在“分修”一栏之下，[⑤]可见的确承担了大量修志工作。在浙江督粮道（后为浙江盐运使）张映玑幕中，钱泳承担的是“掌书记”，[⑥]即佐理文书的工作，之后在浙江转运使秦震钧幕中，推测也是承担同类工作。在高邮知州冯馨幕中，钱泳的工作是增修《高邮州志》，从钱泳欲将修好的州志署名为《嘉庆高邮州志》一事来看，[⑦]钱泳在修志过程中有着一定的地位和发言权。在江苏苏松常镇太粮储道斌良幕中，钱泳的主要工作是摹刻《抱冲斋石刻》。进入江南河道总督张井幕中时，钱泳已年逾七旬，这时

① 关于毕沅抚豫期间幕中学者人才缺乏的情况，见尚小明《学人游幕与清代学术》，第101页。

② 全文见（清）钱泳《履园文集》，清述祖德堂抄本，载《清代诗文集汇编》第456册，第695页。

③ 钱泳在乾隆五十七年入京似乎是去参加顺天乡试的，他于七月十三日“扶病入城，向国子监投文”[（清）钱泳撰、张鸿鸣点校《登楼杂记（外一种）》，第363页]，后又在给黄易的信中称：“七月初五日投文考到之后，即为病魔所侵，竟未入场，亦付之命运而已。”（薛龙春：《黄易友朋往来书札辑考》，生活·读书·新知三联书店2021年版，第398页）两处日期记载或因误记而有出入，但可见钱泳因为生病，未曾入场考试。此外暂未见到钱泳还有其他参加乡试的记录。

④ 关于清代监生的地位，参见何炳棣《明清社会史论》，第37～39页。

⑤ 见（清）李亨特等修《绍兴府志》第1册，台北：成文出版社1976年版，第3页。

⑥ 见（清）钱泳撰、张伟点校《履园丛话》，第560页。

⑦ “嘉庆十九年，余与修《高邮州志》，将刻成，署曰《嘉庆高邮州志》，州中诸缙绅见之哗然，以为不通，仍去‘嘉庆’二字。余笑谓州刺史冯椒园曰：‘吾见《元和郡县志》、《元丰九城志》、《乾道临安志》……不胜枚举，岂诸缙绅亦以为不通耶？少所见多所怪也。’”见（清）钱泳撰、张伟点校《履园丛话》，第609页。

已是道光时期，随着社会问题的日益加剧，乾嘉游幕时的学术风气已转向了经世致用，幕宾更多地从事实际事务而非编书、校书等学术工作，此时钱泳在张井幕中亦有襄助河务。[①]在此之前，因江南水患严重，钱泳先刊刻了族中先祖所著的《三吴水利条议》，又辑录前贤治水论述成《水学赘言》十二篇，[②]欲进呈当事官员，并自认为“深悉治水治田之法”，[③]因此张井邀请钱泳入幕应与治水有关。钱泳虽然也替张井摹刻了《澄鉴堂石刻》，但摹刻此帖所占用的时间并不多。

由上可知，钱泳在幕中并非完全如之前的研究者所论述的那样“相较于其他学者的校书、编纂和访碑，钱泳在幕中多从事碑帖摹拓一职，前者要求专业的学术能力以及相应的科举功名，后者则相对较为低级”，“钱泳正是以其书写、赏鉴、钩勒等全面而出色的技艺，成为下层幕客中的佼佼者”。[④]钱泳在游幕过程中从事的工作大体是符合一个有学识的文人身份的，标志着文人身份的书法技艺暂且不论，除了在毕沅和斌良幕中刻帖占据了他较多的时间之外，在其他人的幕中，他的主业并非摹刻碑帖，而是佐理文书、参赞政事以及修志校书。尤需一提的是，清中期修志盛行，而修志又多重金石，因而钱泳参与修志多与他的金石学素养有关，他在修志的过程中也常出外访碑。钱泳在幕中的地位随着他的年龄阅历、幕主的官阶声望以及幕中人才的多寡而有变化，他年轻时在毕沅幕中显然不能与同时在幕的孙星衍、洪亮吉、章学诚（1738～1801）、凌廷堪（1757～1809）等著名学人相提并论，但56岁时在高邮知州冯馨幕中地位应当较高，而年过七旬在江南河道总督张井幕中，亦受到相当的礼遇。无论如何，钱泳都不能被一概归为“下层幕客”。钱泳镌刻碑帖之声名在当时相当突出，应是为了摆脱被目为匠人、帖估之虞，钱泳一直积极寻找修志、佐理政务等符合文

① 张井曾在给钱泳的信中谈及水患，如“昨驰赴下游，直至海口，勘查工程，水势已于十七日言旋，夏至后仍当诣勘徐方一带，约兼旬方可竣事。尘劳鞅掌，不足为高人道。或尔时吾兄已可安抵袁江耶？数行布臆，幸即命驾为望”。见陶湘辑《昭代名人尺牍续集》，收入周骏富辑《清代传记丛刊》第32册，台北：台北明文书局1985年版，第429～430页。

② 中国国家图书馆藏有《三吴水利条议》刻本及《水学赘言》抄本，《三吴水利条议叙》一文亦收录于《履园文集》，钱泳在序文中详细表述了他对于江南水利的关注。

③（清）胡源、褚逢春编《梅溪先生年谱》，载《北京图书馆藏珍本年谱丛刊》第122册，第258页。

④ 陈雅飞：《乾嘉幕府的碑帖风尚——以钱泳为视角》，载莫家良、陈雅飞编《书海观澜二——楹联·帖学·书艺国际研讨会论文集》，第155页。

人身份的幕客职位，既为增加收入、拓展交游平台，更是为了寻求身份认同。

在进入毕沅幕府之前，钱泳在苏州当地的士绅圈中已有了一定的人际网络，游幕以来，他有了更多的机会结识四方的官员学者，随着这些官员学者日后任职以及居留的变化，他的人际交往圈渐渐扩展到了全国各地，但总体来说，还是以江浙士绅圈为主。此外，数次进京之旅使得钱泳得以结识京城的亲王贵胄及高官显宦，这亦构成了他重要的人际资源。从现有资料来看，钱泳除了游幕之外，其他时间常乡居家中，并应四方友朋之招或长或短地出游各地。他一生中所镌刻的碑帖有过半是出自他人请托，这些请托与他广阔的交际网络密不可分，也与他早年获得翁方纲、毕沅等学者型高官的赏识直接相关。作为一个拥有一定学识但没有正途科举功名的文人来说，除了引起翁方纲等人注意的摹刻《熹平石经》残字之举，他所拥有的精湛书法技艺也是他开拓人际网络的重要手段。

纵观整个清朝，钱泳并非第一流书家，但在清中期允称书法名手，尤以隶书知名。上一章已叙述过钱泳的早年习书经历，之后他亦终身临池不辍，名气日增。从现存的钱泳书迹来看，隶书、行书及楷书作品较多，篆书与草书少见。他的书法总体而言法度谨严、笔墨技巧纯熟精到，反映出深厚的临古功力和强大的书写掌控能力，但他的作品同时又缺少风格上的变化，每一种书体在大致面貌上没有明显转换，这也从一个方面显示出他个人书写审美理念的稳定。

以行书而言，钱泳的行书书风来源于二王、赵孟頫一路，端正妍雅，如图4-1，从中亦可看到其与图1的相似之处。图4-1在内容上是临写米芾的《闰月帖》，但没有米芾书法的欹侧跳宕，而是钱泳以己书“意临”之作。此作结体端庄典雅，用笔圆转流畅，体现出赵孟頫中年平和秀丽行书书风（图4-2）的影响，但同时，作品字距相对较近，并运用了较多的肥厚侧锋，也显现出类似苏轼（1037～1101）的用笔风格（图4-3），因而整体气息与赵孟頫书风相较，略少了一份轻灵，更增了一分浑厚。

钱泳在大量的信札、手稿、书作中，显示出了一以贯之的行书书风，如图5-1、图5-2、图6、图7，结合其他同样书风的作品内容，可以得知这一书写面貌大约从钱泳的中年持续到晚年，是钱泳个人行书风貌的典型样态。这些手迹反映了钱泳严谨精湛的书法修养，每件书迹用笔均娴熟细致，即便是图6的手稿作于85岁高龄之时，也依然流畅自如，未见散败衰颓之相。钱泳在对二王、赵孟頫等人的临习基础上，亦显露出个人的书写特色，如其墨色浓淡对比鲜明，用笔之厚重与轻巧有意穿插而行，变化极具规律感。其结体与王氏一脉书风相比，显得方阔，转折处时现顿挫圭角，富有类似颜真卿书法的楷意，亦与唐代部分经生体相似。

以楷书而言，钱泳的大楷作品较为少见，所传多是小楷。钱泳自幼便精于小楷，及长之后，于唐碑上用力甚勤，甚至积多年之力，缩临唐碑130余种，这也成为他人生中最可标榜的书法事件之一。除了着意临习不同风格的作品，他个人常见的小楷面目亦十分稳定。图8是钱泳所临的《洛神赋》十三行，可以清晰地窥见他取法赵孟頫直接二王的学书路径，[①]此作略有晋人之萧散风度，但用笔结体如赵孟頫一般极为熟练。钱泳常以小楷题写跋语与观款，这类书迹相似度极高，如图9-1、9-2，书写均细致周到，绝不见懈笔，显示出他对晋唐小楷的熟稔和对赵孟頫典雅圆熟风格的掌控。从图10的小楷（带有行书笔意）《记灵飞经》册中可以清晰地看见钱泳用笔的精劲细致程度，同时亦可见钱泳有意经营出的墨色浓淡与用笔轻重的变化，这一点与他的行书作品相同。图9-1、图9-2、图10均为钱泳中年时期的作品，至晚年之时，他仍能做小楷，如图11作于钱泳84岁，此时的小楷结体方阔，用笔更加厚重，与同时期的行书面貌极为相似。

钱泳的隶书最为时人称道，传世作品中隶书亦占了大多数。在当世论者眼中，不少人将钱泳与隶书名家桂馥（1736～1805）并称，甚至“南钱北桂”之说传扬一时。如阮元称：“梅溪工于八法，尤精隶古，与山左桂未谷馥齐名。”[②]王芑孙（1755～1817）作诗道：“未谷此行一万里，此官一作安能止……

① 钱泳曾论述学书之道：“或问余：‘宋四家书既不可学，当学何书为得？’余曰，其惟松雪乎。松雪书用笔圆转，直接二王，施之翰牍，无出其右。前明如祝京兆、文衡山俱出自松雪翁，本朝如姜西溟、汪退谷亦从松雪出来，学之而无弊也。”见（清）钱泳撰、张伟点校《履园丛话》，第292页。

② （清）阮元：《修暴书亭落成重题一阕》，载《定香亭笔谈》，《续修四库全书》第1138册，第480页。

天下八分谁第一，钱泳于今当继出。”[①]邓廷桢（1776～1846）作诗道：“我昔挟筴游京师，好从人海搜瑰奇。南钱北桂名一时，善学汉碣摹秦碑。”[②]童槐（1773～1857）作诗道：“翰墨声名动上台，南钱北桂亦雄哉。”[③]虽然有后辈同道认为钱泳实不及桂馥，如吴熙载（1799～1870）在桂馥隶书轴上题跋“桂君未谷分书与钱梅溪齐名，当时有‘南钱北桂’之称，其实桂当胜”（图12），但由此仍可窥见钱泳隶书在清中期的声望。

从阮元和王芑孙所做评语的时间[④]可以推断出，钱泳在30余岁时就已经以隶书擅名。钱泳遍临汉碑，与桂馥等乾嘉隶书名家一样，一改清前期郑簠（1622～1693）、朱彝尊（1629～1709）等人“妄自挑趯”“擅自增损”[⑤]的隶书面貌，取法汉隶，严谨有度，且尤以《乙瑛碑》《西岳华山庙碑》等典雅端庄的风格见长。图13临于乾隆五十七年，钱泳时年37岁，可见他此时对于端严整饬一类汉隶的结体与用笔已经掌握熟稔，但与汉碑原作相比，少了天然厚重和结字变化，更显清新雅致。由此不难看出为何彭绍升曾规劝钱泳：“隶书以骨重神寒为上，轻圆娟好为下，近时学者不患无姿，只患无骨，望足下有以矫之”，亦不难看出为何师从碑学先驱邓石如（1743～1805）的吴熙载以为钱泳不及桂馥。相形之下，桂馥的隶书沉雄有力，与崇碑学者眼中的汉隶风神更为接近。

图4作于嘉庆十六年，钱泳时年53岁。这一立轴的规格为95厘米×39.5厘米，写有1400个隶书小字，且穿插有小楷数行。从放大的局部可以看出，钱泳的隶书小字在深谙汉法的同时，显得轻熟娟媚，时有尖锐出锋，于严谨之中又有随意之趣。类似的隶书小字还常见于钱泳的题跋与观款中。

---

① （清）王芑孙：《岁暮怀人六十四首·桂未谷大令馥》，载《渊雅堂全集·编年诗藁》卷十四，《续修四库全书》第1480册，第536页。

② （清）邓廷桢：《题郝文甫上舍印谱》，载《双砚斋诗钞》卷四，《清代诗文集汇编》第520册，第30页。

③ （清）童槐：《题梅华溪上图》，载（清）钱泳辑《梅华溪上图题咏》，上海图书馆藏清稿本。

④ 阮元的《定香亭笔谈》刊刻于嘉庆五年（1800），成书必然早于此时；王芑孙的诗作约写于桂馥60岁（1795），此时钱泳为37岁。

⑤ 钱泳以为：“国初有郑谷口，始学汉碑，再从朱竹垞辈讨论之，而汉隶之学复兴。然谷口学汉碑之剥蚀，而妄自挑趯，竹垞学汉碑之神韵，亦擅自增损，识者病之。”这也是乾嘉文人群体中颇具代表性的看法。见（清）钱泳撰、张伟点校《履园丛话》，第286页。

钱泳常应各方人士之请书写画卷引首、对联条屏等，由此可见钱泳隶书大字之面貌。图15作于嘉庆四年，钱泳时年41岁，其结字用笔显得清俊秀雅，用笔多以直线取代波磔。图16作于道光二年，钱泳时年64岁，同为画卷引首，可见此时钱泳的笔力更为沉酣雄厚、结体更加方整稳重。图17为钱泳于嘉庆二十一年所作，时年58岁，此联为钱泳成熟时期隶书的典型样态，类似书风的作品传世颇多。这类隶书笔力沉静、用笔圆融饱满，笔画粗细相间，笔致微有变化，波磔含蓄，结体稳重，整体气息端秀古雅。随着年岁的增长，钱泳在隶书上也与同期的许多隶书书家一样，有意追求更多的笔墨与金石趣味，如图18作于道光十六年，钱泳时年78岁，可以看到其中有不少信手随意之笔，书写状态较为放松。到了晚年，钱泳隶书横画中段的细小波动明显增多，可以判断是其有意追求的艺术效果，以求达到书风突破之效，但类似用笔出现过于频繁且排布常有程式化之感，如图19（作于钱泳81岁），反而使作品增加了不少匠气，有损品格。

总而言之，钱泳书艺精湛，咸丰年间收藏钱泳手稿的藏家甚至认为其“无体不工，空前轶后”，[①]但在书法史的观照标准下，他确实终其一生没有发展出鲜明的个人特色。钱泳意识到自己的局限，曾自我评价“余年过五十，自分无有进境，亦不能成家”，[②]后世亦有论者认为钱泳“盖专事依傍不肯戛戛独造也”。[③]乾嘉道时期正是书法史上习称的“帖学”到“碑学”的过渡期，进入“碑学大兴”的时期之后，书法的审美标准普遍发生了变化，更加崇尚上古金石文字及传统书史所不取的非名家碑版书法，对于何为“古”的看法也与之前有别，倾向以厚重朴拙、富有“金石气”之书为“古”。钱泳的书写面貌来源于他的审美观念，如他称“用笔太重，重则近俗”[④]；“一人之身，情致蕴于内，姿媚见乎

---

① 藏家名为伊远昭，题识见于（清）钱泳辑《兰林集》。

② （清）钱泳撰、张伟点校《履园丛话》，第291页。

③ “吾乡钱梅溪泳，嘉道间遨游公卿间，文酒风流，挟艺自给，尤精金石之学。所刊汉碑汇刻、摹印上石，皆出一人之手。徐子薇生语余：‘梅溪负一时盛名在此，梅溪之不能终成大家亦在此，盖专事依傍不肯戛戛独造也’，其言殊中梅溪之病。”见（清）王蕴章《燃脂余韵》卷三，民国本，爱如生中国基本古籍库。

④ （清）钱泳撰、张伟点校《履园丛话》，第280页。

外，不可无也。作书亦然。古人之书，原无所谓姿媚者，自右军一开风气，遂至姿媚横生，为后世行草祖法。今人有谓姿媚为大病者，非也”。[①]在隶书上，钱泳虽取法汉碑，但谨守典雅矩度，不欲取法“不工”之汉碑，亦不愿做风格形式的“突破”，这从他对于伊秉绶（1754～1815）隶书书风变化的态度可以得知。[②]显而易见，以二王帖学体系的姿媚秀雅为尚的审美观念与“碑派”正好相反，因而钱泳的书法在之后的时代里便常被批评为“不古”。如钱泳之友齐彦槐（1774～1841）之子齐学裘（1803～？）便认为他“分书一味妍媚，不求古雅，名虽远播，终不近古”，[③]叶昌炽身处晚清“碑学”兴盛之时，亦以为“梅溪隶法从唐碑出，丰赡有余，遒古不足，与《石门》、《夏承》诸碑尤凿枘”，[④]甚至尖锐地认为隶书之末流“为郑谷口，又降而为钱履园，则堕恶趣矣”。[⑤]这种“不古”的评价显然由不同历史时期中对何为“古意”的主流观念发生变化所导致。

钱泳的书法虽在后世“碑派”人士眼中不获好评，但在他的时代却极受欢迎。作为一个靠捐纳取得国子监生等头衔的普通文人，书艺对他拓展社交圈起了十分重要的作用。举例而言，如果说他与翁方纲的交情始于《熹平石经》残字摹本，那么他与阮元的交情便主要源于他的隶书技艺。

阮元与钱泳的交情持续几十年，至耄耋之年犹有密切往来。在赏识过钱泳的名公巨卿中，毕沅、翁方纲、阮元由于自身在学界的巨大影响力，对钱泳来说是尤为珍贵的人脉。钱泳比阮元年长5岁，最迟在乾隆五十九年时两人就已

① （清）钱泳撰、张伟点校《履园丛话》，第295页。

② “汀州伊墨卿太守工于汉隶，又得曲阜桂未谷用笔，遂称名家。京师推为第一。余亦深服之。此在嘉庆丙辰、丁巳间也。自己未三月出守惠州后，其书遂一大变，流入《石门颂》及《李苞阁道题名》一派，放纵自如，忽大忽小，伸纸必满幅，几无空隙处。一日余在杭州偶谒清平阶中丞，大论隶书之学，中丞问余曰：‘墨卿之书子以为何如耶？’余笑云：‘譬如射，然墨卿射过靶矣。’中丞亦笑，以为至论。推此而言，古今人工书者固多，而过靶者亦复不少。”见（清）钱泳撰、张鸿鸣点校《登楼杂记（外一种）》，第149页。由此可见，钱泳对于伊秉绶极具突破性的隶书书风并不认可。

③ （清）齐学裘：《见闻随笔》卷二十四，《续修四库全书》第1181册，第355页。

④ （清）叶昌炽撰、柯昌泗评《语石　语石异同评》，第550页。

⑤ （清）叶昌炽撰、柯昌泗评《语石　语石异同评》，第505页。钱泳早期中期的隶书，虽不入晚清崇尚“碑学”人士之眼，但法度严谨，尚不致被评为“恶趣”，推测叶昌炽认为的“恶趣”隶书，当指钱泳晚年在横画中段使用了大量程式化波动用笔的隶书。

经建立了联系。从现有资料可知，钱泳常替阮元代笔作书，如立于浙江绍兴的《大禹陵庙碑》，落款阮元，而实为钱泳所书（图20）。[①]在阮元写给钱泳的信札中，屡见代写书作之请，如“连日旱暑，祈雨匆匆，未及亲晤雅教，俟得雨后再为相约为湖上之游耳。今送来石研六口，各有珠字在上，奉乞大兄隶笔代书款识，并付刻石人镌之……”“别已匝月……弟欲送人隶字屏五幅，今送来蜡笺八张，乞大笔代书《圣主得贤臣颂》一篇，末空二行以便落款，烦渎之至，统容回省叩谢”。[②]阮元还请钱泳“修正”他的题跋书法，曾写信道：“诒晋斋帖跋拟成，乞为改定，至拙书不但不工，并不能横平竖直，务乞大笔大加润色规正之，庶不有伤妙刻面目也”，[③]阮元题跋见图21。[④]除此之外，阮元还多次写信向钱泳索书，如“有《焦山仰止轩记》，奉乞大笔作隶，以便刻石，呈上素册一本，即书于册内，付下可也”“奉乞隶法‘澹宁精舍’四字额”“蒙书研，谢谢”。[⑤]最值一提的是阮元请钱泳为他在扬州家中最著名的建筑“隋文选楼”书写碑铭（图22），尤可看出阮元对于钱泳隶书的衷心欣赏。

除阮元以外，当世各级地方官员及文人学者多有向钱泳索书的，不少提出了具体细致的要求，可称“精确订制”，如彭绍升写信道：“奉到染色纸一幅，可书大字六字，不足当书‘石斋先生手书诗卷’八字，末用小印章，不必题名。”[⑥]余集（1738～1823，官至翰林侍读学士）写信道：“回南后倘临池之暇，乞为弟临汉碑一二通，只要纸片，不必裱成册子者，不拘何碑，以少残缺者为佳。”[⑦]谢启昆（1737～1802，官至广西巡抚）写信道：“弟前守京口时，曾作重

---

① “嘉庆五年浙江巡抚阮元公奉命修大禹陵，作记立石，泳为书碑。”见（清）钱泳《写经楼金石目》清刻本。此碑从书风来看，亦为典型的钱泳书风。

② 信见（清）钱泳辑《兰林集》。

③ 信见（清）钱泳辑《兰林集》。

④ 由于钱泳常代阮元书写款识，清末民初学者张伯英还误以为钱泳伪造阮元题款。“帖有阮文达题，亦梅溪书，云‘尝见无锡秦小岘司寇藏少游墨竹，且有题识，如嘱梅溪审定勒附帖后，亦佳迹也’，少游墨竹题识，当即《寄畅园帖》所刻，其伪不堪入目，阮公讵不之识，疑此跋亦梅溪伪造，否则文达何不自书而付之梅溪乎？”见《秦邮帖四卷》，张伯英：《张伯英碑帖论稿·释文卷》，第238页。

⑤ 信见（清）钱泳辑《兰林集》。

⑥ 信见（清）钱泳辑《兰林集》。

⑦ 信见（清）钱泳辑《兰林集》。

修府治记一篇，今石刻汗漫，欲重镌之，敬求大笔作八分，以垂久远，送上捶笺二幅，其字体大小即照后乐圃式样，十日内走领。”[①]吴蔚光（1743～1803，曾官礼部主事）写信道：“前云今年壬戌，宜书赤壁二赋。别后无意收得马远图卷，咫尺万里而一舟之人神气各肖，此非名手不办，当时疑必有书者以合璧。不知何人割去，拜求二兄古隶书一后赋，并系以小跋，亦翰墨之大好因缘，足传不朽。”[②]法式善（1753～1813，官至国子监祭酒）写信道：“故人千里，袖中乌丝有没字处，甚思更得写一册页惠寄，日夕把玩，快慰生平，或陶诗，或王、孟、韦、柳诗皆妙，但用素纸写就，弟处装潢，望之望之。”[③]胡世铨（1771年中进士，官至福建按察使）写信道：“吾兄隶书甲海内，行将照耀石渠，不可不分辉茅舍。弟堂额两字，敢烦椽笔一挥，其跋语用楷书，对先人自应属弟名也。”[④]孔昭虔（1801年中进士，曾任江西督粮道并官至贵州布政使）写信道：“所留粗箑一柄，条幅一张，如已挥就，祈即交来手。兹又送上纸一张，求隶书横幅。所以未画乌丝者，以字体大小可随意也。或大小参错写作数段，如集锦式亦佳。”[⑤]汪恩（1799年中进士，官至安庆知府）写信道：“弟集诸相好楷书得十一页，俱楚楚可观，尚缺一页，非尊书不足以压卷，务祈拨冗一挥，约三日内走领。”[⑥]顾皋（1763～1832，官至户部侍郎）写信道：“兹送去大横幅一张，求隶书崔子玉座右铭，将悬之中堂，用光蓬荜。兴到即希染翰。”[⑦]钱维乔（1739～1806）写信道：“兹有小匾式一纸，烦大笔分书，便中即交钱唐署中转寄为感。分书后或加跋语数行，或不用。款俟做时酌定可也。但印尊章二方，附入足矣。”[⑧]吴鼒（1755～1821，官至侍讲学士）写信道：“前乞小楷小隶画兰之扇系鼒自恳，以为朝夕供养者，便中乞递至扬州。”[⑨]

① 信见（清）钱泳辑《兰林集》。

② 信见（清）钱泳辑《兰林集》。

③ 信见（清）钱泳辑《兰林集》。

④ 信见（清）钱泳辑《兰林集》。

⑤ 信见（清）钱泳辑《兰林集》。

⑥ 信见（清）钱泳辑《兰林集》。

⑦ 信见（清）钱泳辑《兰林集》。

⑧ 信见陶湘辑《昭代名人尺牍续集》，收入周骏富辑《清代传记丛刊》第32册，第102～103页。

⑨ 信见（清）钱泳辑《兰林集》。

也有不精确要求内容，只求钱泳墨宝的，如祝堃（1781年中进士，曾官翰林编修）写信道："奉上素册，船窗暇日，偶然欲书时，祈写数番，留为珍赏，是幸。"①程矞采（1783～1858，官至湖广总督等）写信道："闻阁下腕力尚佳，俟开春临池之暇，乞惠赐楹联，随意作古隶数字，俾为座右之铭。"②其余随意求书各种册页匾额者不胜枚举。

有些人甚至明确提出要学习钱泳书法，如姚元之（1773～1852，官至内阁学士等）写信道："足下兴豪心适，隶法直入东汉，已迈唐而上之矣。喜羡几萦寤寐，便中尚希示我程法为幸。""承惠我石刻《攀云帖》③，如获重宝，什袭藏之，以为模范。此倘有进功，皆所赐也。"④钱昌龄（1771～1827，官至云南布政使等）写信道："前恳书素册如蒙挥就，乞觅妥便寄下，弟急欲奉为模楷，庶几稍有进步，慕教之心，颇切也。"⑤彭寿山（生卒不详，官至广东永安知县）写诗道："群碑伤汗漫，后学少津梁。君手一摹抚，石端生古香。此来乞模范，岂特志收藏。请业知吾许，先求运笔方。"⑥

与钱泳相识的各级官员及文人学者替亲友索书的情形也相当普遍，如余集写信道："兹有弟同乡陆侍御小纸一幅，奉求法隶，便赐一挥。"⑦潘奕隽写信道："昨见所书扇上小楷，妙入晋人之室。今来扇一系丹徒张宝岩所画，其一面欲求大笔小楷，以为珍秘。"⑧吴蔚光写信道："去腊承手书并有隶联之锡，不第四壁生辉，凡识者奇赏欲绝。此赵世兄子梁所由拜求也。"⑨童槐写信道："近时敝友托求法书者甚多，因悉尊处少暇，都已代复。兹有一至好姓胡号撷芸者，谒慕数年，必欲求书条幅扇箑，惟希拨冗赐挥。"⑩孔昭虔写信道："所书条幅及扇古健雄浑，

---

① 信见（清）钱泳辑《兰林集》。

② 信见（清）钱泳辑《守望新书》，上海图书馆藏，道光壬寅春三月扬州朴存堂刻本。

③ 《攀云帖》全名为《攀云阁临汉碑》，乃钱泳将自己所写的隶书摹刻上石、汇编成帖。详见第七章。

④ 信见（清）钱泳辑《兰林集》。

⑤ 信见（清）钱泳辑《兰林集》。

⑥ 见（清）钱泳辑《题赠集》。

⑦ 信见（清）钱泳辑《兰林集》。

⑧ 信见（清）钱泳辑《兰林集》。

⑨ 信见（清）钱泳辑《兰林集》。

⑩ 信见（清）钱泳辑《兰林集》。

尽汉人之能事，所当奉为模楷，日日展玩，谢谢。适有友人在座，见之，即出素绢一帧，托弟转求大笔书额，并附上原样一纸，其文及跋语俱照此书之，惟于署名处用尊款。”[①]顾皋写信道：“承惠隶书大幅，敝房师祝兰坡先生见而叹爱，今有蜡笺对一副，嘱为代求挥洒。”[②]孙尔准（1772～1832，官至闽浙总督等）写信道：“呈上素纸一幅，江苏王侪峤太史求书册，特属转致。渠跂慕甚诚。”[③]还有多次替人索书、代奉润笔，近似于钱泳书法代理者，如吴鼒在不同的信中写道：“鼒拜求分书单款三纸，以舍亲等于敝斋，见大书托恳求者甚多，慕教之诚，想先生不忍拒也。”“联额三件，亦严月三兄送来，为人代恳者，均当具润笔奉呈也。”“兹来大联，系鼒至好王啸厓大兄求书，乞一挥。鼒非至爱不敢代请也。”“昨由晴严兄处奉到法书二纸，谢谢。鼒尚有扇二柄在尊处，一系敝门生吕培画，可缓为弟书，一系江君玉画，乃王子卿太史托转求者，奉恳拨冗一挥。”“有两友倾慕大雅，求一条一联，条幅如无暇书，有已书者加一款与之亦可。”“梅溪先生仁兄阁下，别三年矣……兹有舍亲求大书二纸……”[④]，可见钱泳书作在社会上层文化圈中的受欢迎程度，亦可知吴蔚光曾作诗称钱泳“闲看人争渡，忙酬客乞书”[⑤]并非虚言。

大量的索书需求使得钱泳在上层精英文化圈中拥有了一定的“个人地位”[⑥]，而凭借着满足索书需求所产生的“人情”[⑦]，钱泳也相应地获得了自己的回报，并

① 信见（清）钱泳辑《兰林集》。

② 信见（清）钱泳辑《兰林集》。

③ 信见（清）钱泳辑《兰林集》。

④ 信见（清）钱泳辑《兰林集》。

⑤ 见陈烈主编《小莽苍苍斋藏清代学者书札》，第258页。

⑥ “所谓个人地位是指一个体单位自身具有的社会重要性在社会交往中被他人（社会）所承认的方式及其程度。这里面包涵以下几层意思：(1)‘个人地位’是一种社会交往中的概念，而非个人特征性（人格）的概念，即它同社会地位对应，而不同人格对应，因为它只有通过一种关系的建立才能体现。(2)个体单位自身的‘社会重要性’来自人们在交往中对彼此的社会有价值资源所进行的定义和判断。通俗地讲，它更多地是表示一个人的‘身价’如何，而非‘身份’如何，但这两者之间并不相斥，存在一定的交叉性关系。……”见翟学伟《个人地位——中国日常社会学理论的建立》，载氏著《人情、面子与权力的再生产》，北京大学出版社2013年版，第268页。

⑦ “其实中国人在社会行为和社会形成的特征上既不是个人取向，也不是群体取向。中国社会既无法借助社会角色及其规范而联结成一个具有公共性的社会，也不像一盘散沙那样不能联结成一个大型社会，而是通过个人地位的获得来联结成一种网状社会。如果一个处在关系中的个体能获得他的个人地位，如‘面子’、‘人情’等，那他的关系圈就能迅速扩大，形成他广泛的社会网络……”见翟学伟《个人地位——中国日常社会学理论的建立》，载氏著《人情、面子与权力的再生产》，第275页。

加深了与这些官员学者之间的联系。如钱泳替阮元代笔，阮元亦赠送钱泳新刊刻的学术书籍，替钱泳和他的友朋作序或题跋，为钱泳查阅寻常人士不易接触到的藏书提供直接便利，[①]为钱泳的刻石工程捐款或筹款，并曾打算动用姻亲关系将钱泳自写自刻的阙里石经（见第七章）运往山东曲阜孔宅存放。其他人在向钱泳索书的过程中也多有所回馈，如与钱泳交换墨宝、探讨学问，为钱泳题赠诗文以及提供各种各样的帮助，在此暂不一一列举。

书艺超群极大地帮助了钱泳人际网络的扩展，这些索书行为中应有不少附有润笔，但钱泳的主要收入显然不来源于出售书作，在当时的市场环境下，镌刻碑帖带来的收入更为可观。书法技艺对于钱泳碑帖镌刻工作的开展极有帮助，这是同期的很多其他刻石名手并不具有的优势。书艺除了能帮助钱泳以文人的身份在文化精英人士中建立人际网络，在他人委托的刻碑工作中，钱泳常能将书丹与刻石一并承接；在他人委托的刻帖工作中，钱泳常能提供书法赏鉴意见——这些优势自可帮助钱泳接到更多委托。在钱泳自发镌刻的大量碑帖中，他更是因为深知自己的书作颇有市场，所以将自己的大量作品摹刻上石，制成拓片分发出售，进一步扩大了自己的声名，同时获得经济利益。

小　结

钱泳作为清中期数量庞大的底层文人之一，家境不优、科考不售，但凭借着自身出色的书法技艺、镌刻能力以及优秀的社交能力搭建起了自己的人际网络，进而营造出自己的生存空间。在乾嘉时期浓郁的学风之下，不少有学之士仕进不成，便终身以治学为业，或游幕于官署，或应书院、望族、商贾之聘，或闭门著书，既以写书、编书、校勘等学术工作谋生，同时又精进

① 如阮元信中写道：“蒙书研，谢谢。阁书尽可领钞。顷已将来札中一种开单去取，二日之后即可令写书来敝署矣。”见（清）钱泳辑《兰林集》。钱泳自述曾亲自去过文汇阁、文宗阁、文澜阁（见《登楼杂记》），推测都得到了地方官员提供的便利。

学力。[①]钱泳虽非以传统的经史之学见长，但以书艺、镌刻及金石学为立身之资，他的生平经历也与上述未入仕的有学文人相仿，一生中既有游幕，亦有应各方人士的临时聘请，同时还有大量的时间居家自理生计。通过坐馆、游幕和各方请托，他既从事修志、校书、修谱等符合传统文人身份的工作，也在诸多场合中显著发挥自己的书艺与镌刻专长，同时有大量机会参与交际圈中的书画鉴赏及金石讨论活动。通过自己的职业经历，他一方面开阔眼界、增长学问、精进书艺，另一方面与大量高官名士建立了联系，塑造了自己的个人名望。钱泳的生平经历反映出的行为模式与乾嘉未仕学人的普遍立身选择同中有异，反映出有一定文化素养而选择"以艺谋生"的这一类人群，[②]在乾嘉时期朴学盛行的风气之下所体现出的时代特征，即一面以"学"为依托，一面鬻技。他们的生存方式及其发挥影响的模式与清中期的文艺风气息息相关。

钱泳的书艺在当时受到广泛认可的现象极易使人联想到乾嘉时期的主流书风。乾隆皇帝对赵孟頫书法的喜好早已是学界共识，赵孟頫书风出自王羲之，但以妍雅端稳为主要面目。乾隆皇帝虽推崇二王，但他自己的书法风格却趋于平正圆软，与二王书法中的欹侧多变相去甚远，他所赏识的词臣书家如梁诗正（1697～1763）、汪由敦等均以秀雅平正的风格著称，在这种情况下，学习赵书较之学习王书，实际上更能符合皇帝的需求。时风所及，清中期身处社会上层的书家如梁同书（1723～1815）、王文治、永瑆、铁保等均以秀雅之风见长，而当时的科举考试要求应试者写得一手馆阁面目的小楷亦是人所共知。钱泳作为下层文人，在坐馆时教授学生习字多是为了学生的科举之需，在游幕时佐理文

① 正如梁启超所言，乾嘉之时，"俗既俭朴，事畜易周，而寒士素惯淡泊，故得与世无竞，而终其身于学……其有外任学差或疆吏者，辄妙选名流充幕选，所至则网罗遗逸，汲引后进，而从之游者，既得以稍裕生计，亦自增其学。其学成名著而厌仕宦者，亦到处有逢迎，或书院山长，或各省府州县修志，或大族姓修谱，或有力者刻书请鉴定，皆其职业也。凡此皆有相当之报酬，又有益于学业，故学者常乐就之"。见氏著《清代学术概论》，第65～66页。

② 关于明清以来以艺谋生的群体，学界已多有论述，但这些论述关注的时段主要集中于明末清初，关于职业画家、工艺品制作者等群体的探讨等，如〔美〕谢伯轲（Jerome Silbergeld）"Kung Hsien: A Professional Chinese Artist and His Patronage", *The Burlington Magazine*, vol.123, No.940（1981）, pp.400–410;〔美〕高居翰（James Cahill）:《画家生涯：传统中国画家的生活与工作》，生活·读书·新知三联书店2012年版;〔美〕高彦颐（Dorothy Ko）*The Social Life of Inkstones: Artisans and Scholars in Early Qing China*（Seattle：University of Washington Press，2017）。

书又多需替幕主缮写各类公文，写得一手赵体风格的书法可谓切于实用。他受益于此，因此不难理解他为何在书论中强调学书者当以赵孟頫为首选。钱泳在赵体风格的基础上又有着过于常人的精到用笔和自己的书写追求，因而能够在当时脱颖而出。钱泳的隶书则与乾嘉金石学兴盛所带来的汉隶书法风潮相应和，如果说赵体书法切于实用，那么隶书技艺则代表了钱泳有着更进一步的艺术造诣和金石学养。乾嘉时期不少学者都擅写篆隶，钱泳交游圈中的孙星衍、钱坫（1744~1806）等善篆，黄易、桂馥等善隶，但他们的篆隶风格与晚清时期尚拙的风气不同，大多都在研习金石学及古文字的基础上，呈现出平正典雅风格，钱泳的隶书源于汉碑并同样以端雅见长，因而能够在好古的官员、学者圈中受到高度认可。钱泳并无较高的社会地位，在考察他的大量书作应酬时，可以免去考虑常发生在社会地位较高的书家身上的阿谀因素，可见他的书艺确有大量的真实受众。

钱泳的立身之道与生存策略和清中期的社会状况及文艺潮流不可分割，他能成为乾嘉道时期碑帖镌刻风气中的最突出人物，得益于他能在特定时代中应和时代风尚，充分发挥自己的长处。

第四章
受托刻碑

钱泳一生镌刻了大量碑帖并引以为豪，他在晚年纂有《写经楼金石目》一书，将一生参与镌刻的碑帖的情况进行了系统整理，为后人的研究带来了极大便利。中国国家图书馆现藏有《写经楼金石目》两种，一种为清刻本（五册），另一种为钱氏述祖德堂抄本（三册），内容互异，抄本似为未及写定刊刻者。或因现存版本有缺漏，或因钱泳尚未完全整理完毕，目前的《写经楼金石目》虽不能完全涵盖钱泳镌刻的全部碑帖，但已是目前所存的最接近完整情况的材料。

在《写经楼金石目》及其他文字材料中，常见到类似“钱泳刻石”这样的表述，由于传统语境中文字表述常有的模糊性和涵盖性，在展开讨论之前，需对“刻石”这一词的用法做出说明。刻石通常包括“摹”和“刻”两道工序，[①]结合钱泳生平的相关资料，可知在《写经楼金石目》等文字材料的语境下，“钱泳刻石”包含了三种情况：一是该石刻完全由钱泳亲自摹写并运刀刻石；二是该石刻的摹写运刀并非全由钱泳完成，钱泳主要承担双钩等摹字的工作，继而指导工匠运刀刻石；三是该石刻的具体摹写与运刀都交由他人完成，但在钱泳的掌控、指导之下。从现有材料可以推断出，第一种情况多发生在钱泳早年，如乾隆五十年重刻的《熹平石经》残字就是钱泳亲自运刀上石完成的。随着钱泳年龄的增长，第二与第三种情况更加普遍。需要说明的是，在很多情况下，如果没有其他材料提供细节，很难明确判断出某一条具体文献材料中的“钱泳刻石”指的是上述三种情况中的哪一种，但可以确定的是，这三种情况下产生的石刻都属“钱泳出品”，是钱泳获得当世文化精英圈所认可的摹刻功力的体现，是代表钱泳刻石水平的产品。因此，这三种情况都在本书的研究范围中，

① 关于具体的摹刻工序，可参见王壮弘《碑帖鉴别常识》，第 12～15 页。

都可归之于“钱泳碑帖镌刻”的讨论范畴。

从各种材料来看，钱泳开展碑帖镌刻工作是有助手的，这也是明清以来有一定地位的高级刻手需要的工作规模。除了普通工匠外，常襄助钱泳工作的家人有儿子钱曰奇（1789～1838）、钱曰祥（1793～？），侄子钱萱（生卒不详）。钱泳还收有不少弟子，较著名的有胡源（生卒不详）[①]、孔昭孔（1769～1831）[②]、华士仪（生卒不详）[③]、吴国宝（生卒不详）[④]等。钱泳还指导不少亲族晚辈学习碑帖镌刻事宜，如曾指导弥甥杨凤梧（生卒不详）刻石，[⑤]他们也为钱泳的刻石工作贡献了劳动。因而，在讨论钱泳的碑帖镌刻工作时，应当明白钱泳时常是带领助手形成“团队”，开展工作的。

钱泳镌刻的碑帖可以分为两类，一类是受他人请托所刻，一类是自发所刻。本书将分别对这两类展开论述，以求尽可能准确地揭示钱泳碑帖镌刻行为的全貌。本章将就钱泳受托刻碑的情况展开讨论。需做说明的是，此处的“碑”指的是第一章所说的广义的“碑”，除刻帖外的一切石刻都包含其中。

一　受托镌刻新碑

从现有材料来看，钱泳受托参与竖立新碑的主要情况见表4-1。

① 钱泳在一封给“根梅大兄”的信中写道：“有敝徒胡左君信一封，敬恳带至武昌或汉口，俱知其名。”见陶湘辑《昭代名人尺牍续集》，收入周骏富辑《清代传记丛刊》第32册，第337～338页。胡源字左君，曾多次出现在钱泳与友朋的信札中，编有《梅溪先生年谱》。

② “秦《碣石门刻石》是予弟子孔昭孔从徐骑省墨迹双钩得之”，见（清）钱泳《重模秦碣石门刻石》，载《写经楼金石目》清刻本。此外，张廷济（1768～1848）在一封给钱泳的信中写道：“今高足孔未明兄见在舍摹勒古金石，刻中有待商定处，邮筒续容细及。”见陶湘辑《昭代名人尺牍续集》，收入周骏富辑《清代传记丛刊》第32册，第386页。孔昭孔字微明，一字味茗，因而此处的“孔未明”应为孔昭孔。孔昭孔之父孔广居曾与钱泳一同摹刻《经训堂法书》。

③ “余弟子华士仪字季汾，年未弱冠，绝世聪明，多才多艺，在余家从事笔墨多年”，见（清）钱泳撰、张鸿鸣点校《登楼杂记（外一种）》，第190页。

④ “……命门弟子吴生国宝刻之乐石”，见（清）钱泳《成邸饯行诗刻》，载《写经楼金石目》未刊本。

⑤ “余自临定武本付弥甥杨凤梧刻，儿子曰奇有跋语在写经堂西廊壁间”，“凤梧表侄初学铁笔，即以试之……嘉庆癸酉三月男曰奇百拜”，见（清）钱泳《兰亭第三刻》，载《写经楼金石目》清刻本。

表 4-1 钱泳受托参与竖立新碑情况

名称[1]	时间	委托人[2]	书刻情况[3]	备注
吴门陆君雩亭生圹志	乾隆五十年	陆彦曾	钱俊选撰文，钱泳书写刻石	
宋徽国朱文公像	乾隆五十一年	陆建侯（秀才）	钱泳将明代画像刻石	
黄氏卓行碑	乾隆五十一年	彭绍升（进士）	彭绍升撰文，钱泳书写刻石	
重修绍兴府学宫碑记	乾隆五十六年	李亨特（时任绍兴知府）	钱泳书	刻石之事应为钱泳经理
王孟端画竹石刻	乾隆五十七年	黄易（时任兖州府运河同知）	王绂画，钱泳刻石	
清白堂记	乾隆五十七年	李亨特（时任绍兴知府）	范仲淹撰文，钱泳书写刻石	
铁券图碑	嘉庆元年	钱镠后人	钱镠后人钩摹，钱泳刻石	
重修镇江府治碑记	嘉庆二年	谢启昆（时任浙江布政使）	钱泳书写刻石	
清河夫人权厝志	嘉庆二年	恽敬（时任富阳知县）	钱泳书写刻石	
关氏孝感记	嘉庆二年	关槐（官至礼部侍郎，此时丁忧）	钱泳书，吴国宝刻	
大禹陵庙碑	嘉庆五年	阮元（时任浙江巡抚）	阮元撰文，钱泳书，吴厚生刻	
《大学》古本石刻	嘉庆五年	王秉韬（时任河东河道总督）	钱泳书写刻石	
重修邗沟王庙碑	嘉庆六年	曾燠（时任两淮盐运使）	曾燠撰文，钱泳书写刻石	
山阴陈氏重修青藤书屋记	嘉庆九年	陈鸿熙（举孝廉方正）	阮元撰文，钱泳书	刻石之事或有钱泳参与
诰授资政大夫汪公墓志铭	嘉庆九年	汪承璧（淮南富商之子）	吴锡麒撰文，胡长庚篆盖，钱泳书写刻石	

续表

名称	时间	委托人	书刻情况	备注
例授奉直大夫礼部主事吴公墓志铭	嘉庆十年	吴峻基	此为吴蔚光墓志，李保泰撰文，钱泳书写刻石	
例赠修职佐郎国子生归君墓志铭	嘉庆十年	应为墓主归景泙（虞山望族）家人	洪亮吉撰文，钱泳书写	刻石之事应为他人经理
诰赠宜人赵宜人叶氏神诰	嘉庆十年	赵怀玉（曾任山东青州府海防同知）	洪亮吉撰文，钱坫题盖，钱泳书写刻石	
焦山仰止轩记	嘉庆十二年	阮元（时任浙江巡抚）	阮元撰文，钱泳书	刻石为他人经理
扬州阮氏文选楼记	嘉庆十二年	阮元（时任浙江巡抚）	阮元撰文，钱泳书写刻石	
貤封奉直大夫国子监生沈君墓志铭	嘉庆十二年	应为墓主沈虞扬之后人	王芑孙撰文，钱泳书	刻石之事应为他人经理
晋陵孙氏祖茔连理木石刻题字	嘉庆十三年	孙星衍（时署山东布政使）	钱泳书	刻石之事或有钱泳参与
贝君墓表	嘉庆十三年	应为墓主家人	杨复吉撰文，洪亮吉篆额，钱泳书写	刻石之事应为他人经理
敕赠文林郎刑部司务陶君墓志铭	嘉庆十三年	陶惟模（曾任刑部司务，时丁忧在家）	王芑孙撰文，钱泳书	刻石之事或有钱泳参与
诰授奉直大夫布政司理问胡可园墓志铭	嘉庆十四年	应为墓主家人	吴省钦撰文，钱泳书	刻石之事应为他人经理
昭文文昌里归氏敦礼堂义庄规条	嘉庆十五年	归寿縠（应为学官）	钱泳书	刻石之事或有钱泳参与
忠献王墓前碑	嘉庆十六年	钱氏族人	钱泳书	刻石之事或有钱泳参与

续表

名称	时间	委托人	书刻情况	备注
重修鄞县儒学宫碑记	嘉庆十六年	陈瓘（秀才）	邓廷桢撰文，钱泳书，冯瑜刻石	
重建分水龙王庙碑记	嘉庆十六年	阎登云（曾任金匮知县）	阎登云撰文，钱泳书	刻石之事或有钱泳参与
梅麓汤君传	嘉庆十八年	汤桓	蒋学镛撰文，钱泳书	刻石之事应为他人经理
吴泰伯墓碣	嘉庆二十年	齐彦槐（时任金匮知县）	钱泳书	刻石之事或有钱泳参与
徐山人五十岁小像赞	嘉庆二十年	陈鸿熙（举孝廉方正）	徐渭文，钱泳书	刻石之事或有钱泳参与
明故处士冯君墓表碑阴	嘉庆二十年	冯馨（时任高邮知州）	钱泳撰文、书写、刻石	
云台山石刻题名	嘉庆二十年	师亮采（时任海州知州）	钱泳书写刻石	
虎邱钱氏家祠记	嘉庆二十一年	钱秀	钱泳撰文并书	刻石之事或有钱泳参与
敕封儒林郎候选州同知胡君墓志铭	嘉庆二十一年	胡崧（曾任常熟教谕）	钱泳书	刻石之事应为他人经理
诰授荣禄大夫内阁学士兼礼部侍郎前尚书房行走经筵讲官吏部左侍郎黼堂钱公墓志铭	嘉庆二十一年	应为墓主钱樾家人	李宗昉撰文，钱泳书写刻石	
例授奉政大夫候选府同知族弟槃溪圹志	嘉庆二十一年	应为墓主钱锋家人	钱泳撰文、书写、刻石	
蜀王孟昶官箴碑	嘉庆二十二年	师亮采（时任海州知州）	钱泳书	刻石之事或有钱泳参与
明神宗赐云台山藏经墨敕	嘉庆二十二年	师亮采（时任海州知州）	钱泳刻石	

续表

名称	时间	委托人	书刻情况	备注
元故诸生农隐钱公墓碣	嘉庆二十三年	钱氏族人	钱泳书	刻石之事或有钱泳参与
虞山兴福寺八咏石刻	嘉庆二十三年	斌良（时任江苏苏松常镇太粮储道）	钱泳书	刻石之事或有钱泳参与
兴福寺题名	嘉庆二十三年	斌良（时任江苏苏松常镇太粮储道）	钱泳书	刻石之事或有钱泳参与
苏州东洞庭山新建文昌宫碑记	嘉庆二十三年	或为罗琦（时任太湖同知）	罗琦撰文，钱泳书	刻石之事应为他人经理
明赠光禄大夫宫保礼部尚书景行钱公墓碣	嘉庆二十四年	钱氏族人	钱泳书	刻石之事或有钱泳参与
重修常熟昭文两县学宫碑记	嘉庆二十五年	或为刘圭（时任常熟知县）	刘圭撰文，钱泳书	刻石之事应为他人经理
例授修职佐郎岁贡生候选儒学训导乡饮大宾族兄啸楼圹志	嘉庆二十五年	钱世衡	钱泳撰文	书写与刻石或为他人经理
常熟邑侯李公浚琴河碑记	道光二年	或为常熟县绅士	胡鸣谦撰文，钱泳书	刻石之事应为他人经理
恩旌屈节妇言孺人祠堂碑	道光二年	不详（或为屈氏族人）	胡鸣谦撰文，钱泳书	刻石之事应为他人经理
四并堂铭	道光三年	曾燠（时任两淮盐政）	郭麟撰文，郭琦书，钱泳刻石	
近仁室记	道光三年	周补年	俞肯堂撰文，钱泳书	刻石之事或有钱泳参与
光禄寺典簿席君妻陈宜人墓志铭	道光三年	席药阶（时任光禄寺典簿）	孙原湘撰文，钱泳书写刻石	

续表

名称	时间	委托人	书刻情况	备注
重修董子祠记	道光四年	曾燠（时任两淮盐政）	曾燠撰文，钱泳书写刻石	
景贤楼书像辨正记	道光四年	张青选（时任两淮盐运使）	郭麟撰文，吴荣光书，钱泳刻石	
无隐庵记	道光五年	涵虚今澈（僧人）	涵虚今澈撰文，钱泳书	刻石之事应为他人经理
诰赠通奉大夫例晋荣禄大夫内阁学士兼礼部侍郎复堂徐公墓志铭	道光六年	应为墓主徐应阶家人	陶梁撰文，钱泳书并题盖	刻石之事应为他人经理
节孝王孺人传	道光六年	孙春洲	阮元撰文，钱泳书	刻石之事应为他人经理
重修沧浪亭记	道光七年	梁章钜（时任江苏布政使）	梁章钜撰文，钱泳书写刻石	
新建汉高士梁伯鸾先生祠碑	道光八年	梁章钜（时任江苏布政使）	梁章钜撰文，钱泳书写刻石	
皇清例授征仕郎候选中书科中书朗亭俞君墓志	道光十一年	应为墓主家人	李钧载撰文，钱泳书写	刻石之事或有钱泳参与
吴兴张氏族墓记	道光十五年	张竹虚	钱泳撰文并书	刻石之事或有钱泳参与
东涧老人墓碣	不详	虞山钱谦益后人	钱泳书写刻石	
李芥轩先生墓碣	不详	钱泳之侄	钱泳书，钱泳之侄立石	
晏亭董君墓碣	不详	墓主董君之子	钱泳撰文并书	刻石之事或有钱泳参与
韩昌黎书张中丞传后石刻	不详	许沐三	钱泳书	刻石之事或有钱泳参与
吴仲圭画竹石刻	不详	陈淮（官至江西巡抚）	吴镇画，钱泳刻石	

续表

名称	时间	委托人	书刻情况	备注
史蕴亭梅花石刻	不详	史蕴亭之子（举人）	史鸣鹤画，钱泳刻石	
郭春山先生祠堂记	不详	胡世铨（署理福建按察使等）	钱泳书写刻石	
后桥浦氏祠堂记	不详	不详（或为浦氏族人）	钱俊选撰文，梁同书书，钱泳刻石	
海州镇海寺山场记	不详	不详（或为师亮采）	师亮采撰文，钱泳书	刻石之事或有钱泳参与
诰赠通奉大夫例晋荣禄大夫刑部左侍郎前直隶通永道杏川宋公墓志铭	不详	宋镕（官至刑部侍郎）	吴俊撰文，钱泳书写刻石	
诰封文林郎恽印槐墓志铭	不详	恽敬（时任富阳知县）	张惠言撰文，钱泳书写刻石	
例授奉政大夫安徽徽州府督粮通判沈银槎墓志铭	不详	应为墓主之后人	王芑孙撰文，钱泳书	刻石之事应为他人经理
国学生寄间归生墓志铭	不详	应为墓主之家人	王霖撰文，钱泳书并题盖	刻石之事应为他人经理
例赠修职佐郎施君墓志铭	不详	施淦（时任江南宝苏局盐局官）	谢启昆撰文，钱泳书	刻石之事应为他人经理
例赠儒林郎候选州同知松乔吴君墓志铭	不详	嵇文焯	钱泳书	刻石之事应为他人经理
貤封奉直大夫沈君事状	不详	沈恕（官至州府同知）	沈恕撰文，钱泳书	刻石之事应为他人经理
海宁许氏两节母传	不详	孙星衍（署理山东布政使等）	孙星衍撰文，钱泳书	刻石之事应为他人经理

续表

名称	时间	委托人	书刻情况	备注
蔡君夫人夏孺人墓志	不详	蔡复午（举人）	师亮采撰文，钱泳书写刻石	
矶礇孙夫人庙碑	不详	王昙（举人）	王昙撰文，钱泳刻石	

注：1.为统一体例，凡是《写经楼金石目》中著录的碑刻，此表都采用了书中的名称，但该名称可能与实际碑石上镌刻的名称略有不同（后文的表4-2、表5-1、表5-2、表6-1、表6-2、表7-1、表7-2亦同）。

2.此表的委托人信息尽量列出了委托人在委托之时的官职，委托时间不详的则列出最高官职，无官职的则列出其所取得的科名或其他社会身份。对于身份情况无可稽考者，仅列出姓名（后文的表4-2、表5-1、表5-2亦同）。

3."书刻情况"依据《写经楼金石目》的记载编写，在此书的具体行文中，有的明确指出刻石工作由钱泳承担，有的则未明确指出。对于未明确指出的情况，本研究依据每一项碑帖的具体内容、钱泳的行文习惯、钱泳与雇主的关系及当时的其他情况，对刻石情况做出推测，写在"备注"一栏中（后文的表6-1情况亦类似）。

资料来源：表4-1及后文的表4-2、表5-1、表5-2、表6-1、表6-2、表7-1、表7-2主要依据中国国家图书馆所藏的两种《写经楼金石目》编制，并补进《履园丛话》等及作者在江浙等地实地考察所得的资料。有许多信札及其他散见材料中所提及的钱泳参与的其他石刻，因相关信息不全，故未列入表中，而酌情于具体行文中提及。

表4-1之所以命名为"钱泳受托参与竖立新碑情况"而非"钱泳受托镌刻新碑情况"，是因为详细考察《写经楼金石目》的记载，可知书中有一部分碑刻钱泳应当只承担了书丹的工作，没有参与具体刻石事宜，而另有一部分碑刻并不能明确钱泳是否有参与刻石事宜，为求准确，故而如此命名。

表4-1中所列一共有80通碑，确定由钱泳负责刻石事宜的约为34通，钱泳大概率参与刻石事宜的约为21通，余下的碑刻应另有负责刻石事宜之人。在这些碑中，绝大部分是文字碑刻，图像碑刻仅有5通。在这些文字碑刻中，仅有4通不是由钱泳书丹。由此可见，在需要竖立新碑的委托人中，大多数人既看中了钱泳的书艺，又看中了他的刻石技能。

由钱泳刻石的5通图像碑的内容分别是郭诩（1456～1532）所绘的朱熹画像（《宋徽国朱文公像》）、王绂（1362～1416）所绘的竹图（《王孟端画竹石刻》）、吴镇（1280～1354）所绘的竹图（《吴仲圭画竹石刻》）、史鸣鹤（1749～1819）所绘的梅花图（《史蕴亭梅花石刻》），以及钱氏族人勾摹成图的唐昭宗（867～904）赐给钱镠的铁券（《铁券图碑》）。其中朱熹像之刻石是为立于书院以助教化之用，[①]《铁券图碑》之刻石是为立于纪念吴越钱氏诸王的表忠观中，彰钱氏先祖之德所用，[②]其余三图都为典型的文人画，刻石主要是为展示收藏、传播画艺。自古以来，虽多有将名画刻石流传者，但正如叶昌炽所言："画家谓之写生，一邱一壑、一花一木，轻重疏密，皆在气韵之间，非石刻所能传出"，[③]刻石名手王曰申（1788～1844）亦言："俗工止解刻字，未解刻图"，[④]可见欲将名家画作传神地上石，难度甚高，而与书法作品相比，也较少人有刻名画上石之举，这可以解释为何钱泳接到的刻图委托较少。

钱泳自己亦能作画（图23），这有助于他掌控图像上石之后的艺术质量。由于刻图目的不同，他也并非完全依据图像底本上石。比如朱熹像是为助教化之用，则与忠于原画相比，最终石刻呈现出的朱熹形象是否符合士人心中的理想更为重要。因而他在与彭绍升探讨时，彭绍升以为原作"肉胜于骨，殊乏道气"，应当另借更好的朱熹像以作刻石参考，[⑤]最终刻成的画像也被朱熹后裔朱珔（1769～1850）认为"威仪整肃，体备中和"，能收"励学"之效。[⑥]这一刻石工作由吴县秀才陆建侯（生卒不详）发起并出资，刻成之后嵌于苏州紫阳书院神龛后壁，并请毕沅题词（因刻石所用的画像底本为毕沅藏品），之后各方官员学者如孙星衍、洪亮吉、钱坫等俱有观款。

至于竹图与梅花图的上石，既是为了展示收藏、传播画艺，则要求忠于原作的面貌。以《王孟端画竹石刻》为例，这幅王绂所绘的竹图是黄易所藏，乾隆五十七年钱泳取道济宁北上京师，访时任兖州府运河同知的黄易于官署，遍览汉碑之余，黄易出示此图嘱托钱泳双钩勒石。钱泳先刻一石，置于惠山竹炉

① 见第二章相关论述。

② "唐昭宗赐先武肃王铁券，世藏台州，传之史册。嘉庆元年春廿八世孙沃臣钩摹其文，俾泳刻之表忠观。泳伏念先世旧物，垂九百年，虽子姓之能守，亦流泽之孔长，而天藻褒嘉，尤足辉煌千古。刻此乐石，使人人共睹之，应先灵所许也。"见（清）钱泳《铁券图碑》，载《写经楼金石目》清刻本。

③ （清）叶昌炽撰、柯昌泗评《语石　语石异同评》，第332页。

④ （清）王曰申：《王子若摹刻砚史手牍》，文物出版社1962年版，第29页。

⑤ 彭绍升的信见（清）钱泳辑《兰林集》。

⑥ 朱珔题跋见（清）钱泳《宋徽国朱文公像》，载《写经楼金石目》清刻本。

山房，此举或出于黄易本意。竹炉山房因茶与王绂有一段翰墨之缘，而后数百年文人墨客常在此雅集，产生了大量与竹茶炉有关的诗文书画作品，乾隆皇帝巡视江南时曾多次在此观赏王绂画作，同时大量题诗，使此地之声名更加显赫。[①]因而在当时文人的观念中，将王绂画作刻石置于此处最为适当，可以上应君心，下增风雅。钱泳摹刻之作现存于惠山竹炉山房壁上（图24-1），而上海博物馆所藏的有黄易题签的王绂《偃竹图轴》（图24-2）极可能便是石刻的底本，对比之下，可以看到钱泳在大量细节上都尽量还原画作，虽然石刻在重现笔致气韵和墨色深浅上有着天然的难度，但此刻也基本上传达出了王绂画竹之风貌。此石刻成之后，钱泳又自行将此图再刻一石，与另外其他5件竹图刻石一道——画家分别为苏轼、吴镇、李士行（1282～1328）、顾安（1289～1365）、夏昶（1388～1470）——凑成6幅，制作成套拓片出售，“好事家争相购之，为艺林秘宝”，[②]可见钱泳所刻画作甚有销路。

在钱泳受托参与的文字碑刻中，委托人包括从巡抚到知县的各级官吏，也包括取得功名与未取得功名的地方名流。碑刻内容大体可以分为两类，一类是委托人以官方身份竖立的地方所需的记事、记功碑；另一类是委托人以个人身份竖立的私家碑刻，这其中大多数是坟墓类碑刻。

在这些碑刻中，《明神宗赐云台山藏经墨敕》由明神宗朱翊钧（1563～1620）书写，《四并堂铭》《景贤楼书像辨正记》《后桥浦氏祠堂记》这三通分别由郭琦（1769～1826）、吴荣光（1773～1843）、梁同书书丹，其他碑刻都由钱泳书丹，也就是说，钱泳所刻的基本上都是自己的书作。由于汉碑地位在乾嘉道时期的高涨，这时有很多新碑也欲仿效汉碑，以隶书书丹，而钱泳正因隶书知名，因此大多数由他书丹的碑刻都是隶书。

钱泳的隶书正如上一章所言，虽然深具汉法，但也缺少独特的个人面目，在书写长篇碑文时更是高度程式化，这样的书法镌刻难度相对较低。正如明人赵宧光（1559～1625）所言：“工人……能刻文字，未必能刻名家善书，能

① 参见王河《惠山听松庵竹茶炉与〈竹炉图咏〉》，《农业考古》，2006年第2期，第248～252页。

② （清）钱泳：《王孟端画竹石刻》，载《写经楼金石目》未刊本。

刻名家善书，未必能刻古人法帖。”[①]钱泳的隶书可归于“名家善书”类，对于刻手的要求比“古人法帖”要低，同时这些新碑与法帖不同，并非专为传播书法而立，因而原则上并不需要如刻帖般严格地要求书艺的纤毫毕现。从现有材料来看，这些钱泳书丹的碑刻由他亲自运刀上石的概率不高，甚至由他双钩的可能性也不大，大概率是他吩咐他人双钩之后，指导工匠完成具体刻石工作的。

举例而言，梁章钜（1775～1849）在江苏布政使任上分别于道光七年、道光八年委托钱泳书丹刻石《重修沧浪亭记》《新建汉高士梁伯鸾先生祠碑》二碑，钱泳在一封给“湘碧先生执事（姓名暂不可考，推测为梁章钜身边的管事人员——引者注）”的信中写道：“泳连日为寒家祖祠公事跋涉舟车，昨始到此，知梁公祠碑已经告竣，拓工亦日夜赶办。今送上《沧浪亭记》廿张（连前付者共二四张讫），又梁祠碑廿张（连前计三十张），挂屏十副（连前共六十张），俱乞收。明惟弟急欲赴浦……其拓工纸墨价，趁弟未行时交他为妙，恐若辈争长论短，多费唇舌耳……拓账附呈。”[②]由此可见，钱泳料理这类刻碑事宜时未必全程在场监督，而是另有工匠负责刻碑，同时有拓工制作拓片（按当时通行做法，石刻初步完成之后要向委托人交付拓样，待得到认可、不需再修改石刻后，再根据委托人的需要制作一定数量的拓片并交付原石），最终由钱泳统一交付给委托人，并由钱泳出面结算款项。

曾燠（1759～1831）是另一位多次委托钱泳刻碑之著名官员。嘉庆六年，钱泳与一些扬州商人集资重修为纪念吴王夫差所设的邗沟王庙，时任两淮盐运使的曾燠挂名主理此事。从曾燠给钱泳的信札中得知，钱泳向曾燠告知了修庙之举，而曾燠最终也出了30两银子襄助此事。庙成之后需竖碑记之，曾燠便应钱泳之请撰有《重修邗沟王庙碑》一文。[③]从他与钱泳的通信中得知，两人曾就刻碑细节进行探讨。曾燠在信中写道：“邗沟庙碑文遵谕制就，请正。惟是碑文必以大书深刻为贵，此篇既属椽笔，字体宜稍大，并求嘱司事者交匠人深刻，

① （明）赵宧光：《寒山帚谈》卷下，《四库全书》文渊阁本，第816册，第302页。

② 赵一生、王翼奇主编《香书轩秘藏名人书翰》，浙江古籍出版社2005年版，第110～111页。

③ 全文见（清）曾燠《赏雨茅屋外集》，载《清代诗文集汇编》第456册，第326页。

勿惜工费。”刻成之后，曾燠又写信道：“邗沟王庙碑承费清神镌刻妥善，又荷遣纪专送来扬，业已收到。”[①]从这通碑刻的竖立过程可知，钱泳既出资修庙，又请曾燠出面捐款、撰文，参与碑刻细节的探讨，后遵照曾燠指示以“稍大”的字体书丹，并指导匠人“不惜工费”“深刻”，最终在常熟家中雇工镌刻完毕之后，将碑石送至扬州，可以说他积极主动地参与了整个立碑过程，这份委托是主动获取的，远非简单地坐等委托人上门委托。[②]到了道光三年与道光四年，以巡抚衔巡视两淮盐政的曾燠又先后委托钱泳镌刻《四并堂铭》与《重修董子祠记》，前者由郭琦书丹，后者由钱泳书丹，曾燠在信札中写道：“承送来《四并堂碑》两石拓样二纸，俱收到。摹刻精工，椎拓完好，种费清神……《四并堂碑》弟尚要拓数十纸，尊处如有佳工，祈代说工价，于明后日遣至署中动工为荷。再拓来《董公祠记》十本，亦收到，其石四块，弟现已谕委员雇夫舁至祠中嵌壁。”[③]可见曾燠对于钱泳的镌刻工作甚为满意。

钱泳书丹刻石的碑刻面目，可从表4-1中的《扬州阮氏文选楼记》——即《扬州隋文选楼碑铭》（图22）——中窥见一斑。如上章所述，阮元多次请钱泳作书，嘉庆十年，阮元在阮氏家庙西侧建楼5间，以作家庙配套的礼制建筑，因追怀扬州隋代《文选》学者曹宪（约541～645）的“文选楼”旧事，而将此楼题名为“隋文选楼”。此楼建成之后，“楼上祀隋秘书监曹宪，以唐沛王府参军公孙罗、左拾遗魏模、模子度支郎景倩、崇贤馆直学士李善、善子北海太守邕、句容处士许淹配之”，[④]“楼下曰汉画室，四壁皆武梁祠石室画像……生平所得周秦彝鼎瓦当砖石及汉魏六朝碑板尽萃其中”。[⑤]隋文选楼成了扬州阮氏宅第中最著名和最

---

① 信见（清）钱泳辑《兰林集》。

② 钱泳经常主动向潜在委托人提出镌刻碑石的动议，如他在给林则徐（1785～1850）的一封信中写道：“尚乞大人将新立公田储积之事作记一篇，大书深刻，传之无穷，岂非盛事耶。泳当为公以隶古书丹，以附骥尾也。”信见北京保利国际拍卖有限公司2014年秋季拍卖会拍品，林则徐与钱泳信札册页。

③ 信见（清）钱泳辑《兰林集》。

④ （清）梁章钜：《文选楼》，载梁章钜撰、于亦时点校《归田琐记》卷一，中华书局1981年版，第4页。

⑤ （清）钱泳：《扬州阮氏文选楼记》，载《写经楼金石目》未刊本。

有文化含量的建筑，[①]因而阮元晚年将收入了他平生著述的大型丛书命名为“文选楼丛书”。阮元对于此楼高度重视，为楼撰写碑文且请钱泳书丹刻石。可以想象，以阮元封疆大吏和著名学者的双重身份，钱泳自当尽力而为。《扬州隋文选楼碑铭》现存于扬州阮元故居，历两百余年并经劫掠依然保存完好，字口清晰。碑上划有细界格，刻工精良，书法是典型的钱泳隶书书风，笔画略显丰腴，碑刻整体显得端严秀雅，从中可以想见乾嘉文风鼎盛时期精英士人的精神气度和审美取向。

钱泳书刻之碑屡得高官认可，自然声望日隆，如曾署理福建按察使的胡世铨（1771年中进士）在委托钱泳为其业师郭氏书刻了《郭春山先生祠堂记》后，写信称：“春山先生祠记得名刻名笔，自足千古。”[②]因钱泳有着“刻石名家”的声誉，各方人士在碑刻事宜上多有咨询商讨者。[③]如钱泳曾替官至礼部侍郎的关槐（1749~1806）书丹《关氏孝感记》的碑文，由弟子吴国宝刻石，而关槐在一封给钱泳的信中称：“弟处碑刻文字未上石者尚多，容请鉴定后酌商之。”[④]可见钱泳在刻碑上的专业素养所受到的认可。又如孙星衍曾写信给钱泳道，“……许太夫人祠碑奉求八分书石，寄上润笔银十六两，祈即书就……严铁桥（严可均，1762~1843——引者注）照《唐公房碑》式作样，尚祈吾兄酌妥，务依汉人制度为妙，字数行数不妨由尊处定夺，碑额书上”，[⑤]信中的“许太夫人祠碑”应为表4-1中的《海宁许氏两节母传》，由孙星衍撰文，钱泳书丹。从信中可见，孙星衍先请严可均拟出碑刻式样，[⑥]但认为钱泳在这方面更在行，因而将具体式样及碑文排布交由钱泳“定夺”，再次印证了钱泳“碑刻专家”的地位。这同时也说明，许多在文献中被著录为钱泳“书丹”，而未言及钱泳“刻石”的碑

① 梁章钜曾叙述他对“隋文选楼”的向往：“余素仰楼名，初谒师宅，即拟登楼以慰夙愿，而不知楼实在家庙之西，与吾师宅尚隔一街也。一日，师折柬召余饮，且传谕曰：‘席设文选楼。’余为之狂喜，吾师所藏钟鼎古器，悉庋于此。”见《文选楼》，载梁章钜撰、于亦时点校《归田琐记》卷一，第4页。

② （清）钱泳辑《兰林集》。

③ 钱泳替他人寻觅刻石名手之事多有，如胡世铨在另一封给钱泳的信中写道：“祠碑得老长兄代觅名手镌刻，甚善。”信见（清）钱泳辑《兰林集》。

④ （清）钱泳辑《兰林集》。

⑤ （清）钱泳辑《兰林集》。

⑥ 严可均作为清代著名学者，常替孙星衍校书、双钩古碑法帖等。

刻，钱泳实际所做的工作很可能并不只是“书丹”。

如今，钱泳受托书丹的碑刻还有不少留存世间，如浙江绍兴徐渭（1521～1593）故居“青藤书屋”中就存有两种，委托人为嘉庆年间青藤书屋的所有者陈鸿熙（1796年举孝廉方正）。嘉庆九年，陈氏重修青藤书屋，得阮元撰文、钱泳书丹，刻成《山阴陈氏重修青藤书屋记》（图25）。嘉庆二十年，陈鸿熙又请钱泳书丹徐渭自撰的《徐山人五十岁小像赞》（图26），刻石壁间。目前无法得知这两方碑石的镌刻钱泳参与了多少，但从钱泳曾将独孤本《兰亭》刻石赠送陈鸿熙一事来看，[①]两人颇有交往，因而钱泳极可能对最终的刻石质量做出了一定贡献。《山阴陈氏重修青藤书屋记》与《扬州隋文选楼碑铭》刻石时间相近，书风相同，碑石上同样划有界格，但就刻工而论，前者用刀较后者为浅，整体效果不似后者的笔画那般丰腴，而更显清雅。《徐山人五十岁小像赞》字体较小，刻画亦较浅，与钱泳书于嘉庆十六年的《百合花诗轴》（图14）书风相近，从刻石效果来看，能够反映出钱泳这一时期隶书小字的细节特点。

值得一提的是，钱泳受托书刻的碑中有一通颇为特别，既未使用他标志性的隶书，亦未直接落姓名款，这便是他应虞山钱氏后人之托为钱谦益（1582～1664）墓所立的墓碣（图27）。钱谦益为明末清初文坛巨擘，但因仕清失节一事饱受诟病，乾隆皇帝甚至因其“有才无行”而下诏禁毁其著作。在此政治风气之下，钱谦益墓荒芜多年，无有碑石，嘉庆年间钱泳自金匮迁家至常熟后（见表3-1），与虞山钱氏一支多有往来。嘉庆二十年，常熟县令为柳如是（1618～1664）墓立碑，而后钱泳便集苏轼书成“东涧老人墓”五字，刻石立于钱谦益墓前，落款为“尚湖渔者题”，并镌有“吾意独怜才”“尚湖渔者”两印。嘉庆年间虽然文网稍弛，但前朝余威仍在，且物议对于钱谦益仍不友好，[②]为了不触忌讳，钱泳在碑刻上有意隐去了自己的身份。钱泳虽然同样不认可钱谦益

① 见（清）钱泳《兰亭第二刻》，载《写经楼金石目》清刻本。这里的“赠送”可能是委婉说法，实际为出售。

② 钱泳在《履园丛话》中写道：“余为集刻苏文忠书曰‘东涧老人墓’五字，碣立于墓前，观者莫不笑之。”见（清）钱泳撰、张伟点校《履园丛话》，第637页。

的变节行为，但怜惜他的才学，在怀着类似“生不并时怜我晚，死无他恨惜公迟”的复杂心情之下，用心为“骂名千载”的钱谦益立了碑。此碑至今保存完好，刻画清晰，苏轼风格的楷书似寓意着钱谦益的文学成就，与钱柳墓现存的其他碑刻相比，此碑独显得文气盎然，亦反映了钱泳本人的文人情怀。

二　受托重刻旧碑

从现有材料来看，钱泳受托重刻旧碑的主要情况见表4-2。

表4-2　钱泳受托重刻旧碑情况

名称	时间	委托人	书刻情况
重刻秦《会稽刻石》	乾隆五十七年	李亨特（时任绍兴知府）	钱泳参校元朝申屠駉重摹本重刻上石，刻手刘征
重刻《熹平石经》残碑	乾隆五十七年	李亨特（时任绍兴知府）	据洪适《隶释》补《熹平石经》残本，置绍兴府学
重刻《熹平石经》中之《尚书》《论语》残碑	乾隆五十七年	黄易（时任兖州府运河同知）	将黄易藏宋拓《熹平石经》三段重摹上石
郭有道碑	乾隆五十九年	赵魏（贡生）	钱泳依据史籍所载旧文书写刻石
陈太丘碑	乾隆六十年	陈广宁（官至云南腾越镇总兵）	钱泳依据史籍所载旧文书写，陈广宁另行刻石
补刻《曹娥碑》	嘉庆十三年	阮元（时任浙江巡抚）	钱泳依据史籍所载旧文书写刻石，刻手钱萱
重刻秦《碣石门刻石》	嘉庆十九年	王绍兰（时任福建巡抚）	钱泳弟子孔昭孔从传为南唐徐铉的墨迹本上双钩一本，王绍兰命钱泳刻于焦山
缩刻秦《峄山刻石》《泰山刻石》《琅琊台刻石》《碣石门刻石》《会稽刻石》	嘉庆十九年	王绍兰（时任福建巡抚）	钱泳以旧拓本缩临刻石
缩刻《石鼓文》	嘉庆二十年	王绍兰（时任福建巡抚）	将天一阁范氏所藏《石鼓文》拓本缩临刻石
缩刻《熹平石经》残字	嘉庆二十年	王绍兰（时任福建巡抚）	将黄易藏宋拓《熹平石经》与钱泳所得的明末徐树丕双钩本合并，缩临刻石

续表

名称	时间	委托人	书刻情况
唐玄宗令长新诫碑	嘉庆二十二年	师亮采（时任海州知州）	钱泳以隶书重书碑文后刻石
梁简文帝御撰招真治碑	道光三年	孙原湘（进士）	钱泳以隶书书写碑文后刻石
汉太尉杨伯起碑	道光十二年	杨震（字伯起）后人	钱泳依据史籍及旧拓本所载文字，书写刻石
诰赠资政大夫大理寺卿王公神道碑	不详	王昶（官至刑部侍郎）	此为王昶父亲之神道碑，钱大昕撰文，翁方纲书。三十年后因原碑漫漶，钱泳重书并刻石

由表4-2可见，钱泳受托重刻旧碑的数量比起镌刻新碑来要少得多，这也与整个社会对于碑刻的需求相符合，因为无论好古的风气如何兴盛，竖立新碑的需求总是要大过重刻旧碑。钱泳作为有书法与金石专长的碑帖专家，他所接到的重刻名碑的委托也必然要高于一般刻手。因而在钱泳这里，重刻旧碑与镌刻新碑的数量比应当远高过刻碑行业的平均情况。

钱泳重刻旧碑主要可以分为两种情况：第一种是原碑或亡佚或残损，根据现存的旧拓本或旧摹本重新刻石；另一种是不仅原碑亡佚，且没有旧拓本与摹本可供参照，于是根据史籍中记载的碑文重新书写后刻石。后一种情况严格说来，除了文字内容原则上与原碑相同之外，在其他方面都与原碑无涉，因而从近现代碑帖研究者的角度看来，此类碑刻常被归为“伪刻”的一种，[①]对于考证古碑并无价值。然而回到历史情境中考察钱泳等人当时重写此类碑刻的情形，可知绝非有意“作伪”，而是在存古怀古的固有情结以及乾嘉时期碑帖之学大兴的热潮之下，重制旧碑以作“怀古雅事”。这类碑刻若是考订精良、书刻得当，往往会被当时士人认为是追古怀先之“艺林盛举”。基于对当时历史情境和制碑

① 如王壮弘认为“伪刻有二：一、原石久佚，但见著录不知原刻是何面目，而以史传写刻者……二、毫无根据杜撰妄写者……”，见《碑帖鉴别常识》，第20～21页。又如施安昌认为：“伪刻有几种情况：1.据前人的诗文或故事捏造……2.据前人著录的碑文，臆想古人笔意而写刻……3.本无名款的作品被题上姓名或张冠李戴的作品”，见《关于碑帖鉴定的若干问题》，载施安昌《善本碑帖论集》，紫禁城出版社2002年版，第186页。

动机的考虑，本章将这种情况归入于“重刻旧碑”的范畴加以讨论。

由表4-2可知，钱泳除了应金石家王昶之托重刻其父亲的神道碑（《诰赠资政大夫大理寺卿王公神道碑》）之外，重刻的其他旧碑都为古代名碑，其中有11通是根据旧拓本或摹本重新刻石，有6通是钱泳根据史传记载重书碑文之后再行刻石。需要一提的是，师亮采（1768～？）委托重刻的《唐玄宗令长新诫碑》虽是钱泳以隶书重新书丹，但原碑为楷书且当时尚存，因而这通重制之碑相对特殊。

（一）根据旧拓本或摹本重新刻石

钱泳受托根据旧拓本或摹本重新刻制的碑为《石鼓文》《熹平石经》及7通秦始皇纪功刻石中的5通，它们均为中国历史上声名显赫的碑刻，在不同时代均有人重刻。在乾嘉时期的古碑寻访及研究热潮之下，重刻古碑的行为也十分盛行，钱泳的这类工作正是这一风尚的体现。

乾隆五十六年八月，33岁的钱泳在游幕毕沅幕府之后不久，应绍兴知府李亨特之聘入幕重修《绍兴府志》。秦始皇七通纪功刻石之一的《会稽刻石》原在绍兴境内，但原碑久已不存，公务之暇，钱泳按《金薤琳琅》等金石书籍的记载出门寻访元朝申屠驷（生卒不详）以家藏旧本重刻的《会稽刻石》。《金薤琳琅》等书称申屠驷重刻之碑有两面，一面翻刻宋代郑文宝所刻的南唐徐铉摹本《峄山刻石》，即长安本《峄山刻石》，另一面便是重刻的《会稽刻石》。这通《会稽刻石》为历代著录中最重要的重刻本，因而钱泳便着意寻访此碑。根据《写经楼金石目》的记载，乾隆五十七年春，钱泳访得此碑，但仅存《峄山刻石》一面，《会稽刻石》已于康熙年间被石工磨去另刻它字。钱泳将此情况告知李亨特，得李亨特允准将后刻之字重新磨去，在原碑上参校赵魏（1746～1825）所藏的申屠驷旧本重刻《会稽刻石》（图28）。按钱泳的记载，这次重刻并非精准地重摹申屠驷旧本，而是参考该旧本重新临写，刻成之后，他自信地以为“虽不能如徐铉郑文宝诸家，然较申屠驷所摹石者，似有过之而无不及也”。[①]

完工之后，李亨特作为地方长官以委托人的身份在碑上留下了题跋：“秦

① （清）钱泳：《重模秦会稽刻石》，载《写经楼金石目》清刻本。

《会稽刻石》诸书记载俱云在秦望山，宋时已不可得。元至正初推官申屠驷曾以旧本重摹，与徐铉《绎山碑》表里刻之，置诸郡庠，说见《金薤琳琅》及《金石林时地考》。乾隆五十五年余来守是邦，访之惟《绎山碑》独存，其《会稽刻石》一面已为石工磨去，良可惜也。因检申屠氏本，属金匮钱君泳双钩勒于原石，仍还旧观，以与好古家共之。后二年闰四朔，知绍兴府事铁岭李亨特记。”翁方纲亦有隶书小字题跋道：“晓园郡伯（李亨特——引者注）重摹此本，神骨苍然，如姚令威逢采药人时也。”之后阮元等人亦在石上留有观款。

不难看出，李亨特的题跋内容与钱泳的记载并不一致，单看李亨特的题跋，会得出李亨特自己留心金石记载、着意访碑、寻得申屠驷旧本，并令钱泳双钩勒石的结论。而实际上，这一系列行为都是钱泳所为，甚至翁方纲的题跋也是钱泳出面请托，[①]最后归功于幕主李亨特，以塑造其“好古”之文化形象[②]。当时的官员在乾嘉浓郁的学术风气之下，常聘请学人编纂学术书籍，最终冠以自己之名，以树立学人名声。由钱泳的例子可见，同样有一些官员聘请金石学人替自己访碑、刻碑、征求题跋，最终冠以自己之名，来树立自己的“金石爱好者”的形象，从而融入也进一步塑造了清中期精英人士的金石好尚之风。在这次重刻《会稽刻石》的过程中还有一个重要细节是，钱泳实际上并非“双钩”申屠驷旧本“以还旧观”，而是参校旧本重新临写，意欲在质量上超过申屠本，若是单看李亨特的题跋，便会招致误解。在这里可以看到身为书家的钱泳所抱负的与古人较劲的自信与李亨特只要“还旧观”之间存在着意图割裂，然而李亨特并非翁方纲这类较为严谨的金石学人，他大约只关心碑刻竖立后的综合效果，并不关心这些重刻细节，他的题跋是照着当时重刻旧碑时需忠实于原本的“正确”观念而拟的，与碑刻的真实情况之间存在出入。可以想象，这

① 翁方纲在一封给钱泳的复信中写道：“前所诿秦篆《会稽碑》跋已写于拓本之尾，托河帅李公致去。”信见（清）钱泳辑《兰林集》。

② 正如柯律格论述的：“……沈德符的这番话语暗示出，自16世纪中叶开始，‘好古’才从一种个人喜好，一种潜在的特权文化活动，转变成一种维系士绅身份的重要消费行为。在晚明和有清一代，若不做个‘好古之人’，在士绅圈子里是让人难以接受的。”见［英］柯律格著，高昕丹、陈恒译，洪再新校：《长物：早期现代中国的物质文化与社会状况》，生活·读书·新知三联书店2015年版，第97~98页。

样的情形在其他类似场合也可能发生，因此，研究者对于题跋内容需要保持充分的警惕。

钱泳重刻的《会稽刻石》现存于浙江绍兴大禹陵，碑上落款的具体刻手为“江宁刘征”。碑上的小篆是标准的玉箸篆风格，也是清中期学者所普遍推崇的正统小篆风格，这一点可以从孙星衍、钱坫、洪亮吉等篆书名手的作品中得到反映。将此碑与长安本《峄山刻石》对照（图29-2），不难看出其笔致更趋柔和圆转，与后者的细劲刚健之气相较，显得更温润秀雅。钱泳曾就篆书论述道：“盖篆体圆，有转无折，隶体方，有折无转，绝然相反。今人有认汉器款识印章及《五凤题字》、《三公山碑》为篆书者，误矣。”[①]他认为篆书应当“宛转”，若“将钟鼎文、石鼓文及秦汉铜器款识、汉碑题额各体参杂其中，忽圆忽方，似篆似隶，亦如郑板桥将篆、隶、行、草铸成一炉，不可以为训也”，[②]因而这通重刻的《会稽刻石》正是钱泳艺术理念的反映。这种艺术理念来源于乾嘉时期文字学研究圈中普遍认可的篆书书风。

与重刻《会稽刻石》同时，钱泳还替李亨特完成了另一件重刻工作，便是用洪适《隶释》等材料补齐钱泳在乾隆五十年发现的徐树丕双钩《熹平石经》残字，将之重刻上石后置于绍兴学宫。这是继翁方纲在乾隆五十三年的重刻之后（见第二章），钱泳所得的《熹平石经》残字再次被摹刻上石。此次重刻与《会稽刻石》一样，对外挂名李亨特，实则出自钱泳的倡议，[③]此次重刻又增加了钱泳因《熹平石经》所得的名望。

这两项重刻工作完成之后，钱泳途经山东进京游历，于乾隆五十七年夏天过访黄易官署，黄易除了委托他摹刻《王孟端画竹石刻》之外，还请他将自己所藏的宋拓《熹平石经》残字重刻上石。这份宋拓是黄易于乾隆四十二年进京时从户部郎中董元镜（生卒不详）手中获得的，与钱泳类似，他因为拥有了《熹平石经》残字拓本而引起了金石界的注意，进而得以结交翁方纲等著名

① （清）钱泳撰、张伟点校《履园丛话》，第285页。

② （清）钱泳撰、张伟点校《履园丛话》，第285页。

③ 翁方纲在《孙渊如观察购得研山斋旧藏〈熹平石经〉残字为题于后》一诗中写道：“会稽南昌各庠庑，塾童毡拓争丹铅。”并在诗注中写道：“钱梅溪又重摹于会稽郡学，予亦重摹于南昌郡学。”见（清）翁方纲《复初斋诗集》卷六十一，《续修四库全书》第1455册，第236页。

学者，[1]但黄易宋拓本的价值显然要远高过钱泳获得的双钩本。黄易在拓本题跋中写道："或以为熹平原石，或以为宋人重摹……此不知是何本，然世传止此，即同祖石观矣。"[2]因其珍贵，翁方纲等人曾将这份宋拓摹刻上石，钱泳过访黄易之时，大概正是因为钱泳之前摹刻徐树丕双钩《熹平石经》残字所获得的声名，[3]黄易便请他替自己将这份宋拓再摹上石。钱泳在黄易的拓本后题跋道："忆自丙午岁泳既得石经残字检之，即闻小松有此本，屈指七年，今日始得展观，不胜欣幸之极，壬子六月钱泳。"[4]之后又在替黄易重刻的《熹平石经》残字后题跋道："右石经残碑三段，《尚书·盘庚篇》三十字，《论语·为政篇》六十四字，《尧曰篇》三十二字，此本为钱塘黄小松司马得于京师董大理元镜家，相传即孙退谷砚山斋所刻本也。北平翁覃溪先生题识甚详，小松属余模勒，因识于后。"[5]黄易对于刻石质量表示满意，认为"此三段对易所藏本无微不肖，真名手也"。[6]

嘉庆十九年至嘉庆二十年之间，时任福建巡抚的王绍兰（1760～1835）委托钱泳进行了一系列的重刻工作。乾隆五十七年，王绍兰与钱泳相识于北京邵晋涵（1743～1796）府中，当时王绍兰尚为秀才。[7]乾隆五十九年底至乾隆六十年初，钱泳前往福州拜谒福建按察使钱受椿（1751～1795），往返均经过建安，两次与时任建安县令的王绍兰见面叙谈，其情甚洽。但自乾隆六十年之后，两人音信渐疏，嘉庆十九年冬十一月，钱泳替高邮知州冯馨增修《高邮州志》完毕，返棹回家时偶遇进京朝见南还的王绍兰，两人重叙旧谊，同游焦山，纵谈古今金石碑刻，并论及秦碑。嘉庆十八年时，钱泳弟子孔昭孔从一位董姓陕西

① 相关论述可参考秦明《黄易的汉魏碑刻鉴藏》，载故宫博物院编《蓬莱宿约——故宫藏黄易汉魏碑刻特集》，第10～23页。

② 见故宫博物院编《蓬莱宿约——故宫藏黄易汉魏碑刻特集》，扉页。

③ 黄易在自己的宋拓《熹平石经》残字题跋中还写道："……翁阁学先合金匮钱泳所获诸经遗字摹刻于南昌府学，知绍兴府李公亨特又摹刻于府学，皆盛事也。"

④ 题跋的图片见故宫博物院编《蓬莱宿约——故宫藏黄易汉魏碑刻特集》，第61页。

⑤ （清）钱泳：《重模熹平石经尚书论语残碑》，载《写经楼金石目》清刻本。

⑥ （清）钱泳：《重模熹平石经尚书论语残碑》，载《写经楼金石目》清刻本。

⑦ 见（清）钱泳撰、张伟点校《履园丛话》，第155页。

商人处双钩到一本号称徐铉所临的秦《碣石门刻石》墨迹，[①]因“秦至今阅数千年，《之罘》《碣石》之刻久已无传”，[②]钱泳得此，见其文句与司马迁《史记》所载有异，以为可证《史记》之误，便将此本视为“奇宝”，之后出示给王绍兰。王绍兰也认为此本弥足珍贵，便托钱泳将其摹刻上石，置于焦山（图30）。

刻成之后，钱泳在石上留下了小字楷书题跋，王绍兰则留下了隶书题跋（图31），从该隶书为典型的钱泳书风来看，应为钱泳代笔。王绍兰在题跋中写道：“金匮钱君风雅士也……风雪中出《碣石门刻石》见示，知为骑省奉敕临摹，取《本纪》校之，不特纪中文字颠倒，韵句舛讹，而是本尚多三十字，足征《史记》之脱简，洵与所模《峄山》同有功于龙门，遂属钱君模石舆至焦山。虽非丞相斯，尚有典型，不须兄事赝鼎，竟当弟畜《鹤铭》耳。”钱泳亦在题跋中对《碣石门刻石》做了考证。

从现存原石来看，钱泳重刻的《碣石门刻石》（图30）确与以徐铉摹本为底本的长安本《峄山刻石》（图29-2）书风一致，但从石刻精神来说，《碣石门刻石》少了劲健之气，显得平软温和，与现存秦刻《泰山刻石》《琅琊台刻石》残石相去更远，因而其保存文献上的价值要大于书法艺术价值。

此次重刻《碣石门刻石》起因于钱泳向王绍兰主动出示双钩本，再次可见钱泳积极主动地促成了委托。与22年前替李亨特重刻《会稽刻石》时不同，此次钱泳以自己的名义在碑石上留下了题跋，得以向后来的观碑者展示自己的学识和刻石贡献。王绍兰在给钱泳的信中写道：“《碣石碑》摹本石价三十六两亦奉缴。尊作题跋谨已拜读，极为妥致，惟内有偏旁应敬避及家讳数处，谨易之。另写呈上。俟刻竣即祈安置焦山为荷。”[③]可见钱泳的题跋内容经过了王绍兰的许可。王绍兰亦对题跋上石后的效果表示满意，在信中写道：“承寄《碣石碑》后

---

① 孔昭孔题跋道：“右徐散骑真迹，一陕客董姓携来售者，因价昂，留观一宿，钩出还之。后有柳文肃贯跋，赵文敏孟頫、揭文安奚斯观款，危学士素跋，文待诏徵明隶书跋，均不及钩，且不及钞出以存考据，为可惜耳，嘉庆癸酉夏六月。”见（清）金武祥《粟香五笔》卷七，《续修四库全书》第1184册，第264页。

② （清）王昶：《金石萃编》卷四，《续修四库全书》第886册，第531页。

③ 信见（清）钱泳辑《兰林集》。

跋十分，业已收到，钩勒精妙，逸趣横生，洵可宝也。”[①]

除了委托钱泳重刻《碣石门刻石》置于焦山外，王绍兰还请钱泳缩刻了《石鼓文》、秦《峄山刻石》、《泰山刻石》、《琅琊台刻石》、《会稽刻石》、《碣石门刻石》以及汉《熹平石经》残字，既作为保存拓本的一种手段，亦供案头珍玩。从时间上看，王绍兰因钱泳之倡议，[②]在两人同游焦山时便决定缩刻五种秦刻石，嘉庆二十年三月及五月，他又分别决定请钱泳缩刻《熹平石经》残字和《石鼓文》。

王绍兰对这一系列缩刻工作极为上心，回福建之后，他多次与钱泳通过书信商议刻石事宜，如他在信中对于石质提出了要求：“奉托各种碑刻已荷费神购石，感甚。惟小碑之刻原期古雅可珍，自以端石为上，歙石则已劣矣。若矱村石质虽细，必难垂久，且不足贵也。尚祈查照前议为嘱。”[③]“周鼓秦碣等件，端石既难必得，且价值甚昂，只可统用石公山石较为省便。”[④]他同样关心刻石题跋的文句：“所有碣石碑题后尊作极为妥善，祈即付镌……又模字为弟家讳，如题跋中遇有此字，乞以橅字易之为望。”[⑤]他还多次在信中关注钱泳的刻石进度，如“奉托摹刻周鼓、秦碣、汉石经等件谅已购石，书丹照前面定式样镌刻，如有刻竣者务祈陆续见示，即交京回折差寄闽，可以无误”，[⑥]“奉托摹古各石刻，此时谅可陆续竣事，兹因差便，特此奉讯起居，并令其京旋过苏时走领。务祈大兄将刻竣各种先期检点停当，至期付该弁钱长春带回为祷。附上菲敬二十两，聊将远意，乞哂存之”，[⑦]“秦碣业经启工，谅下次差回亦可领到，奉上琅琊台拓本一幅，乞

① 信见（清）钱泳辑《兰林集》。

② 王绍兰在五种秦刻石缩刻完毕之后作记道：“嘉庆十九年冬十一月绍兰陛见南旋，遇钱子泳于秦邮，偶论金石文字及于秦刻，钱子曰：‘《绎山》之文《史记》不载，宋端拱初，徐鼎臣得而摹之，淳化四年，郑文宝刻于长安国子学。《泰山》则廑存二世文四行廿九字，今毁，惟拓本可传。《琅琊台》在今山东诸城县，亦惟二世文十二行隐隐可辨。《碣石》向无传本，今得有鼎臣墨迹可摹。至于《会稽》之刻，宋时犹在，元至正间，绍兴路推官申屠駉重摹于越庠之稽古阁。惟《东观》《之罘》刻失传久矣，无可据依，今欲斫而小之，试摹其五而阙其二乎。’绍兰曰：‘诺，请遂刻焉。’”见（清）钱泳《秦刻石缩本五种》，载《写经楼金石目》清刻本。

③ 信见（清）钱泳辑《兰林集》。

④ 信见（清）钱泳辑《兰林集》。

⑤ 信见（清）钱泳辑《兰林集》。

⑥ 信见（清）钱泳辑《兰林集》。

⑦ 信见（清）钱泳辑《兰林集》。

察入”，[①]“各石刻如陆续告竣，望即付京旋折弁带下，俾得早睹为快”。[②]

从两人的往来通信可知，钱泳先完成了《熹平石经》残字缩本，接着是《石鼓文》缩本，最后完成了5种秦刻石缩本。《熹平石经》残字缩本合并了黄易所藏的宋拓100余字及钱泳双钩的500余字，共刻成了8碑，每碑高为当时的工部尺9寸7分，约为31厘米；宽为当时的工部尺5寸1分，约为16厘米。刻成之后，王绍兰以为“精雅绝伦，足称珍玩”，[③]“每于公退之暇，置诸坐隅，焚香静对，如入洛阳讲堂，辙令人发尚有典刑之叹也”。[④]《石鼓文》缩本以天一阁范氏藏本为底本，该本阮元曾重刻上石，为公认之最佳本。这套缩刻仿石鼓原样刻了10石，每石高为当时的工部尺4寸5分，约为14厘米；圆径为当时的工部尺3寸3分，约为10厘米。刻成之后，王绍兰以为“朴茂古雅，犹见坡阳搜狩之遗”，[⑤]并在给钱泳的信中写道：“极荷费神，感谢无既。”[⑥] 5种秦刻石缩刻的尺寸大小尚未发现有资料记载，推测应与前两种相去不远，大小可供案头珍玩。乾隆五十二年朱珪（1731～1807）视学浙江之时，曾以“秦刻石”为题岁试绍兴府生员，而王绍兰获蒙赏识，被拔为第一。因为与秦刻石有此因缘，这套缩刻完成之后，王绍兰“每念文正公（朱珪谥文正——引者注）二十年前知遇之感，辄不禁抚碑而堕泪也”。[⑦]

钱泳替王绍兰缩刻的这一系列古碑虽有旧拓本或摹本作为参考，但“缩刻”之本质实为“缩临”，虽能存旧本之面目，但与照原样双钩刻石相比，失真情况必将更加严重。从王绍兰对这批碑刻的重视程度可见，当时爱好金石的官员学者对于这种“缩刻”之碑同样十分珍视，[⑧]视之为有学术内涵的赏玩品，因此从底本选择到做工用料都要求考究。刻成之后置于书斋案头，可收“抚碑追昔”

① 信见（清）钱泳辑《兰林集》。

② 信见（清）钱泳辑《兰林集》。

③ 信见（清）钱泳辑《兰林集》。

④ （清）钱泳：《秦刻石缩本五种》，载《写经楼金石目》清刻本。

⑤ 信见（清）钱泳辑《兰林集》。

⑥ 信见（清）钱泳辑《兰林集》。

⑦ （清）钱泳：《秦刻石缩本五种》，载《写经楼金石目》清刻本。

⑧ 钱泳曾将缩本《熹平石经》的拓本寄送翁方纲，翁方纲回信道：“尊刻篆隶各种古帖之缩小本，必极精工，弟惟得石经缩本，倘更有续缩他种，更祈惠及也。”可见翁方纲对于这类制作精良的“缩刻”也很有兴趣。信见（清）钱泳辑《兰林集》。

之效，极大地满足了文人雅士寄托怀古幽情的精神需求。

（二）根据史传记载以隶书重写碑文后刻石

在热衷于搜集整理古代碑刻的清中期文人、学者眼中，一些古代名碑的永远缺失是一种遗憾，因而有人便想尽量“复其旧观”。对于连旧拓本与摹本都没有流传下来的名碑，想要“复其旧观”便只能请书法名手模仿名碑所处时代的书风重新书丹，以此聊寄慕古之情。钱泳为隶书名家，又擅刻石，且于汉碑上用功甚勤，因而便有人将此类“重写古碑”的工作委托于他。

在乾隆五十九年与乾隆六十年时，钱泳分别应赵魏及陈广宁之请以隶书重写蔡邕撰文的《郭有道碑》与《陈太丘碑》。东汉末年，立碑撰铭之风盛行，蔡邕作为著名文士，常应邀撰写碑文。这两篇便是他分别为汉末以“清高有行”著称的名士郭泰（128～169）、陈寔（104～187）所撰，后经《文选》收录，一直是蔡邕所撰碑铭的典型代表。蔡邕同时作为隶书书家，是传统观念中汉隶典范的代表人物，但这两通碑早已不存于世，其是否确由蔡邕书丹也早不可考。然而，中国历代文人总愿意将蔡邕的隶书、文章及文章所颂扬的名士气节结合在一起，形成一种完美的文化意象，故而在传统文人的叙事中，这些碑刻常被默认为“蔡邕手书”。

这两通碑中《郭有道碑》更为著名，因蔡邕曾言：“吾为碑铭多矣，皆有惭德，唯郭有道无愧色。”[①]此碑早佚，历代文人对它心向往之，多有补书重刻者，相关文献亦为数不少。[②]到了清代，重立的《郭有道碑》以傅山（1607～1683）（图32）与郑簠重书的版本最为著名，但金石学者顾蔼吉与王昶对这两种重刻均做出了恶评，[③]这也反映出清代文人在对汉隶风格熟稔之后，对于明末清初隶书

①（南朝宋）范晔撰、（唐）李贤等注《后汉书》卷六十八，中华书局1965年版，第2227页。

② 参见何宝善《汉郭有道碑考》，文津出版社1993年版。

③“今林宗墓侧有一碑，乃近人傅山所为，体既杜撰，迹复丑恶，无知者以为中郎书，争相传拓，可笑也。闻郑簠又书一碑，与傅山并峙，岂以傅山为非其人而欲自拟中郎也，以五十步笑百步，则何如。”见（清）顾蔼吉编撰《隶辨》，卷八，中华书局1986年版，第306页。“按此碑今日所传拓者凡有二本，乃近人傅青主、郑谷口所重书，字迹丑恶，不足云矣。”见（清）王昶《金石萃编》卷十二，《续修四库全书》第887册，第34页。

书家“自我作意”的不满。《郭有道碑》崇高的文化地位和它缺乏令人满意的重刻本的现状，吸引着后人不断尝试重书，以期接近“中郎遗风”，比如乾隆七年如皋姜任修（1676～1751）便有重写本，自称“从寒山赵氏拓本摹得，又摹北海孙氏所藏石经残碑，得中郎笔法，以吴炳补《桐柏碑》之例重补此碑，或比近人傅山、郑簠杜撰者差胜”。[①]王昶亦以为此本“不为无据”，但“不能自运，是以笔踪弱劣，不称汉碑骨格，而要之典型具在，非傅郑二刻比也”。[②]在这种情况下，家藏碑版极富的赵魏请钱泳重书《郭有道碑》，自是看重钱泳的隶书功力，但他并非要认真重刻此碑以与傅山、郑簠等人争雄，而只是请钱泳以小字书写后，“刻石赠人”，[③]以之作为文人社交活动中的礼品。

钱泳为赵魏所书的小字本《郭有道碑》目前暂不可见，但他在后来自刻的《缩本汉碑》中收录了这一碑刻（图33），应与替赵魏所书的相去不远。对比傅山所书的《郭有道碑》，不难看出钱泳端庄整饬的隶书更符合清中期文人学者对于蔡邕隶书的想象。

《陈太丘碑》相对而言重刻者较少，钱泳应好友陈广宁之请用隶书书写碑文，继而陈广宁将其刻石并拓数百本散布。“后数年书估竟将后跋截去，充作汉碑以售于人，故杭人有翻刻本。嘉庆廿年四月忽有日本夷人认为原刻，索购五百册”，[④]“市者仍以余书翻刻应之，海外人以耳为目，不知真伪如此”。[⑤]吴蔚光亦曾写信给钱泳称：“仿汉数碑神与古会，而《太丘墓志》竟可乱真，名下果无虚也。”[⑥]钱泳重书之《陈太丘碑》竟被认为是汉代原刻，再次可见他的隶书与时人想象中“蔡邕书风”的接近程度。[⑦]这通重刻的《陈太丘碑》于钱泳在世时便已佚失，道光十年钱泳又重书一遍置于家塾，希望有人可以将其再刻石，“立

① （清）王昶：《金石萃编》卷十二，《续修四库全书》第887册，第34页。

② （清）王昶：《金石萃编》卷十二，《续修四库全书》第887册，第34页。

③ （清）钱泳：《郭有道碑文》，载《写经楼金石目》清刻本。

④ （清）钱泳：《陈太邱碑文》，载《写经楼金石目》清刻本。

⑤ （清）钱泳撰、张伟点校《履园丛话》，第237页。

⑥ 信见（清）钱泳辑《兰林集》。

⑦ 有不少人直接以蔡邕来夸赞钱泳，如王芑孙在请钱泳为一通碑刻书丹时，写诗给钱泳道：“吾家同叔今赐葬，砻石粗成方选匠。已将葬记属吴融，要倩中郎写一通。”诗见（清）钱泳辑《写经楼题赠集》，上海图书馆藏清稿本。

于苏州府学之敬一亭……以补汉碑之阙，亦盛事也”，[1]但事不果行。之后，钱泳在《缩本汉碑》系列中又将此碑以隶书小字重书一遍（图34），刻石与小字本《郭有道碑》并峙。

嘉庆十三年，钱泳受托重书《曹娥碑》并刻石（图35），后立于浙江上虞曹娥庙。曹娥（130～143）生于汉末，为孝而死，死后由邯郸淳（约132～221）撰写碑文，之后又产生了蔡邕过其碑而做字谜“黄绢幼妇、外孙齑臼”的著名传说。此碑虽早已不存，但因曹娥的孝行、曹娥事迹中的神异色彩以及围绕着《曹娥碑》产生的种种传说，后代名士不断地重书、重立此碑。传为王羲之书写的小楷《曹娥碑》历来被认为是书法名品，这更增加了《曹娥碑》的文化含量。到清中期之时，存世的《曹娥碑》主要有四通：“一为宋蔡卞（1058～1117——引者注）书大字本、一为明赖恩（生卒不详——引者注）集李北海书、一为康熙间王作霖（1739年中进士——引者注）重摹右军本、一为近时所刻。”[2]嘉庆十三年五月，清朝政府加封曹娥为“福应夫人”，浙江巡抚阮元因之来庙祭拜，钱泳在《写经楼金石目》中写道：阮元“因汉刻久亡，而所传王右军、李北海、蔡卞诸书皆非隶体，命余补书一通，知山阴县事徐君元梅为捐资立石本庙”。[3]碑刻成之后，鄞县秀才陈权（生卒不详）有题识附于碑上，亦写道：“巡抚阮公元……因《曹娥碑》汉刻久亡，所传王羲之、李邕、蔡卞诸书皆非隶体，乃属金匮钱泳重以隶古书碑一通，知山阴县事徐君元梅捐资上石。”

但实际情况是，请钱泳以隶书重书《曹娥碑》的建议是上文提到的“青藤书屋”所有者陈鸿熙提出的。山阴秀才邬鹤征（1774～？）在《重勒曹娥碑歌并序》中写道：“汉度尚（117～166——引者注）《曹孝女碑》在会稽舜江之侧，岁久湮没，吾友陈十峰属钱梅溪仿汉隶勒石补之，今年春晤十峰于吴门，为述其事，作歌纪之。”[4]诗中写道：“一十四龄曹孝女，千七百年留片土。凿石谁将汉碑补，十峰十峰真好古。钱生下笔经且奇，羲娥星宿摭无遗。试将薤叶鹤头

① （清）钱泳撰、张鸿鸣点校《登楼杂记（外一种）》，第109页。

② （清）王昶：《金石萃编》卷一百四十，《续修四库全书》第890册，第461页。

③ （清）钱泳：《补刻曹娥碑》，载《写经楼金石目》清刻本。

④ （清）潘衍桐：《两浙輶轩续录》卷三十九，《续修四库全书》第1686册，第470页。

帖，配他幼妇黄绢词。汉文汉隶两炳耀，大碣巍峨竖残照……杰哉是举真可传，由来复古须豪贤……”[①]“十峰”是陈鸿熙的号，此诗没有提及阮元，从此诗可知，重刻《曹娥碑》最初是陈鸿熙的倡议。钱泳接受这一倡议后，或以为此事由浙江巡抚阮元主理更显体面，于是写信与阮元相商，阮元在一封复信中写道：“曹娥、严先生二碑少暇当谋刊诸石。”[②]山阴知县徐元梅（1789年中进士）的出资应当也是钱泳从中斡旋的，他在一封给钱泳的信中写道：“今早晤彭三兄始知前言《孝女碑》已邀中丞许诺，弟亦得列名于后，永峙江皋，幸甚幸甚……至应需工价容旋绍后，再为部署邮致也。前荷允寄法书对联不知已写就否……”[③]可见钱泳为重刻之事积极活动于浙江各级官员之中。

钱泳重书的《曹娥碑》现已不存，但完整的拓片保存了下来。除去碑额和底座的拓片高150厘米、宽75厘米，以钱泳典型的隶书书风写就，摹刻精良，气息典雅，刻手为钱泳之侄钱萱[④]。刻成之后的碑上附有三跋，分别为陈权、钱泳、陈鸿熙撰写。陈权在题跋中写明，此碑由阮元授意钱泳书写、徐元梅出资，而陈鸿熙的功绩是将碑石运至曹娥庙中。钱泳的题跋内容则为学术性的，叙述了《曹娥碑》的来历，还特意指明关于曹操（155～220）与杨修（175～219）释读蔡邕字谜的传说“究属荒唐，不足论也”。陈鸿熙则在题跋中称“汉《曹娥碑》亡失已久，今得善隶钱君泳补书勒石，用复旧观，表扬孝烈，诚盛举也。刻既竣，碑留杭州。余因迁立庙中，使后人摩挲其下，不至与旧迹销沉，因深慨叹，是所厚望焉”。由前引徐元梅的信件可以看出，在这样一通注定要为后人注目的重刻名碑上留有姓名是荣光之事，既然“倡议之功”已经归于浙江巡抚阮元，那么陈鸿熙便退而求其次，承揽了“迁石立庙”之功。钱泳是重刻此碑的实际操作者，便在题跋中展示自己的学术见解，意在显示自己并非仅能“补书勒石”，而是“有学之人”。此外，从阮元并未亲自为此碑撰写题跋的情况来看，他对于此类重制名碑的重视程度应有限，或许仅是“虚应故事”。

① （清）潘衍桐：《两浙輶轩续录》卷三十九，《续修四库全书》第1686册，第470页。

② 信见（清）钱泳辑《兰林集》。

③ 信见（清）钱泳辑《兰林集》。

④ 钱萱字树堂，他在碑上留下了“钱树堂刻”的名款。

道光十二年，钱泳应东汉名臣杨震（约54～124）后人之托，重刻《太尉杨震碑》，立于苏州新修的杨太尉祠中。《太尉杨震碑》虽已佚，但王昶收藏有旧拓本，钱泳观摩此拓后以为与洪适《隶释》记载不合，怀疑是元、明人的重刻本，便以己意重写《太尉杨震碑》，自称“引郑谷口、傅青主两家重书《郭有道碑》之例，聊以补汉碑之阙，非敢云重模汉碑也，识者谅之”。[①]由此可见，钱泳在不认可旧拓本的情况下，更愿意直接用自己的隶书来“补汉碑之阙”，除去钱泳对自己隶书水平的高度自信之外，这也是乾嘉时代深具怀疑精神的学风之下，学人敢于匹敌前代的表现。

除去重写上述汉代名碑之外，钱泳还应孙原湘（1760～1829）之托，以隶书重写《梁简文帝御撰招真治碑》后刻石。《招真治碑》于南朝梁时立于常熟虞山，但久佚，亦无旧拓本或摹本传世，钱泳好友孙原湘为常熟人，想重刻此碑已久，他在刻成的碑后记中写道：“《招真治碑》，梁简文帝所撰，见《艺文类聚》，旧志沿称昭明者误也。志所载颇多讹字，就所见诸家选录本参互更正，别录一通，思得善书者补之，尝丐之梁山舟前辈，既诺而旋归道山，事遂寝。去年夏偶与梅溪钱君言及应作隶古书，梅溪欣然泚笔，为请邑之缙绅先生鸠工勒石……”[②]梁山舟即梁同书，去世于1815年。后钱泳重写刻石完毕是道光三年。可见孙原湘在近10年的时间里一直想着重刻此碑的事情。他在一封给钱泳的信中写道：“《招真治碑》已从百三名家中录书，奉览勒碑之约万勿游移，成此胜举，乃人天欢喜之事。望切望切。”[③]可见身为前翰林院庶吉士的孙原湘对于重制乡邑名碑的重视程度，此事在他心中可谓“补千余年阙典，亦艺林一快事也”。[④]

时任海州知州的师亮采于嘉庆二十二年委托钱泳以隶书重写并刻石的《唐玄宗令长新诫碑》则较为特殊，在原碑可见的情况下，此次重刻的原意并不在

① （清）钱泳：《重刻汉太尉杨伯起碑》，载《写经楼金石目》清刻本。

② 《梁简文帝御撰招真治碑》，载（清）钱泳《履园文集》，清述祖德堂抄本，载《清代诗文集汇编》第456册，第718页。

③ 信见（清）钱泳辑《兰林集》。

④ 《梁简文帝御撰招真治碑》，载（清）钱泳《履园文集》，清述祖德堂抄本，载《清代诗文集汇编》第456册，第718页。

于“重现旧碑”。《令长新诫》为唐开元时唐玄宗（685～762）赐给160位县令的“官箴”，之后县令们多有将之刻石者，宋欧阳修（1007～1072）在《集古录》中便著录了6通。乾隆五十八年，钱坫为官于陕西，在蒲城学宫掘得一通《令长新诫碑》，为唐代韦坚（？～746）所书，“书法婉仪秀整，绝似褚河南”，[①]这是乾嘉文人所能见到的唯一一通《令长新诫碑》原石。钱泳在嘉庆元年将之缩临一通刻石，并得到了翁方纲的赠诗。[②]在《令长新诫碑》原石可见且原碑是楷书的情况下，师亮采却请钱泳以隶书重写一通刻石，可见其意并不在保存原碑面目，他在题跋中写道：“属钱君泳隶书勒石，以补史书之阙，亦未始非作今之一助云。”[③]唐玄宗擅长隶书，师亮采之意或在还原此碑碑文最初可能呈现的书写样态，既有复古之意，也顺便有规劝当世官员之效。师亮采同时还托钱泳将蜀王孟昶（919～965）所撰的官箴一同书写上石（见表4－1），更可见其规劝官场之用意。

小　结

从现有资料记载的钱泳受托刻碑的情况来看，委托人基本都属于士绅阶层，委托书写的基本都是冀传永久的内容，如修建重要地方文化建筑的纪念性碑文、墓志神道类碑刻，以及重刻名碑等，其中并未见到官府行政文书类碑刻或是工商业碑刻。通常而言，“冀传永久”的碑刻在制作上更为讲究，花费更多，对于艺术水准的要求也更高，这类碑刻意在纪念文化事件、塑造相关人物的传世文化形象，历来有着文人参与制作的传统，因而钱泳作为高阶刻手、书法名手又兼以文人自命，他很可能给自己划定了业务承揽范围，以彰显自身的身份定位。但在此也应该考虑另一种情况，那就是钱泳在撰写《写经楼金石目》等叙述自身镌刻经历的书籍时，正如文人编写自家文集时通常会采取的做法一般，刻意

① （清）钱泳：《缩临唐韦坚书令长新诫》，载《写经楼金石目》未刊本。

② 翁方纲赠诗题为“梅溪缩临唐《令长新诫》于石求作诗，因题昔年所寄《熹平石经》缩本后二首”，见（清）翁方纲《复初斋诗集》卷五十七，《续修四库全书》第1455册，第199页。

③ （清）钱泳：《唐元宗令长新诫碑》（注：此处因避讳而将唐玄宗写作唐元宗），载《写经楼金石目》未刊本。

进行了取舍：将镌刻过的何种碑刻纳入集中，又将何种碑刻去除是有着精心选择的。因而一些社会地位较低的委托人所委托的碑刻或一些时效相对短暂的实用类碑刻很有可能被剔除出记载，[①]从而通过选择过滤后的碑目记载，在后世阅读者面前强化自己“文士型碑刻制作者”的历史形象。

通过现有的钱泳镌碑委托，可以看到在当时好古的金石风尚之下，制造当代的“新金石”同样也是一股潮流，不少委托人在制作碑刻时都要求模仿汉制，点明书丹需用“隶古书”。刻成新碑之后，这些委托人通常还需要制作一定数量的拓片来分发散布，以做社交礼物之用。在清中期的信札中，时常可见到以新制碑刻的拓片作为伴函礼物的情形，这些拓片也融入了清中期金石碑帖欣赏、交流的人际活动之中，成为金石文化中的一部分。从钱泳重刻名碑的情形还可以看出，不少委托人并不出于现代意义上的严肃学术意识来对待重刻之事，比如钱泳反复重刻的《熹平石经》残字，即便其来源存疑且经过钱泳的加工，但只要最终的拓本效果符合观者心目中的“汉末遗韵”，那便能够得到金石圈的认可和追捧，其他的缩临、重写名碑亦复如是。在这里，名碑的文化和学术含量成了怀古审美的一种身份化底色，富含文化意义的纪念、赏玩情怀超越了严肃意义上的金石学研究。

① 如钱泳在给任职于江南的林则徐的一封信中写道：“所有去冬公请示禁之稿，至今未见，务求抄示，以便上石，此常昭两邑牙户小民所感恩不尽者也。”（信见北京保利国际拍卖有限公司2014年秋季拍卖会拍品，林则徐与钱泳信札册页）可见钱泳亦有替地方长官镌刻政令类碑文的意图，虽不知最终是否刻成，但不排除他可能刻过这类碑文但刻意未载入《写经楼金石目》或其他记载中。

第五章
受托刻帖

与碑不同，帖之本意是专为传播书法作品而设，与寻常碑刻相较，镌刻优秀书法作品上石对刻工的要求更高，因其需要尽量忠实地复制出书作中的微妙细节与整体气韵。自明代私家刻帖大兴以来，江南地区出现了许多著名的刻帖能手，除了精湛技艺外，“他们有一定的文化眼光与文学素养，与鉴定家、士人组合成了一个刻帖的团队”，[①] 如名刻手章简甫（1491～1572），便与文徵明形成了稳定的合作关系，并因替收藏家华夏（1490～1563）摹刻了以精良著称的《真赏斋帖》而留名后世。明清刻帖的兴盛使得名刻手供不应求，声望日增。钱泳身处刻帖高峰期的乾嘉道时代，除了从苏州等名刻手云集的地区习得刻石技艺之外，实际上还身兼“书法名手”“鉴定家”“文人”等多重身份，加之活跃的社会交往能力，使得他的刻帖成绩尤为突出。

自29岁入毕沅幕府替毕沅摹刻《经训堂法书》以来，钱泳不断地接到各方官员文人的刻帖委托，其中既有大型丛帖，亦有单刻帖，所刻的书法作品既有历代名家法帖，亦有当代书家新作。通过对钱泳受托刻帖的情况展开研究，正可窥见清中期朝野上下对于书法临习与传播的热衷，亦可从中考察刻帖这一行为对于塑造个人甚至家族文化形象所起的作用。本章将根据钱泳受托所刻之书作的产生时间，分为“古人书”与“清人书”两类展开论述，清以前书家的作品都归于“古人书”之列。

① 楚默：《明清私帖的经济、地域及家族文化特色》，载孙璘主编《明清江南刻帖研讨会论文集》，第11页。

一　受托摹刻古人书作

根据现有材料，钱泳受托摹刻古人书作的主要情况见表5-1。

表5-1　钱泳受托刻帖（古人书作）情况

名称	时间	委托人	书刻情况
经训堂法书十二卷	乾隆五十四年	毕沅（时任湖广总督）	集刻自晋至明的各家法书，钱泳、孔广居等刻石
补刻右军《十七帖》敕字	嘉庆元年	钱氏族人	补刻钱氏族人旧刻的《十七帖》敕字题跋部分
草书心经	嘉庆十年	钱樾（时任鸿胪寺少卿等）	吴镇书，钱泳刻石
松雪斋法书[1]六卷	嘉庆十四年	英和（时任军机大臣上行走等）	赵孟頫书，钱泳刻石
重刻孙过庭《书谱》	嘉庆十五年	毓兴（或时任两淮盐运使）	依据《书谱》旧刻本重刻
小楷集珍帖八卷	嘉庆十八年	沈恕（官至州府同知）	钱泳集刻晋唐小楷
秦邮帖四卷	嘉庆二十年	师亮采（时任海州知州，代理高邮知州）	钱泳集刻苏轼、黄庭坚、米芾、秦观、赵孟頫、董其昌等人法书
松雪斋法书续刻六卷	嘉庆二十一年	齐彦槐（时任金匮知县）	赵孟頫书，钱泳刻石
黄文节公法书石刻六卷	嘉庆二十一年	黄嵋（时任昭文知县）	黄庭坚书，钱泳刻石
抱冲斋石刻十二卷	嘉庆二十五年	斌良（时任江苏苏松常镇太粮储道）	赵孟頫、董其昌书，钱泳刻石
张文显、张曦墨迹	道光六年	张师（官职不详，张井之兄）	张文显、张曦书，钱泳刻石
澄鉴堂石刻四卷	道光八年	张井（时任江南河道总督）	传文同、苏轼画竹图后之各家题跋[2]，钱泳刻石
兰亭序	不详	吴桓（官任嘉定知县等）	重摹宋刻定武本上石
重刻《九成宫醴泉铭》	不详	吴桓（官任嘉定知县等）	吴桓得到宋拓本欲重刻，有缺字，钱泳参以其他拓本补成全本
钟王小楷一卷	不详	江元乡（时任户部郎中）	钟繇书，钱泳刻石，王羲之书未刻

注：1.钱泳替英和与齐彦槐摹刻的赵孟頫书法丛帖，在帖石上都题为“松雪斋法书墨刻”，为示区分，在此采用钱泳《写经楼金石目》中的名称，分别称为“松雪斋法书”及“松雪斋法书续刻”。另，容庚在《丛帖目》中分别称为“松雪斋法书”及“松雪斋法书墨刻”，本书所引图版来自《容庚藏帖》，故此说明。

2.这些题跋真伪存疑，从字面上看，年代自宋及清，因清代题跋占比较少，故归入表5-1。

由表5-1可知，钱泳受托摹刻的由古人法书组成的丛帖有9种，其余的为单刻帖，此外，张文显、张曦墨迹为两人合刻，仅有一卷，较为特殊。9种丛帖的委托人均有官职，官衔从军机大臣到地方知县不等，单刻帖的委托人包括了官员和地方士绅。表中所摹刻的作品都在传统"帖学"范围内，涵盖的书家从晋代的王羲之到明末的董其昌（1555~1636），其中，赵孟頫书作被摹刻的最多。以下将以钱泳受托所刻的几部重要丛帖[①]为主展开叙述，后再论及部分单刻帖。

《经训堂法书》

《经训堂法书》是钱泳摹刻的第一部大型丛帖，也是钱泳刻帖生涯的正式开端。"经训堂"是毕沅的斋号，毕沅出身状元，历任陕西巡抚、甘肃巡抚、河南巡抚、湖广总督等封疆要职，幕中人才云集，声望日隆。政事之余，毕沅除了赞助学术活动外，还热衷于收藏金石书画。乾隆五十二年十月，钱泳进入时任河南巡抚的毕沅幕中，不久之后便开始替毕沅筹备摹刻《经训堂法书》的事宜。自明代私家刻帖兴盛以来，刻帖成了个人及家族展示文化地位的有效手段之一，这种"主体性的、带有深刻帖主个人及其家族印记的私家刻帖……成为一种可依托的文化资本，这种文化资本对帖主本人及其家族在地方社会地位的维护、文化话语权的取得等都有潜在的益处"，[②]对毕沅这样已经取得显赫声望的封疆大吏而言，摹刻私家大型丛帖更是一件将自己的艺术收藏和文化身份予以巩固并流传后世的重要举措。

毕沅于书画收藏上不吝千金，[③]其弟毕泷（1733~1797）同样富于收藏，加之有许多精于书画鉴赏的幕友、亲朋时常品评探讨，故而历代名迹出入于毕沅之手者甚多。钱泳停留于毕沅官署的时间前后加起来约为15个月，寓于毕沅苏州宅中约17个月（见表3-1），曾亲见毕沅所藏的虞世南《汝南公主墓志》、徐浩（703~783）《朱巨川告身》、怀素（725~785）《小草千字文》、苏轼《橘颂

① 钱泳所刻丛帖之详目于容庚《丛帖目》及钱泳《写经楼金石目》中均可见到，为节省篇幅，在此不一一列出。

② 方波：《文化资本与文化商品：明代江南私家刻帖的一个面向》，载孙瑺主编《明清江南刻帖研讨会论文集》，第21页。

③ 关于毕沅的收藏活动，参见陈雅飞《毕沅书画鉴藏刍议》（上）、（下），分别载于《荣宝斋》2011年第5期及第7期。

帖》、赵孟頫《二赞二图诗》、倪瓒（1301～1374）《懒游窝记》等书迹，[①]其余如明人尺牍等收藏则所见更多。此外，钱泳还曾寓目张择端（约1085～1145）《清明上河图》、王蒙（1308～1385）《南村真逸图》、沈周（1427～1509）《天下名山图》等画作。

丰富的私人收藏为毕沅刊刻《经训堂法书》奠定了基础，而钱泳借刻帖之机以最大的便利饱览这些收藏，这对于时年30岁左右的他而言，能够极大地提升鉴赏眼光，也进一步使得他有更好的能力来完成刻帖工作。《经训堂法书》自规划之初便是意在汇刻历代法书名帖，虽然直至嘉庆二年毕沅去世、嘉庆四年毕沅获罪抄家之时，《经训堂法书》都未最终完成，但由毕沅之侄毕裕曾（生卒不详）将刻成的部分编次所成的十二卷来看，其原初设想之刊刻规模并不小。现存的《经训堂法书》所摹刻的法帖从传王羲之的《黄庭内景经》至董其昌的《骨董十二说》，囊括的书家包括虞世南、唐玄宗、徐浩、怀素、蔡襄（1012～1067）、苏轼、黄庭坚（1045～1105）、米芾（1051～1107）、朱熹、赵孟頫、鲜于枢（1246～1302）、康里巎巎（1295～1345）、张雨（1277～1348）、邓文原（1258～1328）、虞集（1272～1348）、杨维桢（1296～1370）、倪瓒、吴宽（1435～1504）、祝允明（1460～1526）、唐寅（1470～1524）、文徵明、王宠（1494～1533）、文彭（1498～1573）、文嘉（1501～1583）等，以行草书作品居多，各帖后多附有历代藏家题跋，制作精良，张伯英评价“视他刻伪迹较少，摹刻亦非庸工，是近代汇帖之可观者矣”。[②]这样一部丛帖的摹刻自然工作量不小，亦需要组成团队展开工作。就现有材料可知，毕沅与王文治曾就刻帖事宜进行过商讨，[③]承担了刻石工作的刻手至少有刘次山（生卒不详）、孔广居（1732～1812）[④]两位，而钱泳的职能应是总理刻帖事宜、负责整个团队的运

① 在此真伪暂不讨论。

② 张伯英：《经训堂法帖十二卷》，载《张伯英碑帖论稿·释文卷》，第31页。关于《经训堂法书》所收伪帖的问题，钱泳在《履园丛话》中认为赵孟頫《洛神赋》、倪瓒《懒游窝记》等为伪帖。

③ 《经训堂法书》第一卷《晋王羲之黄庭内景经》后附有毕沅跋文，写道：“此帖高古寄宕，其云鹤游翔之势，结字用笔迥异常蹊，摹勒之家辄惮为之。余悉心参究，又得王梦楼同年共相商确，属刘君次山摹勒之，颇得笔外之意，持以冠诸刻者，董文敏《鸿堂》例也。”

④ 孔广居又名孔千秋，其子孔昭孔拜钱泳为师。

作，[①]同时还承担了相当一部分的摹刻工作。有多少石刻是他亲自运刀上石的尚难确知，但可以确定的是有不少书作是由他完成双钩的。

据《写经楼金石目》记载，钱泳进入毕沅幕府后，不久便从洞庭湖采买石料，从乾隆五十三年五月正式开始双钩的工作。但未及上石，同年夏天毕沅便调任湖广总督，钱泳不曾随行，而是留在河南官署替毕沅捡点所藏的金石碑版及书画文籍，之后用了6艘船将之运回毕沅的苏州私宅。自乾隆五十三年九月抵苏以来，钱泳便寓于名为“乐圃”的毕沅私宅中从事刻帖工作。乾隆五十四年二月，毕沅从湖广总督任上写信给钱泳令其前往湖北面商刻帖事宜，信中写道：“去秋一别……遥稔足下旋里以后，百凡安吉……前接手书，并刻成元人帖一本，均已接到。诸刻清劲苍老，尽可突过《停云》，但每人前各须留出一行书‘某朝人书某帖’，眉目始能清楚。《阁帖》以下皆如此上石，时祈留神。至衔名一行，俟全部刻成后再行补刻，以归画一。唐宋各家尚有须面商者，自应于二月间起身来楚，邀同孔、刘二君，于春仲开江，三月中旬即可抵鄂，所有需用石条等项一并从水路带来，至为便捷。”[②]由信可知毕沅确将刻帖事宜交由钱泳总理，他对钱泳所刻元帖的质量表示满意，并将刻帖格式等需进一步调整的事项嘱咐于钱泳。[③]由钱泳的《游楚日记》可知，“孔、刘二君”指孔广居、刘筠谷（刘筠谷或即刘次山）两人，由信可知他们与钱泳一道从事刻石工作。钱泳依毕沅吩咐前往武昌，停留了百余日之后，于乾隆五十四年九月回到苏州毕沅宅中继续经理刻帖事宜，之后又工作了一年有余。“先后凡三年，所刻晋唐宋元明人书略备，其中惟徐季海《朱巨川告》、怀素《千文》、蔡君谟《自书诗稿》，陈简斋诗卷，赵松雪、邓善之、虞伯生、张伯雨、钱惟善、陆宅之、白湛渊诸帖为最精，其功尚未竟也。”[④]此时距离毕沅去世尚有数年，或因军政事务繁忙而导致

---

① 钱泳于乾隆五十三年毕沅调任后，由开封返回苏州刻帖时，同行者有“孔君瑶山（孔广居——引者注）、戴君秋霞、邹君牧村（邹牧——引者注）、刘君筠谷及瑶山令子味著（孔昭孔——引者注）”。（清）钱泳撰、张鸿鸣点校《登楼杂记（外一种）》，第342页。这些人极可能就是《经训堂法书》刻帖团队的主要成员。

② 信见（清）钱泳辑《兰林集》。

③ “每人前各须留出一行书‘某朝人书某帖’，眉目始能清楚”这一条在现存的《经训堂法书》中并未见到，可见《经训堂法书》在毕沅生前确未彻底完工。

④ （清）钱泳：《经训堂帖十二卷》，载《写经楼金石目》未刊本。

《经训堂法书》终未完工，而钱泳已于乾隆五十六年八月入李亨特幕府，不再从事这一刻帖工作。

《经训堂法书》中确定由钱泳双钩的至少有怀素的《小草千字文》和赵孟頫的《二赞二图诗卷》,[①]最终的刻石效果应当也在钱泳掌控之下。这幅怀素的《小草千字文》(图36)曾经文徵明收藏并刻入《停云馆帖》(图37)，后辗转经吴绍浣(1788年中进士)之手为毕沅所藏，现为台湾兰千山馆藏品，寄存于台北故宫博物院。此件书作落款为怀素晚年，文嘉在题跋中称其“笔法谨密，字字用意，脱去狂怪怒张之习，而专趋于平淡古雅”，钱泳将此帖刻入《经训堂法书》后对于上石效果极为自信(图38)，自称“较《停云》所刻有过之无不及处”。[②]正如王世贞(1526~1590)在《文氏停云馆帖十跋》中所言，怀素此帖“贵在藏锋而少飞动之势”,[③]将《经训堂法书》本、《停云馆帖》本[④]与原本相对照，可以看出《经训堂法书》本更为内敛平和，更加忠实于原作。

从图39的对照可见，原迹“月”字中间的两点只有细微连带，《经训堂法书》本较为准确地反映了这一点，而两个版本的《停云馆帖》连带意味则大为加强。原迹的“暑往”两个字锋芒内敛，《经训堂法书》本较好地反映了这一气息，而《停云馆帖》本可以明显看到“暑”字最后一笔较原作略有夸张，两字之间的字距亦不够精准，其中香港中文大学图书馆藏本还平添了许多露锋的笔致，与原作面貌相去甚远。原迹的“成律岁吕调阳”这几个字是字句次序写错所成，《千字文》原句为“润余成岁，律吕调阳”，《经训堂法书》本忠于原作不曾改动，而《停云馆帖》则将字句顺序调整为正确的“成岁律吕调阳”，如此自然变动了原作的行气，从这一点也可以看出两种刻帖在刻帖理念上的差异。对

① “怀素《小草千文卷》，黄素绢本……余尝模入《经训堂帖》”，“《二赞二图诗卷》……向藏毕秋帆尚书家，余尝钩刻入《经训堂帖》”，见(清)钱泳撰、张伟点校《履园丛话》，第267、275页。

② (清)钱泳撰、张伟点校《履园丛话》，第267页。

③ (明)王世贞:《弇州四部稿》卷一百三十三，《四库全书》文渊阁本，第1281册，第215页。

④ 《停云馆帖》问世之后即有翻刻本，如钱泳曾言:“成化间，长洲文徵仲父子刻《停云馆帖》，章简甫再模之，今谓之章板，校原刻略瘦。”(《履园丛话》，第254页)可以说，流传的原本与翻刻本一道构成了清代文人习见的《停云馆帖》形象，本研究因此选取了两个版本的《停云馆帖》进行比对，以期能得出尽量公允的结论。

比之下，在忠实于原作这一点上，钱泳确可自信地认为自己超过《停云馆帖》。[①]

赵孟頫的《二赞二图诗卷》与赵孟頫习见书风有较大不同，更显放逸飞动，王世贞在题跋中称其“天真纵逸中极自紧密，波磔道丽外不废拙古，所谓信手拈来，头头是道”。此帖经钱泳之手刻入《经训堂法书》，从图40-1、图40-2，图41-1、图41-2的对比来看，除了“玄”字因避讳需要缺点、最后一个“之”字的点画做了明显修正之外，《经训堂法书》在字形钩摹上允称精确，但原帖因纸质光滑所造成的墨色变化则未有在刻帖中得到太多反映，与怀素《小草千字文》的摹刻对比之下，可见后者在呈现墨色变化上更为用心。这幅《二赞二图诗卷》在毕沅收藏之后辗转为英和（1771～1840）所得（现藏北京故宫博物院），后钱泳又将之再度刻入《松雪斋法书》中，从摹刻效果来看（图42），与《经训堂法书》本相差不大，但两次所刻的题跋不同，《经训堂法书》本选刻了王世贞、董其昌、文震孟（1574～1636）三跋，而《松雪斋法书》选刻了董其昌、陈继儒（1558～1639）二跋。

《经训堂法书》除了摹刻毕沅的藏品外，还搜集了其他人所藏的法书名迹。毕沅曾在信中嘱咐钱泳：“吴门有宋元名迹能借钩一二种亦妙，闻缪氏有欧文忠公四札，亦寓目否……”[②]《经训堂法书》中摹刻的黄庭坚《经伏波神祠诗卷》中的20字，便是从刘墉（1719～1805）的藏品（现藏日本东京永青文库）上双钩而得。钱泳后来在自刻的《小清秘阁帖》中也收录了《经伏波神祠诗卷》一帖，他在题跋中写道：“右黄山谷《伏波神祠诗》真迹，泳尝观于故相国刘文清公家，毕秋帆尚书《经训堂帖》所刻仅二十字，即从此本双钩入石，非全豹也。”刘文清公即刘墉，这一书迹是刘墉之侄刘镮之（？～1821）出示给钱泳的，[③]而钱泳最早要到乾隆五十七年才有京师之游，才有可能从刘家观摩到真迹，

① 《停云馆帖》为文徵明父子钩摹，名工章简甫等所刻，为有明一代刻帖精品，而钱泳以为：“惟刻晋、唐小楷一卷最为得笔，其余皆俗工所为，了无意趣。”又议论刻手道：“刻手不可不知书法，又不可工于书法。假如其人能书，自然胸有成见，则恐其将他人之笔法，改成自己之面貌；如其人不能书，胸无成见，则又恐其依样胡芦，形同木偶，是与石工木匠雕刻花纹何异哉。”（见《履园丛话》，第316～317页）从钱泳所摹的怀素《小草千字文》来看，这些议论并非虚言。

② 信见（清）钱泳辑《兰林集》。

③ 见（清）钱泳撰、张伟点校《履园丛话》，第273页。

可见他在负责摹刻《经训堂法书》时并未见过《经伏波神祠诗卷》真迹，自然也不可能承担这件作品的双钩工作。从图43-1、图43-2可见，《经训堂法书》钩刻的20字并不相连，在单字细节上与原作差距亦不小，并非佳刻，而钱泳之后在《小清秘阁帖》中摹刻的效果则大为不同，从图44可见，它在反映黄庭坚原作的面貌上要远胜过《经训堂法书》本，这亦是钱泳刻帖应有的水平。北京大学图书馆所藏的《小清秘阁帖》拓本中有周道振墨迹题跋一则，其中写道："以经训堂所刻山谷二十字相校，此册所刻神韵胜毕氏本远矣……《经训堂帖》亦梅溪所刻，不知何以悬殊若此。"而对此一问的解释便是，在《经训堂法书》的摹刻过程中，并非每个帖都出自钱泳之手，《经伏波神祠诗卷》正好不是钱泳双钩摹刻的作品，后来的《小清秘阁帖》本才真正出自钱泳之手。

由上可知，《经训堂法书》由钱泳总理摹刻事宜长达3年，但最终并未彻底完工，现存版本中各帖的摹刻质量精粗不一，或也有未经最终审定之故。但以毕沅的声望而言，《经训堂法书》的拓本自然是文人墨客的慕求之物，而毕沅生前又对此帖颇为珍秘，外人难以获得拓本。在此情形之下，钱泳便成了垂涎此帖的文士的求助对象，如芜湖知县陈圣修（1733～1793）便写信给钱泳称："但能于毕秋帆尚书所刻《经训堂帖》拓一全部，则感谢不尽矣。"[①]黄易约在乾隆五十八年钱泳离开毕沅幕府之后，还请求钱泳帮忙拓帖，钱泳在复信中写道："《经训堂帖》秋帆制军藏之甚秘，恐按图索记之多耳。弟已谋之张止翁，在明春当拓一部奉寄，断不食言。"[②]张止翁即张复纯（生卒不详），与钱泳相交，推测他此时仍在毕沅府中工作。由此可见钱泳因摹刻《经训堂法书》给自己积累了更多的人际交往资本，而刻帖工作者私下拓帖送人甚至出售，恐怕也是当时的常态。在毕沅被抄家之后，其子孙曾靠出售《经训堂法书》拓本以维持生计，可见此帖甚为时人所重。[③]

对钱泳本人而言，在30岁左右能够总理摹刻《经训堂法书》，既是对他已有刻帖水平的肯定，更对他在刻石行业的名望大有帮助。在摹刻这套丛帖的过

---

① 信见（清）钱泳辑《兰林集》。

② 薛龙春：《黄易友朋往来书札辑考》，第400页。

③ 见（清）钱泳撰、张伟点校《履园丛话》，第627页。

程中，他不仅与毕沅建立了较多的私人联系，还得以与众多文人雅士共论书画，这些都进一步提高了他在精英士人圈中的地位。在这段时间里，钱泳往来于毕沅官署和苏州毕宅，除了刻帖之外，还替毕沅打理家中的众多收藏品，[①]与毕沅形成了一种较为信赖的雇佣关系。在毕沅幕中，钱泳得以结交孙星衍、洪亮吉、章学诚、冯敏昌（1747～1806）、凌廷堪、方正澍（生卒不详）等著名学人，参加毕沅所举行的苏东坡生日雅集并即席赋诗。在苏州毕宅工作时，他曾邀王文治及好友潘奕隽、陆恭等人同游毕沅新营建的"灵岩山馆"，"载酒携琴，信宿其中者三日，极文酒之欢"，[②]又因刻帖之便利，于上巳日将彭绍升、潘奕隽、郭毓圻、陆恭等人邀至乐圃，一同观赏毕沅家中的"松雪斋所藏《兰亭》五字未损本，及唐怀素《小草千文》、徐季海《朱巨川告》、蔡君谟自书诗稿、苏东坡《橘颂》、陈简斋诗卷、朱晦庵《城南诗》、虞伯生《诛蚊赋》、赵松雪《枯树赋》诸墨迹"，"弹琴赋诗，欢叙竟日"。[③]正因毕沅的知遇之恩，钱泳才得以有此经历，这对他日后进一步与王公大臣结交提供了良好的起点，因而他对毕沅感念终身。毕沅去世被抄家之后，钱泳曾为毕沅处理墓地事宜，[④]为毕沅未完成的《续资治通鉴》撰写序文，[⑤]还于66岁之时再度重游灵岩山馆，拜谒毕沅之墓，写下了"盛业犹如此，深恩敢遂忘""昔年从幕府，长日侍旌麾……指点坟前碣，真为堕泪碑"[⑥]等诗句，可见深刻的怀念之情。

《松雪斋法书》

嘉庆十四年，钱泳接到军机大臣英和的委托，为其集刻赵孟頫书作成《松

---

① 如毕沅给钱泳的信中写道："去秋带归灵璧石一块，藏佛一尊，宋澄泥云龙大砚一方，如已装潢妥当，一并携来。再大理石三星图屏风亦仍带出，尚须嘱人题咏也。再家中旧存各砚内祈与张、夏二君将旧做可入贡者挑出，夏三世兄妥为装潢，俟后便陆续带来。再小楼旧存磁铜器亦嘱夏世兄挑出十余件收拾续寄……来楚盘费在张公处，酌支可也……去秋携归墨迹须小心收拾，不可听人展阅，以致污损，至要至要。"信见（清）钱泳辑《兰林集》。

② （清）钱泳撰、张伟点校《履园丛话》，第528页。

③ （清）钱泳撰、张伟点校《履园丛话》，第627页。

④ （清）钱泳撰、张伟点校《履园丛话》，第529页。

⑤ 全文见（清）钱泳《履园文集》，清述祖德堂抄本，载《清代诗文集汇编》第456册，第689～690页。

⑥ 见钱泳《过明瑟园拜毕秋帆尚书墓下》一诗，载《梅花溪续草》，《清代诗文集汇编》第456册，第659页。

雪斋法书》六卷。此时的钱泳已经51岁，是人生当中的第六次进京，亦是最后一次（见表3-1）。从乾隆五十七年初次进京起，钱泳便与不少王公贵族和在京官员建立了联系，陆续接到过不少摹刻碑帖的委托，其中为刘镮之摹刻刘墉书法所成的《清爱堂石刻》、自行撰集成亲王永瑆书法刻成的《诒晋斋法书》在京城显贵间尤有声名，钱泳也已成为京城显贵圈所认可的刻帖专家。嘉庆十四年四月钱泳抵京，先与翁方纲讨论金石书画，过从甚密，之后于六月在尚书房暨南书房词臣寓所澄怀园里见到了英和。

钱泳与英和之间委托关系的建立，是钱泳积极经营的结果。钱泳在数次进京的过程中，认识了不少京城显贵，其中与蒙古族官员法式善交往甚多。钱泳捐得了监生的身份，而法式善担任过国子监祭酒，因此钱泳以门生自居，称法式善为"老夫子"，两人之间多有诗文酬唱，钱泳曾替法式善主导绘制的《西涯图》《诗龛图》等画卷题写引首（图15），法式善亦帮助钱泳在京城显贵圈中开展碑帖镌刻工作。[①]钱泳在一封给法式善的信中写道："敬复老夫子大人函丈，泳以十二日往园，已见煦斋侍郎，谭之良久，据云有旧人墨迹托为双勾，老夫子倘有信去，乞一言及訾。"[②]英和号煦斋，与法式善是儿女姻亲，由信可知钱泳与英和的见面极可能由法式善牵线，而钱泳又继续请法式善推荐自己为英和从事钩刻工作。大概在这之后，英和的门生姚元之致信钱泳道："敝老师欲刻旧迹，已捡出矣。命元致候，即请十四日屈驾来园，元扫榻以待，若明日无暇，十五日希移玉也。"[③]之后不久，钱泳正式接到了为英和集刻赵孟頫书迹的委托，并与侄子钱萱一道，入住澄怀园近光楼，开始为英和双钩赵孟頫书迹。

此时姚元之新入值南书房，与钱泳同寓近光楼，据他回忆，钱泳"日事纸笔、纵横几案"，[④]工作了大约20日。完成双钩工作之后，钱泳立即出京返

① 法式善、翁方纲等人常提携后进，帮助各地进京的书画家在京承揽工作、提高名望。参见许珂《乾嘉时期京师的士人延誉机制与画坛新变——以翁方纲、法式善为中心的考察》，《文艺研究》2021年第1期，第144～160页。

② 周倜主编《中国历代书法家名人墨迹·清代部分》，中国展望出版社1987年版，第392页。

③ 信见（清）钱泳辑《兰林集》。

④ （清）姚元之：《荐青集》，载《清代诗文集汇编》第541册，第68页。

乡，在常熟家中进行刻石工作，于嘉庆十五年五月完工。[①]在刻帖期间，英和通过门生姚元之、孙尔准与钱泳密切联系，催促着刻帖进度，如姚元之陆续给钱泳写信道："水晶宫道人（赵孟頫——引者注）墨迹上石有几分，功成否。倘得一卷即求先寄一本"，"寄来水晶宫道人墨刻收到，镌法甚得神气，已付装池也"，"寄来松雪道人《张总管碑》刻得极佳，但不知何时可完耳。《三门记》镌有几分工程了，今岁能否得拜观也"。[②]在石刻完工之际，孙尔准陆续给钱泳写信道："煦斋师倩镌赵书日来想已切竣，煦斋师嘱寄声，刻成后，即交扬州德运司将全石寄京。早经札嘱之矣。前次曾恳刻完后即以钩本见惠，亦祈寄下为祷。""四五月连具两函，想早陆续呈照。数月以来未接尺书……煦斋师语催取所刻《松雪斋帖》，求即交扬州德运使寄京，至今尚未见到，想川途有阻故也。吾兄处究于何日交付，便中望再详示……"[③]可见英和对刻帖工期和帖石运送的密切关注。

《松雪斋法书》中所收的赵孟頫书迹除了《张文潜送秦少章序》《二赞二图诗卷》等英和私藏之外，还有借自他人的收藏，如小楷《黄庭经》是永瑆的收藏，《玄妙观重修三门记》是梁同书家的收藏。[④]钱泳在接到委托后，亦留心替英和收集赵孟頫书迹，如帖中所收的《天冠山题咏》便是钱泳在嘉庆十四年七月向翁方纲借钩而成的，[⑤]而《灵隐大川济禅师塔铭》则是钱泳于书画商人处所

① 在现存的《松雪斋法书》拓本里，有《次韵张大经赋盆荷词》一帖，后有英和题"嘉庆乙亥夏摹于懋勤直次"数字，嘉庆乙亥即嘉庆二十年，此时钱泳的摹刻工作早已完工，而钱泳《写经楼金石目》中记载的《松雪斋法书》目录中并无此帖，可见此帖是后来英和补入的，应未经钱泳之手。

② 信见（清）钱泳辑《兰林集》。

③ 信见（清）钱泳辑《兰林集》。

④ "《玄妙观重修三门记》……有董思白、李日华两跋，钱塘梁文庄公家藏物也。嘉庆元年，余谒山舟先生，始观此卷。曲阜孔氏既刻《鉴真帖》，而长白煦斋相国见而爱之，因介余往钱塘双钩，又收入《松雪斋帖》"，见（清）钱泳撰、张伟点校《履园丛话》，第275页。

⑤ 钱泳在《天冠山题咏》后刻有题跋："北平翁覃溪先生督学江右时得赵松雪《天冠山诗》真迹……足证陕刻之伪。泳以乾隆壬子岁初入都，谒先生于济南学署。出示此卷，赏叹者累日。忽忽几二十年，常在心目。至嘉庆己巳七月，泳再入都门，始从先生借钩上石。闻先生得真迹后适案试广信府，携此卷游此山，与诸名士赋诗辩证至数千言，名山妙墨阅四百年始得见匡庐真面目，洵艺林快事也。次年五月刻成，因识于后，梅华溪居士钱泳。"

见，[①]摹刻入帖后得到了英和的认可。

《松雪斋法书》收录了赵孟頫的楷书、行书、草书作品，[②]选帖精良，摹刻亦达一定水平。除上文所述的《二赞二图诗卷》外，还有不少钱泳所摹刻的原迹尚存于世，可供与刻帖对照。如《故总管张公墓志铭》（现藏北京故宫博物院）为赵孟頫较少见之中楷作品，端庄中有秀逸之韵，祝允明在题跋中称其“冲素浑含而姿媚溢发……盖周旋中礼，从容中道，其书之圣者也”，钱泳在摹刻时去掉了原迹中的废字，依原样刻画了界格，调整了每列的字数，对整个作品进行了重新排列，但字形摹刻不失精准，较好地反映了墨迹的面目（图45–2），附刻的祝允明、永理二跋亦精，因而姚元之称其“摹得极佳”。《玄妙观重修三门记》（现藏东京国立博物馆）是英和授意钱泳前往钱塘梁家双钩刻石的（图46–2），原迹有篆额，或因避康熙帝名讳之故，钱泳在帖中未将篆额刻入，并相应地修改了原迹落款部分提到篆额的字句。整个作品的行列同样得到了调整，但较精确地反映出了赵孟頫原作的风貌。原帖后所附的董其昌、李日华（1565～1635）二跋亦被调整过行列摹刻上石，但与赵孟頫书迹相比，摹刻略显粗疏，如董其昌的轻灵之致便反映不足（图47–2），而李日华的题跋则将原迹有明显夭斜的章法修正整齐，与原迹面貌相差更大（图48–2）。《张文潜送秦少章序》（现藏上海博物馆）为典型的赵孟頫行书风格，从刻成效果来看（图49–2），整体面貌虽相差不大，但细节上多有差异，如第一个“送”的两点便可看出明显差别。此外，原帖略有残损，刻帖时这些残损时有得反映，如“明”字便反映出了残损的样貌，但接下来的“季”字，从原帖痕迹看，应是与“明”字一道残损的，刻帖时所呈现出的完整的“季”字应是双钩者根据已意添上的，而添上的长横画收笔处的顿笔也与赵孟頫原迹的整体笔法略显不合，亦能证明这是双钩者自行所为，同样的情况在整个刻帖的其他部分也有出现。此帖为英和私藏，因而是由

① 钱泳在《灵隐大川济禅师塔铭》后刻有题跋：“嘉庆己巳腊月，客有以赵集贤书《大川禅师塔铭》求售者，其运笔沉着处不特逼真《兰亭》，当胜于《集王圣教序》。今吴门蒋氏所藏《头陀寺碑》亦无此妍妙也，遂模入石，质诸煦斋先生，自有真鉴耳。钱泳记。”现上海博物馆藏有一卷赵孟頫书《灵隐大川济禅师塔铭》，从印鉴等递藏信息和笔画细节看，钱泳刻帖所使用的底本应非此卷。

② 其中还包括一些赵孟頫所书的篆额。

钱泳与钱萱在近光楼双钩完成，从原迹与刻帖的差距来看，似非钱泳应具水平，或因工期紧迫，此帖实由钱萱所钩。

刻成的《松雪斋法书》中除了附有前人题跋外，还附有永瑆题跋二则，翁方纲题跋一则，姚元之题跋一则，钱泳题跋三则，且钱泳所题字数最多（图50）。钱泳在这些题跋中充分地表达了自己在选帖、鉴帖、考订、交往上的能力，营造出了一个“有识文人”的形象，而这些题跋得以获英和许可上石，也显示出此时钱泳在高官贵胄圈中所得到的认可。

《松雪斋法书》虽是替英和所刻，但刻成之后，钱泳亦借此便利将拓本用作自己在人际交往中的礼物，甚至从中获利。举例而言，《天冠山题咏》是钱泳向翁方纲借钩入帖的，刻成后钱泳便以拓本附信相赠，翁方纲回信道：“承寄天冠赵诗石本，精妙殊常，拜谢拜谢。”[①]钱泳亦向时任史馆总纂的族亲钱昌龄寄去《松雪斋法书》拓本，钱昌龄回信道：“承寄新刻赵帖，可称神品，便中求再惠一部。”[②]钱泳在近光楼开展双钩工作时，同寓的除了姚元之外，还有新入值南书房的常熟籍翰林院编修席煜（1801年中进士），帖成之后，钱泳同样以拓本相寄，席煜回信道：“贵本家递到惠函，所刻赵帖，形神俱肖，内《三门记》《大川塔铭》未见真迹而拓本精气勃勃，想与原本一尘不隔也。此系初拓，当装潢什袭藏之。惟‘快雪时晴’四大字尚祈多拓几张，便间寄付。此字可为楹额，随处张之，颇不俗也。”[③]（见图51）按惯例而言，钱昌龄的“求再惠一部”，席煜的“‘快雪时晴’四大字尚祈多拓几张”均需另付款项，由此可以推测钱泳除了从英和处领取刻资外，还因私售《松雪斋法书》拓本有所获利。

《松雪斋法书续刻》

嘉庆二十一年到二十二年，时任金匮知县的英和门生齐彦槐因喜爱《松雪斋法书》，委托钱泳续刻。因此两人又纂集了其他的赵孟頫书迹，刻成了六卷《松雪斋法书续刻》。

钱泳本是金匮人，此时虽已迁居常熟，但仍与当地官员保持密切联系。齐

① 信见（清）钱泳辑《兰林集》。
② 信见（清）钱泳辑《兰林集》。
③ 信见（清）钱泳辑《兰林集》。

彦槐出任金匮知县后，钱泳于嘉庆十六年便请齐彦槐重修乡中的吴泰伯墓，之后又与他多有往来，曾共论赵孟頫书法。[①]齐彦槐亦事收藏，然不能与英和相比，因而《松雪斋法书续刻》中的作品多是四处借钩而得，因记载不详，大部分书迹的来源或藏家现已无从得知，真伪亦可存疑。

《松雪斋法书续刻》收录的赵孟頫书法以小楷与行书为主，一部分由齐彦槐自行搜集，另有一部分由钱泳代为筹借。齐彦槐曾就刻帖事宜与钱泳写信详细商讨，信中写道："手泐一函并赵文敏《书说》《马说》二卷、《多宝帖》一纸寄呈，谅已照入，未识日来曾钩摹上石否。弟近复得松雪所书《谷仙赋》册千有余字，纸墨如新，神采焕发，真奇观也，卷尾竟无一跋，并无鉴藏家一印，数百年来埋没何处，殊不可解。阁下何时过我，当求审定之。又得小楷《心经》，乃松雪晚年笔，极佳，惜藏收不善，太剥落耳。二种皆可入石也。《汲黯传》务望代借一观，前来二卷如已钩好，希即交来价带下……"[②]由此可知，齐彦槐一面自行搜集可供入帖的赵孟頫书法，一面亦相当倚重钱泳的鉴赏意见，从最终刻成的帖目来看，信中提到的《马说》《谷仙赋》《心经》《汲黯传》均在列，但《书说》《多宝帖》却未见，极可能是钱泳以为不宜上石而未将其收入。

刻成的《松雪斋法书续刻》除了附有前人题跋外，另有齐彦槐题跋二则，分别附于上引信件中提到的《谷仙赋》[③]（图52）与《般若波罗蜜多心经》[④]（图53）之后，结合信件内容，可见齐彦槐对此二件作品尤为重视，这是他自认为所收罗到的前人未经留意的"极佳"之作，可大幅提升自家刻帖的价值。齐彦槐在题跋中未曾明确递藏的具体信息，仅用"昆陵某家""夏氏"代之，因而难

① 见（清）钱泳撰、张伟点校《履园丛话》，第276页。此外，钱泳对齐彦槐的为政能力却颇有微词，见《履园丛话》第117页。

② 信见（清）钱泳辑《兰林集》。

③ 题跋内容为："松雪翁书胡汲仲《谷仙赋》用笔圆劲，兼有河南北海之长，直入右军堂奥，视世所传《头陀寺碑》尤胜，盖晚年极着意书也，云刻石山中，然世未见。此刻诸家书画录中悉未道及，并赏鉴家一印皆无。五百年来埋没何处而楮墨如新，亦一奇也。予宰梁溪，见于昆陵某家，窃叹以为得未曾有，因借摹入石，以俟博雅君子。嘉庆丙子十月十二日齐彦槐识。"

④ 题跋内容为："赵文敏小楷心经真迹，向藏江阴曹峨眉司成家，本是立轴，下方有大士像，香火供奉久而破暗，后转入夏氏，重装成册，画像已剥落无存矣，款署至治，公入元已四十余年，盖晚岁大成之候，故落笔精卓如此。因倩梅溪双钩入石，中间损缺数字即借卷中重见者补之，宛然完璧，亦一快事也，齐彦槐。"

以考索其底本的下落，从刻帖面貌来看，这二帖以姿媚面目为主，但是否为赵孟頫真迹实可存疑。

钱泳亦在《松雪斋法书续刻》中留下一则题跋，附在帖中所刻的赵孟頫行书《洛神赋》之后，[①]题跋内容显示出他早在乾隆五十七年第一次进京时就已获观此卷并双钩保存，此时应齐彦槐之请集刻赵孟頫书法，便起意将此帖刻入。对比钱泳与齐彦槐的题跋，不难看出钱泳所荐刻的《洛神赋》递藏有序，亦显示出钱泳与各大藏家之间的密切联系。钱泳或许有意通过此帖与这一题跋来暗示《松雪斋法书续刻》中其他出处可疑的书作并非出于自己的赏鉴眼光，但无论如何，《洛神赋》一帖确是此套丛帖中来源最为可靠的赵孟頫书迹，现藏于天津博物馆，被视为赵孟頫代表性书作之一。由图54-2可见，此帖在摹刻时调整了行列，但亦称精良，较好地反映了原迹清雅秀美的书风，但若考其细节，还是有不少不够精确之处，如原迹有较多精细的牵丝映带，刻帖中便反映不足，又如“遂作斯赋”的“赋”字，不知何故刻帖中并未照真迹原样摹写，反而将标题《洛神赋》中的“赋”字照搬一遍填入其中，推测可能是双钩时有所失误或双钩本有残损，刻帖时真迹又不在旁，只得如此处理。

总而言之，《松雪斋法书续刻》虽制作不失精良，但质量上确实比《松雪斋法书》逊色，这很大程度上是由于齐彦槐收集赵孟頫精品书作的能力远逊于英和之故。钱泳在摹刻过程中同样有侄子钱萱作为助手，甚至很多双钩工作都由钱萱完成，如图52的左下角便钤有“钱萱手摹”一印，可为明证。

在刻帖过程中，齐彦槐经常写信催促工期，刻成之后，他照惯例先请钱泳制作拓片，他在给钱泳的信中写道：“所拓之帖近得几许，弟所欲拓之数何时可毕，似不宜拓之过多，恐伤石也。望将现有者命工代装数部，拟寄呈煦斋师，应如何装，阁下酌之可耳。”[②]可见齐彦槐欲第一时间将此帖拓本寄送英和，借续

① 题跋内容为：“右松雪《洛神赋》，旧藏金陵友人司马中翰亶家，乾隆壬子七月，余入都与中翰晤，出示此卷，尝为双钩，其结构精严处全用《兰亭》戈法，是松雪平生最得意书也。中翰没后，卷归陈望之中丞，嘉庆戊辰，又为扬州吴杜村观察所购，时吾乡孙平叔编修以颜鲁公《竹山书堂联句》真迹易得之，诚佳话也。梅麓先生属泳集松雪斋帖，即以附刻，先生博雅嗜古，所藏法书名画甚多，定能赏于骊黄之外耳。梅华溪居士钱泳书。”

② 信见（清）钱泳辑《兰林集》。

刻《松雪斋法书》之由加强师生之间的联系纽带，或亦有进一步谋进身之阶的考虑，由此可见刻帖行为背后所蕴含的多种功用。也正因为钱泳之前替英和完成了《松雪斋法书》的摹刻，了解英和之喜好，此次寄送英和的拓本的装潢事宜便一应交由钱泳裁定，由此可见齐彦槐在整个《松雪斋法书续刻》摹刻前后对于钱泳的倚重。

《秦邮帖》

嘉庆二十年秋，钱泳应海州知州师亮采之托，集宋、元、明人法书为《秦邮帖》四卷。嘉庆十九年，钱泳入高邮知州冯馨幕中修志，在高邮居住了数月，其间与师亮采颇有往来，曾为师亮采的《萧城练勇图》《听枫图》题诗。[①]嘉庆二十年师亮采代理高邮知州时，登文游台游览，因追念宋代苏轼、秦观（1049～1110）、孙觉（1028～1090）、王巩（生卒不详）四人曾在此地饮酒论诗之雅事，嘱咐钱泳汇集相关法书名迹刻石，镶嵌于文游台壁间，以增佳话，此帖刻成后便以高邮别称“秦邮”名之曰“秦邮帖”。

《秦邮帖》并非家刻，而是地方长官所做的“文化事业”，帖石镶嵌于公共游览空间，以供后人随意瞻仰。此次帖目的汇集工作全由钱泳负责，共刻成四卷：卷一、卷二为苏轼书迹；卷三为黄庭坚、米芾、秦观、秦觏（1090年中进士）书迹；卷四为赵孟頫、董其昌书迹。因师亮采之原意是要此帖契合于“文游台”四贤之雅事并与高邮相关，故而选帖实乃“命题作文”，帖中内容是选帖时必须要考虑的因素。除去苏轼、秦观二位直接是“文游台聚会”的当事人、秦觏是秦观之弟外，所选的其他人的书迹都多少与此有关。帖中所选的黄庭坚书迹为《梨花诗》与《呈外舅孙莘老诗》，前者是与秦观的唱和诗，后者是呈给孙觉的诗作；所选的赵孟頫书迹为《张文潜送秦少章序》，秦少章便是秦觏；所选的董其昌书迹内容为秦观的词作《满庭芳・山抹微云》。米芾的入选书迹《露筋之碑》与这四人关系稍远，但帖中所提的“露筋祠”在高邮城南，入选《秦邮帖》亦为合理。

正因帖文内容有所限制，选帖之时便难以做到都以真迹为底本上石，因而

① 诗见《梅花溪诗草》，《清代诗文集汇编》第456册，第628～629页。

无怪乎《秦邮帖》大多从其他刻帖中再次摹刻而成。如钱泳在帖中题跋所言："秦淮海书世所罕见，惟文氏《停云馆帖》刻有数行。"通过对照可知，《秦邮帖》中的秦观《获款帖》也正是摹自《停云馆帖》。钱泳接到委托后，曾向翁方纲商借苏轼作品。翁方纲号苏斋，对于苏轼极为崇拜，藏有许多苏轼的法书刻帖，他在给钱泳的回信中写道："承手札借苏帖，昨晚未及检也。《晚香帖》不在手边，今先捡《戏鸿》、《秋碧》、《余清》各一卷奉上。尊集《春帖子》必妙，乞留残稿见付，作坡公生日点缀，亦妙也。""坡公寸许行楷《上清词》最佳，数日来遍检未获。昨夕儿子上楼寻之，已曛黑矣……今晨偶于书堆内拾得此《烟江叠嶂图诗》，即奉阅。余容续致……"[①]可见翁方纲借给钱泳不少苏轼刻帖以作备选，其中《烟江叠嶂图诗》于"书堆内拾得"，推测亦非墨迹而是刻帖。以今上海博物馆所藏的苏轼题王诜（1048～？）《烟江叠嶂图》墨迹本来看，与《秦邮帖》所刻相差不小（图55-2），因而翁方纲提供给钱泳的并非此本。

据张伯英研究，《秦邮帖》中的苏轼《墨妙亭诗》摹自董其昌的《戏鸿堂法书》[②]，苏轼《清虚堂诗》摹自周于礼（1720～1779）的《听雨楼帖》，他认为这两件书迹为伪作，同时还认为苏轼《春帖子词》、《挑耳图题跋》和黄庭坚的《梨花诗》也是伪作。[③]目前来看，《秦邮帖》中能够确定是从可靠之墨迹本上石的只有赵孟頫《张文潜送秦少章序》，如上文所述，此帖钱泳于英和处亲见并刻入《松雪斋法书》，钱泳必定保留有当时刻帖的双钩本，此时又再度刻入《秦邮帖》。以《秦邮帖》本（图56-1）与《松雪斋法书》本（图49-2）对照可见，两者几无二致，与原帖有别的细节部分均高度相似。

《秦邮帖》刻成后，落款为"嘉庆二十年秋八月韩城师氏模勒上石"，以彰师亮采之功绩。帖中除前人题跋外，另附有师亮采题跋二则，钱泳题跋二则，冯馨等人观款一则。帖后又有阮元题跋一则，书风与钱泳类似，推测此跋是阮元应钱泳所请而作，书迹经钱泳"修正"（见第三章相关内容），跋中写道："师

---

① 信见（清）钱泳辑《兰林集》。

② 嘉庆二十三年，钱泳在自刻的《述德堂帖》中亦收录了《墨妙亭诗》，后附钱泳题跋详述了此书迹于宋代上石后原石的经历，并称："……今戏鸿堂所刻全篇是董思翁取旧刻重模，非真迹入石也。"见（清）钱泳《述德堂帖八卷》，载《写经楼金石目》未刊本。

③ 见张伯英《秦邮帖四卷》，载《张伯英碑帖论稿·释文卷》，第238页。

司马权知高邮，雅意汲古，刻《秦邮帖》置文游台，皆苏、黄、秦、孙诸贤文事也……元尝见无锡秦小岘司寇家藏少游墨竹画卷，且有题识，如嘱梅溪钱君审定之，钩勒一石，付于帖后，亦佳迹也。”秦小岘即秦瀛（1743～1821），阮元所提的秦观墨竹卷题跋曾被秦瀛叔父秦震钧刻入《寄畅园法帖》。正如叶昌炽所言：《秦邮帖》“皆后人转展钩摹，不仅下真迹一等矣”，[①]阮元在此时已完成著名的《南北书派论》，在文中反对“辗转摹勒，不可究诘”[②]的刻帖，此时应出于颜面，在题跋中不便指出，便建议师亮采等人可钩摹秦瀛家藏的秦观墨迹，以纠正“辗转摹勒”之病。虽然最终未按阮元建议行事，但鉴于阮元的高官身份，题跋依旧被刻于全帖之后，以增《秦邮帖》之声势。师亮采本人对于钱泳的摹刻工作应当十分满意，之后他又多次委托钱泳进行碑帖镌刻工作（见表4-1、表4-2）并与钱泳私交甚笃，直至钱泳去世的那一年，两人犹有往来。

虽然后世碑帖专家以为《秦邮帖》“辗转摹勒”、又多伪迹，对之评价不高，但单就刻帖效果而言，不失为较好的书法学习模板（图56）。此帖刻成之后镶嵌于文游台中，很快就成为高邮的一大文化景观，令当地士人倍加珍视，后世多有增刻观款者，光绪年间还有《秦邮续帖》之刻。《秦邮帖》的全套帖石至今基本保存完好，全套拓本亦被一再出版，其传播范围甚至胜过许多质量更好的刻帖。

《黄文节公法书石刻》

嘉庆二十一年，钱泳应昭文知县黄嵋（生卒不详）的委托，集刻黄庭坚书法成《黄文节公法书石刻》六卷。自雍正时原常熟县被拆分为昭文、常熟二县后，两县仍共享同一县城。钱泳自金匮迁家常熟后，与昭文知县相识亦是当然之事，在嘉庆十七年时，黄嵋即有诗赠钱泳，[③]可见已有往来。

黄嵋在刻成的《黄文节公法书石刻》中题道：“先文节公忠诚孝友……惟其下笔森严，独超千古，非后学所能跂及。故类帖所收虽多，而从无有专刻者。

① （清）叶昌炽撰、柯昌泗评《语石　语石异同评》，第453页。

② （清）阮元：《南北书派论》，《历代书法论文选》，第632页。

③ 诗题为《壬申小春九日，娄江公次，适梅溪仁兄来寓古□园，承绮云司马相招重晤，喜而赋此》，载（清）钱泳辑《题赠集》。

嘉庆乙亥岁，嵋宰昭文，尝命儿子树苓、树椿辈购求墨迹旧刻，凡十余种，而又得金匮钱梅溪参军为之双钩精勒，汇成大观，俾吾子若孙藏之家塾，世守勿替，实可与先公道德文章并垂不朽矣。文林郎江南苏州府昭文县知县南城裔孙嵋谨题。”可见黄嵋是以族中后裔的身份汇刻黄庭坚法书，帖中所收书迹主要来自黄嵋及其子为刻帖而四处购求的墨迹和旧拓。但“从无有专刻”之说并不正确，如嘉庆元年万承风（1753～1813）便刻有《宋黄文节公法书四卷》，或因流传不广，黄嵋与钱泳均未见到。

《黄文节公法书石刻》所收均为行书，从现有资料来看，大多数刻帖底本的收藏与来源信息不清楚。帖中除了黄嵋自行收集的书迹外，钱泳亦有贡献，如卷四所刻的《赠宋完序》后附的钱泳题跋写道：“嘉庆丙子八月，余自海州归，道出清江，遇袁小野太守，斋中得见此卷，遂借钩入石，质诸两峰先生，当为君家之宝也。”嘉庆丙子年即嘉庆二十一年，黄嵋字两峰，可见钱泳接到委托之后，也乘便替黄嵋留意黄庭坚书迹。此外，卷六所刻的《刘明仲墨竹赋》亦附钱泳题跋，其中写道：“虞山蒋氏《敬一堂帖》刻此赋，颠倒脱落，几至不成文理，兹从卢西津观察家墨迹本参看双钩，视蒋氏所刻有过之无不及也。”卢西津即卢元伟（1762～？），时署广东按察使，从跋中文句来看，钱泳对于卢家所藏墨迹本仅是“参看”，可见亦不认其为真迹，此帖便是在卢家藏本与《敬一堂帖》刻本的基础上刻成（图57）。

以黄庭坚在书史上的盛名，作伪射利者甚多，若非个中专家，极易认伪为真。《黄文节公法书石刻》所收伪迹甚多，如张伯英以为其中的四种长篇刻帖《芝公梅花跋》《蓄狸说》《赠宋完序》《黄彝字说》均为伪作，[①]此外，《刘明仲墨竹赋》亦为伪作。[②]帖中伪作众多固有黄嵋急于刻帖又不精赏鉴之故，而钱泳亦须因《赠宋完序》之入选难辞疏于鉴别之责。但整套丛帖中亦有可观者，如《黄州寒食诗帖跋》确为黄庭坚真迹，此帖所刻虽非直接从真迹上石，但从刻帖效果来看（图58-2），原作面貌得到了较好反映，应是从佳本旧拓转摹而来，能

① 张伯英：《黄文节公法书石刻六卷》，载《张伯英碑帖论稿·释文卷》，第48页。

② 关于黄庭坚书迹辨伪，可参看水赉佑主编《中国书法全集·黄庭坚卷》，荣宝斋出版社2001年版。

够体现出黄庭坚书法的艺术水平。

总而言之，《黄文节公法书石刻》虽一贯延续钱泳摹刻精良的刻帖水平，但确因伪迹过多而受后世诟病，结合上文所述的《秦邮帖》中所收的黄庭坚伪迹来看，钱泳的确在黄庭坚书迹鉴别上造诣不高，这应与他并不推崇黄庭坚书法有关。钱泳于弱冠之年曾热衷黄庭坚书法，但被书法老师林蕃钟纠正而改师赵孟頫，之后更坚定地认为“山谷之诗与书皆不可沾染一点。余谓文衡翁老年书亦染山谷之病，终逊于思翁，沈石田无论矣”。[①]摹刻碑帖作为钱泳谋生的主要来源，而欲集刻黄庭坚书迹的又为当地官长，钱泳自无不允之理，但他对于黄庭坚书法的不认可态度或曾使他在鉴别相关书迹上能力受限。

《抱冲斋石刻》

嘉庆二十四年，钱泳应满族官员斌良之请入幕，为其集刻赵孟頫、董其昌书迹为《抱冲斋石刻》十二卷，嘉庆二十五年三月刻成。斌良出身满洲大族，时任苏松常镇太粮储道，喜作诗，善书法，家中多有商周鼎彝及宋元名人书画。嘉庆二十三年，斌良与钱泳往来颇多，此年钱泳正60岁，斌良应邀作诗贺寿。这一年钱泳还参加了斌良于二月廿一日发起的虞山兴福寺之游，兴福寺又名破山寺，因唐代诗人常建（708～765）的《题破山寺后禅院》之诗及其他名碑古迹而著名，斌良于此次游览后，命钱泳书写《虞山兴福寺八咏石刻》及《兴福寺题名》刻石寺中，该石书刻精良，至今仍保存完好。

或因兴福寺书刻工作令斌良感到满意，他便邀请钱泳为其摹刻《抱冲斋石刻》。按钱泳《写经楼金石目》之分卷来看，赵孟頫书迹占有四卷，余下八卷为董其昌书迹，书体包括楷书、行书、草书。除二人书迹外，又附刻有永瑆书迹及钱泳、潘奕隽为斌良所做的破山寺游览和诗。

与钱泳之前所刻的大多数丛帖不同的是，《抱冲斋石刻》未收有除赵孟頫、董其昌自跋之外的任何前人题跋，亦无时人题跋。在印鉴上除了赵孟頫、董其昌的自用印外，所刻的大多数是斌良的印鉴，他人的鉴藏印极少。除附刻的钱泳和诗外，钱泳在帖石上未见有题名，仅留有“钱泳曾观”“吴越王孙”之印，

① （清）钱泳撰、张伟点校《履园丛话》，第292页。

只有以其标志性隶书写就的每卷标题“抱冲斋石刻”五字，能让熟悉钱泳刻帖之人看出此刻与钱泳的关系。

这种刻帖安排自是出自斌良之意，但也正因为刻帖底本的递藏与题跋信息均付阙如，使得追索这些刻帖底本的确切来源变得困难。以斌良富于收藏的情况来看，应有一部分底本出自斌良自藏，而钱泳也曾替斌良提供一些书迹，如赵孟頫行书《不自弃文》便是钱泳从齐彦槐家中的墨迹本上双钩而得（图59）。[①]

《抱冲斋石刻》所收的赵孟頫与董其昌书迹之真伪有待进一步研究，但确有可观之作，如帖中所刻的赵孟頫《与南谷真人书》便是从墨迹本上石，该件墨迹现藏上海博物馆，帖后附有潘奕隽、赵魏、齐彦槐三跋。三跋均做于嘉庆二十五年春，潘跋做于二月，赵、齐二跋做于三月，而《抱冲斋石刻》正完工于是年三月。潘奕隽在跋中写道：“庚辰仲春上浣二日过梅溪馆，出示是册，自喜耄年获观名迹，因题。”可见此帖正在钱泳手中以供摹刻之用，赵、齐二人亦是钱泳好友，推测也是因钱泳之邀而在帖上题跋。从图60-1和图60-2的对照来看，除了如第二列的“真”字、第四列的“胜”字等牵丝细节上的差异之外，钱泳的摹刻可说较好地反映了墨迹的书写水准，而墨迹本残缺的地方，如第六列“诲帖”的“诲”字，亦在刻帖中得到反映。

《抱冲斋石刻》中董其昌书迹篇幅过半，其中有四卷是董其昌临晋、唐、宋人诸帖，四卷是董其昌自书，较为全面地展现了董其昌书艺的风貌。不少帖后附有董其昌自跋，这为探讨董氏之书艺及书学留下了珍贵的资料，如董其昌《临晋唐宋人杂帖并跋》落款为81岁，此帖行、草、楷皆有，灿然可观，允称晚年佳作，帖后题跋写道：“临古人书要在神会意得耳，此数帖余临仿一生，十得之三四，然脱去拘束之习，庶不落祝京兆、丰考功后矣。”（图61）钱泳在《履园丛话》中论述董其昌书画成就时专门提及曾见此卷，[②]应当便是在摹刻《抱冲斋石刻》时所见，据此可知此帖是从墨迹本上石。

---

① “宋元以来有《不自弃文》……嘉庆二十三年，仁宗尝以问南书房翰林，谁作此文，莫有对者。余意以度之，其文中有‘房杜子孙倚其富贵娇奢’云云，的是唐人文章，或云是权文公，然文公集中不载。元赵松雪最喜写此文，有大小两本，齐梅麓太守家有墨迹绢本，余曾钩刻之，入《抱冲斋帖》。”见（清）钱泳撰、张鸿鸣点校《登楼杂记（外一种）》，第91~92页。

② 见（清）钱泳撰、张伟点校《履园丛话》，第295页。

斌良于嘉庆二十五年擢升陕西按察使，钱泳按要求将刻成的《抱冲斋石刻》原石送往京城的斌良住所“澹园”。园中亭台池馆甚盛，其中有听雨楼一座，斌良曾在此连日拓取《抱冲斋石刻》的拓片，[①]以增书画金石之乐。民国年间，《抱冲斋石刻》原石尚在，并于1932年为燕京大学以400元购得。[②]

《澄鉴堂石刻》

道光八年，70岁的钱泳应江南河道总督张井之邀入幕。在此之前，钱泳结识了张井之兄张师（字味石，生卒不详），并替张师将张氏先祖张文显（活跃于万历年间）、张曦（张文显之孙）的墨迹摹刻上石。张井于石上作跋，跋文为典型的钱泳隶书风格，应为钱泳代书。墨迹刻成之后，张井请英和等多位官员题跋，以彰显张氏兄弟尊祖怀先之举。刻成的原石现存于西安碑林。由此可见钱泳在入幕之前早已因摹刻之技为张井赏识，入幕之后，钱泳为张井摹刻了《澄鉴堂石刻》四卷。在摹刻工作开始不久前，收藏家万承纪（1766～1826）之子奉其父遗命将两幅墨竹图交付给张井。这两幅图一题为文同（1018～1079）所作。一题为苏轼所作，两幅图上各有宋、元、明、清诸多名流题跋，如题为文同的墨竹图附有苏轼、范纯仁（1027～1101）、米芾、虞集、柯九思（1290～1343）、吴镇、倪瓒、宋克（1327～1387）、吴宽、李东阳（1447～1516）、方孝孺（1357～1402）、王世贞、梁清标（1620～1691）、沈荃、姜宸英（1628～1699）、王士祯（1634～1711）等人题跋，题为苏轼的墨竹图附有苏轼自跋，并有韩琦（1008～1075）、文彦博（1006～1097）、米芾、黄伯思（1079～1118）、邓文原、康里巎巎、王蒙、宋濂（1310～1381）、文嘉、文震孟、黄道周（1585～1646）、左光斗（1575～1625）、朱彝尊、王翚（1632～1717）等人题跋，两幅相加，题跋者共有74位，此外图上还有“奎章阁宝”等鉴藏印。显而易见，这两幅图及题跋若真，自然是稀世珍宝。

张井得到这两幅图后，请钱泳鉴赏，钱泳“乃大叹绝，以为海内无上神

① 见（清）斌良《公廨闻隔院砧声》一诗，载《抱冲斋诗集》卷三十六，《续修四库全书》第1508册，第452页。

② 见容庚《丛帖目》，第628页。

品”。[①]“或有言其伪者，梅溪与余笑曰：‘两先生皆熙宁、元丰时人，文忠尤遭挤踬，蔡京柄政均列之党人，禁其笔墨。不意八百年后，尚疑为赝物而冤抑之，岂亦磨蝎命宫之所致耶。’”[②]张井推重钱泳，认为他“精于鉴别，近日罕有其匹”，[③]故而依据钱泳的鉴定意见，决定刻石永传。张井的斋号之一“二竹斋”亦得名于此二图。这两幅墨竹图尺寸大体相同，“高今工部营造尺九尺又半寸，宽四尺二寸”，[④]即高约289.6厘米，宽约134.4厘米，因尺寸较大，难以将图照原样上石，因此张井与钱泳决定只将各家题跋刻石流传，最终共刻成四十二石，以张井书斋名之曰“澄鉴堂石刻”。刻成之后，因题为苏轼的墨竹图后有苏轼自跋，称此图作于湖州知府孙觉的“墨妙亭”中，故而张井欲将刻石送往湖州墨妙亭。后因墨妙亭失火，改送往焦山保存，至今这四十二石仍排列于焦山碑林“墨宝轩”中（图62）。

《澄鉴堂石刻》由钱泳亲自双钩，张井称他“摹此帖时年已七十，目力不异少壮，精神渊然，尤可敬羡”，[⑤]刻成之后，钱泳又替张井装潢拓本。[⑥]在《澄鉴堂石刻》的卷首刻有钱泳的长篇题跋，详述这两幅墨竹图的递藏情况及艺术价值，可见张井高度认可钱泳的鉴定意见。从刻帖来看，各家题跋篆、隶、草、行、楷具备（图63），书写风格各异，的确蔚为大观，亦有不小的书法价值。但此两图能汇聚如此之多名流题跋本身便甚可疑。从上引张井跋语可知，当时便有人质疑其为伪作，而后张伯英以为“此物不惟宋元人皆伪，即清代亦无一真”，“此等伪物，望而可知，何待证据；且证据亦不胜举，独无识者昧昧耳”。[⑦]容庚亦以为“柯九思题‘同观者欧阳玄’作‘欧阳元’，必是讳玄晔以后人所伪也。倪瓒卒于洪武七年，年七十四，此题于洪武四年，年七十六，相差五年”。[⑧]而就

① 见《澄鉴堂石刻》张井题跋。

② 见《澄鉴堂石刻》张井题跋。

③ 见《澄鉴堂石刻》张井题跋。

④ 见《澄鉴堂石刻》钱泳题跋。

⑤ 见《澄鉴堂石刻》张井题跋。

⑥ 张井在给钱泳的信中写道：“……二竹题词装册重劳清神……”，见陶湘辑《昭代名人尺牍续集》，收入周骏富辑《清代传记丛刊》第32册，第430页。

⑦ 张伯英：《澄鉴堂石刻四卷》，载《张伯英碑帖论稿·释文卷》，第233页。

⑧ 容庚：《丛帖目》，第1769页。“晔”为原书如此——引者注

单从苏轼题跋的书迹来看（图64），也确有可疑。如今张井所收藏的两幅墨竹图原迹已不知去向，万承纪与钱泳是否确未怀疑其真伪亦不得而知，但《澄鉴堂石刻》并非因其伪而毫无价值。作伪者精心制作如此巨幅画卷且炮制出众多名流题跋，从题跋内容到书迹均须根据每位名流来“量身订制”，单就图63所示而言，宋濂题诗、宋璲（1344～1380）篆书便符合书史中记载的宋璲善篆的事实，宋克的题跋也使用了他最擅长的章草，对于共74位名流来说，这在作伪上是不小的工作量，并非寻常坊间作伪者所能为之，必是通晓书画史的有学之士所为。因原图暂不知下落，《澄鉴堂石刻》的留存或能为书画作伪史的研究提供一份可贵的资料。

单刻帖

从表5-1来看，钱泳受托所刻的古人法书单刻帖仅有5种，数量上不能与丛帖相比。这可能是钱泳优先挑选丛帖记录的缘故，实际上他摹刻的单刻帖的数量应该远不止这些。表5-1中的单刻帖，其内容分别为王羲之《兰亭序》、欧阳询《九成宫醴泉铭》、孙过庭《书谱》及吴镇《心经》，此外，钱泳还应钱氏族人之邀，补足三百年前族中先人旧刻的王羲之《十七帖》后的敕字题跋部分。

《兰亭序》与《九成宫醴泉铭》是钱泳应官员吴桓（生卒不详）之托摹刻。依《写经楼金石目》记载，所刻《兰亭序》的底本是宋拓定武《兰亭序》，所刻《九成宫醴泉铭》的底本是吴桓所得的宋拓本，但吴桓嫌其中有缺字，钱泳便参看之前从苏州籍官员蒋业谦（生卒不详）家中得到翻摹唐拓本，将宋拓所缺之处补齐。

《书谱》始刻于嘉庆十五年，是钱泳应满族官员毓兴（生卒不详）之托摹刻，从毓兴在刻石题跋上的落款“长白毓兴春圃氏题于邗江之转运使署”[①]来看，毓兴此时或出任两淮盐运使。从毓兴题跋内容可知，此次摹刻的底本是清初收藏家安岐（1683～？）所刻《书谱》的拓本。安岐所刻之《书谱》是从其收藏的墨迹本（该本后入清廷内府，现存于台北故宫博物院）上石，“模勒之精，不下真迹”，[②]被许多鉴赏家认为是《书谱》石刻中的上佳之本。[③]其刻石后归扬州

① 见（清）钱泳《重刻唐孙过庭书谱二卷》，载《写经楼金石目》未刊本。

② 见（清）钱泳《重刻唐孙过庭书谱二卷》，载《写经楼金石目》未刊本。

③ 关于安岐所刻的《书谱》，可参见杨小京《安刻本〈书谱〉》，《艺术工作》2018年第1期，第48～57页。

巨商汪廷璋（？～1760），继而又归另一扬州巨商江春（1721～1789），曾燠任两淮盐运使时，又从江家得到刻石，但不幸在运送回家乡江西时，有一半的刻石没于水中，后又补刻完全。至此，安岐本《书谱》的拓本已经鲜见。毓兴请钱泳重摹安岐本《书谱》意在留存佳刻，而这一底本有可能是钱泳提供的。钱泳曾向曾燠索要过《书谱》拓本，曾燠回信道："《书谱》缘友人索取甚多，现无存者。碑石弟亦未经携带来邗，俟家乡拓出寄到，再行奉呈。"① "邗"指扬州，因而此信当写于曾燠两淮盐运使任上，曾燠任此职于乾隆五十七年至嘉庆十二年，可见钱泳索要拓本事在毓兴委托之前。钱泳接到毓兴委托之后，对于这一重刻工作十分重视，摹刻两年之后，在嘉庆十七年六月方才完工。安岐本之后原附有陈奕禧所书的释文，钱泳应毓兴要求将释文校正后以楷书重写一遍，附刻于帖后，并另附有隶书题跋一则，阐明《书谱》对于草书学习者之价值。之后，钱泳在嘉庆二十年自刻《写经堂帖》时，又将这一版本的《书谱》收入其中。钱泳摹刻的《书谱》成了清代《书谱》重刻本中较为重要的一种，在后世学者讨论《书谱》拓本时常被提及，原石虽暂不知下落，但坊间尚有完整拓本流传。

《心经》是吴镇罕见的传世草书墨迹（现藏北京故宫博物院），作于吴镇61岁之时，用笔高古，嘉庆十六年，钱樾（1743～1815）委托钱泳摹刻上石，②刻成后置于嘉善县梅花庵吴镇墓旁，刻石至今仍存。由刻石上的钱樾题跋可知，这卷《心经》原为刘墉所藏，继归成亲王永瑆，永瑆因钱樾与吴镇同乡，转而将此书赠之，因此钱樾便将此书摹勒上石置于吴镇墓旁，以增翰墨之缘。钱樾与钱泳为同宗，往来密切，私交甚笃，曾替钱泳联络过不少达官显贵，钱樾去世后的墓志铭亦由钱泳书写刻石，以二人关系而论，此次《心经》摹刻钱泳自然极为重视。从图65-1和图65-2的对照可知，石刻虽有磨损，但笔画基本可见。原作中用笔的粗细变化、墨色的干枯变化及各种微妙的牵丝均得到了较忠实细致的反映，虽在一些细节上与原作有所出入，但原迹的萧澹之风致已得到展现，允为佳刻。原

① 信见（清）钱泳辑《兰林集》。

② 见（清）钱泳撰、张鸿鸣点校《登楼杂记（外一种）》，第226页。

作所附有的刘墉与永瑆二跋均被摹刻上石，后又附有钱樾二跋，在永瑆与钱樾题跋之间的空隙中，又刻有钱泳小字题跋一则，内容为"道人此书萧疏自得，妙在高闲之上，世人多以画掩其名耳。嘉庆辛未春日同槃溪过鱍堂少宰传砚堂拜观，因识于后，梅华溪居士钱泳"。嘉庆辛未即嘉庆十六年，此年春日钱泳在钱樾家中获观真迹，自然是因为刻帖之故。从题跋语气来看，这则题跋似应题于墨迹本之后，但今日北京故宫所藏的墨迹本后并无此跋，或许是流传过程中为人裁割之故。钱泳后来在嘉庆二十三年自刻的《述德堂帖》中再次收录了此刻，可见珍视。

二　受托摹刻清人书作

根据现有材料，钱泳受托摹刻清人书作的主要情况见表5-2。

表5-2　钱泳受托摹刻清人书作的情况

名称	时间	委托人	书刻情况
进学解	嘉庆四年	乌尔恭阿（郑亲王）	永瑆书，钱泳刻石
与郑亲王十札三诗	嘉庆四年	乌尔恭阿（郑亲王）	永瑆书，钱泳刻石
草书《百家姓》	嘉庆四年	绵庆（质郡王）	永瑆书，钱泳刻石
陈匏庐小本《多宝塔碑》	嘉庆七年	汪为霖（官至知府）	陈邦彦书，钱泳刻石
清爱堂石刻四卷	嘉庆十年	刘镮之（时任户部侍郎）	刘墉书，钱泳刻石
成亲王书《道德经》小楷四卷	嘉庆十三年	潘世恩（时任吏部侍郎等）	永瑆书，钱泳刻石
陶渊明诗刻	嘉庆十三年	陶惟模（曾任刑部司务，时丁忧在家）	钱泳书写刻石
惟清斋书帖四卷	嘉庆十三年	吴桓（时任嘉定知县）	铁保书，钱泳刻石
关圣帝君觉世真经	嘉庆十四年	陈用光（时任散馆编修）	翁方纲书，钱泳刻石

续表

名称	时间	委托人	书刻情况
姚鼐致刘大櫆尺牍	应为嘉庆十四年	陈用光（时任散馆编修）	姚鼐书，钱泳刻石
《道德经》小楷	嘉庆二十二年	师亮采（时任海州知州）	李尧栋书，钱泳刻石
扬州杂咏石刻	道光二年	钱昌龄、张青选（先后任两淮盐运使）	永瑆书，钱泳刻石
仁本堂墨刻六卷	道光六年	周以辉（官职不详）	周升桓书，钱泳刻石
心经	道光十五年	孙展霖（有低阶功名）	孙振远书，钱泳刻石
太上感应篇	不详	巴光诰（盐商）	钱泳书写刻石
心经	不详	张定球（秀才）	德保书，钱泳刻石

由表5–2可知，钱泳受托摹刻的清人书迹丛帖有3种，分别是《清爱堂石刻》、《惟清斋书帖》和《仁本堂墨刻》，其余均为单刻帖。与受托摹刻古人书的情况相较，丛帖较少，单刻帖较多，从总体数量来看，摹刻清人书的总数要少于古人书。这些清人书迹的书写者除了陈邦彦（1678～1752）主要活跃于康熙年间之外，其余书作的书写者都是曾与钱泳同在世上的人物，即钱泳所摹刻的清人书迹主要是“时人书”，其中还包括他自己的书迹。摹刻时人书与古人书不同的是，时人书大都可以直接从墨迹上石，钱泳的委托人又多与书家有着密切关系，书迹来源较为可靠，因而较少存在书迹的真伪问题。钱泳的委托人从世袭亲王到地方的低阶功名所有者都有，被摹刻书家的身份亦从亲王到地方普通文人都有，因此，钱泳的摹刻给清中期书法研究留下了不少珍贵的资料。下文将依旧先叙述丛帖的情况，再及单刻帖。

《清爱堂石刻》

嘉庆十年，钱泳第四次进京游历（见表3–1），一面开展刻帖工作，一面与京师友人相聚往来。此年，嘉庆皇帝下旨，着时任户部侍郎的刘镮之将其叔父刘墉的书迹摹刻成帖，当时正在北京并已替京城显贵人士摹刻过碑帖的钱泳接到了这份委托。嘉庆十年七月，钱泳在京师进行刘墉书迹的双钩工作，之后回到常熟家中命工勒石，嘉庆十一年五月刻成《清爱堂石刻》四卷。

以当时钱泳在京城显贵圈中的交际来看，他有不少机会能够接触到刘镮之这一级别的官员，如上文叙述过的宗亲钱樾便曾替刘镮之向钱泳传过话，[①]钱泳正式接受委托后，刘镮之直接和他有书信往来。钱泳在京工作时，刘镮之在给他的一封信中写道："来件已收悉，用项自应先付，但有面商之处，务祈明晨拨冗到舍一叙为属。"[②]可见钱泳能够直接与刘镮之商量刻资等事宜，与上文所述的接受军机大臣英和委托时通过英和学生传话的情况有所不同。

钱泳摹刻的四卷《清爱堂石刻》主要收录了刘墉的楷书与行书作品，亦有少量草书。许多书作落有年款，均为刘墉80岁前后所书，展现了刘墉晚年炉火纯青的书写技艺。由于此帖是奉旨摹刻，又由刘镮之亲理此事，在书迹真伪上应无问题。《清爱堂石刻》所摹勒的刘墉书迹应主要来源于刘家自藏，但亦有商借者，如楷书《头陀寺碑文》是永瑆藏品，永瑆题跋亦一并上石。卷首的楷书《大学》则是借自一位名为李春潭（生卒不详）的官员家中，这份书迹是钱泳回到常熟刻石之后方才借到的，由刘镮之出面商借并将其寄给钱泳。[③]钱泳在原迹后留有题跋，[④]内容显示出他与李春潭相识，在摹刻完《清爱堂石刻》后，他于嘉庆十一年十二月方才前往杭州归还这一书迹。钱泳曾多次往来杭州，熟悉当地书画收藏，此册《大学》或许是钱泳向刘镮之建议刻为全帖之首的。这份书迹的内容既为儒家重要经典，书写又工稳细致，冠于奉旨刻帖之首，正为合适。

刘墉手书的《大学》原迹现藏于台北故宫博物院，此作用笔粗细互见，结

---

① 钱樾在一封给钱泳的信中写道："昨晤刘少司农，又曾提及足下日内得暇可往一晤也。"信见（清）钱泳辑《兰林集》。

② 信见陶湘辑《昭代名人尺牍续集》，收入周骏富辑《清代传记丛刊》第32册，第213页。

③ 刘镮之在一封给钱泳的信中写道："古本《大学》顷已寄到，兹特奉上，祈检收，带回钩勒。并烦觅便交还李君……"信见（清）钱泳辑《兰林集》。

④ 题跋内容为："右刘石庵相国书《大学》古本一册，李春潭明经所藏也。嘉庆乙丑六月相国从子户部侍郎镮之奉谕旨勒相国平日所书为《清爱堂石刻》，泳为双钩与其事，因借明经此册为卷首。上石后册留箧中者年余，至丙寅十二月携册来杭，则明经已归道，睹物思人，欷嘘欲泣，遂志数语还之。并附刻本一帙，白于灵几，以识挂剑之意。梅华溪居士钱泳。"

体圆融冲和，但各字字势又多微有调整，使每一列的中轴线有波动变化，整体于工整之中见攲侧，沉厚之中显轻灵，体现出刘墉高超的用笔结字技巧和晚年人书俱老的书写境界。从图66-1和图66-2的对照可见，《清爱堂石刻》的摹勒可称用心，每个字的字势变化细节都尽量予以反映，但也不难看出，原作因笔画粗细互见所造成的对比效果在拓本上被削弱了，使得原作的轻灵之致有所损失，整体更显浑厚。张伯英曾评论《清爱堂石刻》道："此刻诚工致，以较墨迹则稍钝，亦不能无遗憾云。"[①]可谓中肯之论。[②]

钱泳在常熟刻石之时，刘镮之多次来信交代拓本装潢等事宜，并多次催促工期，如其中一封信中写道："去腊接诵手书，寄阅石刻样本，备承关注，正拟裁复。适胡君至都，又奉来翰并收到装裱石刻八部，具见钩摹镌拓至精极妙，足感雅谊于弗谖矣。此帖锦装四十部均系恭备陈设之件，尚应另备颁赏之需一并进呈。弟经面奏于二月内必进所有。续寄装裱三十二部务必同拓本百部一并寄京，庶无贻误。倘见信时已将装裱之件发寄，即乞吾兄将拓本百部迅速专人赍送来京，切祷切祷。至墨迹石版等物，弟曾面托扬州盐院额八大人附便带京，即望饬纪送交彼处，并乞示悉为幸。"[③]可见刘镮之将进呈御览所需的拓本装裱事宜一应交付钱泳，并急于将拓本呈上，但他希望于嘉庆十一年二月"必进所有"的愿望终究落空，钱泳于当年五月方才完工。

以刘墉的声望及书艺，加之奉旨刻帖的光环和质量保证，《清爱堂石刻》刻成之后备受关注，需索者甚多，如官至侍讲学士的吴鼒甚至直接向钱泳购买拓本，他在信中写道："鼒奉恳者《清爱堂帖》，刘少农前辈因索者太多，概不送人，乞吾兄大人为拓四部，速寄都门，该价若干示知，当寄何所，即飞寄不误。"[④]由信可知，钱泳此时尚未将帖石送交京城刘镮之处，而《清爱堂石刻》

① 张伯英：《清爱堂石刻六卷》，载《张伯英碑帖论稿·释文卷》，第60页。张伯英所见的六卷本，后两卷题为《清爱堂墨刻》，吴厚生（生卒不详）所刻，后人将之与钱泳所刻的四卷合装。

② 刘墉墨迹本《大学》之后附有谭伯羽（1900～1982）题跋一则，称将原迹与《清爱堂石刻》刻本对看，"始知为钱梅溪钩坏处不少，原本十二开，率一开许一换笔势，石庵楷书之变尽矣。刻本一律到底，了不见变化之迹矣"。钱泳所刻的《大学》虽于笔画轻重对比上反映有失，但在结体变化上甚为准确，言"了不见变化之迹"亦属过当。

③ 信见（清）钱泳辑《兰林集》。

④ 信见（清）钱泳辑《兰林集》。

已经在京师官员圈中引起高度关注，成了稀缺的社交礼物。按常情推论，私售拓本极可能招致雇主的不满，因为多拓拓片将对帖石造成损害，也将减少自己手中拓片的稀缺性。但刻帖人私售拓本之事在当时应不少见，故而吴鼒因着与钱泳的交情私下请索。钱泳最终是否向吴鼒出售拓本已不得而知，但奉旨摹刻《清爱堂石刻》显然又一次增加了钱泳与各级官员之间交往的资本。

《清爱堂石刻》是奉旨而刻，帖后落款为“嘉庆十年冬十月户部侍郎臣刘镮之奉圣旨摹勒上石”，钱泳未在帖上留名。《清爱堂石刻》现见有两种拓本：一种收于台北故宫博物院，上钤“宣统御览之宝”，全帖除刘墉书迹外无任何他人的题跋；另一种收于北京大学图书馆，经过多家私人递藏，全帖除刘墉书迹外，尚刻有梁同书书迹一段、永瑆题跋一段。梁同书及永瑆书迹均是原迹后所附有的，钱泳《写经楼金石目》中亦有记载，可见是钱泳一并摹刻上石的。由此可知《清爱堂石刻》刻成后拓有两种拓本，进呈御览的未拓他人书迹，而私家收藏的则拓有这二则书迹。奉旨摹刻之帖不刻他人的题跋观款、不落刻工姓名的做法在永瑆于嘉庆九年奉旨将自己的书迹摹刻成《诒晋斋书》时亦可见到，这或许是当时的通行做法，而《清爱堂石刻》在刻帖时便已有公、私两手准备，方便按需拓取拓片。

《惟清斋书帖》

嘉庆十三年，钱泳应时任嘉定知县的吴桓所托，摹勒铁保书迹成《惟清斋书帖》四卷。铁保作为清代满族书家中的代表人物，一生临池不辍，书风闲雅自然，又兼历任高官，擅于诗文，因而书迹甚为当世所重。铁保曾多次主持科考，门生无数，吴桓正是其中之一。[①]刻帖时铁保正任两江总督，吴桓作为下属官员为上司兼座师刻帖，自有联络关系之意。

《惟清斋书帖》后附有吴鼒题跋一则，内容显示出吴桓与他是兄弟关系，吴鼒亦为铁保门生，或因官职较高而与铁保关系更为密切。题跋写道：“家兄槃斋于十五年前见公书于鼒所，即大悦服，谓鼒曰：‘今代书杰辈起，若公行楷，无

① 铁保在自撰年谱中记载：“是年及门吴桓刻惟清斋字帖成。”由此可知吴桓为铁保门生。见（清）铁保《铁保年谱》卷二，清道光二年石经堂刻本，爱如生中国基本古籍库。

论仿古自运，真能得法虞褚，以仰闯右军之室者也。'至是于梅溪钱君处，复见公书，遂全以上石，命鼒书尾。"[①]榘斋为吴桓的号，"公"指铁保，由此可见吴桓早已得见铁保手迹，但决定刻帖是在见到钱泳所藏的铁保手迹之后。钱泳与铁保早有往来，他在乾隆五十七年为黄易摹刻《王孟端画竹石刻》（见第四章）时曾请铁保与钱樾题跋，[②]此年铁保正主持江南乡试。此后铁保与钱泳多有书信往来，如铁保曾在给钱泳的信中写道："保书屡欲呈政……赵临《圣教》即付来手，长日欲临数纸，留为案头清玩也。昨所得楷书卷子，天晴亦欲假一观，以悟楷则，想不吝也。""拙临匆匆尚未检得，容续呈教。吴公三种唯米书甚佳，亦难决为真本。冯临太嫩，孙书尤支离，俱难入赏鉴耳。后论临书极当。拜服拜服。""学书三十年都无是处，对唐宋诸名书如蓬莱之山可望不可及，然使此道太易，又不足贵矣。兹因玉鱼之便，寄上近临正书二种，可存与否，高明酌之。油纸收到，船窗得暇，当为书之，特恐不能佳耳。选刻古书最妙，但多赝本，切不可收入，恐累全局也……"[③]由此可见钱泳曾向铁保索要过不少手迹，二人还就书迹鉴赏、临书心得等内容进行探讨，并互借藏品，可称翰墨之交。此外，铁保还给上引信札中提到的"玉鱼"写信道："梅溪前要去拙书，不知已刻否，便中示知。"[④]可见钱泳是以刻帖为名索要铁保书迹，目前暂不知是否在接到吴桓委托之后，但无论如何，吴桓是因钱泳才得以聚集到铁保书迹刻石成帖的。

《惟清斋书帖》刻成后似乎流传不广，至今暂未见到完整拓本留存，容庚《丛帖目》亦未详细著录。现所流传的铁保书迹刻帖主要是嘉庆二十一年由铁保之子瑞元（1794～1853）所刻的《惟清斋手临各家法帖》。钱泳的《写经楼金石目》亦未记载《惟清斋书帖》的详目，只简单记载其内容为"凡临晋唐小楷及王右军《十七帖》、大令《敬祖》《新妇》诸帖、褚河南《枯树赋》、怀素《千文》、米海岳之类，计四卷"，[⑤]吴鼒题跋又称其中"附以手牍三"。[⑥]从《惟清斋

① （清）钱泳：《惟清斋书帖四卷》，载《写经楼金石目》未刊本。

② （清）钱泳：《王孟端画竹石刻》，载《写经楼金石目》未刊本。

③ 信见（清）钱泳辑《兰林集》。

④ 信见梁颖《说笺（增订本）》，上海科学技术文献出版社2012年版，第82页。

⑤ （清）钱泳：《惟清斋书帖四卷》，载《写经楼金石目》未刊本。

⑥ （清）钱泳：《惟清斋书帖四卷》，载《写经楼金石目》未刊本。

手临各家法帖》的详目来看，《惟清斋书帖》的书写内容与之多有重复，而前者多收铁保晚年书迹，又为铁保家刻，因而更受艺林重视，或因此故，《惟清斋书帖》便渐渐不传。

《仁本堂墨刻》

道光六年，钱泳应官任知府等职的周以辉（？～1827）之托，将其父周升桓（1733～1801）的书迹摹刻上石，成《仁本堂墨刻》六卷（又作四册）。周升桓号山茨，嘉善人，官广西苍梧道等，擅于书法，终身临池。钱泳于乾隆五十七年进京时路过济南，曾于泺源书院拜谒时任山长的周升桓，“蒙教以运笔用墨之法，亹亹数百言，至今奉为圭臬”，[①]因而周升桓之于钱泳可称是书学前辈。

钱泳在接到委托后，于道光六年十月前往嘉善周家选帖，道光七年刻成。《仁本堂墨刻》共收有周升桓手书13种，包括草书、行书、楷书，有临帖，但大部分为自书作品，刻石保存至今，现存于浙江嘉善县博物馆。帖石上的落款为“道光六年冬十有二月，男以辉谨模上石”，钱泳在帖上附有行书题跋二则，或因受雇于人，又因曾受教于周升桓，他在跋文中对周升桓的书法推崇备至，其中写道：“本朝书法，自姜西溟、汪退谷外，群推张天瓶司寇为独立一帜，后刘文清公及梁山舟、王梦楼两侍讲起而振之，书道又一变矣。嘉善周山茨先生，当时虽与三公齐名，而直欲驾于三公之上，盖其天资高迈，学力精专，非时流所能窥测耳……拜观是帖，尤见前辈典型真不可跂及也。使姜汪诸公生于同时，当亦为之俯首。”在此将周升桓的书法提升至超越同代的刘墉、梁同书、王文治的地位，且称康熙朝的姜宸英、汪士鋐（1658～1723）亦为不如。从图67来看，周升桓的书法确属典型的清代帖学一脉，临古功力深厚，笔致气息醇正，但也缺乏明确的个人面目，说他能与诸位名家并驾且过之，实属欲为刻帖增色的溢美之词。但周升桓作为后代关注不多的一位清中期书家，钱泳所刻的《仁本堂墨刻》保存了他的许多书迹，这也为研究清中期书法提供了有价值之资料。

---

① 见钱泳在《仁本堂墨刻》上的题跋。

值得一提的是，《仁本堂墨刻》刻成的同年四月，周以辉去世。周以辉之子随即拣选周以辉书作刻石，亦于道光七年刻成，名曰《又山遗墨》。钱泳在帖后留有跋语，称颂周家为“清芬世德，克绍箕裘”，[①]由此可见，当时诗书之家将刻帖作为保存先人遗墨、营造家族文化形象的一种有效手段。

单刻帖

表5-2列出的单刻帖共有13种，其中永瑆书迹5种，钱泳书迹2种，陈邦彦、翁方纲、姚鼐（1732～1815）、李尧栋（1753～1821）、孙钟（字振远，生卒不详，活跃于乾隆年间）、德保（1719～1789）书迹各一种。

从表5-2中可见，永瑆书迹不仅在目前所知的钱泳受托摹刻的清人单刻帖中占比最高，委托人的地位也最高。永瑆受封成亲王，是乾隆皇帝的第十一子，精于临池，书艺高超，为清代皇室中最有代表性之书家，书作在乾嘉时期广受京城人士追捧。请钱泳摹勒永瑆书迹的分别为郑亲王乌尔恭阿（1778～1846）、质郡王绵庆（1779～1804）、吏部侍郎潘世恩（1769～1854）和先后任两淮盐运使的钱昌龄、张青选（1769～1849）。

嘉庆三年十一月至嘉庆四年五月，钱泳第二次在京游历。此次进京，已捐得监生身份的钱泳与国子监祭酒法式善过从甚密，并因法式善介绍得以结识郑亲王乌尔恭阿，钱泳在乌尔恭阿府第“惠园”居住三月，其间还获邀前往质郡王绵庆府第。[②]在惠园居住期间，钱泳受托为乌尔恭阿钩刻永瑆楷书《进学解》及永瑆写给乌尔恭阿的十札三诗，钱泳先双钩书迹，之后于五月返回家中勒石。乌尔恭阿与钱泳颇有私交，钱泳曾登王府中的雏凤楼为乌尔恭阿赋诗，[③]在钱泳出京之时，乌尔恭阿亦作有送别诗，之后又作有《寄梅溪二首》，[④]可见二人之间的交往是颇为文人化的。钱泳在家刻石时，乌尔恭阿曾请阮元、钱樾等人给钱泳捎带书信，询问刻石进度并催取帖石，信中写道：“自别都城，倏忽三月，想

① 北京大学图书馆现藏有《又山遗墨》拓本。

② （清）胡源、褚逢春编《梅溪先生年谱》，载北京图书馆编《北京图书馆藏珍本年谱丛刊》第122册，第224页。

③ 诗题为：“己未三月望日，郑亲王招游惠园，因登雏凤楼即席赋诗应教二首。”载《梅花溪诗草》，《清代诗文集汇编》第456册，第610页。

④ 这些赠诗见（清）钱泳辑《写经楼题赠集》。

足下身体必皆平善，是所祷耳。《进学解》《十札》料皆有成色矣。再所属诸事，必于八月底托人寄来，作成为谢。今因抚棠之便，专肃寸函。拟来岁风帆北上，更晤芝颜也。”“所托之件，诸祈费心料理。石刻如得能随先生北来固好，恐先生南中有事，或交素亭带来。如素亭来南，石刻尚未得，千万觅妥便之人寄我。”[①]与此同时，质郡王绵庆亦请钱泳将永珵所书的草书《百家姓》摹刻上石。两位皇亲请钱泳摹刻的这三种永珵书迹之后均被钱泳收入了自行撰集的《诒晋斋法书》中，流传甚广（图68-1、图68-2，图69）。

嘉庆十三年三月，钱泳在杭州见到时任吏部侍郎、浙江学政的潘世恩，接到委托将永瑆所书的小楷《道德经》刻石。潘世恩为钱泳好友潘奕隽之侄，在尚未中举时已与钱泳相识，鉴于两人之关系，钱泳将《道德经》原迹带回家中双钩勒石，“年余始竣”。[②]潘世恩先支付钱泳40两银子的定金，之后钱泳展开摹刻工作，在刻石过程中，潘世恩曾写信道：“承示《道德经》，业已钩就付刻，深费清神，谢非楮罄。册尾竟不用跋，装池十余部亦可。”[③]随后钱泳于嘉庆十三年底或嘉庆十四年在京时，又与潘世恩见面并提及剩余款项，潘世恩写信道：“所论应付《道德经》拓工银两刻下未能措缴，已禀知家严，当于阁下抵苏时奉赵，迟迟勿罪。”[④]由此可见钱泳刻帖生意的往来情况。

道光二年，钱泳往来于扬州，此时族亲钱昌龄正任两淮盐运使，便委托钱泳将永瑆所书的《扬州杂咏诗八首》刻石于前任曾燠所修筑的“题襟馆”，为馆中时常举行的文人雅集增色，但事不果行。道光三年，张青选继任两淮盐运使，钱泳这才得以完成摹刻工作。《扬州杂咏诗八首》原迹藏于满族官员额勒布（1747～1830）手中，额勒布于嘉庆十年至嘉庆十三年间出任两淮盐政时，曾出示墨迹于钱泳，随后钱泳将之刻入《诒晋斋法书》（图70）。此次受托刻石实为重摹，钱泳在刻石后附有题跋，称赞此作“全仿米南宫，笔力沉雄，无法不备，诗书双绝，尤可宝也”，[⑤]从现存的《诒晋斋法书》拓本来看，不为

① 信见（清）钱泳辑《兰林集》。
② （清）钱泳:《成亲王书道德经小楷四卷》，载《写经楼金石目》未刊本。
③ 信见（清）钱泳辑《兰林集》。
④ 信见（清）钱泳辑《兰林集》。
⑤ （清）钱泳:《扬州杂咏石刻》，载《写经楼金石目》未刊本。

虚言。

钱泳因书艺精熟，常被人索取书作，因而亦有人请他先书再刻。表5-2所载的钱泳自刻己书共有两种，委托人分别是曾任刑部司务的陶惟模（生卒不详）和仪征盐商巴光诰（生卒不详）。嘉庆十三年，陶惟模丁忧去官，在苏州家中居住，因忆及京师友人，便请钱泳以隶书书写陶渊明的怀友之诗《停云》后刻石，“以寄相思”，并拟“他日携墨拓数纸分赠同人”，[①]可见欲以此刻拓本作为去官闲居之时联络在京友人的礼品。陶惟模在帖后的题跋中称钱泳为“梅溪师”，或曾受教于钱泳读书习字。仪征盐商巴光诰请钱泳以隶书书写了《太上感应篇》，刻石镶嵌于家塾壁间，以作训诫子弟之用。这一委托的具体时间虽未见记载，但巴光诰于道光三年至道光四年间与钱泳多有往来，既请钱泳为其新修的园林“朴园”题字题诗，又购买了钱泳刻帖的帖石并名曰《朴园藏帖》，[②]因而《太上感应篇》之刻极可能也发生于这段时间。钱泳在自书的《太上感应篇》后刻有长题跋，称其为“神道设教之文”，以为“盖圣贤经传，夫人而读之，第人气质不齐、贤愚不等，读之而不能行、行之而不得当，不如福德报应之书，立辞浅显，用意深切，足以醒愚蒙、开世教，故历数百年而不废也”，[③]充分体现了他以知识精英自居的立场。

钱泳还摹刻了表5-2所载的其余7种单刻帖，书家各异。嘉庆七年，曾任知府等职的官员汪为霖（1761～1822）在虎丘养病，得到陈邦彦缩临《多宝塔碑》墨迹一本，因陈邦彦主要任职于康熙朝，素习董其昌书法，有善书之名，此作又“用笔流丽，结构精严”，[④]汪为霖以为难得，便请钱泳“双钩精勒”，石上还刻有孙星衍、陈广宁等数人的观款。

嘉庆十四年夏，钱泳在京师忙于开展《松雪斋法书》等刻帖活动之际，时任散馆编修的陈用光（1768～1835）亦委托钱泳将翁方纲所书的《关圣帝君觉

① （清）钱泳：《陶渊明诗刻》，载《写经楼金石目》未刊本。

② 钱泳在《履园丛话》中叙及此事称：“仪征巴朴园、宿厓昆仲索视余所刻诸帖，检得六十四石赠之，藏之朴园壁间，命曰朴园藏帖八卷。”（《履园丛话》，第259页）虽用了“赠之”一词，但只是文人的委婉之词，其实应为购买。

③ （清）钱泳：《太上感应篇石刻》，载《写经楼金石目》清刻本。

④ （清）钱泳：《陈匏庐小本〈多宝塔碑〉》，载《写经楼金石目》未刊本。

世真经》摹刻上石。这份书迹是陈用光之父陈守诒（1731～1809）于嘉庆三年入京述职时请翁方纲所书的，陈守诒在刻成之帖上题跋称此经“其辞足以觉愚蒙”，并称“世多以《觉世经》锓板赠人者，予以为不若石刻更足以重人爱敬之思”，[①]明确指出刻帖拓本较之印刷书籍更有贵重之感，因而名家书法加之名手镌刻更有利于使观者重视经文内容。此外，陈用光还从同年姚元之处得到其师姚鼐致刘大櫆（1698～1779）的手札一封，亦请钱泳将其摹刻上石，并作诗一首感谢姚元之与钱泳，诗中写道：“北来得钱子，巧笔为居间，银钩回蠆尾，蝉翼飞糜丸。初体结飞白，继事成书丹，真迹吾世守，拓本人争看。”[②]同时，陈用光还请法式善与英和亦为此事赋诗，法式善在诗中写道：“钱生出奇计，珉翠吾镌砻，千潭印一月，万纸锤三冬。”[③]由此可见将手札镌刻上石是钱泳主动请缨，而陈用光亦觉得刻帖是传播先师手迹和文字的上佳手段。此次摹刻的时间虽未有详细记录，但以钱泳与姚元之、法式善等人过从甚密的情况来看，应当也发生于嘉庆十四年钱在京之时。

嘉庆二十二年冬十月，时任海州刺史的师亮采委托钱泳将李尧栋所书的小楷《道德经》摹刻上石。李尧栋为乾隆年间进士，此时官任江苏巡抚，正是师亮采的上司。李尧栋曾手书十三经并以此为傲，将书斋命名为“写十三经之室”，这件书迹作于嘉庆十四年的“天子五旬万寿之月”，款识中有“书于写十三经之室”一句，师亮采挑选此作摹刻上石，正可展现李尧栋的忠君之心和抄经盛举，更有助于联络上下级关系。

道光十五年，钱泳应常熟儒生孙展霖（生卒不详）之请，将其祖父年未弱冠时所书的楷书《心经》摹刻上石。此作书于乾隆二十年，书者孙钟英年早逝，似未有功名官阶，所书小楷端正有法，可见其于书道颇有用功。孙展霖为

---

① （清）钱泳：《关圣帝君觉世真经》，载《写经楼金石目》清刻本。

② （清）陈用光：《于同年姚伯昂处得吾师姬传先生居京师时寄刘海峰札，属钱梅溪为钩摹上石，而以原稿装潢于吾师丁卯戊辰两年寄用光札手卷内，作五古一章谢伯昂梅溪两君，并乞梧门前辈、煦斋夫子同作为之劵》，载陈用光《太乙舟诗集》卷一，《续修四库全书》第1493册，第43页。

③ （清）法式善：《陈石士见姚伯昂藏其师姬传先生手迹属钱梅溪钩勒上石，以原稿装卷自藏，乞余诗为劵，因寄伯昂梅溪》，载张寅彭主编，刘青山点校《法式善诗文集》，人民文学出版社2015年版，第717页。

纪念先祖、表达孝思，因请本地刻帖名家钱泳经理刻帖事宜。此次摹刻活动或因书者与委托人均为地方低阶文人而未被钱泳的各种文字著录所记载，但这方帖石至今保存基本完好，现存于常熟碑刻博物馆（图71）。从此帖未被《写经楼金石目》等书著录的情况来看，可以推测钱泳还摹刻过其他委托人及书者地位不显的刻帖，并可能被钱泳有意无意地剔除出自己系统化的刻帖记录，从而也给后世造成了他所承接的刻帖业务主要来自地位显赫者的印象。

钱泳还应常熟张定球（生卒不详）之托，将德保手书的《心经》摹刻上石。德保为英和之父，官至礼部尚书等职，且多次出任科考考官。德保虽不是书法名家，但系进士出身，学识渊博，下笔自有规范。这份书迹是张定球之父张燮（1753～1808）在德保去世后从英和处得到的，张燮为德保门生，在书迹后写有题跋，而英和亦有一跋，称张燮为“世大兄同年”，并称这份书迹“其在君案头，亦何异于在我箧中耶”。[①]张家在常熟为世代书香之家，藏书甚丰，这份书迹及其后的题跋则直接展示了张家与身为朝廷大员的德保、英和两父子之间的密切关系，将其摹刻上石并传播拓本，对于巩固并提高张家在常熟当地的声望甚为有利。这次摹刻具体时间不详，但为张燮之子张定球委托，推测可能是张燮去世之后方才上石的。钱泳在石上留有题跋，称赞德保“不以书名天下，而落笔浑厚，绝似唐经，盖其人品高卓，故尔气韵醇古，亦如朱文正公书法，未可作寻常翰墨观也”，[②]可见将此作刻石主要是因为德保的地位人品，而非其书艺。

小　结

从钱泳受托刻帖的情况可以见到清中期刻帖风气之盛，从王公贵胄到地方低阶文人都有强烈的刻帖需求。尽管具体到个人而言，不同人刻帖的目的有着不同的差异，但无例外的，刻帖均是其看重的个人文化事业，而法书拓片在当

① （清）钱泳：《心经石刻》，载《写经楼金石目》清刻本。

② （清）钱泳：《心经石刻》，载《写经楼金石目》清刻本。

世也是非常有效的社交联系纽带。梁启超在论及乾嘉学风时曾言："后辈之谒先辈，率以问学书为贽——有著述者则媵以著述——先辈视其可教者，必报书，释其疑滞而奖进之。平辈亦然。"[①]知识人士之间讨论学问已成当世社交之引子，在乾嘉时期"智识主义"盛行的风潮之下，[②]与传统学问有涉的各项知识都可以是当时社交的重要内容。因此，既有书法价值又有文献价值的法书拓片常常也是当世知识人士交往时重要的社交礼物。自己刻有刻帖甚至大型丛帖、提供烙着个人印记的法书拓片也有着类似于个人著述的功效，既能彰显自己有着翰墨风雅之学，还能进一步树立个人名望，与相关人士建立新的讨论话题，进而打开更多的社交局面。刻古人法书能引起翰墨爱好者和史事考证者的兴趣，通常而言对于树立个人的"艺林地位"最有价值。刻今人帖则常有对被刻帖的书家进行恭维的明显意图，这一行为暗含被刻帖者在书艺、才学、人品等方面可与古贤并肩因而有上石之资格之意。在这种文化语境下，常常可以看到下位者对上位者的书法进行刻帖的现象。通过这种看似超脱于世俗事务的艺事"献媚"，刻帖者常能有效地收获现实的利益。此外，在刻帖为个人甚至家族增加文化资本的情况下，拓片的出售通常还能直接带来一定的经济效益，因此帖石本身还是可传于子孙的财富。

刻帖毕竟是专业之学，从选帖、考鉴、编目、摹刻直至题跋撰写都需要专业知识，并非所有有刻帖需求者都有能力为此。因此，具有专业知识的低阶文人钱泳便能从容周旋于各等级的官员文士之中，为他们所倚重。正如梁启超在论及乾嘉刻书风气时所言："其时刻书之风甚盛，若黄丕烈、鲍廷博辈固自能别择雠校，其余则多有力者欲假此自显，聘名流董其事。"[③]这种情况同样出现在刻帖之中。

通过钱泳与不同委托人的往来，可以看到不少委托人对于工期极为关注，不断地催促钱泳尽快完工、寄送拓片并运送帖石等，这里的心理动因或许有好几层。首先是急于完成工程——不少委托人刻帖都有着明显的现实目的，这些

① 梁启超：《清代学术概论》，上海古籍出版社1998年版，第64页。

② 参见余英时《论戴震与章学诚》，生活·读书·新知三联书店2005年版。

③ 梁启超：《清代学术概论》，第66页。

目的如错过时效，那么刻帖发挥的效应恐怕要打折扣，如刘镮之是奉旨刻帖并已在御前允诺进献拓本的具体时间，在这种情况下自然要加急催促工期。其次，催促行为背后或许还有一定的不信任因素，这种情形尤其可能发生在委托人与钱泳相交不深的情况下——他们主要通过刻帖与钱泳发生联系，一方面知道钱泳广接订单，如不催促则容易迁延日久；另一方面也可能将钱泳视为碑帖镌刻行业中的通常从业者。这些人都有着与商贾相同的谋利动机，因此委托人催促帖石的运送就可能含有防止私拓以保护自己利益的考虑。因频繁催促工期，刻帖的质量容易受到影响。通常可见，钱泳在承接订单后的几个月内，这些信件就已纷至沓来，因此一部丛帖的镌刻时间常常就在一年左右。在如此紧急的工期要求下，并无从容择帖以及精刻的时间。故此不难看到钱泳经手的刻帖虽都在一定的水准之内，但确有精粗不一的情况，其中固然有钱萱等助手水平良莠不齐的缘故，而委托人的时限要求也是不可忽略的因素。

委托人在将刻帖当作自己重要的文化事业之时，常常也会看到他们对于刻帖的要求并不统一。一个时常可见的现象是，在很多情况下，他们对于刻帖底本是否是真迹并无严格要求，刻帖是否忠实反映底本有时也不那么重要，因此常可以看到一些明知有伪作之嫌的作品仍被收进刻帖中。而钱泳有时也会参看其他刻帖版本对于底本进行“加工”，比如补齐缺漏残损之处，使其看起来更加完整、美观等。这些情形的多寡自然与委托人在书法领域的知识造诣有关，也与委托人对于刻帖应该发挥的功能有不同认识有关。因此，既有严格要求按底本上石的委托人，也有任由钱泳裁定的委托人，还有要求美观大于忠实原刻的委托人。在这些不同的刻帖要求背后，是不同人士的文艺理念和通过文艺手段想要实现的不同需求。

第六章
自发刻碑

在受人委托镌刻了大量碑帖之外，钱泳还自行镌刻了许多碑帖，这些碑帖的存在是钱泳显著区别于许多职业刻工的地方，也是钱泳在当时的社会环境中塑造自身独立文化身份的有效举措。在传统叙事的固有观念中，碑帖镌刻总是文人主导、刻工听命的过程，[①]因而刻工总被认为是高阶文人的依附者。钱泳承接过大量高官名士的委托，从前两章可以看出，许多委托出自钱泳的积极倡议，但刻成之后的光环毕竟还是归于雇主。为了避免被认为是仅仅听命于人的刻工，钱泳在对自身的文艺学养有着充足自信的情况下，有强大的心理驱动力去大量打造烙有个人独立印记的碑石和刻帖。其数量之多，内容之丰富，可以充分反映出深浸于清中期社会金石风尚和文艺潮流中的一位底层文人的审美偏好、商业考量和纪念性需求。

本章将先阐述钱泳自发刻碑的情况，下一章再及刻帖。

一　自发镌刻新碑

从现有材料来看，钱泳自发树立新碑的主要情况见表6-1。

表6-1　钱泳自发竖立新碑的情况

名称	时间	书刻情况	备注
象山石屋八景题字	乾隆五十八年	钱泳书	刻石另有他人经理
禹陵窆石题名	乾隆五十八年	钱泳书	刻石或另有他人经理

① 如明赵宧光曾描述《停云馆帖》的摹刻，由文徵明“手自摹勒，倩章简甫、吴鼒诸良工，耳提面命，精一为之，稍不称意，即从刊削，不惜数四，恰情无忝，然后入卷”。见（明）赵宧光：《寒山帚谈》附录，浙江人民美术出版社2018年版，第112页。

续表

名称	时间	书刻情况	备注
汉武氏石室画像后记	乾隆五十九年	钱泳撰文并书	刻石应另有他人经理
金塔图碑	乾隆六十年	钱泳刻石，置于锡山家祠	
飞来峰题名	乾隆六十年	钱泳书写刻石	
杭州水乐洞题名	乾隆六十年	钱泳书	刻石或另有他人经理
重修表忠观记	乾隆六十年	阮元撰文，钱泳书写刻石	钱泳请阮元撰文
青衣泉题名	乾隆六十年	钱泳书	刻石或另有他人经理
重修表忠观碑	乾隆六十年前后	吉庆撰文，梁同书书，钱泳刻石	以钱泳监修表忠观一事来看，此碑应为钱泳倡议
重立苏文忠公表忠观碑旧刻石柱题名	乾隆六十年	钱泳集刻诸公题名	
铁券图碑	嘉庆元年	钱泳刻石，置于表忠观	
送表忠观钱道士归杭	嘉庆元年	钱泳集苏轼之书刻石	
山阴羊石山题名	嘉庆元年	钱泳书，徐竹涛刻石	
重修褚公祠碑记	嘉庆十年	阮元撰文，钱泳书	刻石应为钱泳经理
费县曾皙墓碣	嘉庆十三年	钱泳书，费县官员经理刻石事宜	
费县澹台灭明墓碣	嘉庆十三年	钱泳书，费县官员经理刻石事宜	
费县季桓子井石碣	嘉庆十三年	钱泳书，费县官员经理刻石事宜	
文穆王墓前碑	嘉庆十三年	钱泳与宗人立石，阮元衔名	刻石应为钱泳经理，墓主为钱泳先祖
武肃王墓前碑	嘉庆十四年	钱泳书写刻石	墓主为钱泳先祖
元故处士明赠文林郎天锡钱君墓表	嘉庆十四年	钱樾撰文并书，钱泳立石	墓主为钱泳先祖
明故处士少严公墓碣	嘉庆十五年	赵秉冲书，钱泳刻石	墓主为钱泳先祖
明故处士继严公墓碣	嘉庆十五年	钱泳立石	墓主为钱泳先祖
广陵郡王墓前碑	嘉庆十六年	钱泳与族人钱锋立石，多位官员衔名	刻石应为钱泳经理，墓主为钱氏先祖
先伯桂山公墓碣	嘉庆十六年	钱泳立石	墓主为钱泳伯父
重修北禅寺碑记	嘉庆十六年	潘奕隽撰文，钱泳书写刻石	钱泳请潘奕隽撰文
吴郡新建钱氏家庙碑	嘉庆十六年	庆保撰文，钱泳书	刻石或为钱泳经理
清故处士钱君墓碣	嘉庆十七年	钱泳及族人书写立石	墓主为钱泳先祖

续表

名称	时间	书刻情况	备注
清故处士翌明华公墓碣	嘉庆十七年	钱泳立石	墓主为钱泳外舅
元赵文敏公故里石碣	嘉庆十八年	钱泳书写立石	
书张季鹰语石刻	嘉庆十八年	钱泳书写刻石，立于家中	
阙里石刻	嘉庆七年至嘉庆十九年	钱泳书写儒家经典刻石	
丰乐桥颂	嘉庆十九年	钱泳撰文并书	
黼堂先生小像石刻	嘉庆二十年	华冠画，钱樾书，钱泳刻石	
云台山石刻题名	嘉庆二十一年	钱泳书刻	
履园铭	嘉庆二十二年	钱泳撰文，钱曰奇书，钱曰祥刻	
先曾祖奉麓公墓碣	道光元年之前	钱樾书，钱泳立石	墓主为钱泳曾祖
张太孺人碣	道光元年	钱泳书写立石	墓主为钱泳曾祖母
福慧庵诗刻	道光元年	钱泳书	刻石应为钱泳经理
游狼山诗刻	道光二年	钱泳书	刻石应另有他人经理
自刻戴笠小像	道光二年	吴小海画，钱泳书并刻	
自题小像诗刻	道光三年	张长生画，潘榕皋、钱泳书，钱泳刻石	
重建西庄桥碑记	道光四年	钱泳撰文、书写、立石	
虎邱西山庙诗刻	道光五年	钱泳书	刻石应为钱泳经理
宋故驸马都尉会稽郡王神道碑	道光五年	钱泳书写立石	墓主为钱泳先祖
宋故泸州军节度使赠少师荣国公墓碣	道光五年	钱泳立石	墓主为钱氏先祖
宋故资政殿大学士赠太师祁国忠肃公墓碣	道光五年	钱泳立石	墓主为钱氏先祖
宋故浙西安抚使赠少师郑国公墓碣	道光五年	钱泳立石	墓主为钱氏先祖
宋故观文殿大学士赠太师魏国忠靖公墓碣	道光五年	钱泳立石	墓主为钱氏先祖
焦山题名	道光五年	钱泳书	刻石应为钱泳经理
梵天游三字石刻	道光五年	米芾书，钱泳令弟子华士仪刻石	
周祠寓中题壁诗刻	道光六年	钱泳书	刻石应为钱泳经理

续表

名称	时间	书刻情况	备注
重修天台山会稽郡王暨贤穆大长公主墓记	道光六年	钱泳撰文并书	刻石应为钱泳经理 墓主为钱泳先祖
苏州闾邱江君二家雨中饮酒诗石刻	道光七年	钱泳集苏轼书刻石	
重修归鹤庵记	道光九年	钱泳撰文并书，监修者张生求、钱萱，钱曰祥等立石	
钱武肃王墓题名	道光十四年	钱泳书写刻石	墓主为钱泳先祖
钱武肃王神道照墙题名	道光十四年	钱泳书写刻石	墓主为钱泳先祖
言子佚文石刻	道光十五年	钱泳以隶书书写言子佚文并刻石	
铁券图碑二	不详	钱泳刻石，置于锡山家庙	
明京兆通判祝枝山先生故里石碣	不详	钱泳书写立石	
迁乡始祖易直公墓碣	不详	钱泳书写立石	墓主为钱泳先祖
先伯来山公墓碣	不详	钱泳立石	墓主为钱泳伯父
先伯鸣山公墓碣	不详	钱泳立石	墓主为钱泳伯父
清故例赠儒林郎钱府君之碑	不详	钱泳立石	墓主为钱泳父亲
报春亭诗刻	不详	钱泳书写刻石	
吴郡钱氏新建分祠碑记	不详	钱樾撰文，钱泳书写刻石	
常熟题名“梅花溪道人与客来此鼓琴”	不详	钱泳书	刻石应为钱泳经理

因有些碑刻钱泳或未参加具体镌刻事宜，为求准确，故将表6-1命名为“钱泳自发竖立新碑的情况”而非“钱泳自发镌刻新碑的情况”。

表6-1中所列一共有66通碑刻，绝大部分由钱泳书丹。其中与钱氏宗族相关的碑刻最多，占33通；游览题名及诗刻次之，占15通；为名人祠墓或其他遗迹所刻之碑有9通；为公共建筑立碑有2通；自刻小像及铭文有3通；为他人刻小像有1通；在家中自刻前贤语句1通。此外，将儒家经典刻石有2种，规模相对较大。以钱泳的用心程度和产生的社会影响力来看，当以他为钱氏宗

族所立碑刻及他书刻的儒家经典最为重要，下文将先叙述这两类碑刻，再论及其余。

（一）为钱氏宗族所立碑刻

33通钱氏宗族碑刻已经占了现有资料所载的钱泳自发立碑的一半。如第二章所述，钱泳为吴越王钱镠的第三十世孙，虽然钱氏子孙在清朝已经人数众多且英才辈出，钱泳这一支在社会地位上也早已与普通人家无异，但钱泳却在不同场合通过一系列行为格外地强调他作为钱王后裔的身份，比如他刻有多枚“吴越王孙”的印章，将之频繁地用于书作和碑帖题跋中。

中国素来有重视宗族和先祖的深厚传统，作为子孙，宣扬先祖荣光并加以纪念是天经地义的行为。这种行为对子孙而言既是义务，也是被社会高度推崇的优秀德行，同时也有凝聚宗族力量的现实作用。按照惯例，宗族事务多由出任官职或取得功名的族人负责，这既是宗族对取得一定社会地位的族人的要求，亦是族人回报宗族并扩大个人声望的方式。在清代，功名较低但富有的地主、商人也大量掌管宗族事务。钱泳虽身为世系清晰的钱氏后裔，但仅靠捐纳取得功名，并未实任官职，财力也非雄厚，在钱氏有大量社会地位更高的族人的情况下，他本无必要承担太多的宗族事务。但钱泳一生却在纪念钱氏先人和处理宗族事务上花费了大量的时间和精力。其用心之勤、用力之深超过了当时许多身居高位的钱氏子孙。这使得出身寒微的他，在族亲和其他观者面前树立起了牢固的“钱氏贤孙”形象。同时，通过对宗族的贡献取得了族内事务的一定话语权，并因宗族事务得以与身份更高的许多钱氏族亲结交，这极有助于他拓展社交网络、提升个人名望。

清中期南方地区的宗族活动明显增多，宗族势力成了社会统治机制的重要组成部分。这一时期许多宗族有修葺祖坟、祠庙，撰修家谱等行为，以期通过重塑历史来加强凝聚力。在时风之下，钱泳自游幕毕沅幕府以来，便着意寻访钱镠及以下历代钱氏先祖的祠墓遗迹，并广泛搜集各代钱氏先祖的诗文、手迹和遗物，先后编辑撰写了《会稽钱武肃王祠堂志》《锡山钱武肃王祠志》《吴越钱氏宗谱》《吴越钱氏传芳集》《吴越新书》《述德编》等书籍，并为吴越国的重要文物如唐昭宗（867～904）赐给钱镠的“金书铁券”、吴越国末代国主钱俶（929～988）铸造的大批“金涂佛塔”、历代吴越国主为祈求风调雨顺的“投龙活动”所制作的银简等撰写了考证文章，分别为《唐赐铁券考》《金涂铜塔考》《银简考》。钱泳还将许多家刻书籍冠以“述祖德堂”的名号（这极可能是钱泳的堂号），并刻有《述德堂帖》8卷和《述德堂枕中帖》4卷，充分表明发扬先祖遗德之心愿。

由表6-1可知，钱泳为钱氏先祖所立的相关碑刻主要集中在3个时间段，一为乾隆六十年前后因监修杭州表忠观所立的相关碑刻；二为嘉庆十四年至嘉庆十七年为钱泳各代先祖所立之墓碑，包括吴越国两代国主及明清时期数位无功名的先祖；三为道光五年前后为宋代的钱氏先祖所立之墓碑，墓主均身居高位。此外钱泳还替祖辈、父辈及其他家中长辈立碑，亦替苏州等地新建之钱氏家祠刻碑。可以说，钱泳以一己之力尽量替自钱镠以下的各代先祖重立墓碑，可谓用力甚巨。

钱泳在一生中为各代先祖祠墓做了大量的修葺工作，其中以监修杭州表忠观影响最大。表忠观初建于宋熙宁年间（1068～1077），为祭祀吴越钱氏诸王之所，后屡有兴废，嘉靖三十九年（1560）胡宗宪（？～1565）等人将表忠观由旧址迁往涌金门外，之后不再有迁移。入清以来，康熙、雍正、乾隆三朝对表忠观屡有封赐，至乾隆朝末年，表忠观庙宇有所倾颓，亟待重修。[①]

乾隆五十六年，钱泳在绍兴知府李亨特幕中重修《绍兴府志》时，曾请李亨特拨款修缮绍兴上望坊武肃王钱镠祠，该祠距离上次雍正朝李卫（1687～1738）拨款重修已过去50余年，“头门后殿既已倾圮无余，而大殿正梁亦将摧折”，[②]李亨特应钱泳之请，花费白银1700余两重修此祠。在重修过程中，发现祠中旧藏的宋代钱镠像绢本，因毁裂过半，钱泳便将之重新装裱后供奉祠中，钱泳还自行请绍兴画家王元勋（1728～1807）将此像重摹一幅，后请翁方

① 见（清）阮元《重修表忠观记》，载《揅经室集》三集卷四，《清代诗文集汇编》第477册，第391页。

② （清）钱泳：《重修表忠观碑记》，载《写经楼金石目》未刊本。

纲及钱樾等钱氏官员观赏题跋。[①]这是钱泳首次借助地方官员之力重修钱氏宗祠。

乾隆五十八年，李亨特调任杭州知府，又招钱泳入幕，钱泳便再请李亨特重修西湖边上的表忠观，但此次似乎不那么顺利。钱泳在《重修表忠观碑记》中写道，到了乾隆五十九年春，他又向浙江巡抚吉庆（1753～1802）、浙江布政使张朝缙（1744～？）、浙江盐运使阿林保（1746～1809）提出请求，然后这数名官员"始出俸钱，即命太守李公董其役"。[②]钱泳此时应已捐得监生，但以他当时的社会地位而言，直接向浙江巡抚等地方高官提出请求确有困难，因此他便充分利用了已有的人际关系来促成此事。如钱泳曾请袁枚帮忙，袁枚回信道："昨与霞裳冒雨游表忠观，果然朽颓已甚，即圣天子所赐扁额亦将堕落，真守土者之责也。当即告知方伯、转运、太守，同为料理。"[③]此外，阮元在应钱泳之邀所作的《重修表忠观记》中称，重修表忠观是钱氏后人钱栻（1752～1831）等向地方长官提出的。钱栻为杭州人，又是进士出身，钱泳极可能联合了这些有更高社会地位的族亲来达成目的。在钱泳的积极斡旋下，"因得藩运二库羸余银二千两，宗人福建按察使寿椿助银一千两，俱交杭州府知府李公监其工"，[④]李亨特便让钱泳负责监修。

此次重修耗时数月，钱泳"庀材树石，实始终其事"，[⑤]工程从乾隆五十九年五月十六日持续到八月廿四日。第二年，阮元出任浙江学政，钱泳便请阮元撰写《重修表忠观记》，自己以隶书书丹刻石，立于观中。此外，观中还立有一通《重修表忠观碑》，由浙江巡抚吉庆撰文，梁同书书丹，钱泳刻石。

---

① 见（清）翁方纲《跋钱武肃像》，载翁方纲撰，沈津辑《翁方纲题跋手札集录》，第446页。钱樾曾在给钱泳的一封信中写道："奉到武肃王遗像，拜瞻之余，犹见英伟气象，亦非妙笔不能传之也。"信见（清）钱泳辑《兰林集》。钱樾还曾替钱泳请成亲王永瑆为此像以篆书书写标题。钱楷亦曾在给钱泳的赠诗前言中写道："乾隆壬子九月，梅溪大兄出行箧所藏宋画先武肃王遗象，命小子敬观之，云于绍兴家祠得此，装潢完好，携示诸宗人之官京师者。"诗见（清）钱泳辑《写经楼题赠集》。

② （清）钱泳：《重修表忠观碑记》，载《写经楼金石目》未刊本。

③ 信见（清）钱泳辑《兰林集》。

④ （清）胡源、褚逢春编《梅溪先生年谱》，载北京图书馆编《北京图书馆藏珍本年谱丛刊》第122册，第221页。

⑤ （清）阮元：《重修表忠观记》，载《揅经室集》三集卷四，《清代诗文集汇编》第477册，第392页。

钱泳除了在表忠观中“增建碑亭左右六间、画廊三十间，正殿基培高三尺、易塈垣以砖石、重肖五王像”[①]之外，最引人注目的工作是将苏轼的《表忠观碑》宋刻原石移置其中。《表忠观碑》立于宋元丰元年（1078），由苏轼撰文并书，称赞了吴越诸王于战乱之际保境安民，后又纳土归宋的盛德。此碑原立于杭州龙山表忠观内，明代移至杭州府学，因碑石残损，知府陈柯（1550年中进士）于嘉靖三十六年（1557）重摹刻石，立于当时的钱王祠右廊。后宋碑遗失，乾隆初年其残石在杭州府学被发现，仅剩二块残石，“又缺其下半截”，[②]当时名士多有赋诗记此事者。乾隆五十九年八月，钱泳监修表忠观完工后，先将陈柯的重摹之碑置于右庑，又于乾隆六十年十二月请两浙转运使秦震钧、杭嘉湖道秦瀛、浙江督粮道张映玑，钱塘知县蒋重耀将宋刻《表忠观碑》残石从杭州府学移至表忠观，“立于御书堂之左庑，而以三石柱副之”。[③]《表忠观碑》为苏轼盛年所作，文辞书法俱佳，有多个版本传世，此宋刻原石重新出土之后，即备受士人关注，虽仅剩残石，但摹刻精良，明代陈柯的重刻本与之相较，“文虽完好，特优孟之衣冠耳”，[④]此碑移至重修的表忠观后，便有更多士人前往观摩。

因宋刻残碑仅剩上半截，钱泳便与石工商量，“以三石柱夹之”，[⑤]又从旧帖中集苏轼书迹书写了苏轼诗作《送表忠观钱道士归杭》，刻于石柱之上，落款“吴越王孙泳集书”（图72），并请梁同书作跋。因石柱上剩余空隙甚多，钱泳便将各方官员文人的题名镌刻其上（图73），从现存拓本和《写经楼金石目》的记载来看，当时题名之人除了上文提及的移碑的秦震钧等四位官员外，还有翁方纲、潘奕隽、阮元、鲍廷博、赵魏、黄易、陈鸿寿（1768～1822）、张燕昌、陈广宁、关槐、汪志伊（1743～1818，时任浙江布政使）、袁枚等，以及钱氏族人钱楷（1760～1812，时任户部江南司员外郎）、钱维乔等。其中不少人是应钱泳邀请前来参观新修成的表忠观后留下的题名，因而题名内容中多有

① （清）阮元：《重修表忠观记》，载《揅经室集》三集卷四，《清代诗文集汇编》第477册，第392页。

② （清）钱泳撰、张伟点校《履园丛话》，第250页。

③ （清）钱泳撰、张伟点校《履园丛话》，第250页。

④ （清）钱大昕：《潜研堂金石文跋尾又续》卷四，《续修四库全书》第891册，第539页。

⑤ （清）钱泳：《重立苏文忠公表忠观碑旧刻石柱题名》，载《写经楼金石目》未刊本。

提及钱泳者，如潘奕隽在题名中写道："嘉庆丙辰，吾友钱武肃王三十世孙泳以重修表忠观成，请于当事，将学宫苏文忠公碑记移归观中，吴郡潘奕隽欣觏盛事，获观原刻，因题。"阮元亦在题名中提到其是在钱泳的陪同下前往参观的。翁方纲本人并未亲临表忠观，亦未亲眼见到宋刻的《表忠观碑》原石，他的题跋是应钱泳要求所作的，翁方纲在给钱泳的一系列信札中写道："《重立表忠观碑小记》久应脱稿，缘未得见此拓本，是以迟迟至今。惭仄惭仄。又用坡韵一律，未知新营之石柱上有隙地可刻否。如竟无余地，或只刻贱名三字于石柱之末可否。并求连柱间题字拓寄为感。"[①]"敬候梅溪先生大兄近禧，前因朱明府之便，寄上拙题岳祠宋敕并《重立表忠观碑小记》，因承惠寄是小字原刻，是以就此作记。今问李春潭，则知重立者是大字非小字也。拙稿乃误耳。更乞详示此碑新所重立是小字抑系大字，以便改作，不可失实也。"[②]"表忠苏碑有大字、小字二种，弟至今未审新移立者之为大字为小字？是以昨所作记一时差舛，未及改正，祈兄明示现所移立者，是大字？是小字？并乞酌其记文，可容在多少尺寸之石间，明析见示，以便补作也。"[③]由此可见，翁方纲是据钱泳所寄拓本作跋，且中间颇有曲折，同时也可见出翁方纲亦以能附名于此碑之石柱为荣。[④]在此之后，嘉庆道光年间石柱上不断有官员文人增刻题名，其中与钱泳相识的有桂馥（1736～1805）、阮亨（1783～1859）、吴荣光、洪亮吉等，钱泳本人亦于嘉庆十三年重谒表忠观时在石柱上又增一题名（图74）。

此外，钱泳还在陈柯重刻的《表忠观碑》后刻有隶书题名，位置醒目，内容为"吴越武肃王三十世孙泳，字立群，以乾隆甲寅五月自梁溪来杭监修表忠观，至八月廿四日告成，计宋熙宁始建时盖七百十有七年矣，因题石纪之"。宋刻《表忠观碑》及石柱今已不存，但陈柯本《表忠观碑》的原石及其后附有的

① 信见（清）钱泳辑《兰林集》。

② 信见（清）钱泳辑《兰林集》。

③ （清）翁方纲撰，沈津辑《翁方纲题跋手札集录》，第588页。

④ 翁方纲的题跋内容为："梅溪新葺表忠观，重立苏碑原石二片，和苏诗韵寄题：'修祠重写道人心，史表论文结缔深。四石旧传无墨本，一庭新构有浓阴。湖山云树来环翠，毡蜡舟车日盍簪。拓寄苏斋成息壤，沕余何啻重兼金。'北平翁方纲。"见（清）钱泳《重立苏文忠公表忠观碑旧刻石柱题名》，载《写经楼金石目》未刊本。

题名至今仍保存在杭州钱王祠中。

可以想见，前来参观新修表忠观的人士都会对钱泳的姓名产生深刻印象。表忠观的重修在当时确为地方盛举，如阮元在参观完之后，便以浙江学政的身份“命十一府士子赋诗纪事，凡得诗千有余篇，极一时之盛”，并“择其佳者付武肃裔孙泳录之”，[①]可见当时前来参观者必然人数众多，钱泳的声名势必随之增长。此外，由于钱泳为重修表忠观镌刻了两块记事碑，又完成了宋刻苏轼《表忠观碑》的迁移、安置及增刻题名等事宜，他亦乘便拓得了大量拓片，这又为他与名公巨卿交往增加了文化资本。比如时在浙江任官的谢启昆在给钱泳的信中写道：“承示《表忠观碑记》，砻石初新，实可为湖山生色，便间希拓寄一二为祷。”[②]官至兵部尚书、闽浙总督等职的汪志伊在给钱泳的信中写道：“承惠尊书石本及表忠观题名，允堪奉为珍玩。”[③]族亲钱樾在替钱泳与刘墉联系之时，亦写信给钱泳道：“祠中联句，石庵相国亦经书就，索表忠观苏碑为酬，便中寄一纸来。”[④]而钱泳在嘉庆三年进京之时，行囊中就带有大量的宋刻苏轼《表忠观碑》拓本，[⑤]显然是作社交送礼之用，当然也有出售的可能。由此可见监修表忠观并移置苏碑一事对于钱泳早年经营人际关系极富帮助。

钱泳在监修表忠观过程中采取的一系列既弘扬祖德又彰显自身才学的行为还包括对吴越国文物唐御赐铁券及钱俶铸造的大批“金涂佛塔”所做的工作。乾隆五十九年表忠观重修之时，浙江乡试策问便以唐御赐铁券及“金涂佛塔”为题，“十一府士子竟鲜有对者”，[⑥]于是钱泳便撰写了《唐赐铁券考》及《金涂铜塔考》二书，同年在表忠观刊印发行。吴越历代国主崇信佛教，忠懿王钱俶曾铸造大批“金涂佛塔”，以铜为主要材质，高十几厘米到二十几厘米不等，现江浙地区的博物馆及其他收藏机构多有收藏。钱泳于乾隆五十六年在好友陈广

---

① （清）阮元：《重修表忠观记》，载《揅经室集》三集卷四，《清代诗文集汇编》第477册，第392页。

② 信见（清）钱泳辑《兰林集》。

③ 信见（清）钱泳辑《兰林集》。

④ 信见（清）钱泳辑《兰林集》。

⑤ 钱泳在嘉庆三年的《戊午二月十日将赴京师，同陈曼生鸿寿、许春山铉泛舟湖上留别》一诗中写道：“金塔考新留话本（泳曾作金涂塔考），苏碑榻富压行装（谓拓苏文忠表忠观碑）。”载（清）钱泳《梅花溪诗草》，清嘉庆二十四年履园刻本，《清代诗文集汇编》第456册，第609页。

⑥ （清）钱泳：《金塔图碑》，载《写经楼金石目》清刻本。

宁家中见到其所收藏的一尊“金涂佛塔”，[①]便拓得拓片，加以考订。在《金涂铜塔考》的表忠观刻本中，钱泳详考了相关方志及朱彝尊《曝书亭集》等书，收录了不同版本的金塔全图，后附以历代文人的金涂塔诗作，[②]并请翁方纲作序。[③]在经过翁方纲、钱大昕（1728～1804）[④]等学者认可之后，钱泳还于乾隆六十年将书中相关内容刻石成《金塔图碑》，立于锡山家庙。

钱泳对唐昭宗御赐钱镠的“金书铁券”亦极为上心，铁券原物当时藏于台州钱氏家中（现藏中国国家博物馆），钱泳在李亨特幕府修志时曾请李亨特专札商借，[⑤]写成《唐赐铁券考》后寄送阮元、钱大昕等学者请教。嘉庆元年春，钱泳将族人钩摹的铁券文字刻成《铁券图碑》，立于表忠观中。后又再刻一石，立于锡山家庙。

在监修表忠观之外，钱泳直至暮年始终致力于重修历代先祖的祠墓，他曾多次前往杭州等地寻访坟茔遗踪、搜寻故碑，并通过地方各级官员及钱氏官员与侵占坟茔地界的其他家族交涉，并为钱氏宗祠捐募资金，在这个过程中，钱泳为历代先祖竖立了大量新碑。钱泳本人亦将这些举动作为自身成就之一，并借此与各方官员、文人及钱氏宗亲联络。[⑥]在这些竖碑工作中，较为

---

① 后朱珪（1731～1806）将此塔从陈家购得，贡入内府。

② 见（清）钱泳《金涂铜塔考》，中国国家图书馆藏清乾隆五十九年表忠观刻本。

③ 翁方纲曾就此书的编纂替钱泳留意过相关材料，如他在给钱泳的不同信中写道：“……再《金涂塔序》，因友人处更有细考之件，即催其抄来入此稿，容即寄上耳。”“又前承诿諈拙作《金涂塔考序》，今寄上。昨所云友人寄来之考，今复读，即朱石君诗序之文，已见尊考中矣。”信见（清）钱泳辑《兰林集》。翁方纲还将钱泳刻成的《金涂塔考》当成礼物赠人，如他在给赵怀玉（1747～1823）的信中写道：“……外饯钱梅溪新刻《金涂塔考》奉鉴。”见（清）翁方纲撰，沈津辑《翁方纲题跋手札集录》，第582页。

④ 钱泳曾将考证文字寄送同为钱氏族人的钱大昕，钱大昕在信中写道：“接奉手函并示铁券、金塔二考，详赡可传。拙著《跋尾》第三刻有铁券跋一首，或可备采择，今先附去。”信见（清）钱泳辑《兰林集》。

⑤ 见（清）钱泳撰、张伟点校《履园丛话》，第53页。

⑥ 钱泳为钱氏宗族所做的努力得到了许多身居高位的钱氏宗亲的赞赏，他们亦因此与钱泳形成了更密切的关系，如钱樾在给钱泳的信中写道：“知文驾寓杭经理宗祠，并清出忠献王墓基，有功于吾宗者不小也。”钱楷在给钱泳的信中写道：“瞻谒先祠，崇壮辉煌，固感当事群公之盛德，而足下独任巨劳，以成胜举，同为子孙，安得不滋愧生敬耶。承示清理忠献王墓案牒，楷粗阅一过，尤见精心定力，孝思不匮，继晤声阁宗叔，得悉往年曾起波澜，赖足下竭力维持，方得斡旋，此尤可佩。”其他钱氏官员如钱受椿、钱昌龄等亦因先祖祠墓之事与钱泳交往。上引信见（清）钱泳辑《兰林集》。

重要的是钱泳为吴越国文穆王钱元瓘（887～941）之墓所做的立碑修碑工作。嘉庆十三年春，钱泳捐钱重修钱元瓘之墓，并请阮元衔名，立《文穆王墓前碑》一通。同时，他访得后晋天福年间（936～944）所立的文穆王神道碑，碑已倾颓，钱泳又市石重修，请翁方纲题跋，[①]后又绘《护碑图》一幅，遍请高官名士题咏，题诗者有翁方纲、孙星衍、姚元之、席煜、陈用光、张井、吴俊（1744～1815，官至山东布政使等）、吴锡麒（1746～1818，官至祭酒）、唐仲冕（1753～1827，官至陕西布政使）、刘嗣绾（1762～1821，官至翰林编修等）、钱宝琛（1785～1895，官至湖北巡抚等）等，诗作内容均高度称赞钱泳的笃诚孝思，不少诗作也被赠诗者收入个人诗文集，流传于后。[②]

可以说，通过一系列为钱氏先祖所立的碑刻，钱泳记录并彰显了他重修大量先祖祠墓的功绩，这也使得他在精英士人圈中建立起深刻的“吴越王孙”“钱王贤裔”的形象。

（二）书刻儒家经典

钱泳自发书刻的儒家经典有《阙里石刻》和《言子佚文石刻》，其中《阙里石刻》是钱泳用心最勤并欲借此留名传世之作，它在钱泳心目中占据着至关重要的地位。

《阙里石刻》共包含四种儒家经典，即《孝经》《论语》《大学》《中庸》，钱泳仿《熹平石经》体例以隶书写就后刻石，因原意欲送往曲阜孔宅保存，故名曰“阙里石刻”。

将儒家经典系统地书写刻石始自蔡邕《熹平石经》，意在为汉末的今古文经学之争确立标准的儒家经典文本，它以隶书写就，刻成之后，影响深远。之后

---

① 见（清）翁方纲《跋吴越文穆王神道碑》，载（清）翁方纲撰，沈津辑《翁方纲题跋手札集录》，第96页。

② 如翁方纲《题钱氏护碑图二首》，收于《复初斋诗集》；陈用光《题护碑图为钱梅溪泳作》，收于《太乙舟诗集》；唐仲冕《题钱梅溪护碑图》，收于《陶山诗录》；吴嵩梁《题钱梅溪护碑图》，收于《香苏山馆诗集》；吴锡麒《题钱梅溪泳护碑图》，收于《有正味斋集》；刘嗣绾《护碑图为梅溪钱泳作》，收于《尚䌹堂集》等。钱泳亦将诸家赠诗抄录收藏，现上海图书馆藏有《钱梅溪手钞护碑图题诗》清代稿本一份。

曹魏刻有古文、篆、隶三体写就的《正始石经》，唐代刻有楷书写就的《开成石经》，后蜀孟昶刻有楷书写就的《广政石经》，北宋刻有篆、楷二体写就的《嘉佑石经》，南宋刻有宋高宗（1127～1162年在位）以楷书或行书御笔写就的《南宋太学石经》，清代乾隆年间刻有以楷书写就的《乾隆石经》。历代所刊刻的石经均是官方为确立经典范本而立，是王朝统治下的重大文化工程，对当世及后世影响久远。在历史长河中，私人将手书的儒家经典上石者亦有，但通常由于地位、财力所限，篇幅较小，影响亦不大。

钱泳所处的乾嘉时期正是儒家经学及金石考据学大兴之时，历代石经无不备受重视，其中以《熹平石经》的地位尤为崇高，而《熹平石经》亦是历史上唯一纯以隶书写就的大型石经。嘉庆元年，38岁的钱泳在游幕浙江督粮道张映玑署中时曾至杭州府学观看宋高宗御书石经的原石，擅写隶书的他便萌发了仿效《熹平石经》体例书刻儒家经典的想法。[①]嘉庆四年，钱泳利用在京之机参观国子监，见到了乾隆年间所刻的十三经，皇皇巨著，使钱泳“心摹手追”，[②]便更下定决心写经刻石。

钱泳以普通文人的身份写经刻石与乾嘉时期经学风气兴盛的环境直接相关，当时手书儒家经典并上石之人所在多有，但规模通常不大，大多只书刻一种经典如《孝经》《大学》等，而钱泳欲写刻多种经典自是直接受到《乾隆石经》的书写者蒋衡（1672～1743）的启发。蒋衡科考不利，积12年之功以楷书写成十三经，其间得到了扬州富商的捐助，之后写成的书迹被贡入内府。乾隆皇帝时下诏以其为底本，命大臣校勘后摹刻上石，立于国子监。蒋衡亦因此被授予国子监学正，从此名垂史籍。钱泳看到了书写儒家经典并上石将产生的社会影响和身份跃迁可能，自身又能书善刻，于是便付诸行动。

因条件与资金有限，钱泳暂时只能写刻《孝经》《论语》《大学》《中庸》四种经典，而他的最终目标是与蒋衡一样完成十三经的书写，[③]区别在于使用隶书。

① 见（清）钱泳撰、张伟点校《履园丛话》，第249页。

② （清）钱泳：《阙里石刻后记》，载《履园文集》，清述祖德堂抄本，《清代诗文集汇编》第456册，第684页。

③ 早在乾隆末年，钱泳便在一封给彭绍升的信中写道：“泳之近况，凡百如昨，近欲写隶书（仿汉石经体）十三经进呈，写就时还拟一见居士，求居士拜大光。”可见钱泳早欲写十三经进呈。信见《大清名贤百家手札》第5册，凤凰出版社2011年版，第1786～1789页。

钱泳以“写经楼”为斋号，向世人宣示着他的决心，他还希冀与蒋衡一样获得资助来完成这一盛举，[①]应当也暗自希望着将来能有官方之力将他所写之经全部刻石，成为又一部扬名后世的儒家石经。从现有资料来看，钱泳似未获得有力资助，最终完成了多少写经工作亦不得而知，但《阙里石刻》中的四种经典总算顺利写刻完毕。

《阙里石刻》始刻于嘉庆七年，完成于嘉庆十九年，其间常因缺乏资金而搁置。最先刻成的是《孝经》，共11石，合1909字，由阮元捐俸资助，嘉庆七年三月开镌，七月完工。同年八月，钱泳自出资金镌刻《论语》，仅刻13篇后停工，至嘉庆十九年春，两淮盐政阿克当阿（1755～1822）见到尚未完工的《论语》，便捐俸请钱泳续刻余下的7篇，同年完工，共85石，合16006字。《大学》共9石，合1760字。《中庸》共19石，合3570字。这两种经典具体刻成的时间不详，但在嘉庆十九年时早已完工，由两淮盐运使曾燠出资刻成。四种经典共124石，由阮元为《孝经》《论语》作后记一篇，曾燠为《大学》《中庸》作后记一篇，俱刻于石上。钱泳之子钱曰奇、钱曰祥负责校读，孔昭孔、钱萱、杨凤梧、卢世昌（生卒不详，应与前三人一样同为钱泳弟子）负责刻石，均列名石上。

钱泳在写刻石经之初，曾告知翁方纲，翁方纲在复信中写道：“闻尊兄隶书诸经厥功匪细，但不知所据以何为定本，此不朽之业，慎勿轻也。”[②]钱泳受到了提醒，便在石刻后记中强调经文“俱谨遵圣祖仁皇帝、高宗纯皇帝钦定各本”，[③]

---

① 钱泳在给法式善的一封信中写道：“兹有请者，泳欲效《熹平石经》体书写十三经。已有四分之一，其迟迟未成之故，皆缘奔走衣食。今如能在扬州商务中谋二三百金之馆，只三载内事可必成。泳已请芸台司农（阮元——引者注）作札，曾转运宾谷先生（曾燠——引者注）吹嘘，而再能求老夫子一书更为妥善也。曩闻蒋湘帆（蒋衡——引者注）写十三经亦在扬州，借诸商人之力而成，泳此事尚非游戏翰墨可比。四十二章经有云，饭善人百不如饭一有道者，今宾谷先生一年酬应何啻饭百千善人，倘能以此意告之，自无不为泳谋而成就此事耳。”信见沈鹏主编《历代书法珍本集成·清代民国》，山西人民出版社2013年版，第7函，册49，第22页。

② 信见（清）钱泳辑《兰林集》。翁方纲治学严谨，对于写刻经典上石一事极为谨慎，他或许并不赞成钱泳的刻经行为。他在另一封给钱泳的信中写道：“李春潭兄说有善工在兄处，可托其刻石，意甚善。春潭之意，欲弟楷书《大学》《孝经》，弟亦愿与经典，以垂永久，惟是经有古今，各本不同，不敢执定一本辄以入石，恐滋学人考订之疑……”[信亦见（清）钱泳辑《兰林集》]，可见他有委婉劝阻钱泳刻经之意。

③ （清）钱泳：《阙里石刻四》，载《写经楼金石目》未刊本。

并在过程有“博访通人，定其隶法文字”[1]之举，可称用心。钱泳采用清朝钦定文本来书写自是受限于他的学术能力，详考古今经学版本并正定文字非其所能，因而他便选择了最为保守的做法，但也因此，这个版本的石经在当时因学术价值不高，在乾嘉学风之下，无法引起高官学者的普遍重视。

钱泳为写刻石经及安置石经之事频繁地与熟识的官员联系，他将石经之事告知阮元后，阮元回信道：“借稔动静多福，闭户挥毫，经籍日有所成，曷胜欣慰。《孝经》《论语》书法古秀，虽未敢云比羡中郎，实已突过南仲矣。但其中如‘予有乱十人’，衍‘臣’字，‘愿车马衣裘’，衍‘轻’字等处，未便尚沿俗本，现拟校改一过，再为奉上，以期无憾。将来运至阙里，弟有自圭戚谊，一切当力任之也。”[2]可见阮元替钱泳校改了文字，又因继室孔璐华（1777～1832）为衍圣公孔庆镕（1787～1841）之姐，因着姻亲关系，主动提出要负责将刻石运至曲阜孔宅。

嘉庆十八年，已刻成的《孝经》《大学》《中庸》及未刻完的《论语》刻石被送至扬州，经扬州知府伊秉绶之手暂置扬州府学，[3]刻石本拟随阮元之船北上。阮元此时在给钱泳的一封信中写道：“所示府学石经一节，春间弟至扬州并未向鹾使谭起，而鹾使先为询及，似有办理厘整之意。嗣经督运北行，亦未悉若何曲折，但闻盐台曾向两庑亲自查点，唯孝经学庸系是全部，其余《论语》不备之石颇多，仅及一半，未知当日编写时原未蒇功，抑系送扬后零落茫乎，不得其源委。至欲运至曲阜，明春弟坐船过东，尚可将孝经学庸装载，其未刻完之《论语》，难以载往，若安置苏州府学一层，亦是盛举。唯弟与当事俱极阔疏，未便置喙，仍乞自行主张为是。”[4]信中提到的亲自前往扬州府学查看石经的“盐台”应是后来捐资助刻《论语》的阿克当阿，阮元因《论语》未完而劝钱泳放弃将石经运往曲阜，并建议钱泳自与苏州官员联系将石经安置苏州府学。钱泳又为安置石经之事多方

① 见阮元为《阙里石刻》所写的《孝经论语后记》，见（清）钱泳《阙里石刻二》，载《写经楼金石目》未刊本。

② 信见（清）钱泳辑《兰林集》。

③ 伊秉绶给钱泳写信道：“……承寄石经，业已如数收到，并即运送至府学矣。”信见（清）钱泳辑《兰林集》。

④ 信见（清）钱泳辑《兰林集》。

联系官员，并请族亲钱樾帮忙，钱樾回信道："石经之事，至金陵商之当道诸公，多有窒碍，竟不可行也。"① 可见事不顺利。直至嘉庆二十五年，钱泳方才得到江苏巡抚陈桂生（1768～1840）② 的许可，将石经刻石从扬州府学运至苏州府学，道光元年兴工安置，镶嵌壁间，③ 从此成为苏州府学的文化一景。后历经庚申之乱，石经散失，同治年间有官员重新收集整理，所存石经仍然较多，不少石板保存完好，至今仍收藏于位于苏州府学原址的苏州碑刻博物馆中。

现存的大型石经如《开成石经》《南宋太学石经》《乾隆石经》等都是将大型的竖石碑面分为数层，每层如帖式一般刻成横长状的经文带。从《阙里石刻》的现存原石来看，钱泳或因无力置办齐整的大型竖石，便直接采用了帖式刻法，每一块石经都使用横石，而当时镶嵌壁间应亦进行上下排列，以达到类似传统石经的版面效果。从图75来看，《阙里石刻》以钱泳典型的隶书形态书就，其书风与钱泳书刻的《大禹陵庙碑》（图20）、《扬州隋文选楼碑铭》（图22）等大批隶书碑刻类似，为轻车熟路之作。石面划有细界格，每字大小匀一，显得端庄清雅，以124石的规模刻写儒家经典呈于府学，确实颇为壮观。从现存碑石上的阮元所作后记来看，其隶书为钱泳代书，曾燠所作后记应亦为钱泳代书。④

从《阙里石刻》的刻写及安置过程来看，不少江苏的省级高官出面参与了此事。出力最多并表示可以运往曲阜孔宅安置的是阮元，虽事不果行，但有阮元挂名在前，使得钱泳能够相对便利地得到江苏各级官员的协助。客观来说，

① （清）钱泳辑《兰林集》。

② 钱泳在《阙里石刻后记》中称："至二十五年春因请之中丞陈公桂森（即陈桂生——引者注）移于苏州府学敬一亭上。"

③ 此次经手之人为石韫玉（1756～1837），状元出身，曾官山东按察使，此时主讲江苏紫阳书院。他在给钱泳的不同信中写道："石经事本月初九日中丞见顾，已与说明，尊处禀词及样本即交周九兄转呈可也。"［信见（清）钱泳辑《兰林集》］"扬州石经已据江都周公专人送来，弟已知会府学季教授运至明伦堂收贮，中丞亦因朔日行香之便亲临看过，惟如何位置之处，必得台从亲来商办，现查明伦堂后之敬业亭，地既清闳，且规模宏敞，且嵌砌壁间，可省石座之费，俟阁下来同为勘估可也。"见陈烈主编《小莽苍苍斋藏清代学者书札》，第357页。

④ 曾燠在给钱泳的信中写道："《大学》《中庸》刻石记今已具稿，录请教正，如以为可用，即求大笔书就付梓。树碑之事，统求代恳阮公。感谢不尽也。"信见（清）钱泳辑《兰林集》。事实上，曾燠写的这篇记文为王芑孙代作，全文收录于王芑孙的《渊雅堂全集》中。

《阙里石刻》最终只在苏州府学发挥影响，虽亦有不少人收藏全套拓本，但并未产生钱泳原先设想的广泛影响力。但对钱泳个人而言，这是他人生中着意营建的重要工程，也是他欲强调自己“儒生”身份的举措。因而同代人及后世文人在对他进行记载时，多将“仿《熹平石经》刻石欲树于阙里”这一项记录其中，如钱泰吉（1791～1863）在《曝书杂记》中介绍钱泳时便将《阙里石刻》的镌刻附于他发现《熹平石经》残字并重摹上石的事迹之后。此外如《苏州府志》《墨林今话》等书在介绍钱泳时均将《阙里石刻》当作钱泳生平的主要事迹之一。蒋廷恩在替钱泳诗集《梅花溪诗草》作序时，亦特意提及他“尝以汉《熹平石经》不传于世，为书《论语》、《孝经》、《大学》、《中庸》刻石学宫，以补其阙”。由此可见，《阙里石刻》在当代及后世的钱泳印象中是浓墨重彩的一笔。

约在道光十五年，钱泳以为孔门弟子言子后裔言如泗（1716～1806）等辑佚的《言子文学录》不全，自行又从其他典籍中辑录了言子之文，分为上下两篇，以隶书写成6册，欲同样刻石立于苏州府学，以补前贤辑佚之阙。[①]言子作为孔子著名弟子中有史可据的南方人，墓址位于常熟虞山，被视为一方文教先祖，将言子佚文刻石自然能为地方文化增光。在刻石过程中，钱泳写信将部分拓片寄予时任江苏巡抚的林则徐（1785～1850），希望后者促成立石苏州府学之事，林则徐回信道：“承寄《言子》上下篇石刻数纸，虽尚未成全璧，而神采焕发，已可颉颃汉碑。言子开南方文学之源，兹得阁下辑录成编，以椽笔寿之贞石，诚吴中应有之盛举。惟现值漕务吃紧之际，且圣意严切，未敢少有因循，自郡守以下诸君终日讲求征兑事宜，尘俗纷然，一时尚未暇及此。兹将墨拓数纸存留，其副本二册暂还清闷，俟大局确定，自当代为商榷，以副雅怀。”[②]可见林则徐婉拒了钱泳的请求。道光年间与嘉庆年间相比，社会状况更加恶化，各级官员不再似前时那般醉心文化事业。林则徐作为经世致用的名臣，在江苏巡抚任上致力于整治江南河道，是否确实无暇分心处理刻石之事已不得而知，但就此刻未收入《写经楼金石目》以及往后越来越严峻的政局形势来看，此次的

① 见（清）钱泳《履园文集》，清述祖德堂抄本，载《清代诗文集汇编》第456册，第722页。

② 信见《林则徐全集》第7册，海峡文艺出版社2002年版，第3399页。

《言子》刻石似乎终究未能立于苏州府学。[①]

（三）其余碑刻

钱泳自发竖立的其余碑刻相对而言，未有上述两类重要，但亦反映出钱泳的生平经历以及他对于自身文人形象的塑造。

钱泳在游览山川古迹之际，常留有刻石题名，与他人同游的部分题名或许并未由他经理刻石事宜，但亦有一部分题名是他亲自选工刻石。在这之中，当以《汉武氏石室画像后记》最为重要。钱泳于乾隆五十七年取道济宁北上京师之时，曾在黄易官署盘桓，遍观汉碑及拓本。黄易等人在乾隆五十年曾访得汉武梁祠画像石40余块，后建祠保存，此通题记做于钱泳参观此祠之后，简要记叙了当时武梁祠画像石的发现情况及立祠过程。此方题记应当不由钱泳负责刻石事宜，但他极可能在刻石过程中提出一些建议。从图76来看，钱泳此时的隶书与后来高度程式化的《阙里石刻》等相比，有着更多的灵动变化之致，亦显示出《乙瑛碑》《史晨碑》《礼器碑》等典范性汉碑的深刻影响。这通题记镌刻精良，是钱泳所立碑石中质量上佳者，而其获刻于武梁祠画像石之旁，亦显示出黄易等人对于钱泳的认可。

钱泳有两方未见于纸本文献著录的题名显示出他不在社交场合之时的闲雅状态，在他的众多刻石中显得格外轻松。这两方题名一在焦山，一在常熟，未使用他习见的严谨隶书，而是使用了大字行书，刻石应为钱泳自行经理，极可能是吩咐了儿辈或弟子镌刻上石。在焦山的题名（图77）作于道光五年，内容为“道光五年清和月梅花溪居士游”，落款为“勾吴钱泳集思翁书”，此作虽是

---

① 钱泳曾就《言子》石刻一事向阮元请教，或请阮元帮忙，阮元复信道：“再者《言子》一事，弟按凡各子书名为某子某子者，如是汉前本有成书而流传，至今乃为可据，若宋以后人在各古书内采集而成者，则未可据。今阅目录所列《礼运》二段固可据，刻石亦宜，至于从论孟檀弓内摘出者则可不必，至于《孔丛子》《孔子家语》皆是后人伪作，尤不可摘，尚不及《论语摘辅相》也，故用隶写刻似可不必。若将目录前半列为一子，刻成一书，则可以家藏一本，不似碑拓之不易得，年久易零落，不表必散表，每无力也。但即刻前半亦未可轻率，须得顾千里等精细硕学之人校论一遍方□（原脱一字——引者注），此事所以未能如属也。”信见（清）叶昌炽《缘督庐日记抄》卷三，《续修四库全书》第576册，第373页。可见阮元以为钱泳的《言子》刻石价值不大，林则徐或许也有同样考虑，钱泳之后可能也不再于此事上费心力。

集董其昌之字，但上石之后较之董书略显丰腴，整体格调轻松。在常熟的题名（图78）未有年款及名款，内容为“梅花溪道人与客来此鼓琴”，从内容、书风及刻石风格看，应为钱泳题名。这或许是钱泳某次出游后一时兴起之作，显示出一派超脱隐逸之趣。这两方题名体现出钱泳文人式的闲情逸致，这与他在欲借以留名传世的其他大部分碑刻中表现出来的严谨端庄颇为不同。

除了为许多名人祠墓竖立碑刻外，钱泳还为自己立了两方碑刻。当时许多文人都有为自己建生圹的举动。钱泳亦在道光三年65岁之时，选定墓址为自己营造生圹，并在墓庐刻有一方《自题小像诗刻》，请画家张长生（生卒不详）绘像、潘奕隽题字，钱泳自题诗刻于其上。这方碑石现暂不知下落，但钱泳在此之前已有设生圹并为自己树碑立传之意。道光二年钱泳64岁之时，他便为自己立了一块《自刻戴笠小像》，这块碑石为竖长形，现存于江苏常熟碑刻博物馆（图79–2）。碑下方以细线浅刻钱泳画像，为吴江画家翁雒（1790～1849）所绘，画中的钱泳头戴笠帽，身着长衫，手持书卷，为隐逸儒生形象。碑上方刻有钱泳自撰自书的《梅花溪居士传》（图79–1），以小隶书写就，碑文将“梅花溪居士”描述成超脱名利、致孝笃学的儒生，展现了钱泳在社会话语环境和主流评价体系下的自我形象塑造。

二　自发重刻旧碑

从现有材料来看，钱泳自发重刻旧碑的主要情况见表6–2。

表6–2　钱泳自发重刻旧碑情况

名称	时间	书刻情况
重刻《熹平石经》残字	乾隆五十年	钱泳重刻明末徐树丕双钩本，500余字
重刻《熹平石经》《论语》残字	乾隆五十八年	钱泳于明末徐树丕双钩本上新辑出30余字刻石
重书严先生祠堂记	乾隆五十九年	钱泳书，后阮元为之刻石
重书冷泉亭记	嘉庆七年	钱泳书写刻石
四老神坐题字	道光十七年	钱泳据吴江杨龙石藏旧拓本重摹，儿子钱曰祥、钱曰寿刻

续表

名称	时间	书刻情况
缩本汉碑（58种）	道光二十一年前后	钱泳缩临汉碑并刻石
秦《泰山刻石》	不详	钱泳依据史籍所载旧文书写，儿子钱曰祥刻
秦《之罘刻石》	不详	钱泳依据史籍所载旧文书写，儿子钱曰祥摹
秦《东观刻石》	不详	钱泳依据史籍所载旧文书写，儿子钱曰祥摹

与受托刻碑的情况相仿，钱泳自发重刻旧碑的数量同样比自发镌刻新碑要少很多。就表6-2所列碑刻来看，两次重刻《熹平石经》残字以及《四老神坐题字》是依据旧摹本或拓本刻石，秦刻石三种及《重书严先生祠堂记》《重书冷泉亭记》是依据史籍所载文本自行书写后刻石。《缩本汉碑》情况相对复杂，依钱泳的规划，入选的58种汉碑中大部分或是原碑尚存或是原碑已佚但有拓本或摹本传世，对于这种情况，钱泳依据拓本或摹本缩临刻石。58种汉碑中还有小部分原碑不存且无拓本传世，对于这种情况，钱泳自行依据流传文本书写刻石。但因为是“缩本汉碑”，即使是根据拓本或摹本上石的碑刻也并非忠实于原样，它们经过钱泳的缩临后产生了或多或少的风格变化，带有浓重的钱泳个人印迹。

钱泳两次重刻《熹平石经》残字的详情及其产生的影响已在第二章中论述过，在此不再重复。他依据旧拓本刻石的还有道光十七年所刻的《四老神坐题字》，此碑见载于洪适《隶释》，但原石早已不存，“四老”即“商山四皓”，因而此碑又被称为“四皓石刻”。道光十七年夏，钱泳听闻吴江杨澥收藏有宋拓《四老神坐题字》，便前往观看并在册后题跋，因见碑文所载的四人姓名与传世的《史记》《法言》《汉书》等不同，又可补充《隶释》所载之阙，足资考订，便将拓本借摹上石，以广其传。钱泳在重刻的《四老神坐题字》后附有后记一篇，对之详加考证，阐明此碑的文献价值。[①]如今重刻的《四老神坐题字》原石暂不知下落，但钱泳的后记部分仍存，从石上可见，后记以隶书写就，书风与《阙里石刻》等习见隶书小异，更富跌宕变化，更为接近汉隶风神，落款处有

① 关于此碑拓本的详细情况及考证研究，可参见叶程义《汉四皓石刻考述》，《中华学苑》第51期，第15～47页。

“男曰奇、曰祥、曰寿同勒石”的字样，可见钱泳对于此碑的重视。

钱泳依据史籍文本自行书写了秦《泰山刻石》《之罘刻石》《东观刻石》，命儿子钱曰祥摹刻上石。这三种秦刻石除了《泰山刻石》尚有残石及不全的拓本在世之外，其余两种碑刻早已亡佚，亦无可靠拓本存世。如第四章所述，钱泳曾受托依据旧摹本或拓本重刻或缩刻过《会稽刻石》《碣石门刻石》《峄山刻石》《泰山刻石》《琅琊台刻石》，此次又书写镌刻这三种刻石，自是为了将7种秦刻石凑全。钱泳先据《史记》所载文本以篆书书写并镌刻了《之罘刻石》《东观刻石》，又念及《泰山刻石》仅有残本存世，并非完璧，于是又自书并镌刻了完整的一通，“以存旧迹，亦好古家所乐闻者也”。[①]钱泳在《写经楼金石目》中将这三通碑刻都冠以“重模”之称，虽然他完全是自行书写的，并无本可“摹”。他在《之罘刻石》的题跋中称自己是“略存丞相斯典刑，正不方自我作古也”，[②]又在《东观刻石》的题跋中写道：“右《东观刻石》自昔无传，予尝论徐铉、郑文宝、申屠駉所模《绎山》《碣石》《会稽》诸碑未必皆从原本重刻，恐亦以意为之，兹用其例，以存先秦遗文，非敢矜奇眩异也，识者察之。”[③]可见钱泳在怀疑前人重刻本的同时，亦极具“自我作古”的自信。此外，钱泳于乾隆五十九年拜谒严光祠时，见史籍中记载的范仲淹（989～1052）撰文、张有（1053～1113）篆书的《严先生祠堂记》原碑已不存，便以隶书重写一通，后得浙江巡抚阮元出力，将其刻于祠壁。钱泳还于嘉庆七年将久已佚失的白居易《冷泉亭记》碑重书一通，刻石于杭州灵隐。

在表6-2所列的重刻旧碑中，当数《缩本汉碑》系列规模最大，传播亦广。《缩本汉碑》刻于钱泳晚年，道光二十一年时已完成部分，至道光二十三年，即钱泳去世的前一年仍在镌刻。这套《缩本汉碑》共有58种，为钱泳一生勤习汉碑的反映，对于研究钱泳本人的汉隶临习及清中期的汉碑风尚都有着极高的价值。

依《写经楼金石目》记载，这58种汉碑共分为4类，当时尚存之碑40种，

① （清）钱泳：《重模秦泰山刻石》，载《写经楼金石目》清刻本。
② （清）钱泳：《重模秦之罘刻石》，载《写经楼金石目》清刻本。
③ （清）钱泳：《重模秦东观刻石》，载《写经楼金石目》清刻本。

分别为《三公山碑》《嵩山太室神道石阙铭》《嵩山少室神道石阙铭》《益州太守北海相景君碑》《敦煌长史武氏石阙铭》《司隶校尉杨君石门颂》《孔庙置百石卒史碑》《李孟初神祠碑》《孔谦碣》《孔君碑》《鲁相谒孔庙残碑》《鲁相韩敕造孔庙礼器碑》《执金吾丞武荣碑》《郎中郑固碑》《仓颉庙碑》《泰山都尉孔宙碑》《鲁相史晨飨孔庙碑》《竹邑侯相张寿碑》《仙人唐公房碑》《卫尉卿衡方碑》《鲁相史晨孔庙后碑》《武都太守李翕西狭颂》《博陵太守孔彪碑》《析里桥郙阁颂》《司隶校尉杨淮表记》《司隶校尉鲁峻碑》《豫州从事孔褒碑》《武都太守耿勋碑》《闻熹长韩仁铭》《堂溪典嵩山季度铭》《豫州从事尹宙碑》《溧阳长潘乾校官碑》《白石神君碑》《郃阳令曹全碑》《荡阴令张迁碑》《巴郡太守樊敏碑》《魏封孔羡碑》《魏庐江太守范式碑》《吴禅国山碑》《吴九真太守谷朗碑》；“已佚之碑”10种，分别为《熹平石经残字》《圉令赵君碑》《西岳华山庙碑》《北海淳于长夏承碑》《元儒先生娄寿碑》《成阳灵台碑》《小黄门谯敏碑》《酸枣令刘熊碑》《孝廉柳敏碑》《桐柏山淮源庙碑》；“补刻之碑”4种，分别为《东海庙碑》《外黄令高彪碑》《张平子碑》《吴天发神谶碑》；“拟刻之碑”4种，分别为《郭有道碑》《陈仲弓碑》《杨太尉碑》《曹娥碑》[①]。

汉碑原石仍存于世的40种汉碑钱泳并未一一亲见，对于这类碑刻，钱泳主要根据搜集到的拓本进行缩临（图80），但亦有以己书补足残碑者，如《竹邑侯相张寿碑》，“仅存一百八十字”，钱泳便“依《隶释》仍刻完本，聊存原碑面目”。[②]“已佚之碑”指的是原碑已佚但有旧拓本或摹本存世，钱泳便主要据之进行缩临（图81）。“补刻之碑”原碑已佚，但曾经金石学著作著录过，钱泳的写刻情形也相对复杂：《东海庙碑》《外黄令高彪碑》并无旧拓或旧摹传世，但《隶释》有关于原碑具体情况的记载，钱泳便依据《隶释》所载自行书写后刻石（图82）；《张平子碑》史籍所载为篆书，钱泳改用隶书重写后刻石；《吴天发神谶碑》虽已毁于火，但阮元有原碑旧拓及重刻本，钱泳势必熟知，但他对于此碑的缩刻情况记录不详，目前能见到的《缩本汉碑》拓片中亦无这一通，因而

① 见（清）钱泳《缩本汉碑》，载《写经楼金石目》未刊本。上海图书馆还藏有钱泳手稿《缩本汉碑》一份，内容与之相同。

② （清）钱泳：《缩本汉碑》，载《写经楼金石目》未刊本。

只能推测钱泳亦同样将其改用隶书书写刻石。[①]“拟刻之碑”原碑同样已佚且亡佚时间较早，连前代的金石学家亦未曾著录，钱泳便依史籍所载的文字自行书写刻石（图33、图34）。

《缩本汉碑》的原石现不知下落，但有多套拓本存世，如香港中文大学图书馆藏有一套共28种；香港大学图书馆藏有两套，分别为34种与35种；北京大学图书馆藏有一套共38种，宁波天一阁藏有一套共33种等。上述几套缩本汉碑均仔细装裱，可见藏家对之甚为珍视。从拓本来看，《缩本汉碑》中的碑刻都尽力模仿汉碑形制，除《石门颂》等原碑为摩崖石刻的碑刻之外，其余都有完整的碑额、碑座，许多刻有纹饰并制作有“穿”，每碑大小不一，但大多数高约55厘米左右，制作较精。

在金石学风潮兴盛的乾嘉道时期，学人在关注碑刻文字之余，也开始更多地注意到碑的整体形制，因此金石学著作中出现了更多的碑图。尽管宋代洪适的《隶释》中已出现了碑图，但仅绘碑形纹饰而未在碑中填上文字。乾隆初年褚峻（生卒不详）、牛运震（1706～1758）合作了《金石图》，为每一方碑刻制作缩本，将碑文与碑形同时呈现。《金石图》与其他附有手绘碑图的金石学著作不同，这些碑刻的缩本都被摹刻上石，然后拓取拓片，再将拓片剪切粘贴于雕版印刷的叙述文字旁，“于是嗜古之士皆乐其便于检核矣”，[②]因其图文并列，文字翔实有据，《金石图》问世后成很快为清中期金石爱好者的重要参考书之一，影响甚广。[③]《金石图》的作者曾亲自寻访大量碑刻，并试图通过缩本拓片来反映碑石的残泐现状，因而极具学术价值，但若仅从缩刻的水准来看，此书又显粗

① 对于钱泳为何将这两通篆书碑改写成隶书，推测可能是因为这两通篆书碑的篆法与说文篆书不合。钱泳认为篆书当以李斯小篆为正宗，其余汉以下篆书皆不可取，并以为“既写篆书，而不用《说文》，学者讥之”（见《履园丛话》，第285页），对于这两通篆书碑，钱泳或许只想存其文献价值，并不认为其篆书可取，因而便自行用隶书重写。

② （清）翁方纲：《为钱梅溪征刻金石图序》，载《复初斋文集》卷二，《续修四库全书》第1455册，第365页。

③ 关于《金石图》的研究，可参见Lilian Lan-ying Tseng, “Between Printing and Rubbing: Chu Jun’s Illustrated Catalogues of Ancient Monuments in Eighteeth-Century China,” in *Reinventing the Past*（Chicago: the Center for the Art of East Aisa, Department of Art History, University of Chicago and Art Media Resources, Inc., 2010）, pp. 225-290.

疏，未能准确反映出碑刻书法的面貌。对于关注碑刻书法艺术水平的人士而言，《金石图》远不能满足他们的需求，因而有心人士便有精缩古碑之举以补其不足。钱泳在中年时期便有志仿效《金石图》系统缩刻古碑，翁方纲因此为他作了一篇《为钱梅溪征刻金石图序》替他寻求赞助，但事不果行，[①]直至晚年钱泳方才能够系统地镌刻出《缩本汉碑》。

在钱泳的《缩本汉碑》之前，同样对《金石图》缩刻效果不满的万承纪委托刻石名手王曰申（1788～1841）在一百方砚台的背面缩刻汉碑，[②]名曰“百汉碑研”。此举虽未完工而万承纪便已去世，但从传世的部分拓本来看，其摹刻极为精工，将原碑的残泐剥蚀之处反映得惟妙惟肖，在最大限度上做到了对原碑的复制，因而也备受观者赞誉。万承纪与张井相交（参见第五章），张井在万承纪去世后曾出资赞助“百汉碑研”的摹刻，而钱泳又与张井熟识，因而可能见过这套“百汉碑研”。可以说，“百汉碑研”对于汉碑的忠实复制在前现代时期已达到了很高的水平，钱泳再照这一思路进行摹刻实难超越，于是后来的《缩本汉碑》便呈现出了另一种面貌，其出发点与《金石图》及“百汉碑研”背后的金石学追求已大为不同。

对于当时尚存之碑，钱泳在碑形制作上的确靠近了原碑的形制，但并非严格地根据原碑拓本复制，比如图80的缩本《泰山都尉孔宙碑》，与现存于曲阜的碑刻原石相比，可看出其碑式纹样虽与原碑接近，但碑额纹饰及“穿”的位置都发生了变化，它反而与《金石图》中所刻的《孔宙碑》相似。可见钱泳在镌刻此碑时，参考的是《金石图》中的碑样而非原碑。钱泳曾亲到山东遍观汉碑，应当也见过《孔宙碑》，或当时并未对碑刻情况进行详细记录，而当时的碑拓多不及碑额碑座的纹饰，大多仅拓取有字部分，钱泳在晚年缩刻《孔宙碑》时，

① 从现有资料来看，钱泳至少曾向王绍兰寻求过赞助，钱泳在替王绍兰完成一系列缩刻工作的同时，应向其提出过缩刻汉碑的计划，王绍兰在给他的一封信中提及“汉碑缩本希先以目录寄示”，可证此事。信见《兰林集》。

② “……曩与万廉翁（万承纪字廉山——引者注）暇日鉴古，因不满于褚千峰、牛空山《金石图》之作，乃有缩汉碑研之刻。孰知自始迄终，人事牵制，不能曲折如意，草草卒业，瑜不掩瑕。以视《金石图》，如以五十步笑百步”，见（清）王曰申《王子若摹刻研史手牍》，文物出版社1962年版，第7页。

手边应当没有原碑整拓以做参考，于是便直接在《金石图》的基础上开展工作。对于《孔宙碑》的文字部分，从道光年间的原碑拓片可见，碑石已残泐不少，许多笔画已有损毁，这一点在《金石图》缩本中得到反映，而钱泳的缩本（图80）则碑面干净，字画清晰完整，仅在原碑毁损严重的底部数行留出空白，以示与原碑接近之意。从钱泳缩本的书法来看，他亦非严格照原碑缩写，而是掺杂了个人隶书书写习惯，对于残损的笔画亦以己意补足，形成了最终的效果。这样处理之后的缩本《孔宙碑》与原碑面貌已有较大距离，在金石学上的意义已几乎无存，仅有保存碑文的价值，但碑上的书法字画清晰，反而便于得不到汉碑原拓或苦于原拓残损难以临习的汉隶学习者使用，又兼其摹刻精良，精拓之后显得精致可宝，因而也极具赏玩价值。

在《孔宙碑》之外，其余39种尚存之碑钱泳都采用了类似的手法进行缩刻，原碑的残损极少反映，除了缺字之外，其余文字大都字画清晰完整。钱泳在碑型制作上甚为用心，但都仅与原碑接近而无意于忠实原碑，他甚至对碑刻上的纹饰加以修改，使之在外观上更加精致。从图83的《巴郡太守樊敏碑》可见，钱泳的缩本对原碑碑额的兽纹做了明显改动，将原碑中相交的两头螭状兽修改为一头四足兽，且刻上了清晰的鳞片与兽足，这应当是在不清晰的拓本基础上进行的改进设计。在碑文临写上，钱泳的缩临确能在很大程度上反映出每通碑的不同书风，但也带着自身隶书书写风格的浓厚影响，如图84的缩本《石门颂》，与忠实于原碑的“百汉碑研”缩本相比，不难看出钱泳缩本与原碑风貌之间的差距。

对于“已佚之碑”，钱泳在根据旧拓本或摹本进行缩临之外，还根据洪适《隶释》中所绘碑图来制作碑型。如《北海淳于长夏承碑》《元儒先生娄寿碑》《孝廉柳敏碑》的碑型都与《隶释》所绘近似。[①]

“补刻之碑”的情形上文已有叙述，其中钱泳根据《隶释》自行书写的《东海庙碑》与其他几乎不反映碑石残损的缩本不同，被刻意营造出了文字剥蚀的

① 参见卢慧纹《碑与帖的交会——钱泳〈攀云阁帖〉在清代书史中的意义》，（台北）《美术史研究集刊》第31期，2011年，第205～276页。

效果（图82）。《东海庙碑》早已不存于世，通过与《隶释》所载的碑文相对照，可知钱泳缩本的文字缺损之处与《隶释》记载完全吻合，但《隶释》并未记载碑文的具体行列情况，因而钱泳自行安排了碑文行列并制作出逼真的残损效果，使之观看起来像一件参考了可靠旧拓的缩小复制品。

4件“拟刻之碑”都是钱泳根据史籍所载文字自行书写，无任何实物参考，钱泳之前曾受人委托书刻过这四通碑（详见第四章），在晚年又按《缩本汉碑》的尺寸重制一份，殿于这一系列缩本碑刻之尾。

综上所述，钱泳这套《缩本汉碑》的情况相对复杂，其中大部分碑刻有可靠的旧拓本或摹本为依据，它们主要来自钱泳在广泛交游中所寓目的各家收藏。钱泳在《写经楼金石目》中为每一通缩本汉碑都写了具体的叙述文字以阐明源流，显示出他这一生在汉碑上的学术造诣。钱泳对于《隶释》的参考也显示出他在制作《缩本汉碑》时有着一定的严谨性。但同时，这套汉碑中又有许多由钱泳自行发挥的部分，它们与有可靠金石学来源的部分掺杂在一起，让这套《缩本汉碑》无法成为可靠的学术资料。总而言之，这是一套有浓厚汉碑意趣，同时又美观整齐的缩本碑刻。其上的碑文书法是经由钱泳改造过的汉隶，与原碑面目有别，但单独看来，又不失其观赏、临摹的艺术价值。这套《缩本汉碑》常被严肃的学者批评，如叶昌炽便在《语石》中写道：“金匮钱梅溪有汉碑缩临本，颇为世重，字小如豆，须眉毕现，然梅溪隶法从唐碑出，丰赡有余，遒古不足，与《石门》《夏承》诸碑尤凿枘，仍是我行我法耳。”[①]然而，在很多热衷于汉碑学习的普通文人那里，钱泳的这套《缩本汉碑》要比“百汉碑研”更符合他们的需求，如香港中文大学图书馆所藏的《缩本汉碑》上附有数则题跋，一位名“子反”的文人写道：“此碑乃吾友树椿先生所赠也……因知吾学隶，无良碑，嗣先生之蜀而鄂而沪，积资稍裕，捐同知衔，客申江时适于坊间瞥见此碑，是以不惜重直买而惠我，不啻如千金之获。今吾于八分一道略得门径者，实惟先生之助焉……时光绪乙巳除夕前五日子反识于芒司幕中。”“子反”的友人写道：“余早岁即嗜学汉隶，寻以残缺，又非善本，遂弃去。癸亥秋子反兄奉

① （清）叶昌炽撰、柯昌泗评《语石　语石异同评》，第550页。

榷银中甸命，濒行出此见示，展阅一通，完好似此者初未目遇，惜又藏入行箧，不克时借临摹，殊呼负负，抑于汉隶终无缘与。”民国年间的寓目者曲石生（生卒不详）写道：“辛酉夏，觉人先生示此汉碑廿八幅，其间雄强茂美者、瘦硬奇古者、刚健遒逸者、丰润虚和者，飞跃生姿者无体不备，无幅不佳，余新秋病起，清窗无事，日日展阅，不忍释手，诚可重也。”由此可见钱泳这套《缩本汉碑》在相应人群中的受欢迎程度。同时也可见到，晚清之时赏碑、习碑之风盛行，但并非人人都能得见原拓或有能力临习原拓，因而当时的赏碑、习碑之人，或许有不少都折服于钱泳《缩本汉碑》这类精良的替代品，而《缩本汉碑》这类产品恐怕也直接塑造了不少文人心目中的“汉碑形象”。

小　结

钱泳凭借自己的镌刻能力自发制作了大批碑刻，这些都是带着浓厚个人印迹的“新金石”，借由这些碑刻既可在当世塑造个人形象，又可凭借碑刻的纪念价值和相对难以磨灭的物理特质将个人设定好的声名传于后世。从钱泳这些碑刻的内容中可以看出，当时的普通文人在社会主流价值体系中认为哪些业绩值得以刻碑的方式来强化纪念。可以看到钱泳主要选择了三项内容：一是重修先祖祠墓，二是书写儒家经典，三是重写古代名碑。他将它们的规模与效用在能力范围内发挥到了极致，为自己建构了“名门贤裔”“志学儒生”“艺文之士”的形象。

钱泳为吴越国至清代的历代钱氏先祖所制的大批碑刻，在重塑家族历史的同时，也强化了自己“名门子孙”的身份，既在当时宗族活动兴盛的历史环境之下以个人之力做出了让人印象深刻的贡献，同时也因附名于这些碑刻之上而将自己牢固地嵌入了钱氏家族的历史之中，使自己得以与历代先祖处在同一延续体系中，并以碑刻的方式固定化于后世观者的眼里。这对于钱泳来说，是极为重要的身份归属建构。

钱泳科考不顺，亦不像他在生平交游中接触到的诸多乾嘉硕学一般具有扎实的经史考订能力。可以想象，作为以碑帖镌刻见长的底层文人，在与各种高官文士接触的社交场合，他感到自身存在身份危机是极为自然的现象。因此，他以隶书大量书刻儒家经典，以“效仿蔡邕”这种略显夸张的方式来强调自己的“儒生”身份便属情理之中。但他的这些儒家经典刻石却因遭到了来自精英学人的委婉质疑而定位略显尴尬。在乾嘉的学术交流风气之中，钱泳向翁方纲、阮元等学者请教儒家经典上石之事，得到了坦诚的回应和略显尖锐的学术意见。写定儒家经典并刻石在严肃的学人眼中并非轻易之事，需要经史、版本、校勘、文字学等多方面的综合知识，即便是《乾隆石经》都被乾嘉学者多有诟病，钱泳更是无力达到乾嘉学术所认可的水准。因此，钱泳的儒家经典刻石并未像他原初设想的那样发挥更大的影响力，但毕竟他的隶书水准优秀且镌刻精良，如《阙里石刻》这样的巨制最终还是被当作地方文化景观而得以留存于府学，供士子瞻仰，也算没有虚费心力。

钱泳自发重刻之碑大部分可以称为“重写之碑”，他没有对古代名碑进行严谨考订的金石学意图，对于有拓本或摹本传世的碑刻，他常有以己意加以改动、补足缺损之处，对于无任何拓本或摹本传世的已佚碑刻，他更是颇为自信地以自己的书法直接重写。在清中期的碑帖考证之风和碑帖拓片赏玩、收藏热潮之中，钱泳极可能设想过自己新制的名碑也将成为后世人眼中这些名碑的版本之一，进而自己也有机会像前代的徐铉等重摹名碑者一样，留名于金石史籍之中。经他重制的名碑，呈现给观者的是优美的、符合对古代名碑想象的精美碑刻，给当时有着慕古情结的人群提供了真实可感的物质实体，以满足其怀古、赏古之情怀，他在刻碑之时，炫技的成分大过严肃的金石学态度，这是他与严谨的重刻名碑者之间的区别。在当世的金石风尚中，严谨的金石学家只是少数，在金石考订带起的碑帖赏玩、临习兴趣之中，钱泳重制的名碑因其品相精致，在市场中常有着更广泛的接受群体。

第七章
自发刻帖

钱泳在受托为各方官员文人刻帖之外，还自行制作了不少刻帖。他在受托刻帖的过程中得以借钩刻之便饱览并复制许多藏家收藏的法书名帖，加之自身交游广泛，四处寓目书作，因而在没有财力购置藏品的条件下，却有集刻法帖的能力。此外，他还将自身的大量书作摹刻成帖，这也是他自行刻帖的重要组成部分。本章拟与第五章采取类似办法，将钱泳自发所刻之帖分为“古人书”与“清人书”两类展开论述，清以前书家的作品都归为“古人书”。

一　自发摹刻古人书作

从现有材料来看，钱泳自发摹刻古人书作的主要情况见表7-1。

表7-1　钱泳自发摹刻古人书作情况

名称	时间	书刻情况	备注
小清秘阁帖12卷	嘉庆十七年	钱泳集刻古代法书	赠送给沈恕
福州帖4卷	嘉庆二十年	蔡襄书，钱泳刻石	
写经堂帖8卷	嘉庆二十年	钱泳集刻古代法书	
述德堂帖8卷	嘉庆二十三年	钱泳集刻古代法书	
吴兴帖6卷	嘉庆二十三年	钱泳集刻古代法书	赠送给彭志杰
唐张长史草书石刻	道光元年	张旭书，钱泳刻石	
朴园藏帖8卷	不详	钱泳集刻古代法书	道光元年前后应巴光诰之请转赠后，命名为《朴园藏帖》
虎邱帖4卷	不详	钱泳集刻古代法书	
兰亭序	不详	重摹“独孤长老本”上石	赠送给陈鸿熙

续表

名称	时间	书刻情况	备注
兰亭序	不详	重摹“独孤长老本”及吴说、柯九思跋语上石	
兰亭序	不详	钱泳得到双钩褚本，交付曹邂三刻石	
兰亭序	不详	以钱樾藏本刻石，传为唐人双钩本	
华严兜率四字石刻	不详	钱泳于《凤墅帖》中辑出米芾书法刻石	赠送给觉生长老
文待诏虎邱诗刻	不详	文徵明书，钱泳刻石	赠送给族人钱锋

从表7-1中所列的刻帖情况来看，钱泳自发摹刻的古人法书丛帖有7种，其余为单刻帖。按《写经楼金石目》的记载，许多刻帖的原石在刻成之后“赠送”给了他人，如前所述，这应当是一种委婉的表述，其中有部分刻帖原石应该是出售的，这也反映出钱泳在接受委托刻帖并收取酬金之外的另一种商业模式，即先刻帖再将帖石出售。表中未有“转赠”信息的刻帖中，有一部分是钱泳为自家所刻，如《写经堂帖》与《述德堂帖》，从帖名即可体现其欲作传家之用的意图。以下将先叙述钱泳自发摹刻的古人法书丛帖，再论及单刻帖。

《小清秘阁帖》

《小清秘阁帖》是钱泳自行撰集并摹刻的第一部古人法书大型丛帖，他在《履园丛话》中写道：“嘉庆……十六年自取唐、宋、元三代墨迹或旧拓本，择其尤者，辄为模刻，命曰《小清秘阁帖》十二卷，十七年七月成。”[①]但实际上，此帖的筹备与撰集至少在嘉庆元年即已开始。在《小清秘阁帖》全帖之首的王羲之《乐毅论》后附有钱泳题跋一则，写道：“《乐毅论》相传为右军生平正书第一，百代楷法之祖，在唐时经冯承素、褚遂良辈临写，又经宋、元、明以来模刻，渐失其真矣。此本较诸刻稍异……与《史记》裴骃集解所引相

① （清）钱泳撰、张伟点校《履园丛话》，第258页。

合，然亦略有义同，不知何时本也。识者自能辨之。因摹《小清秘阁帖》，遂为冠诸刻，嘉庆元年春三月金匮钱泳记。”可见在此年钱泳已有集名家法书成《小清秘阁帖》的计划。从帖中的其他钱泳题跋信息还可知，卷一的王献之《书诀表》摹于嘉庆九年；卷五的苏轼《九歌》摹于嘉庆十二年；卷二的《唐张九龄告身》摹于嘉庆十三年等。可知《小清秘阁帖》的正式上石工作虽集中在嘉庆十六年至嘉庆十七年间，但部分书帖在此前早已摹写完毕，存于钱泳家中备用。

《小清秘阁帖》共分12卷，每卷又以十二地支编目，卷一为王羲之、王献之书帖，卷二为唐张九龄（678～740）、张令晓（生卒不详）告身及韦坚书《令长新诫碑》，卷三为五代时期吴越国主钱镠、钱元瓘、钱俶书法及宋徽宗（1082～1135）、宋高宗书法，卷四为宋代蔡襄、韩绛（1021～1088）、曾肇（1047～1107）、秦观、范成大（1126～1193）、张即之（1186～1263）、秦桧（1091～1155）及元代李黼（1298～1352）[①]书法，卷五、卷六为苏轼书法，卷七为黄庭坚书法，卷八为米芾书法，卷九、卷十为赵孟頫书法，卷十一为元代康里巎巎、揭傒斯（1274～1344）、虞集、柯九思、周伯琦（1298～1369）、俞和（1307～1382）、王余庆（1341年前后任官）、饶介（？～1367）、张雨、中峰明本（1263～1323）书法，卷十二为日本、朝鲜、琉球书法。由卷三钱镠《崇吴禅院牒》后的钱泳题跋中有“谨刻诸家塾，以传示吾子若孙，永为世宝云”的语句可知，这套刻帖原拟为传家之用。但刻石完成后，或因价格合适，帖石转让给了王芑孙弟子、华亭藏书家沈恕（？～1812），沈恕过世后帖石藏于其弟沈慈家中，改名为《吴兴书塾藏帖》。

钱泳在《小清秘阁帖》中留下了十数则题跋，字数颇多，对于重要法帖的来源及书艺水平进行了详细说明，使观者能充分了解钱泳在法书搜集和书艺鉴赏上的造诣。此外，钱樾在帖中留下了四则短题跋，潘奕隽、胡德麟（生卒不详）、孙星衍留下了观款，当为应钱泳之邀所题。

这套丛帖是钱泳的用心之作，选帖、编排及摹刻均甚为考究，钱泳自身并

① 钱泳误将李黼当作宋人编入此卷。

无太多财力购置藏品，因而其所刻之帖主要来自平生游幕及交游过程中四处寓目的各家收藏，钱泳择机将这些藏品一一借钩复制，留存待用。如卷一的王羲之《迟汝帖》，底本为游幕张映玑署中时得见的张家所藏墨迹本；卷二的《唐张九龄告身》，底本为孙星衍所藏的《淳熙秘阁续帖》刻本；卷三的钱镠《崇吴禅院牒》及钱俶手迹，底本为台州钱氏家族所藏墨迹本，钱泳在绍兴游幕李亨特署中时曾借兴修《绍兴府志》之机获观；卷五的苏轼《九歌》，底本为钱昌龄出示的双钩本；卷六的苏轼《偃松屏赞》，底本来源于翁方纲所藏的墨迹本，但因原作毁裂过半，钱泳“以意联属得四十字”；卷六的黄庭坚《经伏波神祠诗》，底本为刘墉所藏墨迹本；卷九的赵孟頫楷书《千字文》，底本来源于成亲王永瑆收藏的墨迹本；卷十的赵孟頫书李白（701～762）《南陵别儿童入京》，底本来自广陵鲍家；卷十一的俞和《临定武兰亭》，底本为吴荣光所藏的墨迹本；卷十二的琉球国人书岑参（约715～770）《早朝诗》，底本为钱泳族祖任官浙江时从海船所得的墨迹本。

钱泳在选帖上颇有考虑，首先，他未有非真迹不刻的想法，对于当时罕见的名帖别本，即使来源不明，他亦倾向于摹刻上石以备后人参考。如全帖之首的王羲之《乐毅论》，其底本的字句与习见的宋、元、明刻帖版本不同，在不知其来源的情况下，钱泳将其刻石以供后人辨识。卷一的王献之《书诀表》，鲜见于宋元以来刻帖及法书著录，乾隆二十年奉敕编纂的《墨妙轩法帖》中收有褚遂良临本，其文辞用笔均不无可疑，钱泳以为此本有宋徽宗题字用印，应为宋内府故物，便从友人斋中的帖本翻摹刻入《小清秘阁帖》，以传于同好。卷三的《唐张九龄告身》，钱泳从孙星衍处得见《淳熙秘阁续帖》刻本，因其墨色与明朝杨慎（1488～1559）记载的徐浩书《张九龄告身》不同，故钱泳认定此帖并非徐浩所书，但因其为罕见的南宋秘府刻本，在不知书者的情况下仍摹刻入帖。其次，钱泳在选帖时首先考虑书艺而非书家人品，如卷四所收的秦桧手札，钱泳在其后的题跋中写道：“秦会之立朝奸恶，骂名千载，然雅尚图书，精于赏鉴，而书法亦浑厚可喜，学米元章。《书史会要》称其又能篆书，其为当时所重可知。偶于友人斋中见此，遂以附刻，亦君子不以人废言之义也。”再次，钱泳在帖中还收录了新出土的碑版，如卷三的韦坚书《令长新诫碑》，此碑为乾隆五十八年由钱坫在陕西蒲城学宫掘得，书法类似褚遂良。此外尤值一提的是，钱泳专设一卷摹刻“海国人”的书法，收录了日本人、朝鲜人、琉球人书各两种，这种将东亚近邻书作刻入丛帖的行为之前鲜有，唯有附苏轼题跋的日本人书作《落花诗帖》因被明《玉烟堂帖》及董其昌《戏鸿堂帖》等所收而稍为人知。钱泳除了《落花诗帖》外，还自行搜集了其他5件“海国人”书作摹刻上石，体现了清中期文人与东亚近邻之间的文化往来，反映出以钱泳为代表的部分文人对东亚各国书艺水平的认可。这些作品有些并非清以前作品，如朝鲜人的书作分别来自安岐与朴齐家（1750～1815），这就超出了钱泳收录元以前法书墨迹的原初设想，但因为是“海国人”专卷，故而在全帖的编选体例上亦不为失当。钱泳摹刻“海国人”书作还有另一层考虑应当提及，那便是当时有大量日本、朝鲜等国的海船来华购买碑帖，此前钱泳书刻的《陈太丘碑》便被日本人索要五百本（见第四章），钱泳增刻此卷或更利于海外销售，他在《写经楼金石目》中称《小清秘阁帖》“传遍海内，至琉球、日本、朝鲜诸国咸来求购云”，应非虚指。

钱泳在《履园丛话》中阐述过他的书法鉴赏观点，他认为“看书画亦有三等，至真至妙者为上等，妙而不真为中等，真而不妙为下等。上等为随珠和璧，中等为优孟衣冠，下等是千里马骨矣。然而亦要天分，亦要工夫，又须见闻，又须博雅，四者缺一不可。诗文有一日之短长，书画有一时之兴会，虽真而乏佳趣，吾无取也”，[①]可见钱泳将书迹之“妙”置于“真”之上，自然也会将书艺水平置于书家的人品身份之上，这与他集刻《小清秘阁帖》时的选帖思路是一致的。

《小清秘阁帖》虽真伪掺杂，摹刻水平不一，但有不少书帖尚称精良。举例而言，卷六的黄庭坚《经伏波神祠诗卷》底本为刘墉家藏的墨迹本，从图43与图44的对照来看，钱泳在刻帖时虽改动了行列，细节亦有变化，但仍不失原帖规矩，摹刻效果胜过《经训堂法书》本（见第五章）。卷一的王羲之《行穰帖》附有董其昌题跋，钱泳应未能寓目唐摹墨迹本的原件，推测是从附有董其昌题

① （清）钱泳撰、张伟点校《履园丛话》，第262页。

跋的明《余清斋续帖》等刻本中翻摹刻入，从图85-1、图85-2、图85-3的对照来看，钱泳刻本与唐摹本及《余清斋续帖》本相较而言，除第一个“之”字的点等细节处略有失真外，大体相差不大，较好地反映了原作的面貌。卷八的米芾《研山铭》，不知钱泳从何处摹得，但与现藏北京故宫博物院的墨迹本相较（图86、图87），虽行列受到了调整，但摹刻甚为用心，墨色变化与笔致均还原度较高。

《小清秘阁帖》中还有部分书帖掺进了更多钱泳本人的笔意，与原作相去较远。如卷三钱俶手札，它摹自台州钱氏家族世藏墨迹本，钱泳在该本后写有题跋一则，[①]确曾寓目原件。从图88-1、图88-2的对照来看，钱泳的摹刻改变了原迹的行列，使原来连贯的字群出现了不少断裂。原作用笔相对率简，转折处流畅自然，笔画纤瘦，而钱泳的摹本更显丰腴，并以己意在许多起笔、收笔及转折处夸张了用笔幅度，使得不少字经改造后与原作相去甚远。以钱泳的摹刻水平来说，出现这种情况必然是钱泳刻意为之。钱俶虽为钱泳先祖，但并非著名书家，书风亦未必符合钱泳的审美标准，因而钱泳在刻帖时或有意对此书迹进行“美化”。

总而言之，《小清秘阁帖》广收晋、唐、宋、元诸朝及“海国人”书法，摹刻尚属可观，精拓之后，颇堪观赏临摹之用。钱泳曾将全套拓本寄送阮元，阮元回信称赞道：“分惠《小清秘阁法帖》十二卷，谨已拜嘉，琳琅满目，如接清芬，欢喜无量。”[②]亦无怪乎有收藏之好的沈恕“见而爱之”，[③]钱泳遂将帖石转让沈家，后者亦因广泛出售拓片而获利。

《福州帖》

嘉庆十九年冬，钱泳在常熟家中撰集蔡襄书迹摹刻上石，嘉庆二十年完工，共成四卷，名曰《福州帖》。钱泳摹刻此帖起缘于不久前与福建巡抚王绍兰的

① 这一墨迹本曾为中国嘉德2015年春拍“大观之夜”的拍品，从披露的图像资料来看，此卷流传有绪，后附的钱泳题跋确为钱泳手迹，其余题跋情况与钱泳的记载相吻合，应为钱泳寓目的台州钱氏家族之旧藏品。

② 信见（清）钱泳辑《兰林集》。

③ （清）钱泳：《小清秘阁帖十二卷》，载《写经楼金石目》未刊本。

会面，如第四章所述，王绍兰与钱泳在嘉庆十九年十一月偶遇，多年不见的两人同游焦山，议论金石碑刻，之后王绍兰陆续委托钱泳重刻了秦《碣石门刻石》，缩刻了《石鼓文》，秦《峄山刻石》、《泰山刻石》、《琅琊台刻石》、《会稽刻石》、《碣石门刻石》以及汉《熹平石经》残字等一系列碑刻，钱泳看到了王绍兰在金石书法方面的兴趣，又因其任职福建巡抚，便起意将蔡襄法书集刻成《福州帖》，刻成后寄呈在福州任官的王绍兰及时任闽浙总督的旧交汪志伊，“传之十闽，为后生家法，未始非翰墨之一助也”。[①]蔡襄为福建人，曾任福州知府，此帖刻成后又拟在福建传播，此应为“福州帖”之得名由来。

蔡襄身为宋四家之一，钱泳认为他“人品醇正，字画端方”，[②]但其真迹日少，各家刻帖虽有收录者但为之刻单人丛帖的极少，当时所见的只有明宋珏（1576～1632）撰集的《古香斋宝藏蔡帖》四卷。钱泳于是在宋珏所刻之外再搜集蔡襄法书的墨迹或旧拓本，共得15种，并以苏轼提及蔡襄的《天际乌云帖》附刻其中，成四卷《福州帖》。

《福州帖》中收录了蔡襄的草书、行书及楷书作品，有长卷亦有大量短札。第一卷所刻的《自书诗稿》为蔡襄传世的行书长卷，流传有绪，《经训堂法书》亦曾摹刻，该卷墨迹现藏于北京故宫博物院，后有王文治“乾隆五十五年岁在庚戌秋七月朔日观于吴中经训堂”的题款，由此可知《经训堂法书》本正是从此卷摹刻上石。从《福州帖》本与《经训堂法书》本的对照来看（图89–1、图89–2），两者相似度较高，可以推测钱泳使用了当年摹刻《经训堂法书》时留有的底本重刻上石。与墨迹本（图90）相较而言，这两个刻本的局部细节偶有失真，原作中不匀整的笔致有时被修正得更加规范与圆润，但整体而言，这两个刻本还是较好地反映了原作的笔意与风致，可称为佳刻。在整部《福州帖》中，《自书诗稿》极可能是唯一一件以蔡襄真迹为底本的。毕沅在嘉庆初年被抄家后，蔡襄《自书诗稿》的真迹随之没入内府，《经训堂法书》本及《福州帖》本就成了当时民间所能见到的“下真迹一等”的善本，堪供珍赏。钱泳将此帖置

① 此为钱泳在《福州帖》后的跋语。

② （清）钱泳撰、张伟点校《履园丛话》，第291页。

于《福州帖》全帖之冠，一方面是因为此帖篇幅较长，又由真迹摹入，极为难得，另一方面也是因为此帖的内容为蔡襄从福州进京时的沿途诗稿，正与《福州帖》之名相配。

《福州帖》中的第二卷摹刻了蔡襄的楷书代表作《谢赐御书诗表》，并附有米芾题跋，该帖钱泳曾刻入《小清秘阁帖》。虽不知钱泳从哪个底本摹刻上石，但该底本接近于现藏日本东京台东区书道博物馆的墨迹本（以下简称“书博本”）。该卷墨迹曾藏于乾隆内府，后赐予皇六子永瑢（1744～1790），被普遍认为较可能是蔡襄真迹。而被乾隆皇帝刻入《三希堂法帖》的另一件蔡襄《谢赐御书诗表》墨迹现藏于台北故宫博物院，疑为伪作，书写质量不及前者。从现有史料来看，钱泳应未曾寓目书博本原件，亦不可能从此件上石。钱泳曾自述在收藏家陶珠琳处得见墨迹本《谢赐御书诗表》，称“字如指大，结构精严，后有文与可、米元章二跋……往时见云南周氏刻入《春雨楼帖》”，该本“索价五百金”。[①]从题跋情况来看，这并非书博本，而钱泳极可能是将陶珠琳本双钩摹刻上石的。从《福州帖》的摹刻情况来看（图91-1），这件陶珠琳收藏的墨迹本可能为书博本的某个临摹本，与书博本在结体及点画细节上有不少差异，但在反映蔡襄书迹的真实面貌上要远胜过《三希堂法帖》本。此卷还附刻了苏轼的《天际乌云帖》，翁方纲虽藏有此帖的墨迹本并对之进行了详细考订，认定其为真迹，并给钱泳寄送过《天际乌云帖》的刻本，[②]但钱泳在摹刻此帖时并未参考翁方纲的藏本。从图92、图93的对照来看，《福州帖》本与冯铨（1595～1672）《快雪堂法书》本极为相似，而与翁方纲所藏墨迹本在细节上有许多不一致之处。究其原因，乃是因为钱泳认为翁方纲所收的《天际乌云帖》不真，[③]因而钱泳直接摹自《快雪堂法书》本的可

① （清）钱泳撰、张伟点校《履园丛话》，第271页。

② 钱泳在嘉庆二十年集刻《秦邮帖》时曾向翁方纲商借苏轼法书（见第五章），翁方纲回信时赠送给钱泳一部新刻的《天际乌云帖》（信见《兰林集》），此事发生的时间与《福州帖》摹刻时间相近。

③ 钱泳在乾隆五十七年初见翁方纲时即获观此帖，以为不真。翁方纲在《跋天际乌云帖》中写道：“予所藏《天际乌云帖》实是坡公的笔无疑，昔友人来观多有致疑者……今年夏，钱梅溪访予于济南，出此示之，亦以为不真。今日晴窗，平心谛玩，乃知是真本，无可复疑。甚矣，真鉴之难言，而真物仅存，终不以人言致惑耳。壬子除夕记。”见（清）翁方纲撰、沈津辑《翁方纲题跋手札集录》，第304页。

能性极高，且摹刻质量较精。

《福州帖》卷三、卷四收录了蔡襄的13件书迹，大多为信札，推测底本大多来源于旧刻，摹刻质量总体较优。[①]在当时碑帖市场鱼龙混杂的情况下，整部《福州帖》较好地体现了蔡襄书风的各个侧面，尤其是与流传较广的《古香斋宝藏蔡帖》相较，其精良程度远胜后者。就今日所能见到的资料来看，《福州帖》实为摹刻蔡襄法书质量最佳的一部专刻帖。钱泳在全帖末尾刻有长题跋一则，详叙刻帖缘起，后又刻有潘奕隽题跋一则，内容为"君谟真迹绝少，而刻石佳者亦稀。兹金匮钱立群司马所集，选择既精，摹勒复审，洵为墨林珍秘，视宋氏所刻有过之无不及也"，宋氏指宋珏，此跋在称赞《福州帖》的价值之余，亦含有浓厚的商业推广意味。

《福州帖》完成后，钱泳即致札福建巡抚王绍兰，请其在闽地代为销售，王绍兰先许替钱泳分销百部，后又写信道："蔡忠惠公书为宋四家之冠，大兄辑其遗迹钩摹上石，使先贤妙墨焕然一新，此实艺林盛事。前札云刻成许寄百部，俾海滨流传，知所向慕，具见嘉惠后学至意。第此间地僻俗陋，好事者少，恐一时难以分致，乞寄十部足矣。闽中好尚即此，可例其余。大雅闻之，当为捧腹一噱耳。"[②]可见钱泳原初的销售计划无法实行。随后王绍兰又写信给钱泳道："惠寄《福州帖》十一部及扁对各件，谨已拜登，屡费清神……福帖留贮弟处，谨送上朱提二十两，以为烟楮拓工之费，亦希莞纳。嘱交汪制军、李方伯帖二分，均经转送。"[③]可见钱泳依王绍兰前信所言，仅寄出十一部《福州帖》，除作例行礼品赠人外，获得了二十两银子的收入，每部约得二两银子。

其他几部丛帖

嘉庆二十年，与摹刻《秦邮帖》《福州帖》同时，钱泳撰集晋、唐、宋人法书刻成《写经堂帖》8卷，从帖名冠以钱泳斋号可知，此刻欲留作传家之用。

---

① 关于《福州帖》中各帖的详细讨论，见姚灵《清中期刻帖中的跨阶层人际互动与商业考量——〈福州帖〉摹刻与销售始末》，载（台北）《故宫学术季刊》第40卷第1期，第103～156页。

② 信见（清）钱泳辑《兰林集》。

③ 信见（清）钱泳辑《兰林集》。

此帖收录了二王、孙过庭、蔡襄、苏轼、米芾、范仲淹、欧阳修、朱熹、陆游（1125～1210）、张即之等人及唐代经生的书迹。从钱泳的选帖及题跋可知，他将自己平生重视的许多佳迹收录其中。举例而言，卷一所刻的王献之《洛神十三行》时藏于云间沈家，与常见刻帖所收不同，后有明清多人题跋，王芑孙在观款中称其为明人旧拓，"虽稍下于《鼎帖》，要之冠绝诸本，非玉版以下同论矣"，[①]钱泳此帖应是直接摹自沈家拓本。卷三所刻的《唐定武兰亭真本》，后有吴说（活跃于12世纪中期）、柯九思跋，此即赵孟頫题写"兰亭十三跋"的"独孤长老本"。钱泳于嘉庆八年获观于扬州吴绍浣（1778年进士）家时即双钩一通收藏，后寄呈翁方纲，其中有助于考订此本《兰亭》的吴说、柯九思跋语极得翁方纲重视，[②]此二跋前人刻帖时均未刻入，因而钱泳便将此本《兰亭》及吴、柯等跋摹刻上石，得到了翁方纲的称赏。钱泳在集刻《写经堂帖》时"独孤长老本"已为火所焚，他捡出当年双钩的摹本再刻上石，又特将吴、柯二跋附入，可称珍贵。卷四、卷五所刻的孙过庭《书谱》底本为清安岐刻本，而安岐本从现藏台北故宫博物院的墨迹本摹刻上石，为公认之佳刻。钱泳曾受满族官员毓兴之托以两年之力精刻此帖（见第五章），此时又重刻一通收入《写经堂帖》，可见重视。卷七的文彦博手札、卷八的张孝伯（1163年进士）手札皆从钱泳认为的真迹摹刻上石。值得一提的是，钱泳专设了第六卷摹刻唐人写经，这种经生书并非书史名家之笔，历来极少为刻帖者重视，钱泳设此一卷正可见清中期时不少文人的书法观念正在发生变化，即从只取法名家到取法"非名家"的变化。总而言之，《写经堂帖》选帖甚精，张伯英亦称赞其"在钱帖内为最善矣"。[③]

嘉庆二十三年，钱泳在家中集刻唐、宋、元人法书成《述德堂帖》8卷，作为《写经堂帖》之续。此帖收录了唐人临本《黄庭经》、颜真卿《竹山堂连句》及蔡襄、苏轼、黄庭坚、米芾、赵孟頫、鲜于枢、俞和、张雨、吴镇、倪瓒等

---

① （清）钱泳：《写经堂帖八卷》，载《写经楼金石目》未刊本。

② 翁方纲为独孤长老本《兰亭序》题写的诸跋，见（清）翁方纲撰、沈津辑《翁方纲题跋手札集录》，第255～256页。

③ 张伯英：《写经堂帖八卷》，载《张伯英碑帖论稿·释文卷》，第147页。

人书迹。《述德堂帖》同样摹刻了钱泳平生搜集的许多法书，有些钱泳早年已刻过的作品，此时又再收入此帖。如卷五的米芾小楷《千字文》，钱泳于嘉庆十二年在吴绍浣家得见墨迹本时便双钩一通收藏，嘉庆十九年将之摹刻上石，在撰集《述德堂帖》时或直接将刻好的帖石编入。又如卷八的吴镇草书《心经》，钱泳于嘉庆十六年受钱樾委托从现藏于北京故宫博物院的墨迹本摹刻上石，并附刻有刘墉、永瑆及钱樾的跋语（见第五章），此时钱泳又将此帖及诸家题跋再度刻入《述德堂帖》。此外，卷四所刻的苏轼《墨妙亭诗》应摹自董其昌的《戏鸿堂法书》本，钱泳曾于嘉庆二十年将之刻入《秦邮帖》，因《秦邮帖》是应代理高邮知州师亮采之托所刻，钱泳不便在帖中留下过多题跋而胜过师亮采的风头，因而《秦邮帖》本的《墨妙亭诗》后未有题跋。此时在《述德堂帖》中则情形不同，钱泳在《墨妙亭诗》后附上了数百字的长题，不仅详述了北宋墨妙亭的典故及苏轼诗作刻石的历史浮沉，甚至还刻上了自己于嘉庆十八年应湖州知府赵学辙（1768～1833）之邀重游墨妙亭故地后写下的诗作，向观者充分展示了自己的经历、学识及诗才。

嘉庆二十二年冬，钱泳集二王、颜真卿、苏轼、米芾、赵孟頫等人书迹成《吴兴帖》六卷，嘉庆二十三年春刻成。此次刻帖起源于嘉庆十八年钱泳的湖州之行，湖州旧称吴兴，宋代孙觉曾于此地筑墨妙亭，亭中收藏汉唐以来名迹石刻，苏轼《墨妙亭诗》即因此而作。钱泳此年与湖州知府赵学辙、官员彭志杰（生卒不详）等游览湖州名胜，遍寻墨妙亭旧刻而不果，于是便有心集刻与吴兴有关的法书名迹以追踵前贤。这部刻帖的摹刻时间较短，大部分法书也同时见于钱泳的其他刻帖，因而这部帖更像是“顺手为之”的产物。比如附有吴说、柯九思跋语的“独孤长老本”《定武兰亭序》、褚遂良摹本《兰亭序》、颜真卿《竹山堂连句》、苏轼《墨妙亭诗》、赵孟頫《天冠山诗题咏》和《二赞二图诗卷》等，分别见于《写经堂帖》《述德堂帖》《秦邮帖》《经训堂法书》《松雪斋法书》等帖，可见钱泳在摹刻《吴兴帖》时节省了不少精力。《吴兴帖》完成后，“赠送”给了出任乌程县令的彭志杰，此次出让帖石极可能给钱泳带来了直接经济收益。

嘉庆二十三年前后，仪征盐商巴光诰见到钱泳所刻的历代法帖，极为称赏，钱泳便许诺将帖石“惠赠”，[①]不久，钱泳将64方帖石运至巴光诰的私家园林朴园中，嵌于其家塾之壁，是为8卷《朴园藏帖》（图94）。正如容庚所言，《朴园藏帖》是由大部分《吴兴帖》与部分《写经堂帖》，再加数种散帖拼合而成的，[②]其中所附的钱泳题跋内容与《写经堂帖》毫无二致，未做任何改动。钱泳除了以隶书题写“朴园藏帖”的标题、在帖石上加刻“北野巴氏珍藏图书印”等巴氏印鉴之外，还增刻了巴光诰的题跋一则，从题跋书法来看，应为钱泳代笔，题跋内容详述了刻帖历史及《朴园藏帖》的由来，亦可能是钱泳代拟。巴光诰在这段时间与钱泳多有往来，钱泳应邀为朴园题字题诗，并为巴光诰书刻了《太上感应篇》（见第五章）。《朴园藏帖》名为“惠赠”，实应为出资购买。巴光诰向钱泳付费购买的这一系列“文化产品”均用来给自己的私家园林增添文化气息，这正反映出当时盐商以经济资本购买文雅形象的普遍现象，也体现了富商与文人之间的相互需求。

此外，钱泳还集晋、唐、宋人法书刻成《虎邱帖》四卷，此帖的具体摹刻时间不详，但从帖中题跋来看，应当刻于嘉庆二十四年之后。《虎邱帖》是以苏州虎丘为主题而刻，收录有王羲之、王献之、王珣（349～400）、王珉（351～388）、颜真卿、张旭、白居易（772～846）、苏轼、米芾等人书迹，所选书家及帖文内容都尽量与虎丘有所关联，入选书迹应均翻摹于旧刻。

单刻帖

表7-1所载的钱泳自发摹刻古人书作单刻帖有7种，实际情况应远逾于此。7种单刻帖中有4种都是《兰亭序》，其中上文提到过的“独孤长老本”被摹刻了两次，有一次“赠送”给了绍兴陈鸿熙，收藏在绍兴徐渭旧居“青藤书屋”之中。另外两种《兰亭序》，一种是双钩的褚遂良摹本，钱泳认为与宁波天一阁所藏刻本相似，便交付曹遡三（生卒不详，应为钱泳弟子）刻石；另一种是钱樾家藏本，传为唐人双钩，后有元代人题名，钱泳亦将之刻石。此外，钱泳于道光元年从《淳熙秘阁续刻》第三卷翻刻了张旭草书《率意帖》，因张旭为苏州人，钱泳

① 巴光诰请钱泳赠送帖石的时间，据《朴园藏帖》中所刻的巴光诰题跋来看，为嘉庆二十三年，而钱泳在《履园丛话》中记载其事发生在道光元年至二年之间。

② 容庚：《丛帖目》，第624页。

拟以此帖为始更多地搜集摹刻张旭法书以在吴中传播，但或终究未能实行。钱泳还从宋刻《凤墅帖》中摹取了米芾书迹“华严兜率”四字，双钩勒石“赠送”给了一位“觉生长老”。他还摹刻了文徵明手书《虎丘诗》七律二首，共成8石，刻完后“赠送”给了族人钱锋（生卒不详），被后者置于私家园林之中。

二　自发摹刻清人书作

从现有材料来看，钱泳自发摹刻清人书作的主要情况见表7-2。

表7-2　钱泳自发摹刻清人书作情况

名称	时间	书刻情况
攀云阁帖初刻2册	乾隆五十四年	钱泳书并刻石
缩临唐韦坚书《令长新诫》	嘉庆元年	钱泳缩临并刻石
成邸饯行诗刻	嘉庆二年	永瑆书，钱泳双钩，吴国宝刻石
诒晋斋法书16卷	嘉庆十二年	永瑆书，钱泳刻石（与户部员外郎盛时彦商刻）
诒晋斋巾箱帖4卷	嘉庆十二年	永瑆书，钱泳刻石
兰亭序	嘉庆十八年	钱泳于乾隆五十八年（1793）临定武本《兰亭》，外甥杨凤梧刻石
攀云阁临汉碑16卷	嘉庆二十三年	钱泳书，钱曰奇、钱曰祥刻石
述德堂枕中帖4卷	道光二年	钱泳书，钱曰祥刻石
学古斋四体书刻4卷	道光八年	钱泳书，弟子华士仪刻石
养竹山房图咏	道光二十一年	钱泳征集诸家题诗，钱萱刻石
琉球国人草书石刻	不详	钱泳刻石
海国人书刻	不详	钱泳购得海外书帖刻石
附：他人出资摹刻钱泳书作		
缩本《乐毅论》	嘉庆二年	钱泳书，叶含青出资刻石
兰亭序	嘉庆十四年	钱泳书，钱萱出资刻石
问经堂帖4卷	嘉庆二十一年	钱泳书，施淦（时任江南宝苏局盐局官）出资刻石
缩本唐碑（约130余种）	嘉庆二十四年	钱泳嘉庆元年至二十四年书，鲍崇城出资刻石

从表7-2中所列情况来看，钱泳自发摹刻的清人书迹主要是成亲王永瑆的书迹和钱泳自己的书迹，另外还摹刻了集诸位友朋书迹的《养竹山房图咏》及琉球等“海国”之人的书迹。表中附列有4种刻帖，均为钱泳书迹，但由他人衔名出资摹刻，之所以附列在此，是因为这些书迹大多还是由钱泳主理刻石事宜，如《问经堂帖》及《缩本唐碑》这样的钱泳书作重要刻帖，在内容编排及摹刻上均由钱泳主导，制作上类似于“钱泳自发刻帖”的其他产品，只是刻帖完成后出售拓本的收益不归钱泳一人所有。

下文将先叙述钱泳制作的永瑆书迹刻帖，再及钱泳自己的书迹刻帖，最后再论及其他。

（一）永瑆书迹刻帖

表7-2所列的钱泳摹刻永瑆书迹共有3种，分别是单刻的《成邸饯行诗刻》和两套丛帖《诒晋斋法书》《诒晋斋巾箱帖》。永瑆号诒晋斋主人，他身为乾隆皇帝的第十一子，受封成亲王，又兼书艺高超，其书作在当时的京城显贵圈中广受推崇。在钱泳现存的刻帖记录中，除了他自己以外，他所摹刻的清人书迹以永瑆书迹为最多，也最为知名。如第五章所述，钱泳曾受郑亲王乌尔恭阿、质郡王绵庆、潘世恩等王公大臣所托摹刻过数种永瑆书迹，而钱泳自发摹刻的永瑆书迹数量更多，尤以两套丛帖影响最大，传播范围亦广，显著地提高了钱泳的刻帖声名，并为他带来不少经济收益。

钱泳自发摹刻永瑆书迹始于嘉庆二年的单刻帖《成邸饯行诗刻》。他在乾隆五十七年初次进京时即对永瑆书迹在京城的风靡留下了深刻的印象，当时他“拜观王笔墨甚多，士大夫珍逾球璧，欲求假临模而不可得”，[①]直至嘉庆二年七月，官至祭酒的吴锡麒辞官南归，将永瑆赠送给自己的饯行诗出示钱泳，钱泳方才有机会将之双钩留存，后命弟子吴国宝刻石。此帖刻成之后即被反复椎拓，至嘉庆十一年钱泳系统摹刻《诒晋斋法书》时，此帖的帖石已残泐不可用，钱泳只得再刻一通，编入了《诒晋斋法书》（图95）。

① （清）钱泳：《成邸饯行诗刻》，载《写经楼金石目》未刊本。

钱泳撰集永瑆书迹刻成的十六卷《诒晋斋法书》是他刻帖的主要代表作之一，在当时及后世的很多传记文字里，这部刻帖常被当成钱泳的重要作品来叙述。首先要澄清的是，由于此帖的传播范围极广，钱泳又与京城显贵圈中的不少王公大臣有交情，当时及后世的不少人便以为此帖的摹刻是出自永瑆委托，如文人钱之鼎（1773～1824）在给钱泳的赠诗夹注中写道："先生为成邸座上客，诒晋堂书皆先生手镌。"[①]如篆刻家孙三锡（活跃于道光、咸丰年间）在《唐碑题跋》刻本后记中称钱泳："嘉庆初年游京师，一时文人硕士皆乐与之交。书名遂满燕冀，尝为皇十一子捉刀笔。"[②]如李放（？～1926）在《皇清书史》中引用了《无锡县志》的叙述，称钱泳"客京师为成邸所知，诒晋斋帖皆泳刊定"，[③]又引用了徐康（1814～？）的《前尘梦影录》，称钱泳"善赵吴兴体，曾为成邸捉刀"。[④]类似表述还可在其他传记材料中见到。而最具误导性的文字材料还要数胡源、褚逢春所编的《梅溪先生年谱》，该年谱在嘉庆四年项下记载道："在京师，有礼亲王、郑亲王、成亲王皆能诗好文墨，闻先生名。"[⑤]又在嘉庆十年项下记载道："九年八月成亲王奉旨刻诒晋斋帖，至是复欲续刻。京师古人咸荐先生，先生遂于二月间束装北上，三月抵京为成亲王双钩诒晋斋帖十六卷，巾箱帖四卷。"[⑥]这种说法影响深远，直至现在尚有不少关于钱泳的研究做类似表述。事实上，钱泳与永瑆之间并无委托关系，钱泳亦不曾成为永瑆的"座上客"，两人之间应没有直接的交情。

嘉庆四年，钱泳在第二次进京游历时接到了郑亲王乌尔恭阿及质郡王绵庆的委托，将永瑆的楷书《进学解》（图68-1）、草书《百家姓》（图69）及永瑆写给乌尔恭阿的十札三诗摹刻上石（见第五章），与此同时，钱泳便以这些书迹为底本，又从肃亲王府借钩永瑆写给肃亲王永锡（1753～1821）的《论书三

① （清）钱泳辑《题赠集》。

② （清）钱泳辑《唐碑题跋》，中国国家图书馆藏清咸丰十年刻本，孙三锡刻。

③ （清）李放辑《皇清书史》卷十一，收入周骏富辑《清代传记丛刊》第82册，第357页。

④ （清）李放辑《皇清书史》卷十一，收入周骏富辑《清代传记丛刊》第82册，第357页。

⑤ （清）胡源、褚逢春编《梅溪先生年谱》，载北京图书馆编《北京图书馆藏珍本年谱丛刊》第122册，第224页。

⑥ （清）胡源、褚逢春编《梅溪先生年谱》，载北京图书馆编《北京图书馆藏珍本年谱丛刊》第122册，第227页。

帖》，从陈万全（？～1802，官兵部侍郎等）处借钩永瑆为其临写的小楷褚本《乐毅论》、从钱樾处借钩永瑆赠送的行书《赵忠懿公铁如意歌》，连同从其他官员处借钩到的永瑆书迹，刻成了四卷《诒晋斋法书》，之后四处传播，广受欢迎。钱泳的摹刻得到不少文士的认可，如友人吴蔚光在给钱泳的一封信中写道："成王所临《乐毅论》精妙精妙，能再捐惠二三通否。"[①]吴锡麒写信道："诒晋斋诗钩摹行款俱已精工。"[②]法式善写信道："尊刻成邸杂帖如《乐毅论》、《进学解》祈各拓二三分惠寄。"[③]而这一切永瑆并不知情。他在嘉庆六年的一则题跋中写道："余少壮时，喜临阁帖，稍得意，即装成卷轴，私心谓可传也。由今观之，始知去作者尚远，亦犹诗文之道愈进愈厌其少作，未有不悔开雕早之者，余幸未自勒其字于木石。乃有浙人钱生泳者，未尝识余，不知从何处得余书数种，遂尔钩模镌石，余于他所见拓本，深为怪叹，即今尚不通一问也。究不晓生何为好事如此，亦听之而已。"[④]可见永瑆此时并无将自己的书作刻帖之意，更不认识钱泳。

嘉庆九年八月，嘉庆皇帝下旨令永瑆将自己的书迹摹刻成帖，永瑆方才奉旨拣选自己的书迹，命袁治（生卒不详）、陈伯玉（生卒不详）摹刻上石，是为《诒晋斋书》五卷，卷首刻有御制文四种、圣旨一种（图96），各卷卷尾刻"嘉庆九年岁次甲子八月奉圣旨摹勒上石"正书三行，应是由于奉旨刻帖之故，帖中未有他人的观款、题跋。嘉庆十年，永瑆又命刻工袁治将家中收藏的晋、唐、宋、元法书名迹刻成《诒晋斋帖》四卷，落款有"元和袁治镌"字样，此帖亦被称为"诒晋斋模古帖"。

嘉庆十年初，钱泳再游京师，得知永瑆奉旨刻帖的消息之后，他与时任刑部员外郎的盛时彦相商，再次搜集永瑆书迹，"凡三公贵人藏有成邸手书皆为借阅双钩，时当盛暑，仆仆于车尘马足间者几三阅月"，[⑤]将原先的四卷《诒晋斋法书》增扩为16卷，分成4集。双钩完之后，钱泳将之带回常熟家中，与奉旨摹

① 信见（清）钱泳辑《兰林集》。

② 信见（清）钱泳辑《兰林集》。

③ 信见（清）钱泳辑《兰林集》。

④ 容庚：《丛帖目》，第1730页。

⑤（清）钱泳：《诒晋斋法书十六卷》，载《写经楼金石目》未刊本。

勒的《清爱堂石刻》一道命工勒石，至嘉庆十二年初正式完工。与此同时，钱泳还另将部分永瑆书迹刻成小册本的《诒晋斋巾箱帖》四卷，亦于嘉庆十二年初完工。①

《诒晋斋法书》中附刻有许多题跋和观款，涉及清中期人物的数量之多在钱泳刻帖中无出其右者。除了永瑆自己在书作后附上的跋语及原迹后附的收藏者跋语之外，钱泳还自拟了多处题跋，同时邀请了不少官员、文人留下题跋和观款，从中可以清晰地看出钱泳摹刻此帖时所动员的人际关系，而这些题跋和观款又进一步给刻帖本身增添了文化光环，使之更加风靡。

从这些题跋和观款可知，《诒晋斋法书》中所收书迹均来自京城显贵圈的收藏，不少人与永瑆有着直接交情，因而书迹极为可靠。除了上文叙述过的最初四卷《诒晋斋法书》的底本来源情况之外，扩增的余下12卷中，二集卷一的小楷《自书古今体诗四十首》是永瑆赠送给辅国公裕瑞（1771～1838）的（图97）；二集卷三、卷四的楷书《近光楼诗》是永瑆赠送给周厚辕（乾隆年间进士，官户科给事中等）的（图98）；三集卷一的小楷《书曹子建洛神赋》，三集卷二的临褚遂良、颜真卿、李邕、李怀琳（活跃于公元七世纪）、杨凝式（873～？）诸帖是永瑆赠送给豫亲王裕丰（生卒不详，裕瑞之兄）的（图99）；四集卷一的小楷《书陆佐公石阙铭》、行书《书谢灵运诗》是永瑆赠送给董诰（1740～1818，曾任军机大臣等）的；四集卷二的行书《雪赋》《月赋》是永瑆赠送给赵秉冲（活跃于乾嘉年间，曾任户部左侍郎等）的；四集卷二的行书《重登日观峰诗》是永瑆赠送给钱棨（1742～1799，曾任礼部侍郎等）的；四集卷二的行书《拟古》是永瑆赠送给阮元的；四集卷四还收录了永瑆写给裕瑞、钱樾、钱棨、谢墉（1719～1795，官内阁学士、礼部侍郎等）等人的信札。此外，钱泳与盛时彦还从额勒布等其他满汉官员处搜集到不少永瑆书迹，其中还有英和、刘墉等人的题跋。这些永瑆书迹大部分都是从原迹上石的，但亦有一些是摹本，如二集卷二的《临兰亭序》，便是从盛时彦友人家中的双钩本摹刻上石的。

在摹刻书迹原有题跋之外，钱泳还在《诒晋斋法书》中自拟了七则题跋，

① 容庚《丛帖目》中将《诒晋斋法书》的摹勒时间定为嘉庆二十四年，为误。

这些题跋的主要内容是夸赞永瑆书艺并阐明书迹来源。如为初集卷一《临褚本乐毅论》题写的“成邸书如凤芝龙术，人间不可多觏。兹小楷《乐毅论》为陈梅垞侍郎临写，尤得晋唐神髓，兼备褚法者也”。为二集卷一《自书古今体诗四十首》题写的“右成亲王自书古今体诗四十首，蝇头小楷，烂熳三千言，是从《黄庭》、《乐毅》、《破邪》、《论度人经》融化而成，樊学斋主人所藏王书甚多，固知其不能出此上也。至诗律之精深，真熙朝之雅颂。昔孙过庭称右军位重才高，调清词雅，泳于成邸亦云”。为二集卷四《近光楼诗》题写的“成亲王《近光楼诗》一幅，为周驾堂给谏所藏，是运北海之雄健，参以松雪之清华，所谓合众妙集大成，投其所向而无不如志者也。嘉庆十年闰月，泳寓京师，获观于给谏斋中，借钩入石，以惠学者”。为三集卷四《书宋名臣言行》题写的“成邸书纵横驰骤，直入二王，近年下笔谨严，一变欧柳，非降格相从，实书家进步，要知晋唐人原是一家眷属耳。此卷为赵谦士侍郎所藏，嘉庆乙丑六月廿四日泳过澄怀园，同黄左田宫赞拜观，因模入石”（图100）。为四集卷三《临米南宫六帖》题写的“右成亲王临米帖，约斋太仆所藏。王已刻呈秘府，为朝野所共珍。然见古人中如《淳化》、《大观》、《绛帖》、《潭帖》模晋唐诸贤名迹，不妨一刻再刻耳”。这些跋语对永瑆书艺极尽褒扬，既能看到钱泳对权贵书家的恭维，也能从中看出浓厚的商业宣传意味。

盛时彦在《诒晋斋法书》中留有题跋四则，字数较之钱泳要少许多，对永瑆书艺的夸赞程度较之钱泳稍有收敛，但内容也显示出了他作为“同刻者”的身份，如二集卷二的《临兰亭序》后题写道：“定武石刻本出欧阳，兹即以欧笔临之，真见身说法，独绝千古。嘉庆乙丑二月，偶于友人案头得双钩本，喜不自胜，遂谋之梅溪。模于乐石。刑部员外郎盛时彦谨记。”三集卷二的《临张伯英草书》后题写道：“伯英精于草体，惟有阁帖所收，兹观成邸临本数行，犹想见凭虚欲仙风格也。”三集卷三的《临苏东坡赤壁赋》后题写道：“苏书《赤壁赋》传本甚多，如戏鸿堂、余清堂、余清斋俱有刻本，吴用卿以为长公最得意笔也。成邸此临丰腴悦泽，字字逼真，惟结体与诸刻不同，当别自一本耳。”三集卷三的《书杜少陵秋兴八首》后题写道：“此本墨迹藏钱抚棠少宰家，吴门翻刻纷纷，总不若是刻之精劲而兼华腴也。文氏停云馆尝模赵集贤书杜诗为白雪斋帖，今观此本，实有过之，孰谓今人不如古人耶。”这些跋语除了称赞永瑆书艺外，还称赞了钱泳的刻帖水平，亦意在推介此帖。

在嘉庆十年至嘉庆十一年之间，钱泳还邀请了王公大臣专为《诒晋斋法书》留下题跋和观款，比如二集卷一《自书古今体诗四十首》后有裕瑞题跋，内容为：“诒晋斋书法超妙，格律精严，并臻晋唐奥室矣。此卷自书诗四十首，小楷极尽变化，而诗意澹远，古韵悠然，洵称二美。曩余求书最多，虽吉光片羽，亦必装池珍秘，故从来所得卷册无一零落者。顷梅溪自南来，相晤于樊学斋，夙闻先生钩勒入神，金石名手，因出所藏诸本历观，此卷先为寿石，以公同好。余俟诸异日也。”二集卷二末尾有法式善题跋，内容为“诒晋斋主人书法于今为天下第一，钱子梅溪所模初集四卷久为艺林珍重，兹与盛松雪员外散借诸王公藏本双钩勒石者又得三集，合十六卷。何减波斯胡取珊瑚木难，一旦尽为已有，其愉快当何如耶”。这些题跋内容既称赞了永瑆，又夸奖了钱泳，同时还体现出钱泳与清廷及蒙古贵胄之间的交情。嘉庆十一年时，钱泳在常熟家中刻帖，他将部分刻成之帖寄请江南熟识官员征求题跋，因而《诒晋斋法书》中有时任两江总督的铁保题跋，两淮盐政额勒布、两淮盐运使曾燠（图101）、扬州知府伊秉绶等人观款。阮元也为钱泳撰写了题跋（图21），并写信称“诒晋斋帖跋拟成，乞为改定，至拙书不但不工，并不能横平竖直，务乞大笔大加润色规正之，庶不有伤妙刻面目也”，[①] 刻成后的内容为“成亲王翰墨为世所重，内廷诸公乞王书者王多应之，王所自书而藏之者转少。金匮钱梅溪国学好集王书，凡藏王书之家皆访求之，亲为双钩上石，积之既久，遂有四集之富。持以示元，诚精刻也”，亦为《诒晋斋法书》鼓吹增色。此外，钱樾、徐颋（1771～1823，时任翰林院编修）、徐松（1781～1848，时为庶吉士）、姚元之、孙原湘、孙尔准、吴鼒、吴荣光、翁树培、赵佩湘（1760～1816，官至四川学政）、杨芳灿（1753～1815）、李威（1778年进士）、张运煦（1799年进士）、汪恩（1799年进士）、张铭（1798年中举，曾任刑部郎中等）等人都在《诒晋斋法书》中留下了观款，这其中的许多人与钱泳熟识，另有一部分人应为盛时彦之友。

① 信见（清）钱泳辑《兰林集》。

钱泳搜集永瑆书迹的过程颇费心力，比如他向周厚辕等人借钩书迹是通过文人雅会的方式，周厚辕在一封给钱泳的信中写道："尊刻并日本《孝经》收到，珍袭珍袭。昨日吴公携所藏见过，有苏书二纸极佳，字数不多，似不可不钩模入石也。迟日乞再枉步小斋同赏，并乞携张旭《郎官帖》来一阅，覃溪先生昨为弟说也。《近光楼诗》付上。"[①]可见借钩永瑆的《近光楼诗》是文人间法书交流及鉴赏活动中的顺势行为。钱泳亦曾请担任鸿胪寺少卿等职的族亲钱樾帮忙借钩书迹，并向他借了不少私藏，钱樾在给钱泳的不同信札中分别写道："成府所书《乐毅论》，昨别后思之，若恳质府向借，无不可者。恐樾与言未必有济，希酌之。""友人所索观者，诒晋斋别种如《秋兴八首》、《岘山亭记》之类，在四卷之外者……至诒晋近书小者绝少，一卷已为秦观察借去，容检得再送上。"[②]从这些内容可知，即使有熟识高官帮忙，搜集大量永瑆书迹亦非轻易之事，因而有16卷之多的《诒晋斋法书》问世之后，便极受有翰墨之好的文士欢迎。

与钱泳关系密切之亲朋有不少直接向钱泳订购《诒晋斋法书》，如潘奕隽在给钱泳的一封信中写道："奉到青蚨乙千二百文，希照入。所有诒晋斋石刻望即发装潢，并属其速付为妙。面用楠木，套用洋布。"[③]法式善在给钱泳的一封信中写道："接到手函并诒晋斋诗帖皆送樊学斋矣……诒晋斋续刻如皆上石，尚望拓寄二三分来，以慰饥渴。雅宜斋郭君亦颇望之。"[④]钱樾在给钱泳的一封信中写道："诒晋斋帖未裱者，乞再付五部。"[⑤]亦有索取《诒晋斋法书》中某一书帖者，如孙尔准在给钱泳的一封信中写道："戴莲士师顷欲觅成邸所书《近光楼诗》挂幅，适其世兄号昆禾请假南还，道出吾乡，望即拓十分，付之渠。限期颇速，不能滞留，望迅付为祷。该价若干，即向舍下取足可也。"[⑥]钱泳也主动向人寄送帖目，以求获取订单，如徐松在给钱泳的一封信中写道："诒晋斋帖目

① 信见（清）钱泳辑《兰林集》。
② 信见（清）钱泳辑《兰林集》。
③ 信见（清）钱泳辑《兰林集》。
④ 信见（清）钱泳辑《兰林集》。
⑤ 信见（清）钱泳辑《兰林集》。
⑥ 信见（清）钱泳辑《兰林集》。

大是巨观，然有录无书，令人远想，转使怀抱中增一恨事……”[①]此外，钱泳还请京中熟识的官员亲友替他代销《诒晋斋法书》，如钱樾在给钱泳的一封信中写道：“昨冬潘芝轩少宰（潘世恩——引者注）回京，带到承示一函，并诒晋斋帖十二部，俱经收明。出京时因来书有帖价收存，留为秋间进京旅费之语，是以将现银四十八两并余帖交吴荷屋侍御处，留札在彼。俟文驾到京，将价一并交收。至后寄之诒晋斋十部、巾箱帖四十部，信曾接到，帖却未经送来，当因樾已闻讣[②]径存盛处矣。”[③]由此可知钱泳先请钱樾代销12部《诒晋斋法书》，共得现银48两，每部约为4两，后又拟请钱樾继续代销。姚元之亦替钱泳销售了一部分《诒晋斋法书》，他在给钱泳的一封信中写道：“左君（指胡左君，即钱泳弟子胡源——引者注）委代售诒晋石刻，缘琉璃厂有赝本乱真，为值甚贱，都中人多未能辨之，是以乐此者觉少。每部得值二金者绝罕，一两三四五者居多，尽去十七部，其价俱付左君矣。近状无恙，并嘱左君面述。”[④]姚元之与钱泳熟识当在嘉庆十四年（见第五章），此时距离《诒晋斋法书》刻成已有一段时间，从信的内容可知，此时北京坊间已出现了不少翻刻本，使得钱泳的原刻难以售出好价钱，每部仅能卖出一两多银子。此外，钱泳另一位在京中任职的族亲钱昌龄也替钱泳销售过《诒晋斋法书》。[⑤]

从上引史料及现在公私机构收藏《诒晋斋法书》的情况来看，[⑥]此帖的传播范围要远超过永瑆奉旨摹勒的《诒晋斋书》，[⑦]而有些官员文人便误以为钱泳与

① 信见（清）钱泳辑《兰林集》。

② 此时钱樾应遇母丧。

③ 信见（清）钱泳辑《兰林集》。

④ 信见（清）钱泳辑《兰林集》。

⑤ 钱昌龄在一封给钱泳的信中写道：“帖帐一纸呈阅，除已缴外裱者尚存四部，该洋钱十六枚。未裱者十部。据香泉云，每部洋钱二枚。刻下各处均未交来，且尚有未销者。兄出门在即，谅多费用，特为应上洋钱三十六元，乞查收。此外惟日本《孝经》尚未销清，诒晋斋帖价已归楚也。”信见（清）钱泳辑《兰林集》。

⑥ 海内外不少博物馆及图书馆藏品目录中都有《诒晋斋法书》，无论是否原刻本，都能说明此帖的传播范围之广。现沈阳故宫还藏有一批《诒晋斋法书》的帖石，但暂无法确定是否为钱泳最初的刻石。

⑦ 香港中文大学所藏的《诒晋斋法书》卷首印有嘉庆皇帝下旨令永瑆刻帖的上谕及永瑆谢折，极易使人以为《诒晋斋法书》就是奉旨摹刻之作，虽不知《诒晋斋法书》在流传过程中有多少部帖有类似操作，但这无疑有助销售，亦容易使人误会钱泳与永瑆之间的真实关系。

永瑆关系密切，如钱昌龄曾给钱泳写信道："弟欲敬求成亲王法书一二种，得双款更妙。恳兄以下情转达。王或推念先人不以昌龄为不肖，竟能俯如所请，岂不甚幸乎。"[①]而事实上，钱泳并无能力代人请索永瑆书作，据现有资料来看，他与永瑆始终未有直接往来，两人应不曾见过面。据上文所述，永瑆在嘉庆六年钱泳仅刻有四卷《诒晋斋法书》时与钱泳尚无任何往来。钱泳曾寻找机会通过钱樾赠送给永瑆自作的书画及印章，并请永瑆替他书写"写经楼"的斋号，钱樾在给钱泳的不同信中写道："……前书画俱已转呈，甚称赏。所求尚未得闲，若刻印章诒晋斋、听雨屋可作两方，或只诒晋斋亦可，以工整为妙。弟明日下园进呈。""印章已呈诒晋主人，极为称赏，属道谢。写经楼额缘近两年不为外人作字，竟以拙书写就送上，知无当尊意也。""武肃像已恳诒晋主人篆书标题……写经楼三字亦诒晋主人篆书，并拙书楹帖，统希检收。"[②]由此可见钱泳欲求永瑆手迹还颇费了一番周折，[③]永瑆亦未因钱泳集刻了他的书法而欲与之结交。究其原因，一方面或是钱泳社会地位不高；另一方面，是永瑆对《诒晋斋法书》等帖的摹刻质量并不满意。

嘉庆二十三年，时任鸿胪寺少卿的卓秉恬（1782～1855）集刻永瑆法书成八卷《话雨楼法书》，又另刻了四卷《快霁楼法帖》。永瑆与卓秉恬素有交情，《话雨楼法书》的帖首即为永瑆亲笔，帖中第六卷还收有永瑆《论刻鄙书帖》一则（图102），其中写道："承示陟卿鸿胪摹刻鄙书，甚精妙，较外间钱盛诸人刻本殆过之无不及也，独末幅《寄岳云》一帖颇可疑，其'少广临本'一印则鄙处无，此印章当更检详耳。"可见永瑆对钱泳所刻之帖并不满意。正如前文论述过的，钱泳在刻帖时确有掺入己意改动原帖的习惯，作为对自己书艺要求极高的人，永瑆或对钱泳刻帖中的失真之处极为敏感，因而《诒晋斋法书》纵然在很大程度上推广了永瑆的书法，却始终不能取悦于他。

对钱泳来说，《诒晋斋法书》确给他带来了不小的声名和利益，正如裕瑞在给钱泳的赠诗中写的："梅溪工诗隶又精，十载之前已闻名，今来重游京师

① 信见（清）钱泳辑《兰林集》。
② 信见（清）钱泳辑《兰林集》。
③ 永瑆书写的"写经楼"三字篆书后被钱泳置于请人所绘的《写经楼图》卷首。

道，坐我小斋当新晴……诒晋斋书赵未欧，便得四卷先镌钩，今来又访我藏本，四十首诗楷蝇头。蝇头之楷世非少，此卷一出空尘表，泼墨拓兼蝉翼皴，铁画银钩愈缥缈……”[①]结合上文所引的种种材料，可见《诒晋斋法书》的摹刻和销售使得钱泳有更多机会得到王公大臣的赏识，同时也最大限度地向其他精英文人展示了他的刻帖能力及他与京城显贵之间的交情，这部帖因此成了钱泳刻帖生涯中的标志性产品之一。此外，钱泳另行摹刻的四卷《诒晋斋巾箱帖》可看作《诒晋斋法书》的副产品，它继续扩大着钱泳摹刻永瑆书迹带来的社会影响和经济效益。

《诒晋斋巾箱帖》与《诒晋斋法书》几乎同时上石，但后者与盛时彦合作，前者是钱泳独力所为。《诒晋斋巾箱帖》装潢之后较寻常帖本尺寸更小，通常仅宽7.5厘米左右，更便于携带，钱泳特意制作此种当时并不常见的便携帖本，自是直接受到书籍制作中习见的体积小巧的“巾箱本”之启发。钱泳看到了永瑆书作刻帖的巨大市场需求之后，便起意摹刻此帖，他在《写经楼金石目》中写道：“泳既刻诒晋斋主人书十六卷，复取吉光片羽刻为此帖，用《南史》衡阳王传中语，名曰巾箱。自淳化、大观、绛、潭诸帖以来，从未有小本而成部者。”[②]可见他对于“巾箱帖”的制作颇为自得。

《诒晋斋巾箱帖》共4卷，收有永瑆书迹22种，第一卷为永瑆书写的佛、道经典三种；第二卷为永瑆临写的晋、唐诸家法书；第三卷为永瑆临写的赵孟頫法书；第四卷主要为永瑆的自书诗作。《诒晋斋巾箱帖》所收皆为篇幅较小的作品，或者截取某些较长作品的片段。有部分书作截取自《诒晋斋法书》，如卷二的《临颜鲁公自身告》，卷四的《古诗》《月午二首》等。

《诒晋斋巾箱帖》中有三则钱泳题跋，分别位于卷一、卷二及卷三。卷一的楷书《般若波罗蜜多心经》（图103）后的题跋写道：“嘉庆十二年春王正月，为母九秩寿辰敬刊此经，散施江南诸寺，以广结福缘，钱泳谨题。”卷二的草书《临孙过庭狮子赋》后的题跋写道：“成邸草书宗晋人，复取法孙虔礼。泳前年

① （清）裕瑞：《赠梅溪》，见《樊学斋诗集》，载《清代诗文集汇编》第500册，第290页。
② （清）钱泳：《诒晋斋巾箱帖四卷》，载《写经楼金石目》未刊本。

在京师见所临《书谱》，为之赏叹者累日。今又得观此《狮子赋》，既刻而藏之，又自夸眼福之广也。”卷三末尾的题跋写道：“成亲王书法博涉诸家，而尤深于赵荣禄，因荣禄而直追羲献，从羲献而退入欧虞，精心四十余年，极尽变化，真工深秘奥，笔拟神仙。仲尼七十从心，右军老年多妙，将来不知又当何如耳。兹集刻临赵书六种，欲知王书之所自出，以与艺林共宝之。”题跋中依旧以夸张的辞藻称赞永瑆的书写造诣，同时又显示出自己的集刻者身份。《诒晋斋巾箱帖》中还有裕瑞题跋一则，铁保、汪日章（1744～1811，时任江苏布政使）、陶惟模、孙尔准、梁同书等人观款，俱为此帖增色。

《诒晋斋巾箱帖》问世后广受欢迎，坊间很快就出现了翻刻本，其翻刻的程度似要胜过《诒晋斋法书》。吴鼒在一封给钱泳的信中写道：“巾箱帖已得一本，都中已有翻刻者，大手真能乞洛阳纸贵矣。”[①]钱泳亦在《写经楼金石目》中写道：“刻成之后，海内风行，翻板纷纷至十余部，而书估中又将他人仿书刻石，亦为四卷，名曰续巾箱帖，后亦有金匮钱氏模勒字样，以此冒名射利，愈刻愈劣，愈翻愈行，真奇事也。”[②]如今北京大学图书馆中即藏有乌金精拓的翻刻本《诒晋斋巾箱帖》，为17.7厘米×7.7厘米的经折装，摹刻与原帖极为近似，唯观款较原帖减少。该图书馆还藏有一套四卷的《诒晋斋巾箱帖二集》，此集原与翻本《诒晋斋巾箱帖》组合出售，应即钱泳所说的“冒名射利”之作。嘉庆十四年时，古歙汪氏摹刻了一套4卷的《诒晋斋采珍帖》，不少内容直接翻刻自《诒晋斋法书》和《诒晋斋巾箱帖》，其中甚至还有一则伪造的钱泳题跋。由此可见，钱泳所言的翻刻、仿刻情况真实不虚。钱泳以巾箱帖这种形式摹刻永瑆法书还引起了不少刻帖名家的仿效，嘉庆十三年，藏书家贝墉（1780～1846）摹勒了4卷《诒晋斋巾箱续帖》，嘉庆十六年至嘉庆十七年间，曾替永瑆奉旨摹勒《诒晋斋书》的袁治分别刻了《诒晋斋集锦帖》4卷、《诒晋斋藏真帖》4卷、《诒晋斋藏帖》4卷，均为巾箱本，显然是受到了钱泳的直接影响，亦欲在法帖市场上获利。

① 信见（清）钱泳辑《兰林集》。

② （清）钱泳：《诒晋斋巾箱帖四卷》，载《写经楼金石目》未刊本。

综上所述，尽管永瑆始终未对钱泳摹刻自己法书的行为予以正面认可，但在清中期出现的许多永瑆法书刻帖中，钱泳的摹刻引领了风尚，其影响之大、传播范围之广恐无人能出其右。时至今日，永瑆的许多书迹已不知下落，钱泳所刻的《诒晋斋法书》和《诒晋斋巾箱帖》却仍存世不少，其中所保存的大量永瑆书迹为研究永瑆书法提供了极为宝贵的资料。

（二）钱泳书迹刻帖

如表7-2所示，钱泳将自己的书迹摹刻成丛帖的有《攀云阁帖初刻》2册、《攀云阁临汉碑》16卷、《学古斋四体书刻》4卷，钱泳次子钱曰祥另将钱泳书迹摹刻成《述德堂枕中帖》4卷。此外，施淦（生卒不详）出资摹刻了钱泳的《问经堂帖》4卷、鲍崇城（生卒不详）出资摹刻了钱泳的《缩本唐碑》130余种。钱泳将自己书迹刻成单刻帖的实际情形应较表中所列更多，仅就表中所见而言，有《缩临唐韦坚书〈令长新诫〉》及《兰亭序》，此外，叶含青（生卒不详）出资摹刻了钱泳的缩本《乐毅论》，侄子钱萱亦摹刻了一份《兰亭序》。

在这些刻帖中，《攀云阁临汉碑》等隶书刻帖及《缩本唐碑》最为重要，影响也最大。下文将先分别叙述这两类刻帖，再论及其他。

《攀云阁临汉碑》等隶书刻帖

如第二章、第三章中所述，钱泳在早年即用功于汉隶碑帖并以擅写隶书知名，他很快就充分意识到了自己在隶书方面的长处并加以利用。乾隆五十三年至乾隆五十四年之间，钱泳在替毕沅摹刻《经训堂法书》的同时，便将自己临写的11种汉碑摹刻成帖，共2册，是为《攀云阁帖初刻》。[①]

这2册《攀云阁帖初刻》收录了钱泳临写的《北海相景君碑》《杨君石门颂》《鲁相乙瑛请置百石卒史碑》《鲁相韩敕造孔庙礼器碑》《泰山都尉孔宙铭》《执金吾丞武荣碑》《博陵太守孔彪碑》《司隶校尉鲁峻碑》《豫州从事尹宙碑》《白石神君碑》《荡阴令张迁碑》，这些汉碑的原石都存留于世。在《攀云阁帖初刻》

① 据钱泳之子钱曰祥在后来的十六卷本《攀云阁临汉碑》中的题跋可知，这2册为“刘君湘南、杨君补帆所刻”，这二人应为具体刻石的刻手。

之前，将隶书刻帖的情况历来较少，此种专以隶书临本刻帖的行为或是钱泳首创。钱泳摹刻此帖时年仅30岁左右，他固然是对自己的隶书水平有了一定的自信，但更重要的应是看到了当时碑帖市场的商机。在清中期，有隶书学习需求的文人为数不少，钱泳自幼便对隶书感兴趣，但最初仅能从乡邻家中得见明人隶书石刻，后至苏州方才有机会购得汉魏碑帖（见第二章）。能写得一手汉隶对于很多普通文人来说是傍身之技的一种，但汉碑原拓又仅有少数人方有机会得见，在这样的市场需求下，钱泳摹刻的这2册《攀云阁帖初刻》问世后便很受欢迎，“海内风行”。[①]

嘉庆十三年，钱泳命两子钱曰奇、钱曰祥将自己多年所临写的汉魏隶书50余种摹刻上石，卷首以篆书题为“攀云阁临汉碑”，嘉庆二十三年九月方才完工，共计16卷。这16卷的《攀云阁临汉碑》共分4集，每集4册（卷），以千字文编号第一集4册收有汉碑临本17种，嘉庆十三年刻成；第二集4册收有汉碑临本11种，嘉庆十五年刻成；第三集4册收有汉碑临本13种，嘉庆十九年刻成；第四集4册收有汉魏碑临本10种，嘉庆二十三年刻成。

在这51种碑刻中，[②]当时碑石尚存者有42种，其中包含了当时文人访碑活动中新发现的不少碑刻。这42种除了《攀云阁帖初刻》中已有的11种之外，还包括《三公山碑》、《嵩山太室神道石阙铭》、《平原湿阴邵善君题字》、《敦煌长史武氏石阙题字》、《宛令益州刺史李孟初碑》、《孔谦碣》、《曲阜孔君残碑》、《郎中郑固碑》、《仓颉庙碑》、《竹邑侯相张寿碑》、《卫尉卿衡方碑》、《鲁相史晨飨孔庙碑》、《鲁相史晨孔庙后碑》、《武都太守李翕西狭颂》、《栎里桥郙阁颂》、《司隶校尉杨淮表记》、《曲阜东关残碑》、《武都太守耿勋碑》、《闻熹长韩仁铭》、《堂溪典嵩山季度铭》、《溧阳长潘乾校官碑》、《凉州刺史魏元丕碑》、《郃阳令曹全碑》、《巴郡太守樊敏碑》、《魏封孔羡碑》、《魏公卿上尊号奏》、《魏受禅表》、《魏庐江太守范式碑》、《西门豹祠残碑》五段、《孔宏碑》（鲁相谒孔庙残碑）、《豫州从事孔褒碑》。原碑不存仅有旧拓本流传的有10种，分别为《西

① （清）钱泳撰、张伟点校《履园丛话》，第258页。

② 关于51种汉碑的具体来源，可参见卢慧纹《碑与帖的交会——钱泳〈攀云阁帖〉在清代书史中的意义》，（台北）《美术史研究集刊》第31期，2011年，第205～276页。

岳华山庙碑》《北海淳于长夏承碑》《成阳灵台碑》《玄儒先生娄寿碑》《凉州刺史魏元丕碑》《幽州刺史朱伯灵碑》《小黄门谯敏碑》《圉令赵君碑》《戚伯着碑》《酸枣令刘熊碑》。

从现存的《攀云阁临汉碑》拓本来看，在临写的过程中，钱泳有通临亦有节临，因而各种碑刻在帖中篇幅长短不一。临本字字笔画清晰完整，并无反映原碑残损面貌的意图。对于节临的汉碑，钱泳常常采用集字的手段，因而文句与原碑已不相同。在临写风格上，有尽量靠近原碑、较好地保存了原碑风貌者，如《曹全碑》，从图104-1和图104-2的对比可见，钱泳的临写相当逼真，不少细节都照顾周全；亦有风格贴近原碑但掺杂了不少自身书写习惯者，如《张迁碑》，从图105-1和图105-2的对比可见，钱泳有靠近原碑的意图，但将不少原碑结体中的欹侧之处修改为平正，将原碑的平直波磔改为肥厚的“燕尾”型波磔，从而使临本的气质发生了不小的转变；还有与原碑差距甚大的临本，如《石门颂》，从图106-1和图106-2的对比可见，钱泳将原碑细劲的笔画几乎都改成了丰腴的笔画，结字上也做了不小改动，临本的整体效果可说是典型的“钱泳隶书”，几无《石门颂》的影子。

钱泳在整套帖的编排上颇费心思，他在临碑时并未严格按照原字的大小来临写，而是根据自己的需要将不同的碑临成不同尺寸的字体，尤其是在帖中前后相邻的临本，更是着意在字体上呈现出不同的大小，如三集第一册中《孔褒碑》的字体略大于《东关残碑》,《耿勋碑》又大于《孔褒碑》,《娄寿碑》又小于《耿勋碑》。一册之中常有意做到风格上的不同，被临写得很相似的碑，尽量不放在一册之内。为了丰富帖中的编排变化，钱泳甚至还给某些临本打上了界格，如《魏受禅表》，其原碑并无界格。这些精心设计使得翻阅者一方面在视觉上不断被提醒这是“不同的碑”，另一方面也给翻阅者以大小错落的多样化感受。这样集51种碑刻临本于一帖，更兼摹拓精良，的确蔚为大观。

就中国国家图书馆所藏的完整16卷本《攀云阁临汉碑》来看，其后附有多人题跋和观款。钱泳自撰楷书短题跋一则，内容为：“嘉庆十有三年春，节临汉魏诸碑计五十余种，俾曰奇、曰祥两儿刻之家塾，为初学观览。”钱曰奇和钱曰祥分别撰有较长的题跋，钱曰奇写道："家君总角时即工隶古书，乾隆己酉庚戌之间常临汉碑数种，为刘君湘南、杨君补帆所刻，名曰《攀云阁帖》，既为陈雪樵（陈广宁——引者注）总戎书《陈仲弓碑》（即第四章所述的《陈太丘碑》——引者注），又为赵晋斋文学书《郭有道碑》，俱经刻石。海内流传，将三十年矣。书估每以拓本裁去年月名氏充作古刻，可笑也。嘉庆戊辰春，曰奇取家君平时所临汉魏诸碑凡得五十余种，陆续钩摹，或作或辍，至戊寅仲秋始得竣事，视前刻有十倍之富，而汉人各种无美不收，真可谓集大成者矣。盖汉魏距今几二千年，诸碑日渐日少，得此刻者，尚知所宝贵哉。"钱曰祥写道："右《攀云阁临汉碑》十六卷，家严中年自课以示祥兄弟间，为模范者也。大兄伟堂手自摹刻十年，乃成。自今以后，学古隶者可不必求之古碑而能自得师矣。祥尝论隶书之道莫备于汉魏，至两晋六朝稍衰，而唐时又盛，自唐以后，竟成绝学。国朝右文稽古，斯道复兴，虽一艺之长，亦有气数存乎其间也。惟家严少工文翰，留心书学，以为真行草书，必宗篆隶，寻源追本，宜哉是言。世之留心于斯道者，先知其所宗法，则思过半矣。"题跋中强调了《攀云阁临汉碑》是家中课子之作，使观看者对整套帖的水平产生信赖感。钱曰奇、钱曰祥两人以儿子的身份称赞了父亲的隶书成就，又夸赞了整套帖堪作隶书学习典范，其中"自今以后，学古隶者可不必求之古碑而能自得师矣"一句，可谓是此帖摹刻目的之最好说明，也是此帖的最佳宣传语。

除了钱泳父子以外，还有不少钱泳友人在帖中留有题跋和观款，为此帖增添声势。嘉庆十四年翁方纲、姚元之留下了观款，嘉庆十七年潘奕隽在自家书斋中留下了观款，可见钱泳在刻帖过程中即将刻成的部分邀请友人过目。嘉庆二十三年五月，全帖即将刻成之际，张镠（？～1821）、阮亨、王应祥（生卒不详）、钱之鼎、鲍崇城等13人在扬州留了下观款。嘉庆二十四年，江凤彝（1789年中举）题有短跋一则，称"是刻摹古逼真汉人"。此外，钱泳的众多弟子也在帖中留有题跋观款，受业胡源题跋道："吾师博雅嗜古，工于八分……海内实无其匹，此帖系为哲嗣伟堂（钱曰奇字伟堂——引者注）益生（钱曰祥字益生——引者注）所临，尤见汉人典型，是可宝也"，受业曹奕麟（生卒不详）题跋道："梅溪夫子古隶专宗汉人，三十年前曾模《攀云阁帖》一册，世已奉为圭臬。兹复集临汉碑十六卷，洵隶书之正鹄，后学之津梁也，学者其宝之。”其余弟子华上仪、周芳容、浦洽大（生卒不详）等10人亦先后留下了观款。

钱泳的《攀云阁临汉碑》问世时便受到了欢迎，钱樾曾写信给钱泳道：“弟即刻赴园，铁券诗并攀云阁摹古帖望再付一分带去。”[①]此处的“园”指的是圆明园，钱樾应拟将此帖赠予同在园中当值的某些官员亲贵。姚元之在收到钱泳寄送的《攀云阁临汉碑》拓本之后，曾写信给钱泳道：“承惠我石刻攀云帖，如获重宝，什袭藏之，以为模范。此倘有进功，皆所赐也。近颇觅购汉碑，若大琉璃厂绝无片羽，恨恨。阁下如不弃以斋头余剩之旧隶见寄几幅，当不啻百朋矣。”[②]由此可见，《攀云阁临汉碑》作为隶书学习教材的价值在当时得到了不小的认可，同时还可知，连姚元之这样的京官欲购汉碑拓本尚且不易，《攀云阁临汉碑》的出现确能填补不小的市场空白。可以想见，当时前来索购《攀云阁临汉碑》者不在少数，如钱泳弟子杨昌绪（生卒不详）在阮元处游幕时便写信给钱泳道：“兹有友人嘱购攀云阁全帖及问经堂石刻，务即检寄四部，价值若干，祈示知，即奉上可也。”[③]至今中国国家图书馆、上海图书馆、北京故宫博物院、山东省博物馆、湖北省博物馆、日本国会图书馆等处都藏有《攀云阁临汉碑》的拓本，可见传播甚广。

尽管容庚以为《攀云阁临汉碑》“能得形似而颇有俗气”，[④]但来自上层鉴赏家们的批评并没有妨碍此帖的风行。20世纪初，上海求古斋碑帖局将《攀云阁临汉碑》易名为《汉碑大观》出版发行，[⑤]旨在给隶书爱好者提供临习教材。而《汉碑大观》于1984年被中国书店再次出版，后曾多次印刷。此外《汉碑大观》至少还有1990年、1993年、1997年、2019年出版的不同版本。更为夸张的是，1996年河北人民出版社出版了一本《汉隶精品大观》，内容同样来自《攀云阁

① 信见（清）钱泳辑《兰林集》。

② 信见（清）钱泳辑《兰林集》。

③ 信见梁颖编《尺素风雅：明清彩笺图录》，山东美术出版社2010年版，第170页。

④ 容庚：《丛帖目》，第1747页。

⑤ 详情可参见卢慧纹《碑与帖的交会——钱泳〈攀云阁帖〉在清代书史中的意义》，（台北）《美术史研究集刊》第31期，2011年，第248～250页。

临汉碑》，而书中的前言却宣称此书所选均为东汉碑帖，只字不提钱泳。可见在《攀云阁临汉碑》到《汉碑大观》的流传过程中，有相当一部分人直接将其误当成汉碑拓片使用。《攀云阁临汉碑》作为清中期的刻帖产品，直至现代仍有出版社在不断翻印出版，可见其作为隶书临习教材的价值受到了市场的认可。此外，日本亦出版过《攀云阁临汉碑》中的部分书帖，如大正年间（1912～1926）东京精华堂法帖店就曾影印出版过《攀云阁临汉碑》中的《礼器碑》和《小黄门谯敏碑》等。

在《攀云阁临汉碑》之外，钱泳还有一部隶书刻帖《问经堂帖》，常与前者一道被提及，如孙三锡在自刻的《唐碑题跋》后记中称钱泳“刻有攀云阁、问经堂二帖，皆先生手笔，久行于世”。[①]《问经堂帖》共四卷，为时任江南宝苏局盐官的绍兴人施淦出资摹刻，施淦在《问经堂帖》后的题跋中写道：“金匮钱梅溪先生工隶古书，为海内称重久矣。嘉庆癸酉十月，先生来吴门，信宿小斋者十余日，所得吉光片羽，俱什袭而珍藏之，爰刻诸石，遂成四册。昔赵吴兴见右军《大道帖》，愿供摹拓之役。古人服膺之义，淦窃有取焉。”可见施淦在嘉庆十八年已得到了刻帖所需的书迹，极可能钱泳是专程到他家中为他书写刻帖所需的书作的。他于嘉庆二十年开始摹刻，嘉庆二十一年完工。

《问经堂帖》是巾箱本。今日本早稻田大学图书馆所藏经折装本高约20厘米、宽7.5厘米，苏州图书馆藏经折装本高约18厘米、宽7.5厘米，与《诒晋斋巾箱帖》大小类似。《问经堂帖》虽由施淦出资摹刻，但从版式设计与内容编排中都可以看到钱泳发挥的主导作用。

《问经堂帖》的卷一、卷二是钱泳的隶书临帖（图107），卷一收有钱泳所临的《西岳华山庙碑》《梁相费泛碑》《成阳灵台碑》《小黄门谯敏碑》《季度铭》《武梁祠画像题字》，卷二收有钱泳所临的《杜陵东园铜壶铭》《延年益寿镜铭》《张氏镜铭》《丙午神钩铭》《鲁男子画像题字》《玄儒先生娄寿碑》《圉令赵君碑》《幽州刺史朱龟碑》《戚伯著碑》《巴郡太守樊敏碑》《老莱子画像题字》。这些临本中有全临亦有节临，与《攀云阁临汉碑》相比，可以看到钱泳在《问经

① （清）钱泳辑《唐碑题跋》，中国国家图书馆藏清咸丰十年刻本，孙三锡刻。

堂帖》中增加了临写器物铭文和画像石题字的内容，这反映出当时隶书学习取法对象的进一步扩大化，从丰碑扩展到了先前不为人注意的其他汉代隶书材料。这两卷《问经堂帖》中临写的汉碑有10种，除了《梁相费汎碑》外，其余9种都见于《攀云阁临汉碑》，其中有7种碑已佚，仅有拓片存世。从选帖来看，《问经堂帖》所选临的并非当时最常见的汉碑，而是对一般人来说比较少见的汉碑。

《问经堂帖》的卷三、卷四是钱泳自运的隶书作品（图108）：卷三是钱泳书写的《后汉书儒林传序》、《两都赋序》和《两汉儒林名》，卷四是《后汉书许慎传》、《后汉书》节选（《蔡邕列传》中蔡邕之文的节选）和《儒林郎钱府君碑》（图109）。这两卷的内容安排颇有深意，除了《儒林郎钱府君碑》外，其余内容均与汉代儒士有关，而“儒林郎钱府君”实为钱泳之父，整篇碑文为钱泳所撰。钱泳之父钱钺本为布衣，钱泳在捐得“例授儒林郎候铨布政司经历”的官衔之后，应又为其父捐得“儒林郎”。在《问经堂帖》中，钱泳将父亲的碑文放在班固、许慎、蔡邕等东汉名儒的史传文字之后，可见钱泳借刻帖为父亲立传扬名的强烈意图。《儒林郎钱府君碑》中未有钱泳字样，其后也未附有题跋说明“儒林郎钱府君”为钱泳之父，对不知情者而言，钱泳之父似与古贤一般，因其德行文章而入选此帖。同时，《儒林郎钱府君碑》作为全帖之殿的安排更能够说明钱泳在《问经堂帖》内容编排上发挥的决定性作用。

《问经堂帖》中附有钱泳题跋四则，集中在第一、第二卷之中，基本上是为所临碑铭而写的说明性文字。施淦写有题跋一则，叙述刻帖缘起，附于全帖之后，内容如上文所引。帖中还有音德和（生卒不详）、侯云松（1765～1853）两人题跋，应为施淦邀请所题，两跋盛赞了钱泳的隶书成就和施淦的摹刻水平。此外，帖中还有潘奕隽、李芳芝（生卒不详）、左德润（生卒不详）、余艺（生卒不详）、余芸（生卒不详）、施邦彦（生卒不详）等人观款。

《问经堂帖》在编排设计上与《攀云阁临汉碑》同一思路，从图107、图108可见，《问经堂帖》将不同内容的书帖安排了不同大小的字体，并为某些书帖打上了界格，这些手段丰富了观者的视觉感受，使阅读过程富有变化。帖尾的《儒林郎钱府君碑》较之他帖特意做了着重的设计，如图109所见，白底黑字的大字碑名在全帖之中尤为醒目，这是其他书帖所没有的待遇，在此更可见钱泳宣扬先父遗德的用心。

《问经堂帖》与钱泳的许多刻帖相比，似乎并不起眼，历来碑帖专家亦未对之多留意，但事实上，它在当时的销售量相当惊人。据学者统计，江户时代日本从中国进口了151种丛帖，总数为3797部，而其中《问经堂帖》就占了1883部，超过了进口数的一半，[①]其大量输入日本，必然也对日本隶书爱好者产生了不小的影响。日本商人选择大量购买《问经堂帖》应是出于此帖物美价廉的考虑，尽管此帖在清代中国的销售情况难以统计，但从出口日本的情况来看，其在中国市场中应当同样风行。

《攀云阁临汉碑》《问经堂帖》与第六章所述的《缩本汉碑》一道，均为钱泳隶书刻石的代表作，但前两帖与《缩本汉碑》在立意上有着一定的区别。《攀云阁临汉碑》和《问经堂帖》作为刻帖，其本质是传播隶书书法，因而它没有忠实再现汉碑内容的意图。《缩本汉碑》则不同，它虽然在碑形和书法方面与原碑有着差距，但它在保存碑文内容方面却较为认真，从这个意义上说，《缩本汉碑》有一定的资料价值，不纯为传播个人隶书而刻。

《缩本唐碑》

《缩本唐碑》是钱泳生涯中用心最勤、篇幅最长的书法代表作之一，也因此得到了当时及后世的不少美誉。由钱泳在《缩本唐碑》后的题跋可知，他自嘉庆元年二月开始着手缩临唐碑，其间或作或辍，至嘉庆二十四年十二月写毕，共计130余种。需要一提的是，钱泳缩写的这130余种唐人书法中包括了少量铜器铭文、铁券文、唐人书告及一些墨迹本，但绝大多数是唐碑刻石，因而依旧冠名为"缩本唐碑"。嘉庆二十三年夏，安徽盐商兼刻书家鲍崇城见到钱泳《缩本唐碑》的墨迹，赞叹不已，写下题跋道："余自幼喜临唐帖，顾以抗尘走俗，未能专精于此。今梅溪先生以缩临唐帖诸卷见示，收巨观于细楷，含晋韵于唐法，真能取其神髓。余家藏安素轩所藏为之减色矣。"嘉庆二十四年，鲍崇城将《缩本唐碑》在扬州摹刻上石，钱泳曾寓居鲍家处理刻石事宜，道光二年刻成，共计32册。

---

① 马成芬『江戸時代における「問経堂法帖」の受容』、載日本關西大學『文化交涉　東アジア文化研究科院生論集—第4号』、2015、第165～176頁。

这130余种唐人书迹自武德五年（622）的《新建观音寺碣》始，至乾宁四年（897）的《钱武肃王铁券》终，其中既包括了《孔子庙堂碑》《九成宫醴泉铭》《大唐三藏圣教序》《多宝塔碑》《麻姑山仙坛记》《玄秘塔碑》等唐代书法名家所书的名碑，更包括了大量非著名书家及无名书手所书的各种石刻文字，类别有墓志铭、塔铭、造像题记、摩崖、游览题名等，其中有不少碑刻是清中期最新出土或被访得的。这130余种唐人书迹涉及唐代的政治、文化、宗教等各方面，钱泳将其全文一一缩临完整，并在每一种缩写书迹后附上跋语，阐明其书迹来源、文献著录、史料价值及书刻水准，使得《缩本唐碑》在展示钱泳临帖的书法艺术之外，还极富资料价值。

钱泳缩临的唐碑虽有少量隶书，但绝大部分都是楷书及行楷，每字高约1厘米左右（图110），此举与清中期的书法风气相关。众所周知，当时的科考士子均须练习小楷，而唐碑是他们的最佳范本，一整套《缩本唐碑》面世之后，在市场上的受欢迎程度可想而知。此外，在清中期金石学与书学大兴的背景之下，上层的精英士人亦极为重视唐碑，许多人参与了发现、整理、考订唐碑的活动，同时也大量临写唐碑，翁方纲便是其中的代表性人物之一。翁方纲极为推崇唐碑楷书，常劝人临习，比如他曾在致曹学闵（1719～1787）的信中写道："二兄自应专学唐碑，不可专事米、董以下耳。"[①]他又应好友方楷之请于嘉庆五年精选唐碑36种，是为《苏斋唐碑选》，后又于嘉庆十二年将之扩为50种。[②]翁方纲自己常书蝇头小楷，至老不辍，他曾在汪由敦小楷后题跋道："巾箱细楷经典，起于南齐衡阳王钧，时贺玠谓之曰：'家有坟素，何须蝇头书。'答曰：'检阅即易，且手写不忘也。'盖自汗简漆书以后，至于细楷，尤为艺林之矩则矣。"[③]可见其对于"细楷"这一书法形式相当推崇。以钱泳与翁方纲的交情而言，他起意大量缩临唐碑很可能直接受到了翁方纲的影响，但他在选碑时又有着不同于翁方纲的思路。《苏斋唐碑选》和《缩本唐碑》的选碑重合度极低，《苏斋唐碑选》中的碑刻都是纯因书法精湛而入选的，《缩本唐碑》则更多地考

① （清）翁方纲撰、沈津辑《翁方纲题跋手札集录》，第570页。
② 见（清）翁方纲辑《苏斋唐碑选》，中华书局1985年版。
③ （清）翁方纲撰、沈津辑《翁方纲题跋手札集录》，第381页。

虑了入选碑刻的史料价值和稀见性，因而收罗范围更广。《缩本唐碑》的史料性质在当时即引起了注意，如法式善在奉旨编辑《全唐文》时曾向时任翰林院侍读的黄钺（1750～1841）请教，黄钺则复信称："钺鄙见唐人碑铭墓志存于今者甚多，其出于纂辑《全唐文》后者亦复不少，且碑志往往有裨于史传。覃溪先生及钱梅溪处必多弆藏（原信小字旁注：'前奉见其缩临唐碑甚精，中似多佳本。'——引者注），老前辈索取增入似当易办。"[①]

钱泳的《缩本唐碑》虽然持续了24年才完成，但在此过程中，他常将完成的部分呈请亲友过目，因此留下了不同时间所书的引首和题跋。最后摹刻上石的《缩本唐碑》前有三通引首，分别为梁同书、黄钺、英和所书，内容均为"梅华溪居士缩本唐碑"。《缩本唐碑》后附有多则题跋（图111），从内容可以分为两类：一类是对钱泳的缩临工作提出建议并与他进行探讨的；另一类是对钱泳的临本进行称赞的。前一类题跋的作者有梁同书、阮元、翁方纲，后一类题跋的作者有孙星衍、铁保、潘奕隽、清安泰（1760～1809）、陈鸿寿和鲍崇城。

梁同书的题跋时间最早，写于嘉庆七年，此时梁同书已经80岁，他以前辈的身份对钱泳的书法提出了建议，认为钱泳应于墨法上多留意。[②]阮元写题跋时《缩本唐碑》仅写成十数种，他在题跋中建议钱泳更多地取法晋唐之间的南北朝碑版（主要是北碑），并请钱泳到藏有南北朝碑刻的孙星衍处观看临习。[③]翁方纲的题跋共有两则，在阮元之后，作于嘉庆十年，第一则题跋赞同了阮元关于南北朝碑版的观点，继续探讨南北朝碑刻对唐碑的影响，并建议

---

① 信见东京国立博物馆编『東京国立博物館図版目録・中国書跡編』、昭和55年（1980）出版、第141頁。

② 题跋内容为："《吕览》有言：'善学者如食鸡必食其跖，数千而后足。'唯书亦然。多看以取其意，多写以会其神，如是而已，梅溪洵解人哉。东坡有骨肉血之说，予释之曰：'骨，笔也；肉，墨也；血贯骨肉之间，气也。'梅溪秀骨天成，风神绝世，再加意于墨法，当更得右军灵和之致，何如？壬戌秋九月山舟同书。"

③ 题跋内容为："余谓论书者辄曰晋唐，然由晋而唐，其间魏、齐、隋碑存者甚多，余志山左金石于魏、齐，尤为留意，如《韦子深》《高湛》《刁遵》诸碑刻，不知为何氏所书，卓然大家，实为虞、褚、欧阳所从出也。故予谓读经当知徐遵明、崔灵恩等为孔颖达、陆德明所从出，论书当知《高湛》等碑为虞褚诸家所从出也。钱君曷访之德州孙渊如观察，得六朝碑字，再写之。更取法于晋之后、唐之前，岂不大备哉。阮元跋。"

钱泳寻访其中一些重要的碑刻；[①]第二则题跋是针对钱泳缩临的张旭楷书《郎官石记序》而写，钱泳或对这件作品流露出推崇之意，翁方纲则强调有晋人法度的楷书当以欧阳询之作为佳，张旭楷书终究不如。[②]梁、阮、翁三人在学问与社会地位上都远高过钱泳，他们对钱泳提出的建议亦相对直率，这也使得这几则题跋极富学术价值。然而钱泳最终未在《缩本唐碑》中收录南北朝碑刻，这或许是出于对编纂范围的考虑，但更重要的原因或是他始终坚持自己的鉴赏眼光。他虽认可南北朝碑刻对唐人书法的影响，但亦认为南北朝之碑大多摹刻恶劣，不适合作为学书模板，“譬诸友朋，但择贞贤可交而已，遑问其乃祖乃父乎”。[③]

孙星衍的题跋作于嘉庆十年秋，接在翁方纲之后，他未再继续翁、阮二人的讨论，而是称赞钱泳的缩本“精妙”，“惜无好事者为之刊石”，又记叙了他与钱泳的一系列金石交流活动，字里行间体现出两人的情谊。铁保的题跋字数较短，其中写道：“古人书法不同，用笔则一，得笔则清奇浓淡各极其妙，不必问

① 题跋内容为：“芸台中丞此言为唐楷溯原。予曩者颇持此论，因附识于此，正与梅溪隶法足相证也。盖唐楷皆祖右军，而右军实原于周岐阳十鼓及汉人分隶。今就汉隶以求唐楷之正派，则《韩敕碑》，褚也；《孔宙碑》，虞也；《郑固碑》，欧也；《鲁峻碑》，颜也。若合六朝诸家以求津逮，则虞法惟智永《千文》而已，欧法虽有姚秦《金像铭》特出，宋人重刻已非真迹。独孔庙北齐《乾明元年碑》，残泐之余，存者仅百许字，而篆隶正楷之法具备，愚意直欲断定此碑是北齐三公郎中刘珉所书也。褚法源远流长，指不胜屈，以愚所见，无过于龙门山磨崖《古验方序》《常丑奴墓志》二种矣。而梁《上清真人许长史旧馆坛碑》，何义门、徐坛长皆目见之，今在谁氏箧中，此梅溪尊兄所宜寤寐求之者也。附系于此，以申祷切。嘉庆乙丑夏五月望前一日，方纲。”

② 题跋内容为：“唐楷追晋法，推《化度》《九成》《庙堂》三碑，此赵子固所评，实千古定论也。山谷谓张长史《郎官石记序》唐人正书无出其右，此语特为世人专赏。长史草书而发耳，非必谓冠唐楷也。弇州乃真以为《化度》《九成》皆为之退避三舍，其信然耶。《郎官记》真宋拓，海内止有一本，即弇州昆仲跋者，今为宋芝山所收藏。梅溪尊兄试往观之，虽具晋人神理，究当居此三碑之次耳。嘉庆乙丑夏仲方纲。”

③ 钱泳认为，“两晋六朝之间，最重书法，见于晋书、南、北诸史，而碑刻无多。今所传者惟《刁遵》、《司马绍》、《高植》、《高湛》、《元太仆》以及《孔庙》、《乾明》、《贾使君》、《郑昭道》、《启法寺》、《龙藏寺》诸碑最为烜赫。其时已重佛法，造像尤多，要而论之，大半为俗工刻坏。故后人皆宗唐法，而轻视六朝，殊不知唐初诸大家之皆出六朝也。余则曰：‘譬诸友朋，但择贞贤可交而已，遑问其乃祖乃父乎？’”见（清）钱泳撰、张伟点校《履园丛话》，第239页。他又认为南北朝“惟时值乱离，未遑讲论文翰，甚至破体杂出，错落不检，而刻工之恶劣，若生平未尝识字者，诸碑中竟有十之七八，可笑也”，见《履园丛话》，第289页。

其似不似也。梅溪临书其得此意乎。”可见他以为钱泳临本与原碑差距较大。潘奕隽为钱泳多年好友，向来在称赞钱泳书法上不遗余力，他在题跋中写道：“昔人言法上得中，世之言书者于宋则曰苏、黄、蔡、米四家，四家皆从唐人出，而追踪乎右军，仅学四家书未见其有当于四家也。虽然学唐人书果即有当于唐人耶。余尝谓平原、率更从隶古出，诚悬则得诀于篆，梅溪固深于篆隶者，宜其临唐人书无不神肖也，愿与世之深于书者共证之。”既称赞了钱泳的书学功底，又夸其临本“神肖”。清安泰的题跋写于嘉庆十二年，此时他正在浙江巡抚任上，他的题跋内容也较短，其中写道：“此卷名为缩本，而笔势宽展有余，米元章所谓小子（应为‘字’——引者注）如大字者，梅溪得之矣。”陈鸿寿的题跋写于嘉庆二十二年，此时《缩本唐碑》已接近完成，这一题跋实为观款，内容为：“嘉庆丁丑端阳日，韩城师亮采禹门、钱唐王豫康吉甫、仁和单寿昌松年、禄昌蔼臣、芜湖金铎叶山、钱唐陈鸿寿曼生同观于清江浦之春晖书屋，体大思精，无不叹为伟观也。”最后一则题跋为鲍崇城所作，内容如上文所引。从这些称赞性的题跋中可以看出，铁保、清安泰二人官位较高，与钱泳私交亦较远，其跋语应酬色彩较浓，而孙星衍、潘奕隽则与钱泳交情颇深，其跋文内容与语气均能反映这一点。

《缩本唐碑》中本身就附有钱泳为每一缩本书迹精心撰写的题跋，这些卷后所附的官员、友人题跋同样颇为后人重视，其中尤以阮元、翁方纲二人的跋语最富价值，这些跋语与130余种缩本唐人书迹一道出现，更使《缩本唐碑》为人珍视。道光年间，文人兼篆刻家孙三锡获观此刻，“假阅月余，爱不能释，因摘帖中所题跋语，手抄一卷，计八十条，以碑证史，以史证碑，考订详明，可与欧赵争鼎足。余应付诸枣梨，俾得流传海内，实有功于后学不浅，非徒区区玩好已也”。[①]他于咸丰十年将这些题跋摘录、刻印、刊行。

钱泳《缩本唐碑》的书写水准其实与《缩本汉碑》等类似：虽有靠近原碑的意图，但自运的成分亦十分明显；临写固然技艺高超、精巧规整，但也常将不同的唐碑临写得面目趋同。不过，因其所临规模较大，集书艺与史料于一体，

① （清）钱泳辑《唐碑题跋》，中国国家图书馆藏清咸丰十年刻本，孙三锡刻。

在当时绝大部分士人并无条件见到诸多唐碑原拓的情况下，备受推重是情理中事。光绪五年（1879），学者俞樾（1821～1907）将江南战乱后江清骥（1840年中举）搜得的《缩本唐碑》残石76块（共计40种）重新编次，得官员梅启熙（1848～1929）出资白银百两，将之嵌于杭州诂经精舍之壁，认为“使精舍中增此一巨观，甚可喜也”，[①]并拟逐一订正碑中讹字。由此可见，《缩本唐碑》固然不无瑕疵，但其价值在当世确为有目共睹。

《述德堂枕中帖》《学古斋四体书刻》及其他

道光元年，钱泳次子钱曰祥将钱泳临写的晋、唐、宋、元、明诸帖摹刻上石，道光二年刻成，共4卷，是为《述德堂枕中帖》，刻成后帖石置于钱泳家中的述德堂。钱曰祥在题跋中称“昔王右军尝窃父枕中书读之，学便大进，因名曰枕中帖云”，是为“述德堂枕中帖”的命名由来。《述德堂枕中帖》卷一收录了钱泳临写的王羲之、王献之诸帖，卷二收录了钱泳临写的虞世南、褚遂良、钟绍京、颜真卿书迹及《王居士砖塔铭》，卷三收录了钱泳临写的苏、黄、米、蔡四家书，卷四收录了钱泳临写的赵孟頫、柯九思及董其昌书作。帖后附有钱泳弟子胡源、曹文麟及儿子钱曰奇、钱曰祥跋语，称赞钱泳“笔精墨妙”“后学得攀援”等。

道光八年，钱泳将自己的临帖撰集成《学古斋四体书刻》四卷，命弟子华士仪摹勒上石，“自钟鼎款识并周、秦、两汉、魏、晋、六朝以及有唐一代诸书，各摹数字，略备体格，本为课孙而刻，亦以便初学观览，为书法之源流也”。[②]《学古斋四体书刻》卷一为篆书，共18种，临写了商周铜器铭文、石鼓文、秦刻石、汉铜器铭文、汉刻石及唐李阳冰篆书。钱泳的金文临写于他处较为少见，此处的临写显示出他对金文有着一定的书写水平，但仍然将原帖改造成了他一贯熟稔的工整典雅风貌。对于汉铜器铭文及汉刻石，虽归于篆书名下，实为篆隶杂糅之书，钱泳亦尽力模仿其铸造笔画的风格及方折的刻画型用笔。卷二为隶书，共15种，包括汉、魏、蜀、吴及晋朝碑刻，其中《汉麒麟凤

① （清）俞樾:《春在堂随笔》，江苏人民出版社1984年版，第132页。

② （清）钱泳撰、张伟点校《履园丛话》，第259页。

凰碑》还制作出了碑形，有额有穿，共分两面，一面碑额绘有凤鸟，一面碑额绘有麒麟，甚为用心。卷三为楷书，共22种，临写了王羲之、王献之、王僧虔（426～485）书迹和北魏、北周、隋、唐碑刻，其中以唐碑占大多数，北魏、北周碑刻仅各一通。卷四为草书，共17种，钱泳从《淳化阁帖》体系中临写了张芝（？～约192）、崔瑗（77～142）及晋人书迹，又临写了定武《兰亭》、褚摹《兰亭》和王羲之、王献之及孙过庭书迹。钱泳的临帖多为节临，他在帖后的题跋中写道："今世之所谓四体书者，篆隶真草而已。篆有周秦之异，隶有汉魏之别，真分南北，草盛二王，其间授受渊源各相沿习，惟有金石遗文可以证之。因仿书一二，以此课孙，不直一笑也。"从这则题跋和《学古斋四体书刻》的编排可见，钱泳欲相对完整地呈现各体书法的书学源流，其选帖致力于呈现同一书体在不同时期的不同形态，反映出乾嘉道时期金石学与书学之间的互动，此外，北朝碑刻的入选和"真分南北"的提法明显受到了阮元的影响。《学古斋四体书刻》是钱泳一生中最后一部自刻己书的刻帖，摹勒完毕之后甚受市场欢迎，不久即出现了木板翻刻本，今北京大学图书馆便藏有一套这样的翻刻本。尽管张伯英批评钱泳此帖"工致有余，而古意不存""用力甚深，尽成俗状，徒足以悦庸目"，[①]但在清中期背景之下，钱泳的这套刻帖反映了金石学与书学的最新成果，同时书写平稳便于临习，因而受到文人阶层普遍欢迎正是情理中事。

在钱泳自发摹刻己书而成的单刻帖中，《缩临唐韦坚书〈令长新诫〉》为较重要之一种。前文已经叙述过，此碑原石出土于乾隆五十八年，为钱坫在陕西蒲城学宫所掘，是唐玄宗时期摹刻的诸多《令长新诫碑》中唯一一通能为乾嘉文人所见者，钱泳在嘉庆元年即将之缩临一通刻石，并在题跋中认为此碑"书法婉仪秀整，绝似褚河南，真艺林妙品也"，并称"此文不见于新旧唐书，而金石著录家亦未之载，足补史书阙遗，爰缩临石刻，以呈当世"，[②]时任浙江布政使的汪志伊见到此刻后，亦写下题跋一则，称"天下之安危在

① 《学古斋四体书刻四卷》，张伯英：《张伯英碑帖论稿·释文卷》，第238页。

② （清）钱泳：《缩临唐韦坚书令长新诫》，载《写经楼金石目》未刊本。

民，而民之休戚在吏。梅溪临此，为吏勖所见亦大”。钱泳还将这一缩临本寄呈翁方纲求诗，翁方纲复诗道：“禊石谁家仿用和，阴符真草褚戈波，武梁阙榜千年在，终奈师宜寸楷何。量到钱郎墨黍珠，烟浓对榻倒金壶，旧来神妙秋豪影，几个窗光共宝苏。”[①]钱还将临写的拓本分赠友人，如桂馥在收到拓本之后即回信称：“承惠《令长新诫》，写固嘉甚，而刻手装池亦精良，可爱玩。”[②]《缩临唐韦坚书〈令长新诫〉》受到了各方官员文人的称赞，这为钱泳进一步制作《缩本唐碑》奠定了基础，而他同时关注书学与史料价值的思路也贯穿在了《缩本唐碑》中。

钱泳还于嘉庆十八年摹刻了一通自己于乾隆五十八年临写的定武本《兰亭序》。钱泳一生于《兰亭序》用功甚勤，乾隆五十八年三月三日，钱泳应幕主李亨特之招，与袁枚、平恕（？～1804）等21人仿王羲之故事在绍兴作兰亭修禊之会，之后便临写了数百通《兰亭序》散布于友朋之间。嘉庆十八年时，弥甥杨凤梧初学刻石技艺，钱泳便取了当时所书的一通《兰亭序》命他刻石，有试练之意，刻成之后钱泳之子钱曰奇拟将之传诸家塾。

今杭州碑林还有一块钱泳的《兰亭序》帖石，落款为“丙辰春日，树堂侄索临定武本”，丙辰年即嘉庆元年，树堂即钱泳侄子钱萱。帖后附有姚元之、赵秉冲二人题跋各一则，皆作于嘉庆十四年钱泳与钱萱入住澄怀园近光楼钩摹《松雪斋法书》之时（见第五章）。当时钱萱向二人出示钱泳临本《兰亭序》索题，之后摹刻上石，现帖石上有千字文编号，推测应是收入了某部丛帖。姚元之的题跋内容为：“梅溪先生于古帖无所不临，辄得其精妙，于禊帖尤常临之，盖已百数十本，大小随意出之，每令人神往，知其得于右军者已深矣。此幅缩本而全神团结，直如舞剑气者，光芒过人眉宇也。时因寓近光楼中，退直后遍观所临，于此更心慕□，树堂仁兄宝之。”由此可见钱泳于《兰亭序》上所下功夫之深及受到的认可。

总而言之，钱泳书迹刻帖可谓内容丰富、卷帙众多，但除了《问经堂帖》

① （清）翁方纲：《复初斋诗集》卷五十七，《续修四库全书》第1455册，第199页。
② 信见（清）钱泳辑《兰林集》。

有部分自行书写的隶书之外，绝大多数刻帖的内容都是临帖，且“缩临”这一形式占了很大的比例。他的临写本改造所临之帖的现象较为普遍，且又未能达到董其昌、王铎（1592～1652）等人纯粹追求书法艺术突破的“意临”境界，因而在有较高书法艺术追求的人士眼中并不受重视。但他的临写本面向的是有书法学习需求的普通文人，他所呈现出来的精熟秀雅书风十分符合市场上的书法学习需求，又兼用功甚勤，一生临帖种类甚多，因而他的书迹刻帖作为书法学习教材极为畅销，着实产生了不小的影响力。正如中国国家图书馆所藏《写经楼金石目》未刊本中的一则题跋所言：“梅翁于书道开方便法门，壹志抟心，荐登大耋，有足动人慨慕者。”诚哉斯言。

（三）其他书迹刻帖

如表7-2所示，钱泳在永瑆书迹和自己的书迹之外，还摹刻了其他清代书迹，这些书迹主要有《养竹山房图咏》和“海国人”书迹。

“养竹山房”是钱泳父亲钱钺的书斋名，画家张赐宁（1743～1818）为此绘有《养竹山房图》一幅，钱泳自离家外出游幕之始，即奉父命遍请名公文士于图后题咏，在钱钺去世之后仍然不辍，积多年之力，共得名士28人题咏，是为《养竹山房图咏》卷。道光二十一年，钱泳应侄子钱萱之建议，将整卷图咏摹刻上石，以纪念先父遗德，至今帖石仍存13块，藏于常熟碑刻博物馆中（图112、图113）。

《养竹山房图》虽为张赐宁所画，但刻石时因卷幅过长难以摹勒，钱萱便请长洲画家顾康之（生卒不详）于道光二十二年重摹一幅替代原作上石。从现存帖石来看，此图为明清时常见的文人书斋图样式，文人请托名手绘图后遍请名士题咏亦为当时的常见行为，此风于清朝尤为普遍。钱钺一生似不曾远游，图中所有的名人题咏均为钱泳征集所得，清中期诸多名士赫然在列，此图卷的上石既展示了钱泳的孝思，又彰显了钱泳的社会交往能力，而其中的名家诗句及手迹亦称珍贵。

《养竹山房图咏》得刘墉题写引首，题写时间为乾隆五十七年，即钱泳初次进京之时。图后陆续有嵇璜（1710～1794，历任文渊阁大学士、太子太保等）、袁枚、赵佑（1727～1800，官至工部侍郎等）、翁方纲、王鸣盛（1722～1798）、王文治、赵翼（1729～1814）、潘奕隽、钱大昕、彭绍升、余集、秦瀛、平恕、钱樾、法式善、孙星衍、吴蔚光、孙原湘、钱楷、阮元、伊秉绶、洪亮吉、王芑孙等人题诗，从诗句纪年来看，这其中最早的为洪亮吉诗作，写于乾隆五十三年他与钱泳同在毕沅幕中时。而直到道光二十二年，钱泳仍然邀请梁章钜在卷后题诗，但梁章钜因行程匆忙不及赋诗，仅留下观款，也一并被刻于石上。这些名士的赠诗有不少收入了他们自己的诗集中，如秦瀛的《小岘山人集》收有《为钱梅溪题其尊人养竹山房图》，孙原湘的《天真阁集》收有《寄题钱梅溪上舍泳养竹山房》，赵翼的《瓯北集》收有《为钱梅溪题其尊人养竹山房图》等。钱泳为父亲征集题咏可谓尽心，自少及老不曾中断。这些名士大多与钱泳有着直接交往，但其中亦有一些人如刘墉、嵇璜等则是通过他人请托题写。此卷汇集了清中期诸多名士手迹，后又精刻上石，既成为钱家可夸示于人的文化资本，也为清中期文人之间的交往应酬文化留下了资料。

此外，钱泳还单独摹刻了一些朝鲜、琉球书迹，是为“海国人书迹”。钱泳很早便开始留意东亚近邻国家的书迹，乾隆五十五年钱泳在苏州替毕沅摹刻《经训堂法书》时，曾与出使过琉球的王文治时相过从，他将族祖从象山海舶所得到的一卷琉球国人草书请王文治赏鉴，王文治在其后题跋称“此琉球国国书也，如中国草稿，而其文不可识。余尝有诗云：‘蛟龙满纸我不识，但觉体类芝与颠。’观是卷可证”，而钱泳便以之刻石，“以广异闻”。至今这一方刻石仍存于常熟碑刻博物馆，中国国家图书馆等处藏有拓本。之后钱泳又刻有《海国人书刻》，但帖目不详，从《写经楼金石目》的记载来看，为钱泳自购之一二种朝鲜、琉球书迹，刻石亦是为了“以广异闻”。由此可见，钱泳在自撰的《小清秘阁帖》中专设一卷“海国人书法”的设想由来已久，这反映了他对于东亚近邻书迹的好奇与开放态度。

另需一提的是，容庚《丛帖目》中著录有《昭代名人石刻》6卷，称为钱泳撰集、钱萱摹勒，帖中所收均为清人书迹，而以上文所叙述的钱泳为钱萱所临的定武本《兰亭序》及姚元之等人的跋语为全帖之殿。此帖并不见载于《履园丛话》和《写经楼金石目》，而《昭代名人石刻》中王士祯《墨君先生传》一帖后有钱泳84岁时的题跋，其中写道："右王文简公《墨君先生传》……今从子树堂又将墨迹重模，可谓好事者矣。"由此可见，《昭代名人石刻》的撰集摹刻应主要出自钱萱之意，钱泳并未主理此事。

小 结

钱泳自发刻帖的行为实可与当时同样盛行的刻书业相类比，刻帖与刻书有着诸多相似之处，都可归于文化出版之列。但刻帖较之刻书，技术门槛更高，通常情况下属于受众范围更小的高级文化产品，因而刻帖之人远远少于刻书之人，但其刻帖动机及影响实有与刻书相似之处。张之洞曾言："凡有力好事之人，若自揣德业、学问不足过人，而欲求不朽者，莫如刊布古书一法。但刻书必须不惜重费，延聘通人，甄择秘籍，详校精雕……其书终古不废，则刻书之人终古不泯，如歙之鲍，吴之黄，南海之伍，金山之钱，可决其五百年中，必不泯灭，岂不胜于自著书、自刻集者乎！"[①]张之洞所言虽是在刻书风气之中劝人少刻自著之书，多刻"有价值"之古书，但也提到刻书是一条在德业学问之外非常有效的留名后世的途径。刻帖亦同此理。

钱泳受各方官员文士委托摹刻了大量法帖，但终究是襄助他人的文化事业，作为"德业学问不足过人"的普通文人，为了树立独立的个人名声，他自然要运用自己的专长自发摹刻法帖。在钱泳的自刻帖之中，既有古帖，也有时人法书，还有大量的自刻己书，宛如在刻书行业中既刻古书，也刻时人著作，同时还大量自刻诗文集一般，全方位保证了自己出品的产品的多样性，最大限度地增加了自己留名后世的可能性。

刻书历来有官刻、家刻与坊刻之分，钱泳的刻帖方式或可类比于刻书中的"家刻"。钱泳大多是在自己家中完成刻帖工作的，他自己择帖、编目、考订、撰写题跋并征请高官名士撰写题跋，同时家中又有儿子、侄子、弥甥以及许多弟子从事双钩、刻石，刻成的部分法帖也在题跋中强调是"家中上石""刻诸家

① （清）张之洞著《书目答问补正》，北京燕山出版社2008年版，第241页。

塾”，是“课子课孙”之用，非常符合当时刻书业中文人家刻之特征。家刻本通常被认为较少营利性质，与坊刻专为盈利不同，但从钱泳的自刻法帖来看，不难看到许多刻帖有着强烈的盈利动机，譬如《福州帖》便是钱泳专为在福建地区售卖而“量身定做”之刻帖，而他大量出售各种自刻拓片亦为事实。但钱泳始终不曾开设碑帖铺，也极力避免自己成为文士眼中常被贬损的“帖贾”，他一方面坚持着类似于家刻的这种符合文人身份的刻帖方式，另一方面又尽量保证自己刻帖产品的精良品质和文化含量，同时利用个人在精英文士圈中已有的交际关系和个人名望来建立销售渠道。

从钱泳自发刻帖的重要成品来看，他制作了不少历代古人法书丛帖，其中原打算作传家之用的有《小清秘阁帖》、《写经堂帖》与《述德堂帖》。历代帖的撰集通常都是大工程，所耗时间最长，也最能为撰刻者在刻帖史上留名。自法帖之祖《淳化阁帖》开创历代帖的体例以来，历代帖多呈现出一定系统的法帖序列，私家摹刻历代帖可以反映出撰刻者收集、鉴定各时期法帖的能力，同时也展现出撰刻者的书学史观。如文徵明的《停云馆帖》、董其昌的《戏鸿堂法书》均为以著名书家兼鉴赏家的身份撰刻的大型丛帖，在艺林长期享有崇高声望，因此后来私家撰刻历代丛帖之人，多少都有追踵前贤的心理动机。《小清秘阁帖》《写经堂帖》等精心选帖，体现着钱泳个人的书学眼光和鉴赏能力，是钱泳自刻丛帖中质量最精者，是他最赖以传名后世的丛帖产品。在这些拟用来传家的丛帖之外，钱泳还制作了不少专用于出售的丛帖，或售卖帖石，或售卖拓片，这些丛帖的制作时间便要相对短暂许多，制作方式也极为经济，那便是从他手中所有的大量法帖底本中择其所需快速成帖，之后向特定的售卖对象出售。

在钱泳自发摹刻的清人帖中，刻成亲王永瑆法书所成之帖最有影响，这些刻帖既能拓展钱泳在高官贵胄间的人际关系，又能售帖获利，还能增加自身的刻帖名望，同时还有恭维永瑆的意图。虽然永瑆似乎未与钱泳进一步交往，但钱泳已通过这些刻帖在时人和后世人眼中造成了他与永瑆有着密切关系的观感，这种图景在当世的社会情境中自能给钱泳带来许多无形的利益。

钱泳还极为突出地摹刻了大量的自书法帖，如《攀云阁临汉碑》和《缩本唐碑》等丛帖都因为规模较大，在视觉观赏效果和金石文化含量上给人以极为深刻的印象，从而在当世及后世持续不断地发挥着影响。这是钱泳将自己的书艺与当世的金石好尚、史料考据风尚和书法实用需求相结合而制作出的刻帖产品，在最大限度内收获了个人声名，也兼及商业收益。

钱泳的自发刻帖可谓种类丰富，他将每一种类都在自己的能力范围内发挥到了极致，尽量创造出了最好的社会效果，这恐怕是当时欲以刻帖扬名的普通文人所能够穷尽的极限了。

第八章
文人与工匠之间：钱泳的身份交织

一　镌刻行业中的钱泳

由前几章的论述可知，钱泳一生经手镌刻之碑帖数量众多，所摹刻的书迹上自先秦，下及清代，篆、隶、真、行、草无所不有，其种类之多、内容之丰富在清中期可谓无出其右者。尽管钱泳一直以文人自居，在64岁自撰的《梅花溪居士传》中称自己"善鼓琴""好读书""喜为隶古书"，一生中"发愤著书""写十三经以自娱"，[①]将自己描述成不慕名利的传统儒生形象，只字不提碑帖镌刻事宜，又在自立的《寿圹铭》中称自己"贯综图籍""有济世之志"，得王公大臣结交是因为"博物多识，通精六艺，动顺经古，言必忠义"，[②]然而实际上，他在当世的声名和成就大部分源自碑帖镌刻却是不争的事实。钱泳在60岁生日时赋诗道："十七始负米，自此常奔驰，一艺干诸侯，彷佛生狂痴。"[③]此处的"一艺"即指刻石技艺。他又在80岁时赋诗道："平生好读书，读书亦何益。万卷费搜罗，矻矻忘朝夕。年来渐颓唐，喜着寻山屐。此事几欲废，弃去殊可惜。况有金石林，兼多汉唐碣。不患无人传，且进杯中物。"[④]可见他深知自己将以碑版之业留传后世。他在去世前对儿子钱曰祥言及："余一生为大人先生所器重者，半由邃于金石之学也，汝其谨守之。"[⑤]可见他对于自己一生的成就所在也

① （清）钱泳：《梅花溪居士传》，收录于《履园文集》，清述祖德堂抄本，载《清代诗文集汇编》第456册，第688页。

② （清）钱泳：《寿圹铭》，收录于《履园文集》，清述祖德堂抄本，载《清代诗文集汇编》第456册，第688页。

③ （清）钱泳：《六十初度诗》，载《梅花溪续草》，《清代诗文集汇编》第456册，第639页。

④ 诗见（清）钱泳《癸甲集》。

⑤ 见钱曰祥道光二十七年之跋语，载《写经楼金石目》未刊本。

心知肚明。

钱泳作为碑刻镌刻专家，其身份有着文人兼工匠的性质。一方面，他能够与当时的精英文士交流金石书画，提供碑帖鉴赏意见；另一方面，他自己又有着镌刻碑帖的技艺，还培养了一批有刻石能力的弟子，并组成了采石、摹拓等工匠团队开展一定规模的碑帖镌刻活动，且以此谋生。钱泳的儿子、侄子等近亲都在他指导下拥有摹刻技艺，这一点也颇具有“工匠家庭”的特征。在史料之中，一些名刻手常有着“文人化”的特征，他们常常书艺精湛，能读书作文，常紧密依附于某些精英文士群体，甚至被认为与某一名士有着直接的人身依附关系，如元代刻工茅绍之与赵孟頫、明代刻工章简甫之与文徵明。这些良工一方面与精英名士结成文艺生活中的紧密联系纽带，另一方面自身也积极融入文士圈中，使自己在人生目标、生活方式等方面趋近于文士。钱泳的个人素养与这些名刻手有相似之处，但又有所不同。他与茅绍之、章简甫、刘光暘等前辈顶尖刻手的区别是，他不仅是依附于某些著名书家或收藏家群体的精湛刻石技艺提供者，而且在自己的能力和知识范围内极富主动性地开展工作，从而获得了自己的独立声名。

通过前文的叙述，可以看出钱泳受雇镌刻碑帖与自发镌刻碑帖的数量差别并不巨大，即使是受雇所镌刻的碑帖，其中也有相当一部分是钱泳积极主动地促使委托人产生镌刻碑帖的想法。如王绍兰委托的重刻《碣石门刻石》、张井委托的《澄鉴堂石刻》等，在委托过程中都可以看到钱泳的积极推动。在接受委托镌刻碑帖的过程中，钱泳不仅是委托人意思的忠实执行者，还经常发挥建议权，为碑帖底本的选择和编排提供专业意见，并常利用自己的人际关系为主顾纂集书作，使得最终出手的碑帖镌刻产品都有“钱泳出品”的风格模式和质量保证。可以说，钱泳在清中期提供的是系统的专业碑帖镌刻服务。在刻碑上，他常以隶书为主顾书丹，之后设计碑面版式；在刻帖上，他为主顾精择书迹，考订编排；在镌刻环节中，他自行或命人双钩书迹，再“督工勒石”。这一系列包办操作使得有碑帖镌刻需求但又不精于此道或无暇于此道的委托人得到了极大的便利，从而使得钱泳极受欢迎。在自发镌刻碑帖的情况下，钱泳可谓充分把握了碑帖市场的商机，他所摹刻的古人法书、永瑆书迹及自己临写的汉唐碑碣都极为符合当时市场的需求，《缩本汉碑》《缩本唐碑》《攀云阁临汉碑》及巾箱帖的刻帖形式等都极富原创性，这些都体现了钱泳的文人素养与商业眼光的结合。

钱泳在他所镌刻的大量碑帖上留下了自己的题跋，这些题跋书写工致，内容或是考证书迹源流或是叙述镌刻缘起，或是陈述自己与相关文士的交游雅聚，向观者充分展现了一名知识人士的身份和学养。钱泳的委托人大多有不低的官阶和功名，他们允许或邀请钱泳附跋于石上本身就代表着他们对于钱泳学识的认可。钱泳在自发镌刻的碑帖中亦常广邀高官名士题跋，并将自己的跋文列于其中，给观者留下钱泳同为“名士圈中人物”的深刻印象。这一能力是当时的普通碑帖刻手所无法具备的，他们通常只能在碑帖之尾留有“某某镌石”之类的简单署名。钱泳身处金石学大兴的时期，亦深知“名随金石传”的重要性，他的大量题跋有意识地为自己营造出有别于普通刻手的文人声名。

在对外经营文人形象的同时，钱泳也并不避讳通过镌刻碑帖为自己挣得经济利益。钱泳曾多次通过熟识的官员为自己寻找订单，如法式善、钱樾等人便为钱泳在京城承接王公贵族的委托工作斡旋颇多。在碑帖镌刻完毕之后，钱泳不仅直接向亲友销售拓本，还委托各方官员友人代为销售，如王绍兰、钱樾、姚元之、钱昌龄、吴荣光、王家相（1762～1838）、孙星衍等人都替钱泳代销过碑帖。在当世的文士圈中，相互代销书籍、字画、碑帖等是一个常见的现象，钱泳充分利用了这一惯例。钱泳还将不少自发镌刻的丛帖或单刻帖帖石销售给富商士绅，以供他们装点家塾或私家园林。钱泳的具体销售收入目前已知的唯有《福州帖》四卷，每部约可得二两银子，《诒晋斋法书》16卷，每部可得一两多至四两银子不等。结合钱泳的碑帖镌刻种类和传播范围，可以推知他收入尚可。钱泳曾在《履园丛话》中谈及自己的经济状况为银钱“不多不少”，能“知足撙节以经理之”“绰绰然有余裕”，[①]并因此年过60而得悠游养生，由此可见碑帖镌刻加上他的其余收入（如卖字、游幕、刻书等）使得他的经济状

① （清）钱泳撰、张伟点校《履园丛话》，第183页。

况处于不错的水平。钱泳对于自己的经济来源亦感到满意，他曾言："大凡以诗文书画而得人润笔者，较公卿大夫长随吏役所取之钱为优，无害于心术也。唐伯虎有诗云：'闲来写幅丹青卖，不使人间造孽钱。'即是此意。"[①]又言："书画虽小技，颇能足衣食。文章载大道，举世无人识。"[②]碑帖镌刻与书画可作同理观之。

钱泳的碑帖镌刻水平究竟如何呢？从前文的分析可知，他的镌刻水准并非完全一致，有镌刻精工，与原迹相差无几的，亦有以己意更改原迹，使镌刻效果与原迹相差较大的，这当然也与他不同助手的不同工作水准有关。但总体来说，他出品的碑帖总体摹刻精良，虽不能件件作品都精益求精，但平均而言也都达到了不错的水准。有不少同代的文士高度认可钱泳的镌刻水平，如孙星衍便曾多次与钱泳书信相商碑帖镌刻事宜，他在不同的信中写道："今日体中佳否，得手摹秦刻石甚精，惟嫌字大如此，则篇幅太多，不如用第二张格子为妙，弟意秦汉文字及《天玺》《国山》等必须摹出，又碑额不能不摹。其唐已后之古文如《碧落碑》、《轩辕铸鼎录》则摹之，余小篆即释之而已，尊意以为何如。《琅邪》《泰山》《峄山》诸刻当捡《史记》，何刻在前，依次编之，《太宝阙》最难摹，乞足下暇时为之，必有精本。""意欲将秦处所藏阁帖重刻一部，尊处办理此事必有熟手，刻工约每字若干，共计若干价，或在尊府，或在戴竹友处，祈为核示办理，不独良友之爱佳帖，亦可流传并祈将此帖根据告之。鄙意如足下相好处有不全旧拓阁本胜于此刻，不妨借摹上石，注明第几卷，以某本补摹更为妙事。如鉴定此帖平常不必上石，亦即付还愚弟。""弟近见善本阁帖，核之顾从义释文及世所流传本，凡阙字误字率皆完备不误，拟翻刊以公同好，非得吾兄督工上石未为妥协。""兹寄上宋拓阁帖题跋一纸，乞高明再为核定。春间拟即寄至尊处，代为校订上石，以广流传。"[③]钱泳究竟替孙星衍摹刻了多少碑帖现已难确知，但从信中文句可见，孙星衍身为著名的金石学家，对钱泳的镌刻能力和鉴定眼光相当信赖。但颇有意味的是，与钱泳私交甚好的阮元、翁方

① 见（清）钱泳撰、张鸿鸣点校《登楼杂记（外一种）》，第257页。

② 见（清）钱泳撰、张鸿鸣点校《登楼杂记（外一种）》，第139页。

③ 信见（清）钱泳辑《兰林集》。

纲二人却未将重要的碑帖交由钱泳摹刻。阮元十分认可钱泳的隶书水平，多次请钱泳作书，但他在嘉庆二年将天一阁北宋《石鼓文》拓本重刻上石时，委托的是张燕昌；他在嘉庆十四年重刻秦《泰山刻石》和汉《西岳华山庙碑》并欲以之传家时，委托的是吴国宝。需要一提的是，吴国宝虽为钱泳弟子，但因刻石出名后，似已独立开展业务，很少再参与钱泳的刻石活动。翁方纲在与钱泳往来甚密的情况下，还曾多次写信托其他友人寻觅镌刻碑帖的良工。如他曾托吴荣光打听过吴国宝，并在信中直言："梅溪铁笔恐未及吴君耳"，并欲向阮元借用吴国宝为自家刻石。[①]由此可知，翁方纲在看过钱泳镌刻的不少碑帖之后，虽认为其摹刻可称精良，但不认为钱泳的镌刻水准达到了他的要求。此外，成亲王永瑆对于钱泳所摹刻的《诒晋斋法书》的水准也并不满意（见第七章）。阮元、翁方纲、永瑆都是精于碑帖之人，对于镌刻水准的要求亦高，能否忠实反映原迹是他们的评价标准。

在评论家眼中，钱泳的碑帖镌刻评价如何？蒋宝龄（1779～1840）《墨林今话》记载钱泳道："平生所摹唐碑及秦汉金石断简不下数十百种，俱已行世。"[②]陈文述（1771～1843）《画林新咏》记载钱泳道："所刻碑帖最富，唐碑缩本尤精。"[③]李玉棻（活跃于同治、光绪年间）《瓯钵罗室书画过目考》记载钱泳道："工篆隶，镌刻摹勒缩本汉唐诸碑，当时名帖多出其手镌。"[④]李放《皇清书史》转引《无锡县志》称钱泳："手书碑版几遍江浙，又所摹汉唐碑及缩临本刻石传世者尤多。"[⑤]又转引《金石学录》称钱泳："工分隶，《攀云阁帖》临汉隶四十余种，缩临唐碑亦不下百种，广陵鲍氏刻之。"[⑥]这些记载主要强调了钱泳所刻碑帖

① 信札内容为："昨接老友手札……而昨日钱梅溪北来，叩以此人即吴名国宝者（梅溪铁笔恐未及吴君耳）。梅溪说此吴君恐非重修（厚）金不能聘致。正欲写札奉闻，适今早又接阮芸台札云，已购得四明范氏天一阁之《延禧华山庙碑》，欲重勒之。当即复以小札云，欲恳先于秋间借吴君附阮中丞舆骑之便北来，不过四五百字，镌毕即仍同中丞南归，已于石殿撰处先札奉恳云云。"载翁方纲撰、沈津辑《翁方纲题跋手札集录》，第517页。

② （清）蒋宝龄：《墨林今话》，收入周骏富辑《清代传记丛刊》第73册，第250页。

③ （清）陈文述：《画林新咏》，收入周骏富辑《清代传记丛刊》第79册，第510页。

④ （清）李玉棻：《瓯钵罗室书画过目考》，收入周骏富辑《清代传记丛刊》第74册，第431页。

⑤ （清）李放辑《皇清书史》，卷十一，收入周骏富辑《清代传记丛刊》第82册，第357页。

⑥ （清）李放辑《皇清书史》，卷十一，收入周骏富辑《清代传记丛刊》第82册，第357页。

数量极多，传世影响大，但较少称赞其摹刻质量。亦间有论者称赞过钱泳的摹刻水准，如端方（1861～1911）在《壬寅销夏录》中称："唐虞永兴《汝南公主墓志》草真迹卷……唯《经训堂帖》颇极钩摹之能，经钱梅溪等之铁笔，故远出《戏鸿》、《玉烟》诸集帖上邪。"[①]葛嗣浵（1867～1935）在《爱日吟庐书画续录》中称钱泳："钩刻既多，心复精细临古，不遗毫发，恒与原本并行，尔时无摄影法，其重更倍于今。"[②]这两则评论，一则是称赞《经训堂法书》中某一书帖的钩摹，而该丛帖中确有不少书帖摹刻极为精良（见第五章）；另一则是称赞钱泳的缩临刻帖。在无现代复制技术的情况下，缩临本确为世重，但说钱泳临本与原本相比"不遗毫发"则显然过誉。从以上所举之评论可见，钱泳的碑帖镌刻影响力主要来源于其种类之多、数量之大。其摹刻虽不失水准，但总体而言，称赞其摹刻之"多"的评语要多过称赞其"精"的。

在近代碑帖评论专家中，张伯英对于钱泳评论甚多，且多有批评之语，他一方面批评钱泳的鉴赏眼光，称"梅溪长于摹勒，短于鉴别"，[③]"梅溪徒负善鉴之名，其目力之拙，竟至不可思议"，[④]"工于摹镌，所刻帖甚多，苦于不辨真伪"，[⑤]"初谓黄两峰不辨真赝，梅溪受人所属，专任摹勒，于去取或未能自主，及观《宋完序》跋，则梅溪向袁小野借钩以寄两峰，是鉴别之不当责在梅溪……帖中凡摹自旧刻均有可观，所增墨迹数种，悉出庸妄人手，尘容俗状随在流露，与涪翁真迹并列，殊觉碍目，不能为梅溪恕矣"，[⑥]"梅溪自命善鉴而目光殊劣，所刻伪迹至不胜枚举"。[⑦]另一方面，他虽承认出自钱泳之手的碑帖"宜尽精美"，[⑧]但又认为他的刻石风格"一味平软"，[⑨]"钩勒古今人书，往往参以己

① （清）端方：《壬寅销夏录》稿本，爱如生中国基本古籍库。

② 葛嗣浵：《爱日吟庐书画续录》卷六，《续修四库全书》第1088册，第571页。

③ 张伯英：《写经堂帖八卷》，载《张伯英碑帖论稿·释文卷》，第147页。

④ 张伯英：《秦邮帖四卷》，载《张伯英碑帖论稿·释文卷》，第238页。

⑤ 张伯英：《昭代名人石刻六卷》，载《张伯英碑帖论稿·释文卷》，第238页。

⑥ 张伯英：《黄文节公法书石刻六卷》，载《张伯英碑帖论稿·释文卷》，第48页。

⑦ 张伯英：《如兰馆帖四卷》，载《张伯英碑帖论稿·释文卷》，第291页。

⑧ 张伯英：《黄文节公法书石刻六卷》，载《张伯英碑帖论稿·释文卷》，第48页。

⑨ 张伯英：《昭代名人石刻六卷》，载《张伯英碑帖论稿·释文卷》，第238页。

意”。[1]张伯英所论虽有过激之处，容庚曾在《丛帖目》中略做纠正，但他的评论亦能代表碑帖学者对于钱泳的看法，即钱泳在碑帖镌刻史上是一个影响甚大、无法忽视的人物，而他所刻的碑帖虽风格精美，却多有失真和选帖不精的问题。但在清中期的广大碑帖爱好者眼中，钱泳的精美风格却正是他们所欣赏、追捧的对象，钱泳碑帖产品在市场上的风行、他的镌刻声名以及众多社会名流委托者的存在，都充分说明了他在当时受到的广泛认可。

二　镌刻行业之外的钱泳

钱泳虽以镌刻碑帖为主要谋生方式，但他的一生都在努力营建自己的文士形象。正如第六章所言，他在自发为钱氏宗族竖立大量碑刻的同时也营建了自己的“吴越王孙”身份；他以隶书书写儒家经典并刻石则更是想追踵前贤，以文士之姿留名后世。可能是他自拟的堂号“述德堂”和他的斋号“写经楼”，体现了他在镌刻碑帖和书艺之外最看重的人生目标，前者意在强调自己为克绍家风的钱氏后裔，后者意在显示自己为好学儒生。

在镌刻碑帖之外，钱泳为钱氏宗族编纂了《会稽钱武肃王祠堂志》《锡山钱武肃王祠志》《吴越钱氏宗谱》《吴越钱氏传芳集》《吴越新书》《述德编》等一系列书籍，其中篇幅最长，用功最深者的当数《述德编》。《述德编》共有百卷，嘉庆十五年时至少已有构思，或因卷帙过巨，钱泳在世时未曾付刻，现有稿本传世。钱泳在《述德编》中将他的金石学关注与吴越钱氏家史结合在一起，按年代记录各处有关吴越钱氏的碑刻，包括题记、石幢、铁井栏、吴越铁塔款识等，也记录了与钱氏有关的法帖。钱泳在编纂此书时并未一一走访原迹，而是依前人记录进行摘录整理，他参考了《两浙金石目》《十驾斋养新录》《十国春秋》《西湖志》及各种地方志，并请教了同为钱氏后裔的著名学者钱大昕。钱大昕在一封复信中写道：“室迩人遐时切系念尊制《述德编》，体大思精，自当传世。昨读金石志，将寒家所藏随手添入数种，又如临安县宝正元年二石幢极雄

① 张伯英：《清爱堂石刻六卷》，载《张伯英碑帖论稿·释文卷》，第60页。

伟完好，且有武肃题记……鄙意当先检各省通志题名为主，间有未备，则以他书益之，若但取家谱则有未可信者……拙著笔记内有‘考会稽志武肃王庙碑’一条，兹并抄呈。”[①]可见钱泳得到了不少来自钱大昕的学术建议，今上海图书馆所藏《述德编》的稿本上也有钱大昕的题跋。《述德编》还附有《钱氏进士题名记》，记录了历朝中进士的钱氏子孙，其资料源于钱樾等处。[②]此外，钱泳还向诸多亲友出示《述德编》并商借相关资料，[③]以求此书能“以广余闻，庶几成一家言，文献有足征矣”。[④]由此可见，《述德编》虽因未刊刻而不及钱泳的其他著述知名度高，但实为钱泳弘扬祖德并欲立言后世的最勤力之作。

以隶书书写十三经是另一项钱泳高度重视的事业，尽管如第六章所述，钱泳最终完成刻石的只有《孝经》《论语》《大学》《中庸》四种经典，但他的愿望是完成十三经的全部书写。钱泳将他的这项心愿广而告之诸位亲友，还分别请奚冈（1746～1803）、万承纪、钱维乔为他绘制《写经楼图》（图114），又辗转请得永瑆篆书“写经楼”三字作为卷首，之后遍请名公大臣题咏，题咏者有翁方纲、曾燠、包世臣（1775～1855）、张问陶（1764～1814）、秦瀛、石韫玉、张井、梁章钜等。钱泳以隶书写十三经的举动在相应的精英文士圈中广为人知，大量写给钱泳的赠诗中都浓墨重彩地提及此事，如陈文述在《寒夜怀人诗用滦河秋夜怀人诗体》中描写钱泳道：“隶法师汉人，不让鸿都笔，手写十三经，何日始能毕。”[⑤]梁章钜在《钱梅溪写经楼画卷》中写道：“庚子拜经传翠墨，癸辛结屋拟丹邱。半生未觉豪情减，一事能令道脉留。”[⑥]石韫玉在《为钱梅溪题写经楼图卷》中写道：“钱子习小学，八分逼汉京，写经首鲁论，学庸迭交并，其

---

① 信见（清）钱泳辑《兰林集》。

② 钱樾在一封给钱泳的信中写道：“所要族人进士题名，俟今科会榜后一并录寄可也。”信见（清）钱泳辑《兰林集》。

③ 如关槐在一封给钱泳的信中写道：“……前缴上《述德编》大著及日本国《孝经》，想荷察收。弟所奉钱氏家史首册，大兄老先生如需全部考订，弟当于舍亲处代为转借……”信见（清）钱泳辑《兰林集》。

④ 钱泳在《吴越钱氏传芳集》后记中写道：“泳不肖，不能读书，然尚欲承先君子志，纂《述德篇》百卷，以广余闻，庶几成一家言，文献有足征矣。”见钱泳辑《吴越钱氏传芳集》，中国国家图书馆藏清嘉庆十五年钱氏家刻本。

⑤ （清）陈文述：《颐道堂诗外集》卷三，载《清代诗文集汇编》第504册，第605页。

⑥ （清）梁章钜：《退庵诗存》卷十五，载《清代诗文集汇编》第515册，第164页。

余孝经等，一一勘校精……美哉不朽业，蔡马当抗衡，槁门聚观者，盛事追熹平。”[①]翁方纲在《钱梅溪写经楼图》中写道：“中郎熹平石经后，写经以隶竟少人，君为中郎勒残字，郁起腕力争嶙峋。”[②]曾燠在《写经楼为钱梅溪泳题》中写道：“俗书一以行，古文无见者，印本一以多，读书谁复写……钱郎天机精，得法非土苴……中郎我师也，岂宜二千年，此笔无人把，一月写一经，不知有冬夏……圣朝经学昌，稽古重儒雅，蒋衡所进书，碑树成均厦，彼但工世文，君才况高跨，他时鸿都碣，观者孰能舍。”[③]裕瑞在《赠梅溪》中写道：“十三经重圣贤语，敬书不敢辞寒暑。刻石他年功告成，愿陈孔庙随樽俎。”[④]张井在《写经楼图歌为钱梅溪赋》中写道：“汉后写经指堪偻，体仿开成终不古，梅花溪上独裴回，要把熙朝缺事补。心追往古力精专，银钩铁画何森然，末学少能辨隶法，见此如到黄初前。”[⑤]单学傅（生卒不详）在钱泳的《梅华溪第二图》后题咏道：“少年出交天下士，老归坐著名山编。六经写仿鸿都隶，满堂石走虬龙势。”[⑥]张问陶在《题写经楼图》中写道：“大书珍重付千秋，直与中郎并辔游。多少儒生低首拜，尊经阁配写经楼。”[⑦]陈传经（1765～1812）在给钱泳的一首赠诗中写道：“十三经字久抚（应为橅，今通摹——引者注）隶，欲藏阙里辉钟彝。书生得此良快意，立石岂等公卿为。”[⑧]这些赠诗虽多含文人交往中的惯常溢美之词，但从其数量、用语及许多赠诗被作者收入个人诗文集以供流传后世的举动来看，钱泳以隶书写十三经的举动确实给自己建立了极好的文士形象。

钱泳在镌刻碑帖之外还勤于著述，他除了将平生镌刻碑帖的情况编成《写经楼金石目》一书，并编纂了上述与钱氏家族有关的一系列书籍之外，还着意将平生见闻记录成书，著有《履园丛话》二十四卷、《登楼杂记》十二卷，并

① （清）石韫玉：《独学庐四稿》卷三，载《清代诗文集汇编》第447册，第427页。

② （清）翁方纲：《复初斋诗集》卷五十二，《续修四库全书》第1455册，第154页。

③ （清）曾燠：《赏雨茅屋诗集》卷五，载《清代诗文集汇编》第456册，第127页。

④ （清）裕瑞：《樊学斋诗集》，载《清代诗文集汇编》第500册，第290～291页。

⑤ （清）张井：《二竹斋诗钞》，载《清代诗文集汇编》第517册，第756页。

⑥ （清）钱泳辑《梅华溪上图题咏》，上海图书馆藏清稿本。

⑦ （清）钱泳辑《题赠集》。

⑧ （清）钱泳辑《题赠集》。

与吴郡徐锡龄（生卒不详）一道以“余金”之名汇编清前期史料成《熙朝新语》十六卷。这些史料笔记以《履园丛话》最富价值，涵盖了钱泳亲身经历的乾嘉道时期政治、经济、文化、社会生活及文人逸事等内容，成为今日研究清中期历史不可或缺的重要参考资料。随着世事变迁与学术风气的转换，钱泳在晚年开始更多地关注经世之学，当时江南水患频繁，又面临着与英军的战争，于是他编著了关于治水的《水学赘言》一卷、关于军备守卫的《守望新书》四卷。钱泳也极为重视个人诗文集的编纂，他将自己平生诗作结集为《梅花溪诗草》《梅花溪续草》《梅花溪纪游诗》等，并编有个人文集。钱泳还将各方官员名士与他的往来书信编为《兰林集》，将收到的各色赠诗编为《题赠集》等，欲将自己的交游状况流传后世。钱泳还有许多零散的杂著，如《古虞石室记》五卷、《古虞石室续记》二卷、《凤仙花谱》五卷、《虎邱杂志》四卷、《识字贯珠》一卷、《说文识小录》一卷等，可见他极富著述意识，兴趣广泛。钱泳曾经欲以新出之碑续写顾蔼吉的《隶辨》，以图在金石学上有所建树，他向翁方纲、伊秉绶等人请教过此事，对此，翁方纲给出了十分详细的学术意见，复信给钱泳称“《隶辨》之书不足续也”，[①]建议钱泳“上捃二徐之舛论，合篆隶一原以精研书学，则即一辨隶而上下体原皆贯彻焉，是乃所以续顾氏之书之法耳”，[②]钱泳虽有治学之心，但学力确实无法实现翁方纲的建议，或因对自己有着清醒的认识，他最终放弃了这方面的著述计划。钱泳在刻碑帖之外，家中也抄书、刻书，比如他曾留心日本儒学著作，于道光十六年将日本学者荻生徂徕（1666～1728）的儒学著作抄录成编，名曰“海外新书”并付刻。他还刊印过日本藏本《孝经》，将之广泛分赠予友朋并出售。

钱泳文人身份的广受认可也体现在他应不少官员和学者的邀请在他们收藏的珍贵书画、书籍和金石拓片上留下题跋或观款，如钱泳在黄易收藏的宋拓《熹平石经》残石、宋拓《武梁祠堂画像题字》、宋拓《魏元丕碑》、宋拓《范式碑》、明拓《朱龟碑》等珍稀拓片后题有观款（图115-1、图115-2），在赵魏收藏的

① 信见（清）钱泳辑《兰林集》。

② 信见（清）钱泳辑《兰林集》。

宋拓孤本《许真人井铭》后题有观款（图116），在江藩（1761～1831）收藏的宋拓《鼎帖》后题有观款（图9-1），在梁章钜收藏的宋拓《李思训碑》后写有题跋（图117），在王氏话雨楼旧藏明拓《受禅表》后写有题跋[①]等，钱泳还在过眼的部分苏轼、赵孟頫、董其昌、文徵明等人的书画后留有题跋或观款，在其他明清人书画后所题更是为数不少。钱泳对青铜铭文也有所研究，如台湾傅斯年图书馆便藏有钱泳为蔡锡恭等人题跋的多件金文拓片，其中有不少考订之语。钱泳也在当时抄写或刊印的珍贵书籍后留题，如他在康熙间曹氏刊印、惠栋（1697～1758）校本《隶续》后留有题跋、在嘉道间琴川张氏小琅嬛福地精钞本《营造法式》后留有题跋（图118）等。据观察，钱泳早年留下的以观款居多，长题跋则多出现在晚年，可见他在晚年时期的学识及鉴赏眼光更加受到认可，如梁章钜与晚年时期的钱泳交往颇多，在梁章钜所著的《退庵金石书画跋》及其他著作中可以看到他引用了不少钱泳的鉴赏意见，措辞之间对钱泳甚为尊敬。

钱泳在平生的大量交游往来中，也常接到镌刻碑帖之外的请托，比如钱泳似未从翁方纲处接过镌刻碑帖的委托，但受托替翁方纲在苏州地区寻觅《许长史旧馆坛碑》拓本、《启法寺碑》拓本、章藻刻《墨池堂帖》旧拓本、文徵明书《吴夫人墓志》、休宁汪氏旧藏欧阳询小楷《千文字》及《化度寺碑》拓本及各种新旧碑帖等，[②]钱泳还替翁方纲双钩复制了吴门缪氏所藏的褚遂良《孟法师碑》拓本、何焯（1661～1722）旧藏《娄寿碑》拓本（图119）及苏州所见的《云麾将军李秀碑》拓本，这三种稀见碑帖甚为翁方纲重视，对其金石考订之学帮助良多。钱泳亦替其他友人代为寻觅购买碑帖书籍等物，如替陈圣修留意名人草稿尺牍、替孙星衍留意新出碑拓及新见宋元字画、替桂馥购买段玉裁《说文解字注》和王念孙（1744～1832）所校《广雅》、替王绍兰购买铜器等，[③]钱泳还替国史馆总纂钱昌龄留心江浙两省名人著述，以供后者修史之用。[④]这些行为虽多

① 该拓本现藏于上海图书馆。

② 委托的书信见（清）钱泳辑《兰林集》。

③ 委托的书信见（清）钱泳辑《兰林集》。

④ 钱昌龄在一封给钱泳的信中写道："弟供职年余，托庇粗善，近充史馆总纂，派修志传及皇清奏议，而儒林文苑为尤要，江浙两省名人著述有益于史者，恳为留心，有得即寄，盖《四库全书》所未收而其人实有可传，最易遗漏，不可不博采而精审之也。"信见（清）钱泳辑《兰林集》。

为文人间惯常相托之举，委托之人常常也同时托付多人，未必只托付钱泳一人，但从这些委托中可以窥见钱泳在友朋心目中为熟知江南书画、碑帖、书籍流通情况之人，因而也是重要的学术资料和个人藏品获取渠道。因此，钱泳完成这些委托的情况，比如他的眼力、他的搜集能力等便将影响这些官员学者在相关问题上的认知，进而可能影响到他们的学术观点。

钱泳在世86年，身体健壮、精力充沛，82岁时“须发微白，牙齿完固，状貌充腴，健饭，步履如飞，视之如五十许人，真地行仙也”，[①]因此他在一生中还开展了不少其他工作，这些工作都反映了钱泳自视为文士的雅趣和抱负，同时他也通过这些工作获得了不少收入。在雅趣方面，钱泳制作了许多仿古器物和文房清供，自用、分赠亲友或出售，充分顺应了清中期文人雅士的器物赏玩趣味。钱泳略通度量之学，法式善曾在《书钱梅溪读史便览后》一诗中写道：“钱子精天文，勾股劳测量。历历指诸掌，展图仅尺长。”[②]钱泳范制了周、汉、宋、清等不同时代不同度量标准下的铜尺，并接到了王绍兰、齐彦槐等人的订购，[③]他还制作了大批铜规，“阳面圆，阴面平，浑无棱角，阳面俱用嵌金银丝，其款识则列于阴面”，“以之镇纸最妙”。[④]钱泳设计制作了各种仿古铜器，多请扬州工匠冯锡与铸造，他制有铜如意，“每柄长一尺五寸，初造六十四柄，取六十四卦编号，又造二十八柄，取二十宿编号，又造二十二柄，取天干地支编号。先后计造一百十有四柄，散于好古之家，上有铭文，皆嵌银丝，其书类西汉铜器款识，见者莫不叹为妙绝也。其文云：‘大吉祥乐未央益寿考宜文章子孙其昌。’”[⑤]又制有铜钩百余件，仿汉魏式样，“正面嵌以金银丝，其后则取吉祥语”。[⑥]又制有铜灯，“仿汉雁足灯之制，下坐一蟾，中列灯檠，四围刻铭文及年月。上复有一小座，点灯插烛俱便。此制前人鲜有为之者，即命之曰蟾镫，铭

① （清）翁心存撰，张剑整理《翁心存日记》第1册，中华书局2011年版，第345页。
② （清）法式善撰、张寅彭主编、刘青山点校《法式善诗文集》，第711页。
③ 钱泳在与他们的往来信件中商量过铸铜尺之事，信见（清）钱泳辑《兰林集》。
④ （清）钱泳：《铜规》，载《写经楼金石目》未刊本。
⑤ （清）钱泳：《铜如意》，载《写经楼金石目》未刊本。
⑥ （清）钱泳：《铜钩》，载《写经楼金石目》未刊本。

曰：'采金之英，得月之精，光照万灵，天下文明。'"[①]又制有铜璧大小数十枚，"两面嵌金银云雷纹，俱列款识年月，亦书铭于其上，佩衣带间。较玉者尤精绝也"。[②]又制有小铜碑，"碑高二寸许，龟趺圭首，上有一穿，额题'无量寿佛之碑'六篆字，嵌银为之，碑文五行，行九字，文云'嘉庆元年佛弟子钱泳敬造无量寿佛碑，上为皇帝，下为苍生，又为八旬老母。伏愿咸臻福寿，永锡康宁，吉祥如意'者，计五行四十五字，其后有碑阴二字。此制仿自六朝，梁隋间尤多，亦造像之意也"。[③]钱泳还制有其他仿古小物品，如曾仿吴越金涂塔样式造墨、与江德量合作为阮元造碑形墨[④]等。他也制有一些自用之物如小金钟，"高裁尺六寸许……铭云：'道光二年七月癸酉朔，句吴钱泳敬造金钟一口，重三斤八两五钱，春秋二仲用供祭祀，子子孙孙其永宝之。'"[⑤]如涂金银印，"以银为之，涂以黄金，高三分，阔二分，作白文立群二字。其镮径一寸八分，可以带于臂上，亦仿古人臂印之制也"[⑥]等。

在深具文人仿古雅趣的同时，钱泳也有传统士人经世的抱负，他密切关注时代变迁并相应调整自己的治学重心，他身历乾嘉道三朝，在乾嘉时期主要留心金石考订之学，而到了道光年间，他与时代学风一致，明显地转向了致用之学。道光三年，江南水灾严重，饿殍遍野，钱泳见此便将族中先祖所著的《三吴水利条议》发刻，又摘录前贤治水著述成《水学赘言》12篇，进呈于相关官员。道光八年，钱泳入江南河道总督张井幕中，多就河务发表意见。道光十八年，钱泳欲通过时任提督浙江学政、刑部右侍郎的姚元之上书朝廷，请旨速修三吴水利以益民生，并在禀呈中详细陈述建议。钱泳还曾与任两江总督时的林则徐多次书信往来，详细讨论江南水患和地方吏治，并提出不少详细建议。[⑦]道光二十年鸦片战争爆发后，战事波及江浙沿海的镇江、宁波等地，钱泳在诗作

① （清）钱泳：《蟾灯》，载《写经楼金石目》未刊本。
② （清）钱泳：《铜璧》，载《写经楼金石目》未刊本。
③ （清）钱泳：《小铜碑》，载《写经楼金石目》未刊本。
④ 见（清）徐康《前尘梦影录》卷上，载《美术丛书》第1册，台北：艺文印书馆1964～1975年版，第149页。
⑤ （清）钱泳：《小金钟》，载《写经楼金石目》未刊本。
⑥ （清）钱泳：《涂金银印》，载《写经楼金石目》未刊本。
⑦ 信见北京保利国际拍卖有限公司2014年秋季拍卖会拍品，林则徐与钱泳信札册页。

中表达了对战事的密切关心，[①]并与江苏巡抚程矞采书信往来讨论战局。他先撰《保富安民论》一篇，又将明末兵书《金汤借箸十二筹》简明摘录成《百金方》一书呈交程矞采，程矞采复信称："承示洴澼百金方，专致意于预备设防，实属目前当务之急，拟将此书分致沿海各县，令其得所遵循，亦不负保卫乡闾之至意。至所嘱保富安民一节，弟迭经出示，并发札通行，凡在城在乡均应各保身家以助兵力之所不逮，谅已无不周知，并以有警则出守村庄，无事仍各安生理。"[②]之后以一百两银子向钱泳订购了《百金方》20部。钱泳随后又自撰《守望新书》4卷，详述守城之法，由阮元题署，阮氏朴存堂刊印，此书正为战事所急需，因而程矞采又向钱泳订购了百部，此时钱泳已是84岁高龄，距离去世不到两年。此外钱泳还藏有沿海地理图，钱氏述祖德堂还抄有包世臣的《靖海十二札》等书，可见钱泳对于时局的密切留心。钱泳积极参与地方行政和公共事务虽然也不乏为自己获取经济利益的考虑，但这些举动也进一步建构了他作为一名地方绅士的身份。

小　结

在传统社会"士、农、工、商"的身份等级概念下，钱泳长期以镌刻碑帖为主要收入来源，有着浓厚的工匠身份色彩。但在镌刻碑帖之外，他采取的大量"文人行为"有效地平衡了他极可能面临的身份危机，使得他能够在精英士人的社交圈中建立起文士形象。尽管他未曾考上秀才，捐得官衔也没有入仕，学术上亦远不能与他所交往的乾嘉名儒相比，但作为一名有文化、有书艺、有鉴赏力、关心地方公共事务且克绍祖德的"读书人"，他成功地与当时的许多名公大臣建立起了良好的互动关系，并与不少社会身份远高于他的官员文人成为好友，这使得他在当时的社会环境下，未被仅仅视为碑帖匠人或是碑帖商贩，而是在很多场合中被视为文士圈中的一员。同时，这种被承认的文士身份又反

① 见《题友人〈可与共论图〉适闻海上有警》《闻扬威将军出京将下明州志喜》《十二月十九日惊闻余姚失守越州戒严》等诗作，载（清）钱泳《辛壬集》，中国国家图书馆藏清刻本。

② 信见（清）钱泳辑《守望新书》，道光壬寅春三月扬州朴存堂刻本，上海图书馆藏。

过来促进了他的碑帖镌刻事业，他在文士圈中获得的眼界、学识及人脉使得他的碑帖产品的品味极为符合文士圈中的需求，从而使得他制作出的大量内容各异、质量优良的碑帖，成了当时文士圈中主流好尚的忠实反映。

钱泳以碑帖镌刻能力获交于当世诸多高官名流，同时又凭借着充沛的精力和在诸多方面的努力使得自己能够在一定程度上以文士身份留名于后世，这一行为在多大程度上有普遍性呢？在清代科考困难的情况下，有很多文人因科考不利而不得不自谋生计，选择以镌刻碑帖为生之底层文人亦为数不少，如与钱泳一同受聘为毕沅摹刻《经训堂法书》的孔广居便与钱泳有着类似的职业处境，两人的子辈也同样从事镌刻。孔广居又名孔千秋，一生布衣，擅长刻石刻印，工篆隶，篆刻水平尤为知名。他还精研古文字学，著有《说文疑疑》一书，颇有学力，却常被世人视为刻工。[①]孔广居大量受雇刻帖之余，也自行撰刻过丛帖，以自己的字“瑶山”命之曰《瑶山法帖》，其中收有金文《曶鼎铭》、并附有钱坫的小篆释文，既反映了孔广居本人作为文字学学者的个人学养，也反映出他对清中期金石学好尚的了解。尤其值得注意的是，《瑶山法帖》的第六卷完全是孔广居个人形象的呈现，内容为各家所书的孔广居诗文以及各家对孔广居画像的题字，这完全是用刻帖的方式来为自己树立传世的文人形象，从中可以看到他与钱泳同样有着想要证明自己并非“艺士”而是“文士”的强烈意图。但孔广居尽管文字学功力要高于钱泳，仍然常被当成刻工，而钱泳却有着广泛的“诸侯座上宾”的声名。究其原因，是钱泳将一切可以用来塑造自己文士身份的手段如著书、题跋、游幕、交游、议政、参与宗族事务等都发挥到了极致，以抵销“碑帖刻工”的匠人印象，他的成功在从事碑帖镌刻业的底层文人中应属特例。在此，可以看到底层文人在职业选择和个人理想、声名之间的冲突，也能看到在当世，不走科考之路的底层文人想向上突破阶层樊篱所需付出的大量努力。

① 《说文疑疑》附杨揩（1746～1822）撰《孔千秋小传》中写道：“顾家贫，资铁笔以治生。岁游三吴，闲人多以艺士待之，千秋亦忍，而以艺士自待”。见（清）孔广居《说文疑疑》，清光绪间长洲张氏仪鄦庐刻许学丛书本。

结 语

钱泳在乾嘉道时期的碑帖镌刻史上确为极为突出的人物，他享寿既长，又兼精力充沛、交游广泛，一生密切关注时代文化风尚，在碑帖镌刻事业上广受欢迎，取得了引人瞩目的成就。正因为他在当时的时代背景下极为成功，因而他镌刻碑帖的数量、内容、方式、质量以及商业考虑都成为观察当时碑帖镌刻活动的绝佳窗口，亦进一步为理解乾嘉道时期的书法文化及文士生活提供了大量具体有效的细节，并对整个清中期社会文化史的研究极有裨益。

钱泳镌刻碑帖的数量之富在现有史料记载中可谓独树一帜，他既接受委托，亦自发开展镌刻工作。在刻碑上，他参与竖立的新碑有大量的坟墓类碑刻以及不少记事记功碑、文人游览诗刻题名等，涉及的人物绝大部分均为有一定社会身份之人，而鲜见他参与工商业类碑刻及其他普通平民阶层的碑刻，由此可见他的自我身份定位以及他理想中的服务对象主要限定在文士圈中。钱泳在参与竖立新碑上的优势是他在当世的书法审美理念中广受好评的隶书书艺以及他对汉碑样式的熟稔。清中期汉隶艺术甚受推重，在竖立新碑时采用汉隶式样的文字书丹成了推崇“隶古遗意”的文化人士所普遍青睐的举动，因而钱泳能够不断地接到相关委托。在重刻旧碑上，钱泳重制的以秦汉碑刻为主，包括秦始皇的七种刻石、各色汉碑以及《熹平石经》残字等，其中有许多采用了缩刻的形式以供文人案头清玩，这些秦汉碑碣的重刻正是金石学风潮大兴之下文人的学术兴趣和生活雅趣的反映。此外，钱泳自发竖立的新碑中与钱氏宗族和儒家经典相关者最为重要，这些碑刻的内容和社会意义反映出在清中期，儒学及其投射的宗族文化在社会、家族与个人之间承担着核心的伦理价值，而以金石的方式贡献其中，是时风之下个人塑造自我身份、扩大个人声望的有效途径。

在刻帖上，钱泳摹刻了20余种丛帖及许多单刻帖，所摹刻的书家上至二王，下及清中期，书史名家几近囊括，其中尤以二王、宋四家、赵孟頫、董其昌、刘墉、永瑆等人及钱泳自己的书迹被摹刻的最多。除了钱泳自己的书迹以外，其余诸人的书迹正可反映清中期书法赏鉴、临习中的主流取法对象，这些刻帖被不同等级的官员、文人大量需索，正可见传统帖学在清中期强劲的势头。钱泳自己的书迹刻帖则反映了当时书法风尚的另一个潮流，这些刻帖所收书迹主要是临古作品，尤以临写汉碑及唐碑的作品最受瞩目。此外他晚年还有临写商周金文及其他铸刻铭文的刻帖，这些刻帖的拓本在清中期及之后的一段时期内极为畅销，体现了当世书法风尚中取法古碑刻的强大需求。钱泳对碑帖市场的风向甚为敏感，他的临古刻帖书风一味平正典雅，与清中期的主流书风审美相一致，因而能够很大限度地符合市场需求而获得成功。在他临写古碑的同时，阮元等人曾提示过他北朝碑刻的重要性，但钱泳未曾认真采纳这一建议，在他的大量临古刻帖中仅见两通北朝碑刻，可见在当时的碑帖市场上北朝碑刻并未大规模地受到欢迎，而他对于后来北碑的风行也没有前瞻性。总体来说，钱泳是一个顺应时代潮流而非领先时代潮流的人物，但也正因为他顺应着时代潮流，反而能够最大限度地折射出时代的普遍特性。而他顺应时代潮流所做的大量努力，客观上同其他审美理念一致的人一道，将清中期崇尚端雅但缺乏变化的书风推向了极致。最终，艺术风格的变革与创新也即将到来。

钱泳交往的精英文士圈中已出现了反对“辗转摹勒”的刻帖、尊崇“书丹原石”之碑的观点，书史上习称的“碑学理论家”阮元和包世臣都与钱泳有所交往，而阮元尤与钱泳过从甚密，曾出示《南北书派论》于钱泳，钱泳接受了其中“启牍之书”与“碑版之书”有别的提法，并同样认为“各种法帖，大率皆由拓本赝本转转模勒，不特对照写照，且不知其所写何人，又乌能辨其面目、精神耶？吾故曰藏帖不如看碑，与其临帖之假精神，不如看碑之真面目”，[①]然而这一观点并没有妨碍钱泳继续从事大量“辗转摹勒”的刻帖活动——尽管他也有不少刻帖是直接从可靠的墨迹本上石的，这其中部分是由于钱泳以为“吾侪既要学书，碑版、翰牍，须得兼备。碑版之书其用少，翰牍之书其用多”，[②]而

① （清）钱泳撰、张伟点校《履园丛话》，第317页。

② （清）钱泳撰、张伟点校《履园丛话》，第293页。

“翰牍之书”的范本大多来源于传世法帖，另一部分原因自然是谋生之需，当世对于刻帖的大量需求使得钱泳不能放弃这一财源。此外，钱泳对于书法教育颇有心得，他曾提出“教人学书，当分三等：第一等有绝顶天资，可以比拟松雪、华亭之用笔者，则令其读经史，学碑帖，游名山大川，看古人墨迹，为传世之学。第二等志切功名，穷年兀兀，岂能尽力于斯，只要真行兼备，不失规矩绳墨，写成殿试策子，批判公文式样，便可为科第之学。第三等则但取近时书法临仿，具有奏折书启禀帖手段，可以为人佣书而骗衣食者，为酬应之学也”。[①]钱泳所刻碑帖显然不是专为第一等人而设的，第二等人、第三等人的广大市场亦在钱泳的考虑范围内。

钱泳逝世于道光二十四年，在此之后，尊碑风潮愈发兴盛，其中尤以北朝碑刻的空前受人重视最为显目，习书之人开始更多地取法于古碑拓本，但同时，传统帖学也未失去影响力，购买、探讨和临习刻帖的行为仍然在书法实践中极为普遍，刻帖活动也仍在继续，只是在最具突破性的书家和书学理论家那里，“碑学”已盖过了传统“帖学”的风头，刻帖亦不远及古碑原拓来得重要。在这样的书学风气之下，钱泳所镌刻的大量碑帖在这些拥有着传世话语权的精英士人眼中价值并不高，因而他的名气在去世之后很快就衰减了，但他的许多刻帖如《攀云阁临汉碑》《缩本唐碑》等因便利于书法临习者仍然在市场上广泛销售，其余古人及清人法书刻帖也常被收藏以供临习之用，他所参与竖立的大量碑刻仍然存留于江浙各地，亦势必能对习书之人产生影响。在回顾历史的时候，人们总是习惯于或更便利于聚焦精英文人引领风尚的行为和观点，而忽视了当时同样存在着的普通文人阶层，钱泳在其身后虽不被精英文人看重，却凭借着他数量惊人且不失精良的碑帖摹刻产品依然存在于广大普通文人的书法实践活动里。

通过对钱泳进行个案研究还能在碑帖镌刻史及书法史之外获得更多的启示，其中一个重要的方面是学界经常讨论的社会身份问题，文人身份、工匠身份、商人身份之间的区分与混同自明代以来成为一个受人关注的现象。几种身份之

---

① （清）钱泳撰、张伟点校《履园丛话》，第310页。

间的界限有着很大的模糊性，许多受过儒家经学训练的文人因科考不顺或仕途无望，主动或被动地选择了以手艺技能为生，这些技能既包括作为文人余事的书画，也包括在传统认知中被视为匠人手艺的治印、琢砚、雕板及制作各类器物。他们在文化水平上属于知识阶层，但从谋生方式上看却类乎匠人及商贩，这种现象自明及清已经得到学界所发掘的越来越多例证的揭示。对于已经获得过一定功名、官职或学术成就的文人来说，其文化精英的地位已经稳固，因经济原因而不得不靠手艺谋生尚不至于引发社会对其身份定位的有力质疑。而钱泳的情况则不同，他来自另一类更为底层的文人群体，他们虽有文化修养，但未获功名，更无望入仕，同时也无力在学术上取得造诣，因而他们虽然自视为文人，却随时可能因靠手工技艺谋生而被视为匠人、商贩，从而在上层精英的话语体系中被轻视。在这种情况下，社会身份的不确定性必然带来焦虑感，而其中有志于进入社会上层圈子的人便需要采取更多引人注目的手段来确立自己的文化身份，钱泳的个案研究则为观察这一现象提供了一个细节丰富的例证。他一方面靠着碑帖镌刻的技艺谋生，组建刻石团队，积极主动地寻求订单，精心设计符合市场需求的碑帖产品；而另一方面，他采取了尽可能多的手段来确立自己的文士形象，使自己不至于被仅仅当作碑帖匠贩。除了捐纳功名之外，这些手段既包括他努力培养并宣扬的艺术鉴赏能力和创作能力，也包括他对儒家经学及当世学术风尚所表现出来的极大热情，还包括他为宗族事务做出的超乎寻常的巨大努力。此外他还通过一系列拟流传后世的著作来确立自己的名望。这些手段给钱泳创造了大量正当的机缘与尽可能多的上层精英展开频繁互动，使他能够在大量“文人性”的行为中纠正他的碑帖镌刻活动给精英圈留下的深刻印象。从钱泳身上可以观察到底层文人在谋生和融入社会上层并实现身份认可这两者之间所能够采取的一系列平衡措施。当钱泳把这些措施的效用发挥到极致的时候，他既成功地得到了社会地位更高的文人精英圈的普遍接纳，同时又因“并非俗工”而获得了碑帖镌刻事业的成功。钱泳是当时大量同类底层文人中的佼佼者，与他同样既有文化修养但同时又不得不靠手工技艺谋生的人在当时有着相当数量的存在。钱泳的人生选择和行为模式使得历史研究者能够更好地观察当世社会底层文人的生存出路以及社会身份的认同与确立方式，从而为理解当时的许多社会现象提供富有深度的思考角度。

此外，钱泳在一生中所展开的大量人际互动亦可帮助历史研究者了解清中期文化圈中的社交模式。作为没有正途科名的底层文人，钱泳没有座师、同年这些在上层精英圈中举足轻重的人际纽带。但他充分利用了地缘、亲缘以及职业行为建立起了自己的人际网络。清中期浓郁的学术交流之风客观上也有利于阶层相差甚远的文人因着探讨学问的契机而建立联系。在这种情况下，钱泳的社交范围便远远超出了自己的阶层。钱泳的交往对象上至皇亲贵胄，下至地方名流，还包括富有权势的封疆大吏和有全国声望的学界领袖，他们之间互动往来的许多细节保留了下来。举例而言，钱泳与郑亲王乌尔恭阿及辅国公裕瑞的交往多有诗文酬唱，展现出清皇室与汉族底层文人之间貌似平等的文人化交往方式。钱泳与国子监祭酒、蒙古贵族法式善的交往除了诗文酬唱与书画艺事外，还因其所捐得的监生头衔与法式善形成了名义上的师生关系，而钱泳充分利用了这一层关系在京师扩展人际网络，既接到了更多的碑帖订单，亦提高了自己的文化声望。钱泳与阮元、翁方纲等一流学者官员的交往又是另一种模式，钱泳在替阮元代笔、替翁方纲寻觅碑帖之外，常向二人请教与儒家经学及金石碑帖相关的各种问题，并请二人为他的碑帖产品及著述计划提供学术意见。而阮元、翁方纲二人也确实与钱泳展开了不少认真的探讨，并为钱泳提供了许多坦率、中肯的建议，他们之间形成了一种良好的智识交流关系。钱泳与黄易、孙星衍等官衔稍低的金石学者之间的交往则展现出了一种相对平等的关系，钱泳多以更加轻松的姿态与他们探讨金石碑帖。钱泳与钱氏宗族官员之间的交往经常通过办理族中事务而开展，但同时，身居高位的钱氏官员也因着亲缘替钱泳在京师及地方扩展人际网络，并为他的镌刻事业和个人声名的拓展提供了大量帮助。钱泳还曾游幕数位官员署中，他与毕沅、李亨特等人之间的交往方式则源自幕主与幕宾之间的雇佣关系，在这种情形下，他的文化素养及碑帖镌刻技艺完全服务于幕主的需求，他与幕主的交往方式也因着他的年龄、阅历及幕主的官衔、学养而有所不同。此外，钱泳长期居住于江苏家中并活跃于江南各地，他与江浙各级地方长官之间形成了良好的互动，与多任总督、巡抚、盐政及各地的州、县官员往来密切，成功地被从上到下的地方各级官僚圈所接纳。由此可见，钱泳所涉及的人际关系极为丰富，为研究清中期各种类型的社会交往提供了十分有益的细节，进而对研究清代的官场、学术、文化艺事均有所裨益。

在对钱泳展开个案研究中发现的大量商业细节也可补充清代商业的相关研究。目前关于明清手工业的商业状况已有了不少论述，对于部分种类文化产品制作、销售亦有了不少认识，而碑帖产品作为社会上下层均关注的一种高级文化产品，其中涉及的商业模式可称重要，但目前进行学术探讨者还较少。从钱泳开展碑刻镌刻活动的具体过程中可以清晰地看到在当时委托如何成立、工期如何开展、产品如何设计、销售如何实现、银款如何结算等，其中所牵涉的各级官员在商业行为中的参与程度亦极有价值，这些都为研究清中期的商业观念和商业生态提供了可靠有效的例证。

回望钱泳的一生，他以一己之力留下了大量的碑帖产品和文字记录，体现了一个底层文人竭力名存后世的全部努力，他身上蕴含的大量信息和折射出的种种现象，为历史研究者提供了多层次的观察面相。梅花溪上的风雅和生计，是历史巨幅画卷之中微小但又精致的一景，丰富着后人对那个时代的认知。

参考文献

一　传统文献

（南朝宋）范晔撰、（唐）李贤等注《后汉书》，中华书局1965年版。

（唐）房玄龄等撰《晋书》，中华书局1974年版。

（宋）洪适撰《隶释》，艺文印书馆1967年版。

（宋）欧阳修撰《集古录》，上海古籍出版社1987年版。

（宋）钱即撰《钱氏坟庙记》，上海图书馆藏乾隆五十九年刻本。

（宋）赵明诚撰《金石录》，台北：艺文印书馆1966年版。

（明）王世贞撰《弇州四部稿》，收入《四库全书》文渊阁本第1279～1284册，上海古籍出版社1987年版。

（明）赵宧光撰《寒山帚谈》，收入《四库全书》文渊阁本第816册，上海古籍出版社1987年版。

（清）毕沅撰《中州金石记》，中华书局1985年版。

（清）斌良撰《抱冲斋诗集》，收入《续修四库全书》第1508册，上海古籍出版社1995年版。

（清）曹振镛等奉敕修《清实录》，中华书局1985～1987年版。

（清）陈文述撰《画林新咏》，收入周骏富辑《清代传记丛刊》第79册，台北：明文书局1985年版。

（清）陈文述撰《颐道堂诗外集》，收入《清代诗文集汇编》第504册，上海古籍出版社2010年版。

（清）陈用光撰《太乙舟诗集》，收入《续修四库全书》第1493册，上海古籍出版社1995年版。

（清）端方撰《壬寅销夏录》，稿本，爱如生中国基本古籍库。

（清）褚峻摹、牛运震说《金石图》，香港中文大学图书馆藏清乾隆癸亥刻本。

（清）邓廷桢撰《双砚斋诗钞》，收入《清代诗文集汇编》第520册，上海古籍出版社2010年版。

（清）法式善撰、张寅彭主编、刘青山点校《法式善诗文集》，人民文学出版社2015年版。

（清）顾蔼吉撰《隶辨》，上海古籍出版社1987年版。

（清）胡源、褚逢春编《梅溪先生年谱》，收入北京图书馆编《北京图书馆藏珍本年谱丛刊》第122册，北京图书馆出版社1999年版。

（清）纪昀等人撰书《大清名贤百家手札》，凤凰出版社2011年版。

（清）蒋宝龄撰《墨林今话》，收入周骏富辑《清代传记丛刊》第73册，台北：明文书局1985年版。

（清）金武祥撰《粟香五笔》，收入《续修四库全书》第1184册，上海古籍出版社1995年版。

（清）李放辑《皇清书史》，收入周骏富辑《清代传记丛刊》第82册，台北：明文书局1985年版。

（清）李铭皖、谭均培修，冯桂芬纂《同治苏州府志》，收入《中国地方志集成·江苏府县志辑》第7～10册，江苏古籍出版社1991年版。

（清）李玉棻撰《瓯钵罗室书画过目考》，收入周骏富辑《清代传记丛刊》第74册，台北：明文书局1985年版。

（清）梁章钜撰《归田琐记》，中华书局1981年版。

（清）梁章钜撰《浪迹丛谈》，中华书局1981年版。

（清）梁章钜撰《退庵诗存》，收入《清代诗文集汇编》第515册，上海古籍出版社2010年版。

（清）林则徐撰，中山大学历史系中国近代现代史教研组、研究室编《林则徐集·日记》，中华书局1962年版。

（清）林则徐撰、林则徐全集编辑委员会编《林则徐全集》，海峡文艺出版社2002年版。

（清）潘衍桐辑《两浙輶轩续录》，收入《续修四库全书》第1685～1687册，上海古籍出版社1995年版。

（清）潘奕隽撰《三松自定年谱》，收入北京图书馆编《北京图书馆藏珍本年谱丛刊》第110册，北京图书馆出版社1999年版。

（清）庞元济撰《虚斋名画录》，收入《续修四库全书》第1091册，上海古籍出版社1995年版。

（清）齐学裘撰《见闻随笔》，收入《续修四库全书》第1181册，上海古籍出版社1995年版。

（清）钱大昕撰《潜研堂金石文跋尾又续》，收入《续修四库全书》第891册，上海古籍出版社1995年版。

（清）乾隆皇帝敕撰《钦定皇朝通志》，收入《四库全书》文渊阁本第644～645册，上海古籍出版社1987年版。

（清）钱泳辑《凤仙花谱》，中国国家图书馆藏清刻本。

（清）钱泳辑《古虞石室记》，中国国家图书馆藏清刻本。

（清）钱泳撰《梅华溪续草》，中国国家图书馆藏清刻本。

（清）钱泳编《海外新书》，中国国家图书馆藏清道光十六年刻本。

（清）钱泳辑《护碑图题诗》，上海图书馆藏清稿本。

（清）钱泳辑《兰林集》，上海图书馆藏清稿本。

（清）钱泳辑《梅华溪上图题咏》，上海图书馆藏清稿本。

（清）钱泳辑《守望新书》，上海图书馆藏道光壬寅春三月扬州朴存堂刻本。

（清）钱泳辑《述德编》，上海图书馆藏清稿本。

（清）钱泳辑《水学赘言》，中国国家图书馆藏清抄本。

（清）钱泳辑《唐碑题跋》，中国国家图书馆藏清咸丰十年刻本。

（清）钱泳辑《题赠集》，上海图书馆藏清稿本。

（清）钱泳辑《翁庄小筑图题咏》，上海图书馆藏清稿本。

（清）钱泳辑《吴越钱氏传芳集》，中国国家图书馆藏清嘉庆十五年钱氏家刻本。

（清）钱泳辑《写经楼题赠集》，上海图书馆藏清稿本。

（清）钱泳辑《养竹山房题赠》，上海图书馆藏清稿本。

（清）钱泳双钩《娄寿碑》，中国国家图书馆藏北京琉璃厂近文斋刻本。

（清）钱泳撰《倚游纪胜》，上海图书馆藏清稿本。

（清）钱泳撰《癸甲集》，中国国家图书馆藏清刻本。

（清）钱泳撰《金涂铜塔考》，中国国家图书馆藏清乾隆五十九年表忠观刻本。

（清）钱泳撰《履园文集》，收入《清代诗文集汇编》第456册，上海古籍出版社2010年版。

（清）钱泳撰《梅花溪诗草》，收入《清代诗文集汇编》第456册，上海古籍出版社2010年版。

（清）钱泳撰《梅花溪续草》，收入《清代诗文集汇编》第456册，上海古籍出版社2010年版。

（清）钱泳撰《写经楼金石目》，中国国家图书馆藏清刻本。

（清）钱泳撰《写经楼金石目》，中国国家图书馆藏清述祖德堂抄本。

（清）钱泳撰《辛壬集》，中国国家图书馆藏清刻本。

（清）钱泳撰、张鸿鸣点校《登楼杂记（外一种）》，浙江古籍出版社2022年版。

（清）钱泳撰、张伟点校《履园丛话》，中华书局1979年版。

（清）钱泳纂辑《会稽钱武肃王祠堂志》，中国国家图书馆藏清乾隆五十八年刻本。

（清）阮元撰《定香亭笔谈》，收入《续修四库全书》第1138册，上海古籍出版社1995年版。

（清）阮元撰《揅经室集》，收入《清代诗文集汇编》第477册，上海古籍出版社2010年版。

（清）石韫玉撰《独学庐四稿》，收入《清代诗文集汇编》第447册，上海古籍出版社2010年版。

（清）孙星衍、邢澍撰《寰宇访碑录》，商务印书馆1935年版。

（清）铁保撰《铁保年谱》，清道光二年石经堂刻本，爱如生中国基本古籍库。

（清）王昶《金石萃编》，收入《续修四库全书》第886～891册，上海古籍出版社1995年版。

（清）王芑孙撰《渊雅堂全集》，收入《续修四库全书》第1480、1481册，上海古籍出版社1995年版。

（清）王曰申撰《王子若摹刻研史手牍》，文物出版社1962年版。

（清）王蕴章撰《燃脂余韵》，民国本，爱如生中国基本古籍库。

（清）翁方纲辑《苏斋唐碑选》，中华书局1985年版。

（清）翁方纲撰《复初斋集外文》，民国嘉业堂丛书本。

（清）翁方纲撰《复初斋诗集》，收入《续修四库全书》第1454、1455册，上海古籍出版社1995版。

（清）翁方纲撰《复初斋文集》，收入《续修四库全书》第1455册，上海古籍出版社1995年版。

（清）翁方纲撰、沈津辑《翁方纲题跋手札集录》，广西师范大学出版社2002年版。

（清）翁心存撰、张剑整理《翁心存日记》，中华书局2011年版。

（清）徐康:《前尘梦影录》，收入《美术丛书》第1册，台北：艺文印书馆1964～1975年版。

（清）徐颖编、钱泳校订《梅溪先生年谱》，收入北京图书馆编《北京图书馆藏珍本年谱丛刊》第122册，北京图书馆出版社1999年版。

（清）姚元之撰《荐青集》，收入《清代诗文集汇编》第541册，上海古籍出版社2010年版。

（清）叶昌炽撰《缘督庐日记抄》，收入《续修四库全书》第576册，上海古籍出版社1995年版。

（清）叶昌炽撰、柯昌泗评《语石 语石异同评》，中华书局1994年版。

（清）英和撰《恩福堂笔记诗钞年谱》，北京古籍出版社1991年版。

（清）余金辑《熙朝新语》，上海古籍出版社1983年版。

（清）裕瑞撰《樊学斋诗集》，收入《清代诗文集汇编》第500册，上海古籍出版社2010年版。

（清）俞樾撰《春在堂随笔》，江苏人民出版社1984年版。

（清）袁枚等人撰书《名人翰札墨迹》，台北：艺文印书馆1976年版。

（清）曾燠撰《赏雨茅屋诗集》，收入《清代诗文集汇编》第456册，上海古籍出版社2010年版。

（清）曾燠撰《赏雨茅屋外集》，收入《清代诗文集汇编》第456册，上海古籍出版社2010年版。

（清）张宝绘《泛槎图四集》，早稻田大学图书馆藏道光羊城尚古斋刊本。

（清）张井撰《二竹斋诗钞》，收入《清代诗文集汇编》第517册，上海古籍出版社2010年版。

（清）张绍南编、王德福续编《孙渊如先生年谱》，收入北京图书馆编《北京图书馆藏珍本年谱丛刊》第119册，北京图书馆出版社1999年版。

（清）张燕昌撰《金石契》，文史哲出版社1971年版。

（清）张之洞撰、范希曾补正《书目答问补正》，上海古籍出版社2019年版。

（清）赵尔巽等撰《清史稿》，中华书局1977年版。

陈烈主编《小莽苍苍斋藏清代学者书札》，人民文学出版社2014年版。

邓之诚著、邓珂增订点校《骨董琐记》，中国书店1991年版。

葛嗣浵撰《爱日吟庐书画续录》，收入《续修四库全书》第1088册，上海古籍出版社1995年版。

故宫博物院编《蓬莱宿约——故宫藏黄易汉魏碑刻特集》，紫禁城出版社2010年版。

刘体智撰《小校经阁金文拓本》，台北：艺文印书馆1972年版。

上海书画出版社、华东师范大学古籍整理研究室选编校点《历代书法论文选》，上海书画出版社1979年版。

苏州历史博物馆、江苏师范学院历史系、南京大学明清史研究室合编《明清苏州工商业碑刻集》，江苏人民出版社1981年版。

陶湘辑《昭代名人尺牍续集》，收入周骏富辑《清代传记丛刊》第32册，台北：明文书局1985年版。

赵一生、王翼奇主编《香书轩秘藏名人书翰》，浙江古籍出版社2005年版。

二　近现代专著

程章灿：《石刻刻工研究》，上海古籍出版社2008年版。

何宝善：《汉郭有道碑考》，文津出版社1993年版。

何炳棣著、徐泓译注《明清社会史论》，台北：联经出版事业股份有限公司2013年版。

华人德：《华人德书学文集》，荣宝斋出版社2008年版。

梁启超：《清代学术概论》，上海古籍出版社1998年版。

梁颖：《说笺（增订本）》，上海科学技术文献出版社2012年版。

陆宝千：《清代思想史》，华东师范大学出版社2009年版。

马成名编著《海外所见善本碑帖录》，上海书画出版社2014年版。

彭林编《清代经学与文化》，北京大学出版社2005年版。

瞿同祖：《清代地方政府》，法律出版社2003年版。

容庚：《丛帖目》，中华书局2012年版。

尚小明：《学人游幕与清代学术》，社会科学文献出版社1999年版。

沈津：《翁方纲年谱》，台北："中央研究院"中国文哲研究所2002年版。

施安昌：《善本碑帖论集》，紫禁城出版社2002年版。

孙璘主编《明清江南刻帖研讨会论文集》，河北美术出版社2012年版。

王汎森：《权力的毛细管作用：清代的思想、学术与心态》，北京大学出版社2015年版。

王章涛：《阮元年谱》，黄山书社2003年版。

王壮弘：《碑帖鉴别常识》，上海书画出版社2008年版。

吴廷燮等纂《北京市志稿·金石志》，北京燕山出版社1998年版。

薛龙春：《黄易友朋往来书札辑考》，生活·读书·新知三联书店2021年版。

余英时：《论戴震与章学诚》，生活·读书·新知三联书店2005年版。

曾毅公：《石刻考工录》，书目文献出版社1987年版。

翟学伟：《人情、面子与权力的再生产》，北京大学出版社2013年版。

张伯英：《张伯英碑帖论稿》，河北教育出版社2007年版。

张晓旭：《苏州碑刻》，苏州大学出版社2000年版。

张仲礼：《中国绅士的收入》，费成康、王寅通译，上海社会科学院出版社2001年版。

赵超：《中国古代石刻概论》，文物出版社1997年版。

周道振编《停云馆帖汇考》，河南美术出版社2012年版。

容媛辑《金石书录目附补编》，东京：大安株式会社1963年版。

［美］本杰明·艾尔曼（Benjamin A. Elman）：《经学·科举·文化史》，中华书局2009年版。

［美］高居翰（James Cahill）：《画家生涯：传统中国画家的生活与工作》，杨贤宗、马琳、邓伟权译，生活·读书·新知三联书店2012年版。

［英］柯律格（Craig Clunas）：《长物：早期现代中国的物质文化与社会状况》，高昕丹、陈恒译，洪再新校，生活·读书·新知三联书店2015年版。

三　今人论文

陈斯亮、杨豪中、赵荣：《清人毕沅为陕西陵墓立碑考》，《山西档案》2008年1月。

陈雅飞：《毕沅书画鉴藏刍议》（上），《荣宝斋》2011年第5期。

陈雅飞：《毕沅书画鉴藏刍议》（下），《荣宝斋》2011年第7期。

陈雅飞：《乾嘉幕府的碑帖风尚——以钱泳为视角》，载莫家良、陈雅飞编《楹联·帖学·书艺国际研讨会论文集》，香港中文大学艺术系、香港中文大学文物馆2008年版。

范金民：《明清江南进士数量、地域分布及其特色分析》，《南京大学学报》1997年第2期。

郝继文：《傅山书〈郭泰碑〉事考及“重光作噩”说》，《中国书法》2017年第1期。

卢慧纹：《碑与帖的交会——钱泳〈攀云阁帖〉在清代书史中的意义》，（台北）《美术史研究集刊》第31期，2011年。

卢慧纹：《缩率更鲁公于分厘之间，运龙跳虎卧于格式之内——钱泳的〈缩临唐碑〉与清代楷书风尚》，载莫家良主编《合璧联珠三——乐常在轩藏清代楹联》，香港中文大学中国文化研究所文物馆2016年版。

卢蓉：《中国墓碑研究》，苏州大学博士学位论文，2013年。

陆易：《对浙博馆藏〈石鼓石经缩本〉的几点认识》，《东方博物》第37辑，2010年。

马子云：《碑的概说与碑、帖之分》，《故宫博物院院刊》1982年第1期。

王河：《惠山听松庵竹茶炉与〈竹炉图咏〉》，《农业考古》2006年第2期。

许珂：《乾嘉时期京师的士人延誉机制与画坛新变——以翁方纲、法式善为中心的考察》，《文艺研究》2021年第1期。

杨小京：《安刻本〈书谱〉》，《艺术工作》2018年第1期。

姚灵：《清中期刻帖中的跨阶层人际互动与商业考量——〈福州帖〉摹刻与销售始末》，（台北）《故宫学术季刊》第40卷第1期。

叶程义：《汉四皓石刻考述》，《中华学苑》第51期。

尹一梅：《清御书处镌碑刻帖事务述略》，《故宫博物院院刊》2017年第1期。

余立：《钱泳碑帖摹刻活动研究》，南京艺术学院硕士论文，2012年。

张爱民、何效义：《唯美的典范：〈峄山刻石〉艺术简述》，《中国书法》2015年第5期。

四　外文文献

Benjamin A. Elman.*Civil Examinations and Meritocracy in Late Imperial China*, Cambridge: Harvard University Press, 2013.

Benjamin A. Elman. *From philosophy to philology: Intellectual and Social Aspects of Change in Late Imperial China,* Cambridge: Council on East Asian Studies, Harvard University, 1984.

Dorothy Ko, *The Social Life of Inkstones: Artisans and Scholars in Early Qing*

China, Seattle：University of Washington Press，2017.

Frederick W. Mote and Hung–lam Chu; with the collaboration of Ch'en Pao–chen,W.F. Anita Siu,and Richard Kent; edited by Howard L. Goodman. *Calligraphy and the East Asian Book,* Boston: Shambhala Publications, Inc., 1989.

Lilian Lan–ying Tseng, "Between Printing and Rubbing:Chu Jun's Illustrated Catalogues of Ancient Monuments in Eighteeth–Century China," in *Reinventing the Past*, Chicago: the Center for the Art of East Aisa,Department of Art History, University of Chicago and Art Media Resources,Inc., 2010.

Kenneth Starr. *Black Tigers–A Grammar of Chinese Rubbings*, Washington: University of Washington Press, 2008.

Jerome Silbergeld，"Kung Hsien: A Professional Chinese Artist and His Patronage"，*The Burlington Magazine*，vol.123, No.940（1981）.

Yulian Wu. *Luxurious Networks,* Stanford: Stanford University Press, 2017.

角井博『宋拓の漢石経残字—東京国立博物館新収「銭泳舊蔵本」の紹介』、載『Museum東京國立博物館美術志』、1976年12月。

马成芬『江戸時代における「問経堂法帖」の受容』、載日本关西大学『文化交涉　東アジア文化研究科院生論集—第4号』、2015年。

五　图像资料

（宋）苏轼书《宋刻表忠观碑》，西泠印社2000年版。

（宋）苏轼书《苏轼天际乌云帖》，翁方纲旧藏本，上海书画出版社2002年版。

（明）文徵明集刻《停云馆帖》，香港中文大学图书馆藏拓本。

（清）冯铨集刻《快雪堂法书》，台北故宫博物院藏清拓本。

（清）罗聘绘，（清）法式善等题《法诗龛罗两峰续西涯诗画册》，中华书局1929年版。

（清）钱泳书《攀云阁临汉碑》，中国国家图书馆藏清拓本。

（清）钱泳书《缩本汉碑》，北京大学图书馆藏清拓本。

（清）钱泳书《缩本汉碑》，香港大学图书馆藏清拓本。

（清）钱泳书《缩本汉碑》，香港中文大学图书馆藏清拓本。

（清）钱泳书《缩本唐碑》，苏州图书馆藏清拓本。

（清）钱泳书《问经堂帖》，日本早稻田大学图书馆藏清拓本。

（清）钱泳集刻《秦邮帖》，台北：书法文物馆1977年版。

（清）钱泳集刻《清爱堂石刻》，台北故宫博物院藏清拓本。

（清）钱泳集刻《小清秘阁帖》，北京大学图书馆藏清拓本。

（清）钱泳集刻《诒晋斋法书》，香港中文大学图书馆藏清拓本。

（清）钱泳等集刻《经训堂法书》，哈佛大学图书馆藏清拓本。

（清）万承纪集、王曰申刻《百汉碑研》，香港大学图书馆藏清拓本。

北京图书馆金石组编《北京图书馆藏中国历代石刻拓本汇编》，中州古籍出版社1989年版。

程存洁主编《抱冲斋石刻》，广东人民出版社2016年版。

程存洁主编《福州帖》，广东人民出版社2016年版。

程存洁主编《话雨楼法书》，广东人民出版社2016年版。

程存洁主编《黄文节公法书石刻》，广东人民出版社2016年版。

程存洁主编《朴园藏帖》，广东人民出版社2016年版。

程存洁主编《松雪斋法书》，广东人民出版社2016年版。

程存洁主编《松雪斋法书墨刻》，广东人民出版社2016年版。

程存洁主编《诒晋斋巾箱帖》，广东人民出版社2016年版。

程存洁主编《昭代名人法书石刻》，广东人民出版社2016年版。

郭继生、石慢合编《合璧联珠：乐常在轩藏清代楹联》，香港：香港中文大学文物馆2003年版。

梁颖编著《尺素风雅·明清彩笺图录》，山东美术出版社2010年版。

明清名家书法大成编纂委员会编《明清名家书法大成》，上海书画出版社1994年版。

莫家良主编《合璧联珠二：乐常在轩藏清代楹联》，香港：香港中文大学中国文化研究所文物馆2007年版。

任继愈主编《中国国家图书馆碑帖精华》，北京图书馆出版社2001年版。

上海图书馆编《上海图书馆藏善本碑帖》，上海古籍出版社2005年版。

沈鹏主编《历代书法珍本集成·清代民国》，山西人民出版社2013年版。

水赉佑主编《中国书法全集·黄庭坚卷》，荣宝斋出版社2001年版。

唐九编《楹帖偶存》，1925年上海出版。

台北“中央图书馆”编《国立中央图书馆善本题跋真迹》，台北：“中央图书馆”1982年版。

无锡市博物馆编《无锡历代乡贤书画名迹集》，无锡市博物馆1991年版。

镇江焦山碑刻博物馆编《澄鉴堂石刻》，文物出版社2012年版。

小莽苍苍斋、中国历史博物馆编《小莽苍苍斋藏清代学者法书选集》，文物出版社1995年版。

中国法帖全集编辑委员会编《中国法帖全集》，湖北美术出版社2002年版。

中国古代书画鉴定组编《中国古代书画图目》，文物出版社1986年版。

中国美术全集编辑委员会编《中国美术全集·书法篆刻编》，人民美术出版社1989年版。

周倜主编《中国历代书法家名人墨迹》，中国展望出版社1987年版。

周倜主编《中国墨迹经典大全》，京华出版社1998年版。

東京国立博物館编『東京国立博物館図版目録 中国書跡篇』、1980。

图版

图1　钱泳行书七言联

载中国美术全集编辑委员会编《中国美术全集·书法篆刻编6》，
人民美术出版社1989年版

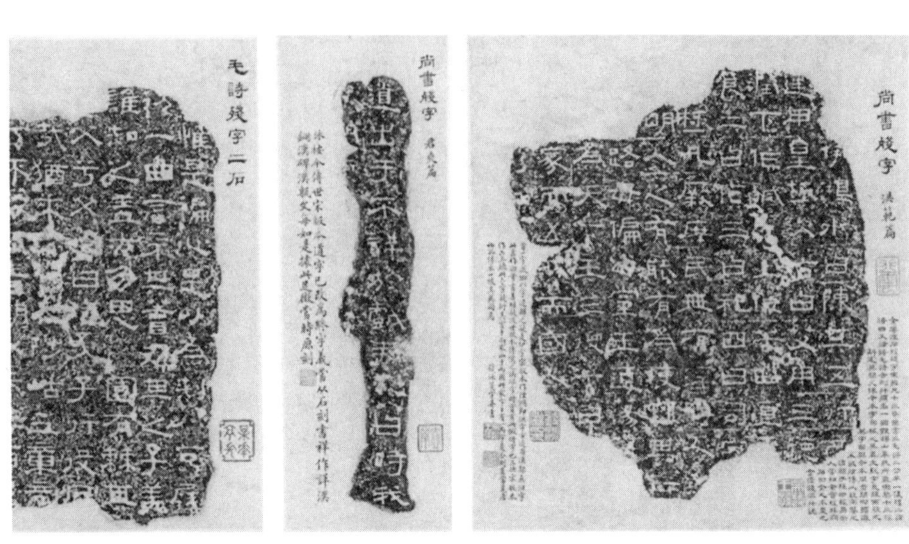

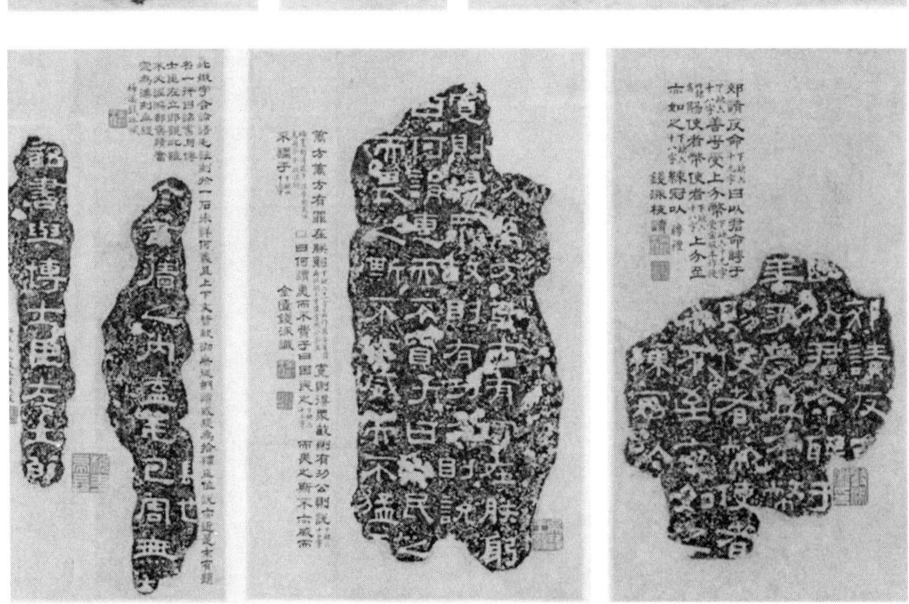

图2　钱泳重刻《熹平石经》残字拓片（局部）

东京国立博物馆藏

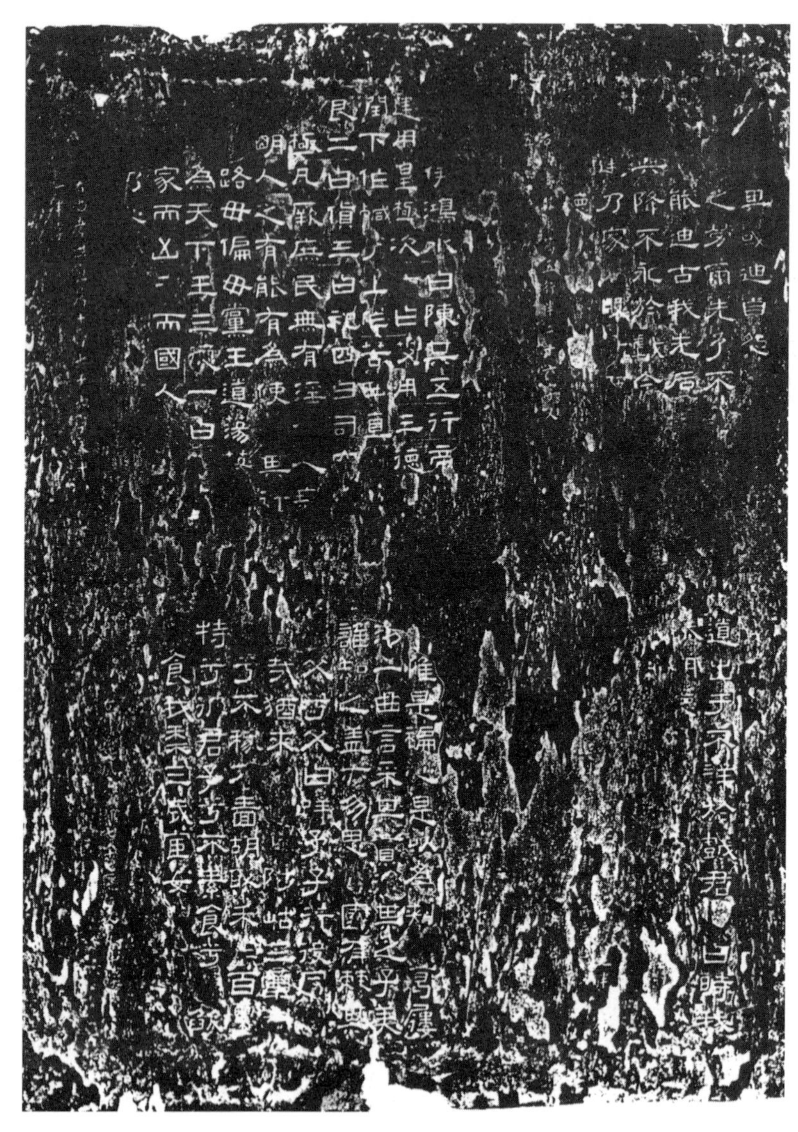

图3　翁方纲于南昌重刻的《熹平石经》残字拓片（局部）

载北京图书馆金石组编《北京图书馆藏中国历代石刻拓本汇编》第75册，中州古籍出版社1989年版

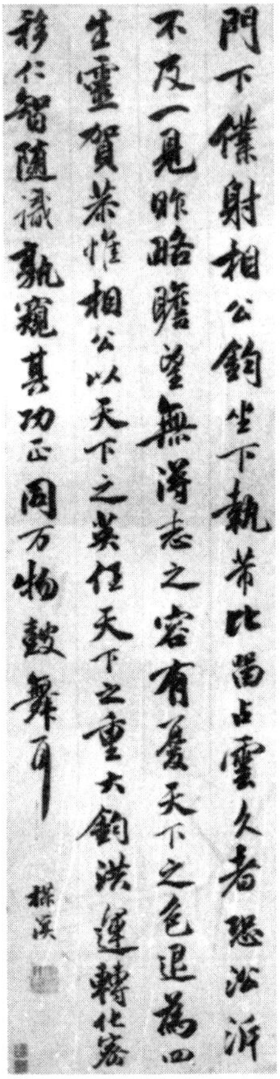

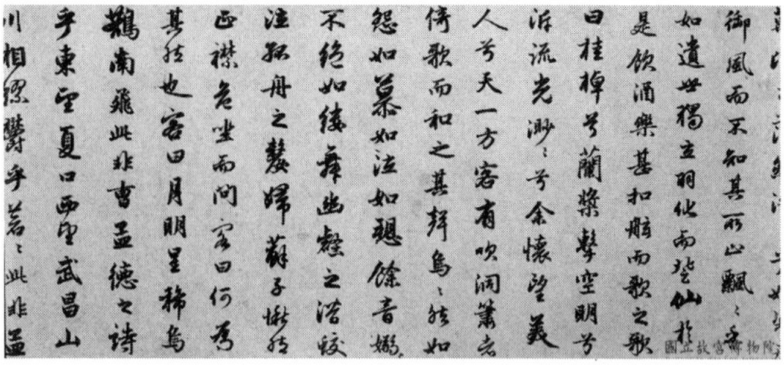

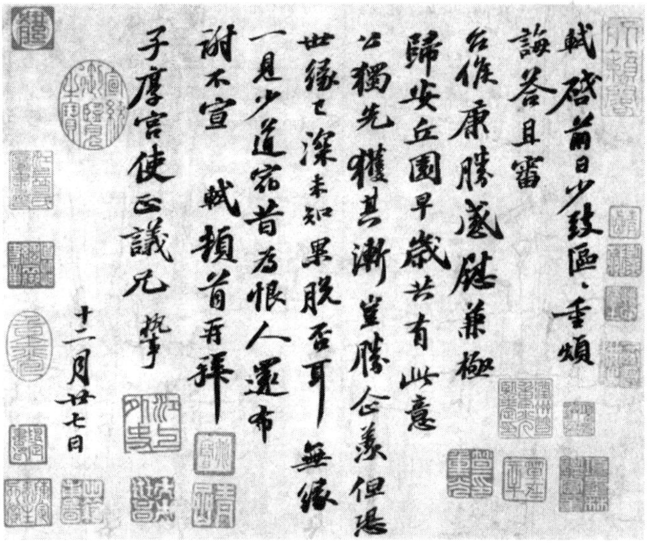

左：图4-1　钱泳行书条幅

苏州博物馆藏

右上：图4-2　赵孟頫行书《前赤壁赋》(局部)

台北故宫博物院藏

右下：图4-3　苏轼行书《致子厚宫使正议尺牍》

台北故宫博物院藏

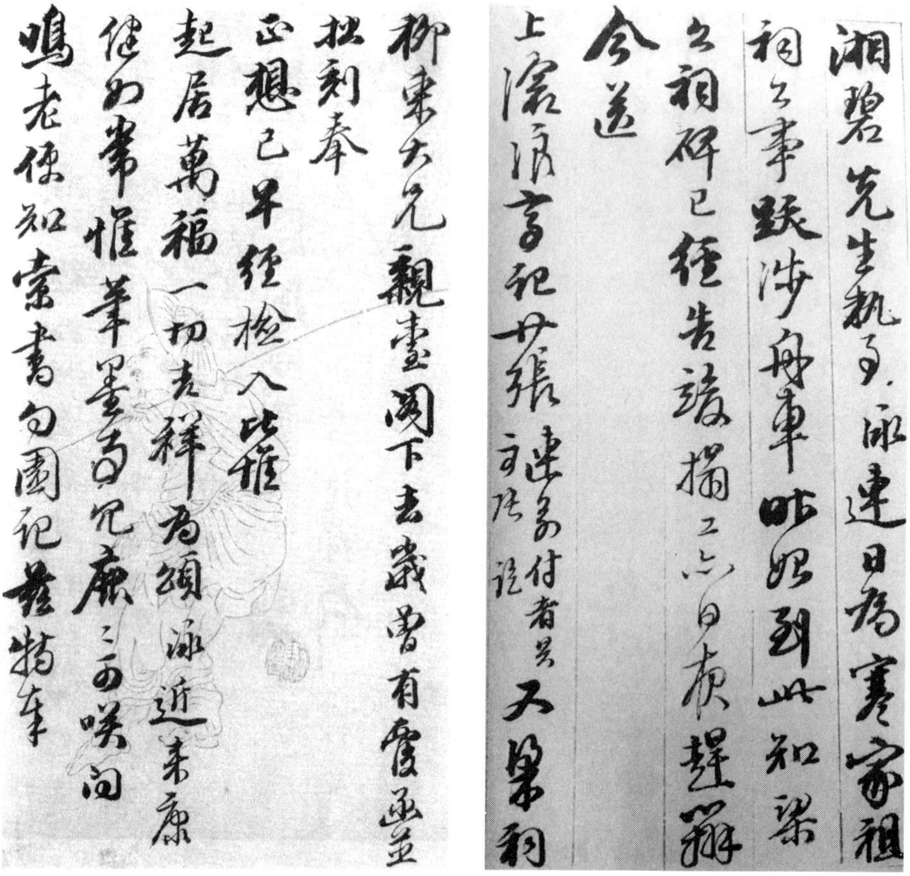

左：图5-1　钱泳致冯登府（1783～1841）尺牍（局部）

载梁颖编著《尺素风雅 · 明清彩笺图录》，山东美术出版社2010年版

右：图5-2　钱泳致“湘碧先生”尺牍（局部）

载赵一生、王翼奇主编《香书轩秘藏名人书翰》，浙江古籍出版社2005年版

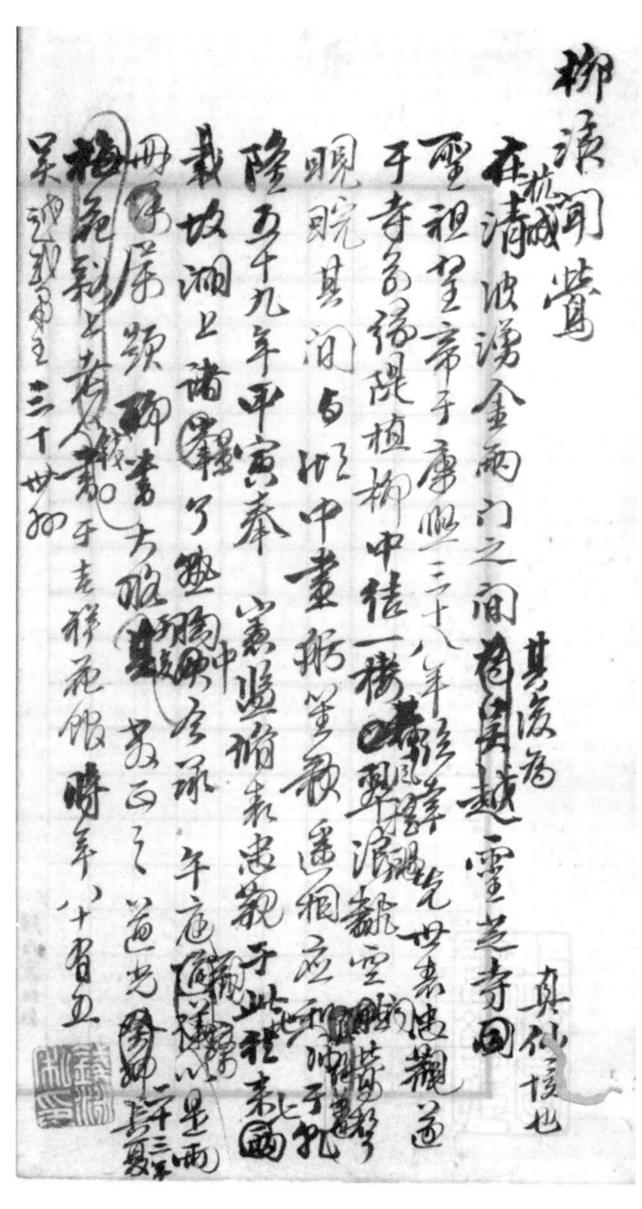

图6　钱泳《倦游记胜》手稿（局部）

上海图书馆藏

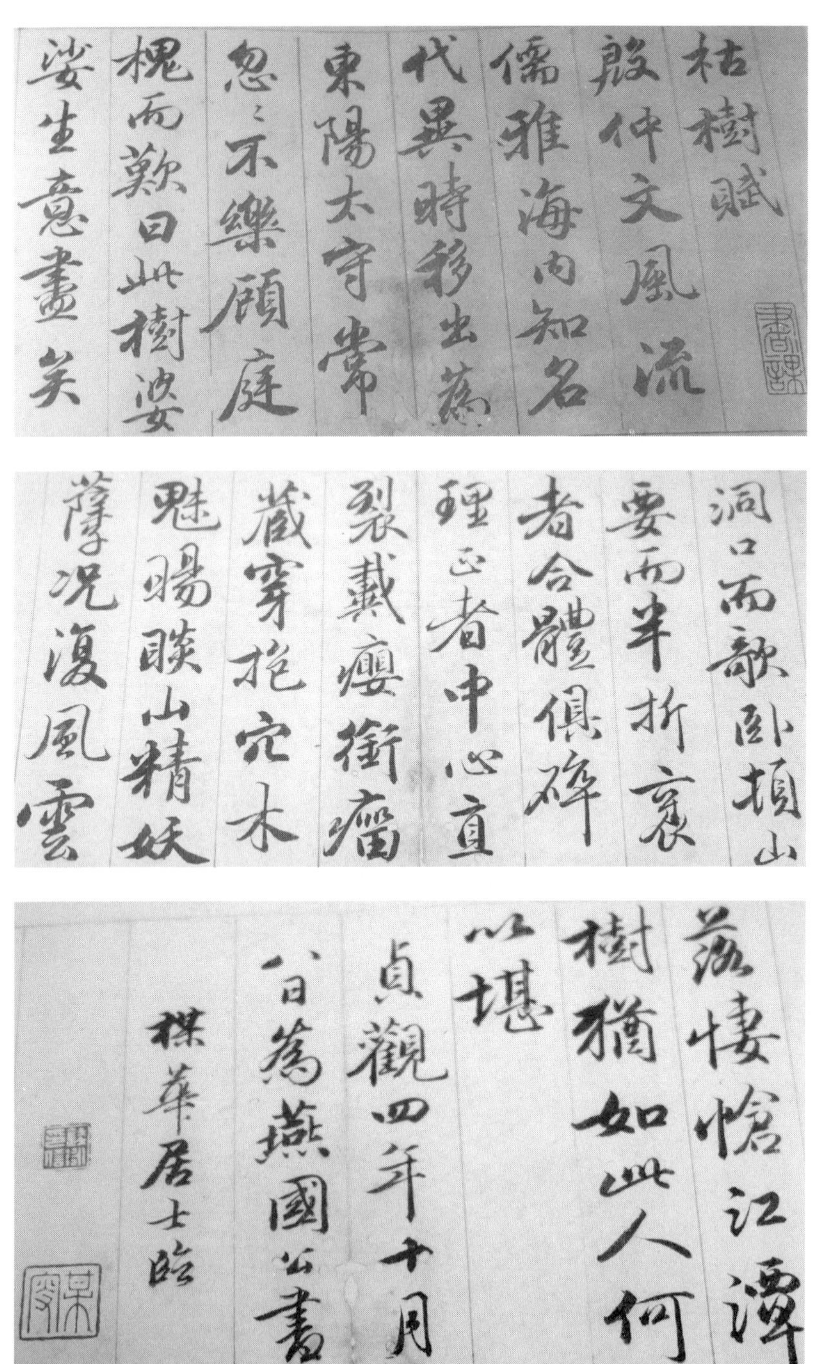

图7　钱泳行书《枯树赋》（局部）

杭州博物馆藏

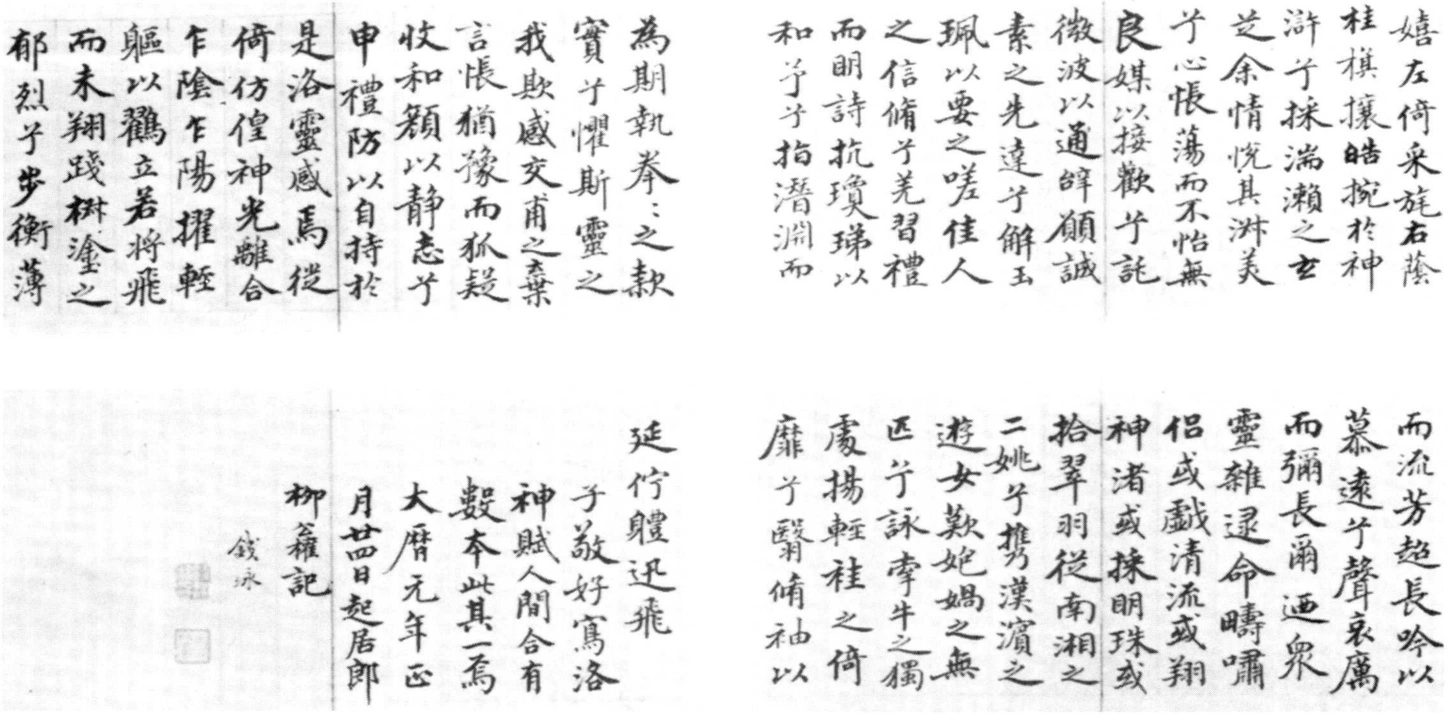

图8　钱泳临《洛神赋》十三行

东京国立博物馆藏

图 9–1　江藩旧藏宋拓《鼎帖》，钱泳观款

载上海图书馆编《上海图书馆藏善本碑帖》，上海古籍出版社2005年版

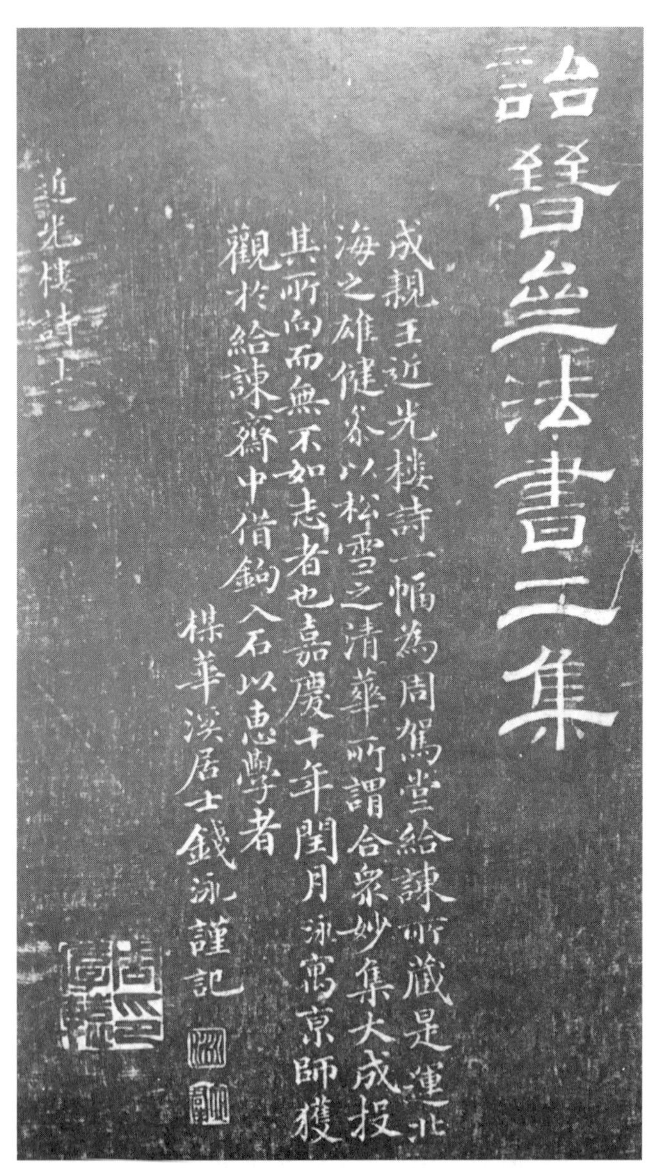

图 9–2 《诒晋斋法书》拓本，钱泳题跋

香港中文大学图书馆藏

图10　钱泳小楷《记灵飞经》(局部)

《书法丛刊》1999年第1期

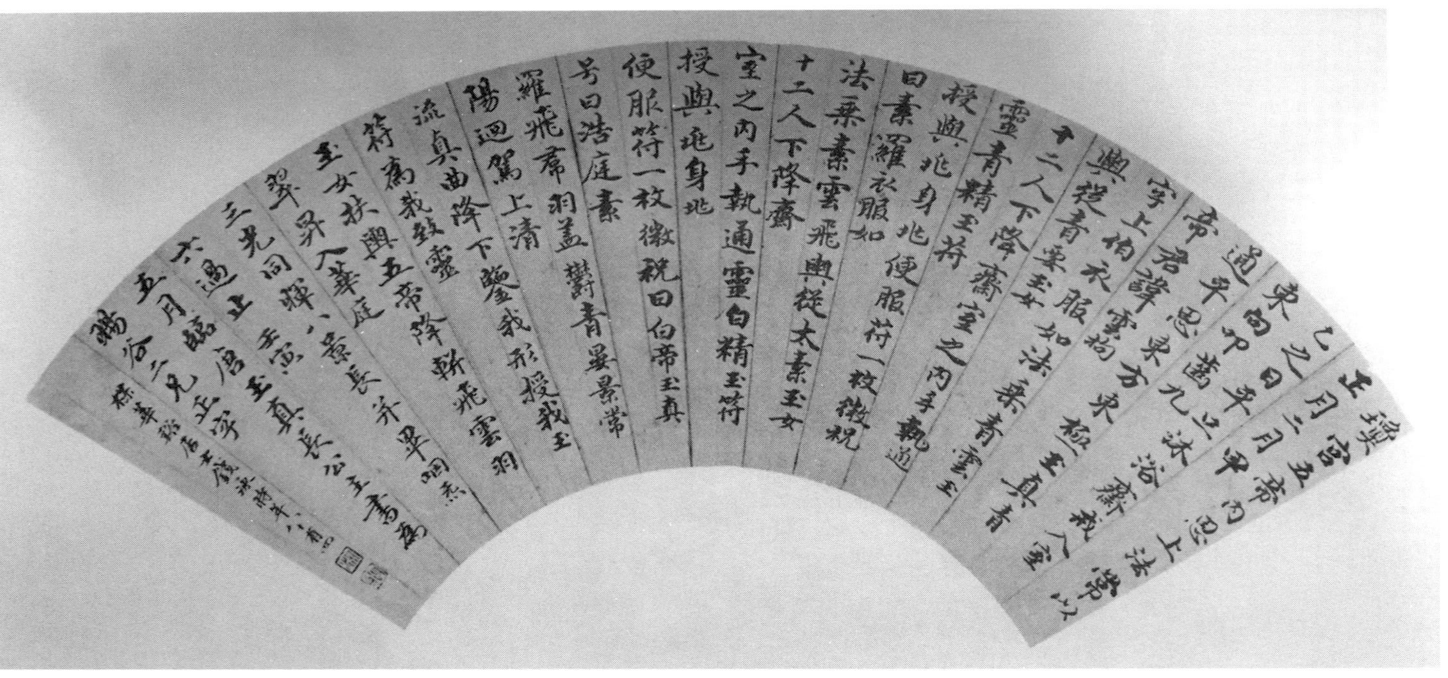

图11　钱泳小楷《黄庭经》扇面

载周倜主编《中国墨迹经典大全·第35卷》，京华出版社1998年版

图12　桂馥隶书六言联

载郭继生、石慢合编《合璧联珠：乐常在轩藏清代楹联》，香港中文大学文物馆2003年版

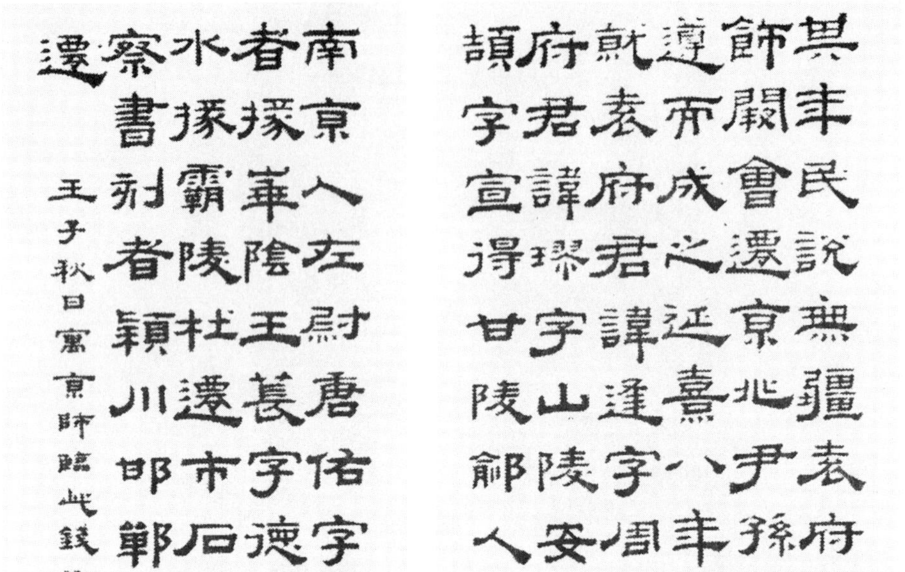

其豐民說無疆袁府君肅恭明神易碑
飾闕會遷京兆尹孫府君到欽若嘉業
遵而成之延熹八年四月廿九日甲子
就袁府君諱逢字周陽汝南女陽人孫
府君諱璆字山陵安平信都人時令朱
頡字宣得甘陵郙人丞張昊字少游河

南京人左尉唐佑字君惠河南密人主
者掾華陰王萇字德長京兆尹勑監都
水掾霸陵杜遷市石遣書佐新豐郭香
察書刻者穎川邯鄲公脩蘇張工郭君
遷

壬子秋日寓京師臨此 錢泳

图13　钱泳临《西岳华山庙碑》

东京国立博物馆藏

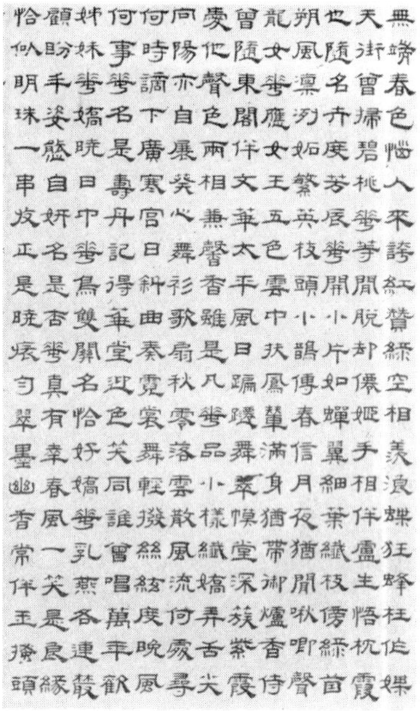

图14　钱泳隶书《百合花诗轴》
（左图为全轴，右图为局部）
载《无锡历代乡贤书画名迹集》，
无锡市博物馆1991年版

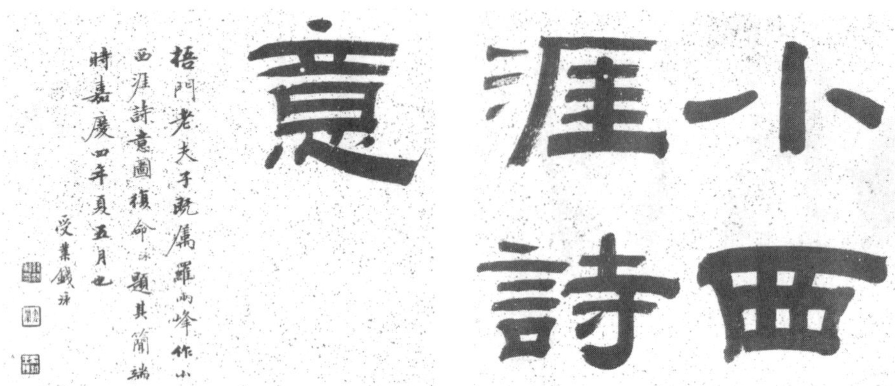

图15 钱泳隶书引首

（清）罗聘绘，（清）法式善等题《法诗龛罗两峰续西涯诗画册》，中华书局1929年版

图16　钱泳隶书引首

（清）张宝：《泛槎图四集》，道光羊城尚古斋刊，早稻田大学图书馆藏

图17　钱泳隶书七言联

弗利尔美术馆藏

图18　钱泳隶书五言联

中国国家博物馆藏

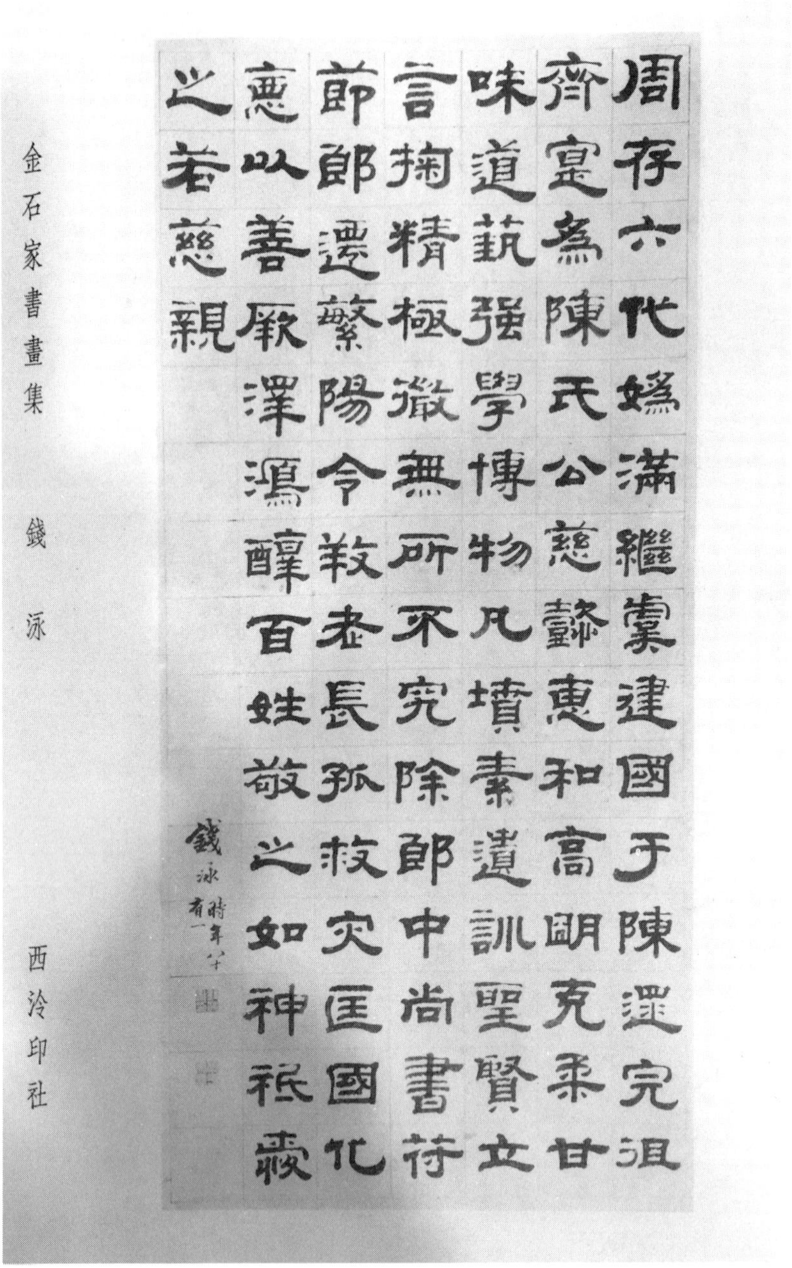

图19 钱泳隶书条幅

载尾上八郎监修《定本书道全集》第13册，东京：河出书房1956年版

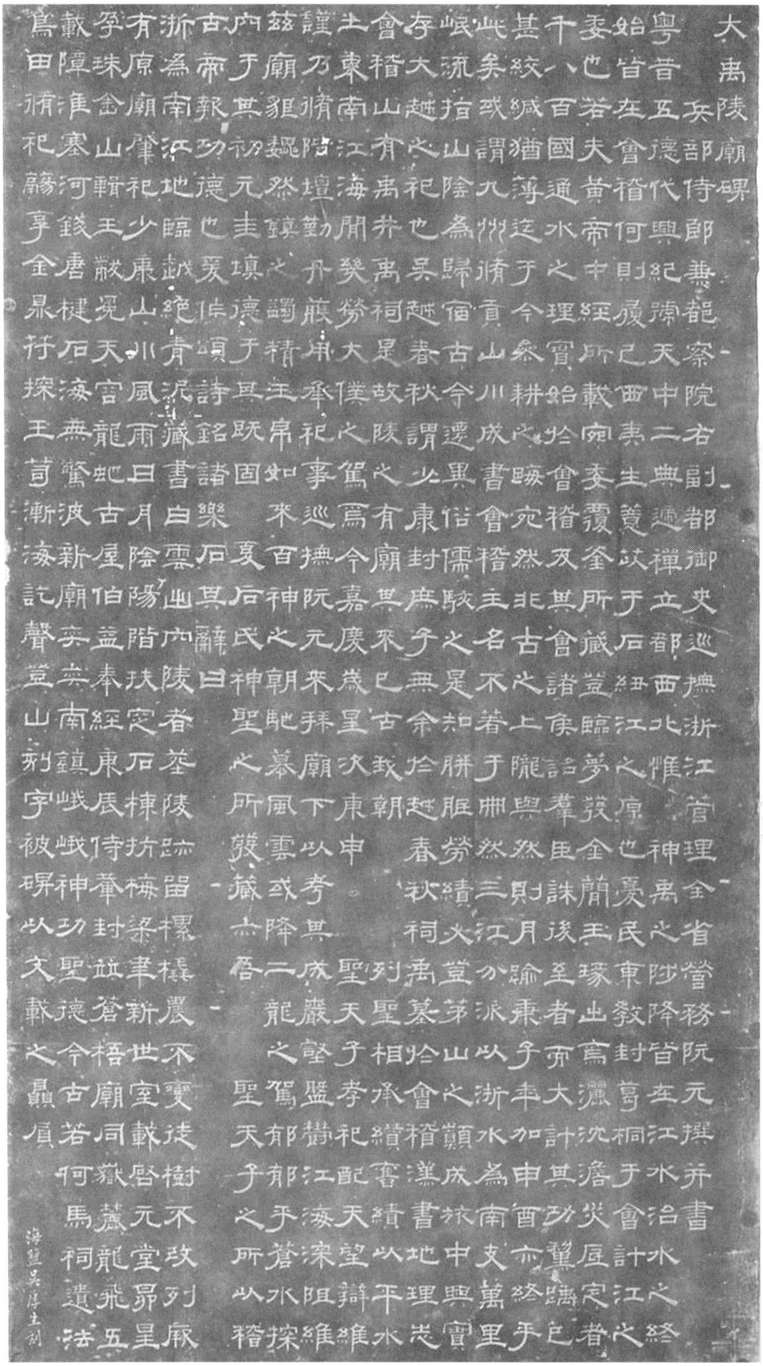

图20 《大禹陵庙碑》拓片

绍兴图书馆藏

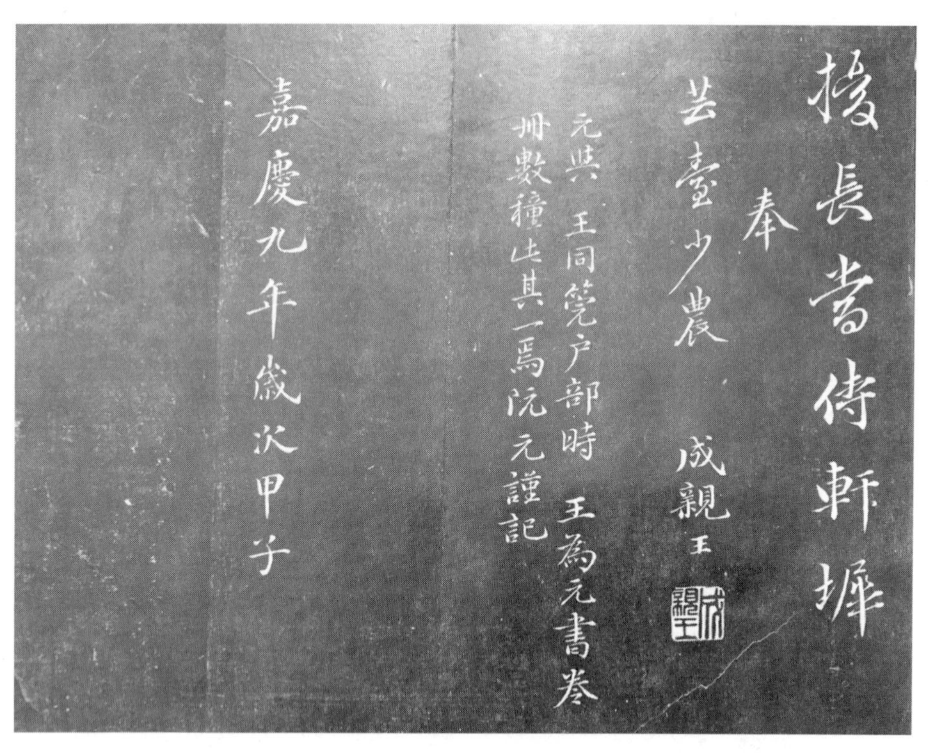

图 21 《诒晋斋法书》拓本，阮元题跋
香港中文大学图书馆藏

图22　钱泳书刻《扬州隋文选楼碑铭》原碑

图版摄于扬州市阮元故居

图 23　钱泳《柳塘春水图》
天津博物馆藏

图24-1　钱泳摹刻《王孟端画竹石刻》
原石现存于无锡锡惠公园竹炉山房

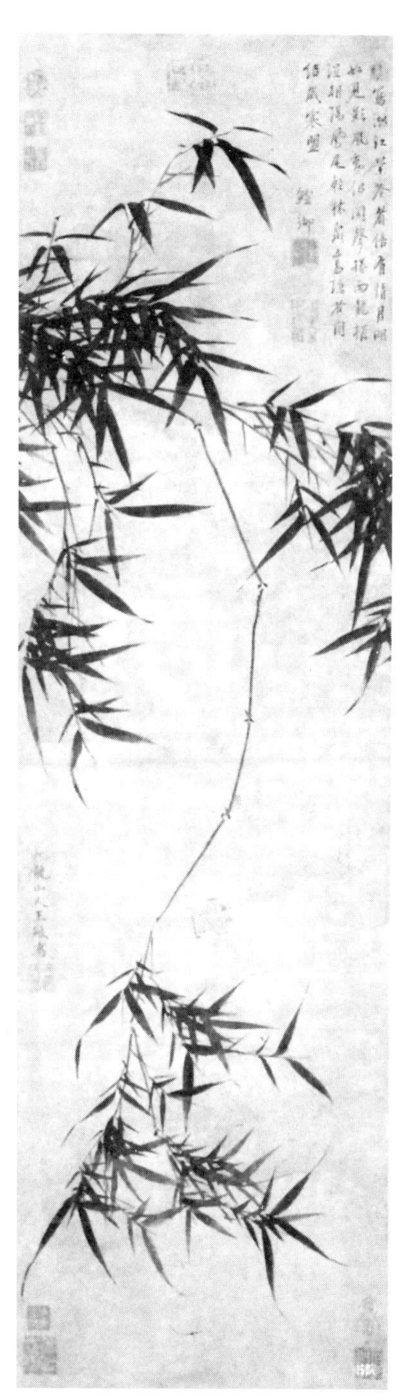
图24-2　王绂《偃竹图轴》
上海博物馆藏

图25　阮元撰文、钱泳书丹《山阴陈氏重修青藤书屋记》原石（局部）

现存于浙江绍兴青藤书屋

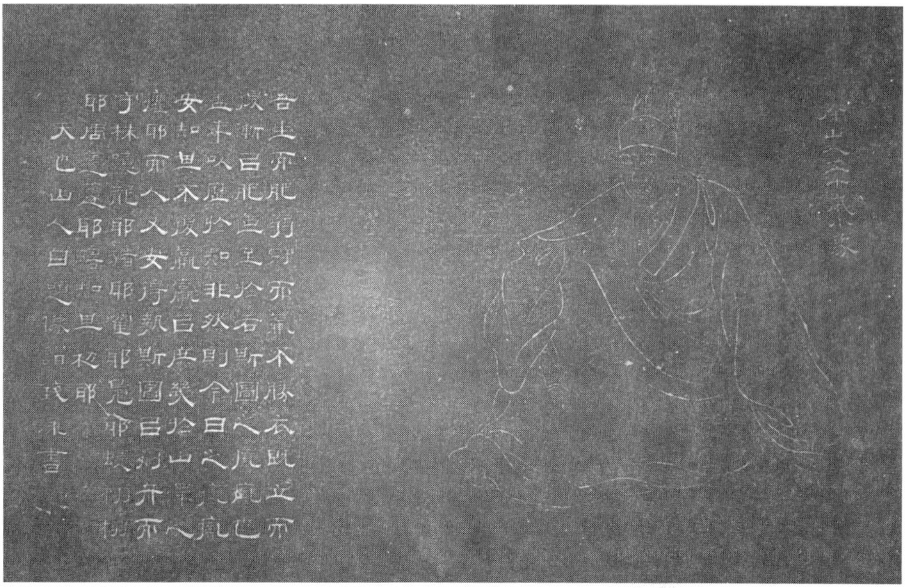

图26　钱泳书丹《徐山人五十岁小像赞》原石

现存于浙江绍兴青藤书屋

图 27　钱泳书“东涧老人墓”原碑

现存于江苏常熟钱谦益墓

图28　钱泳重刻《会稽刻石》拓片

浙江省博物馆藏

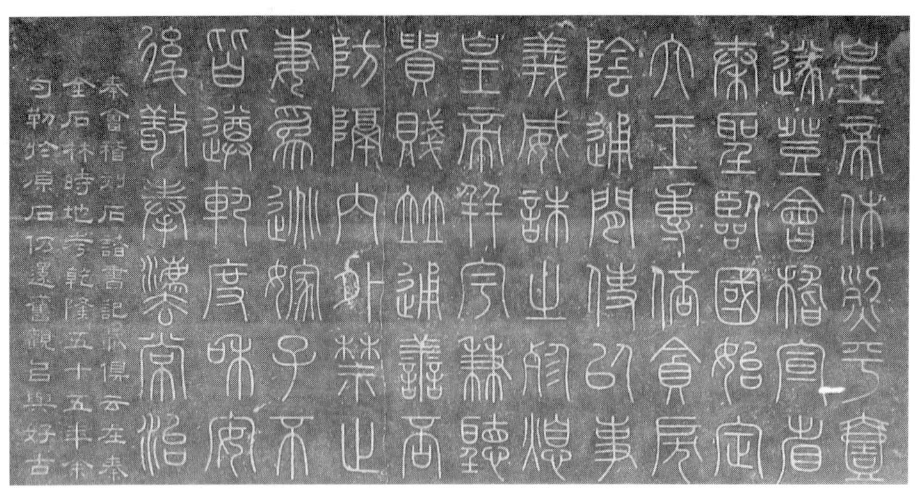

图29-1　钱泳重刻《会稽刻石》原碑（局部）

现存于浙江绍兴大禹陵

图29-2　长安本《峄山刻石》原碑（局部）

图片引自张爱民、何效义《唯美的典范:〈峄山刻石〉艺术简述》，载《中国书法》2015年第5期。

图30　钱泳摹刻徐铉临本（传）秦《碣石门刻石》原碑（局部）
现存于江苏镇江焦山碑刻博物馆

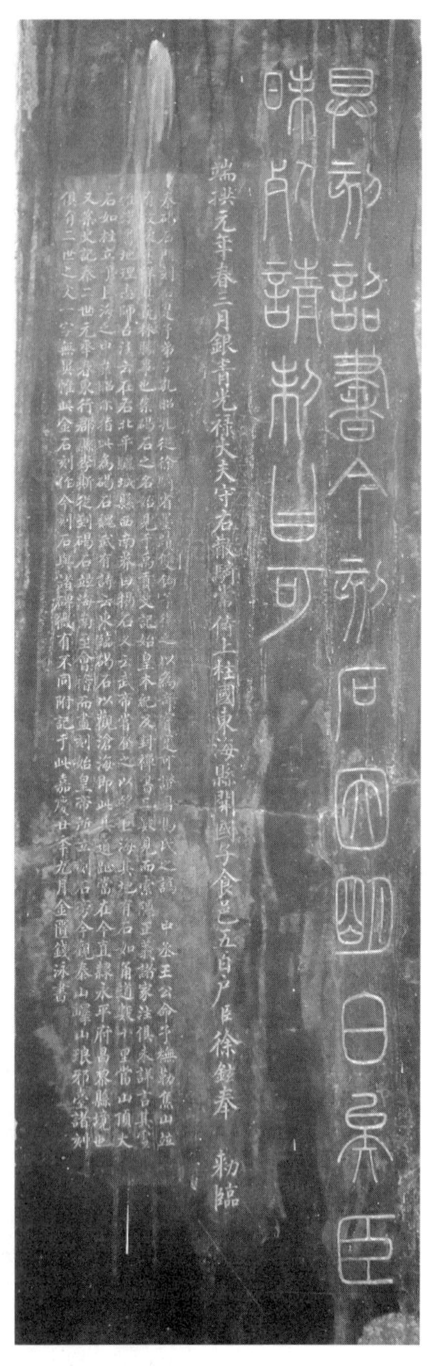

图31　钱泳摹刻徐铉临本（传）秦《碣石门刻石》题跋

现存于江苏镇江焦山碑刻博物馆

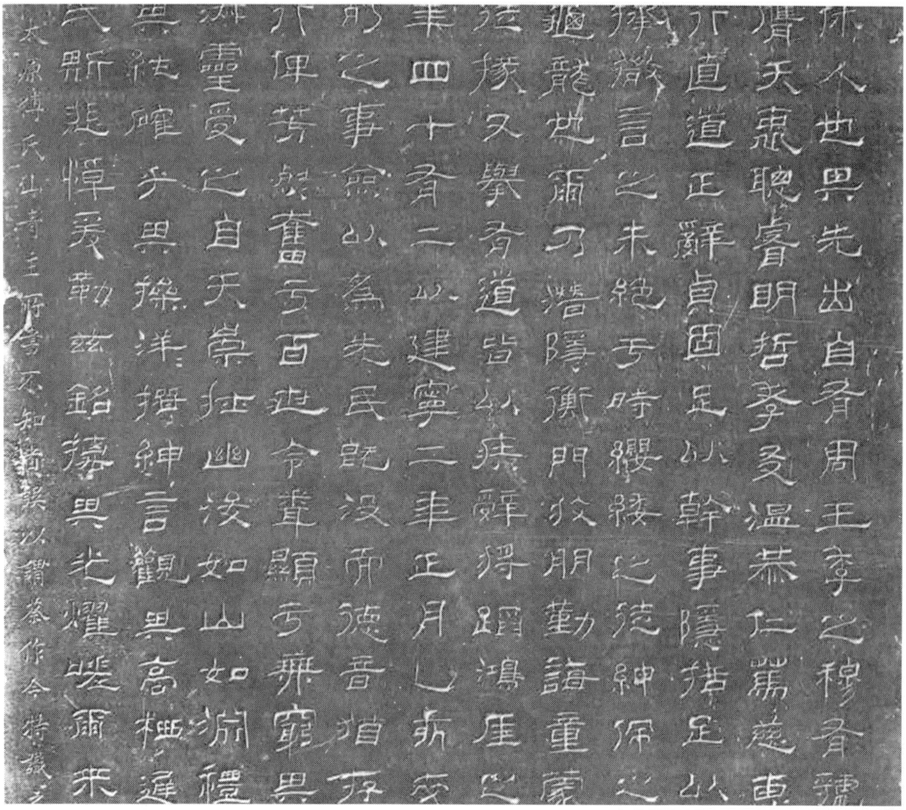

图32　傅山书《郭有道碑》原碑（局部）

现存于山西介休博物馆

图33　钱泳书《郭有道碑》拓片，《缩本汉碑》之一

香港中文大学图书馆藏

图34　钱泳书《陈太丘碑》(亦作《陈仲弓碑》)拓片，《缩本汉碑》之一

香港中文大学图书馆藏

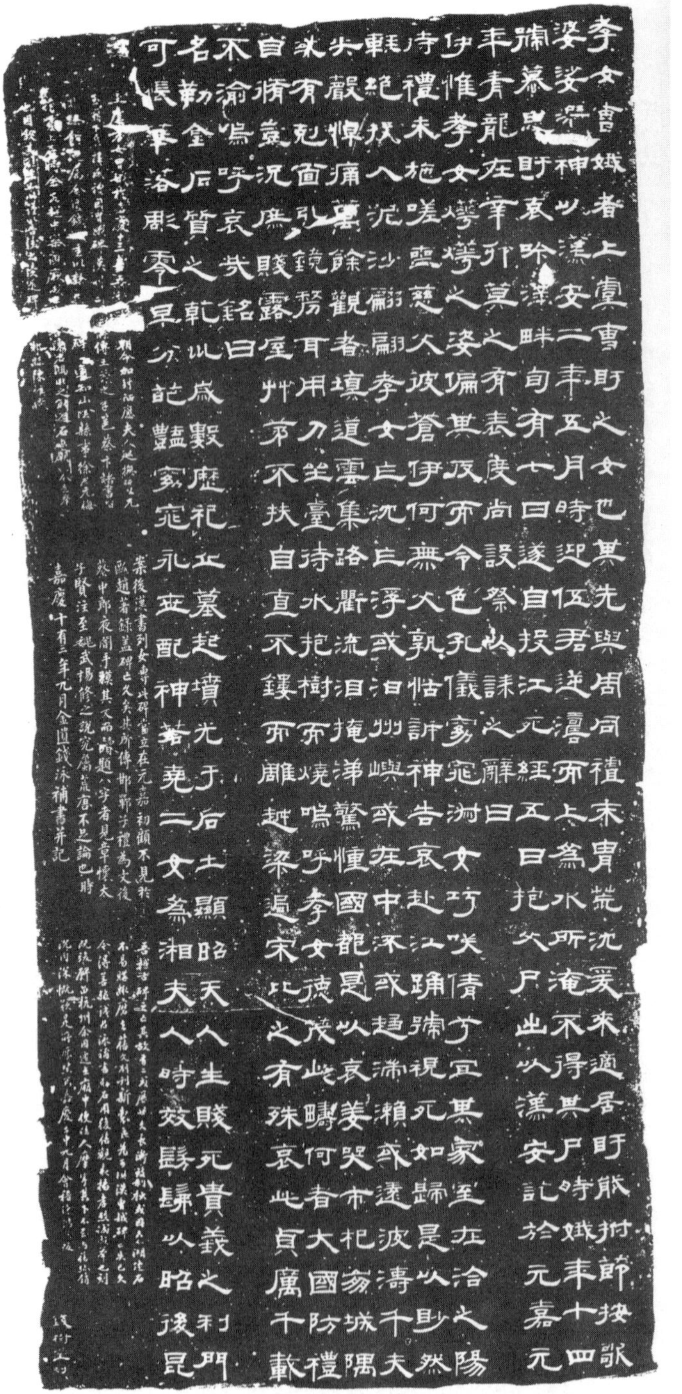

图35　钱泳书《曹娥碑》拓片

载北京图书馆金石组编《北京图书馆藏中国历代石刻拓本汇编》第78册，中州古籍出版社1989年版

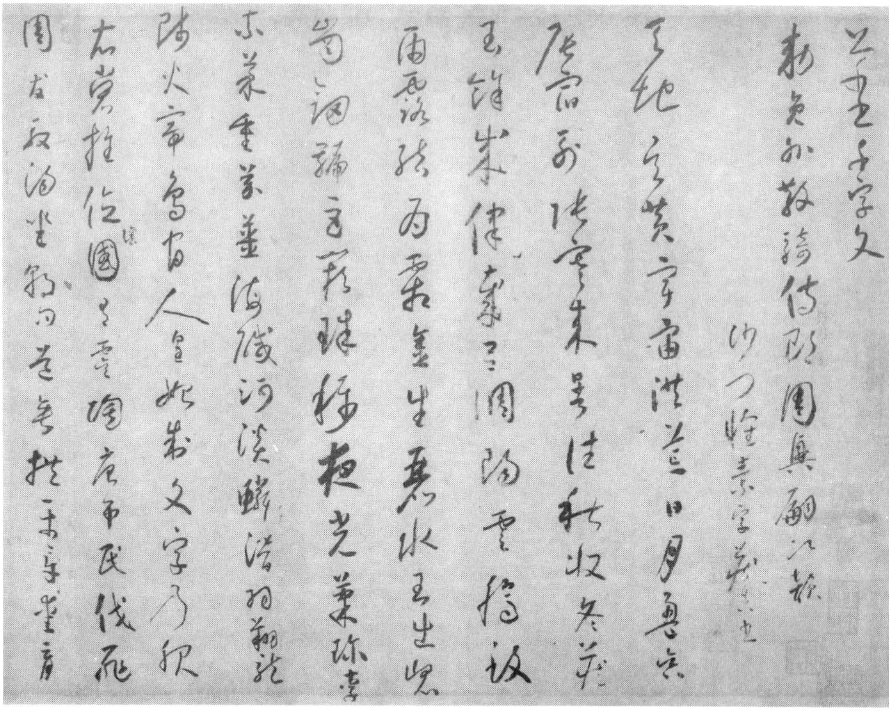

图36　怀素《小草千字文》（局部）

台湾兰千山馆藏，寄存于台北故宫博物院

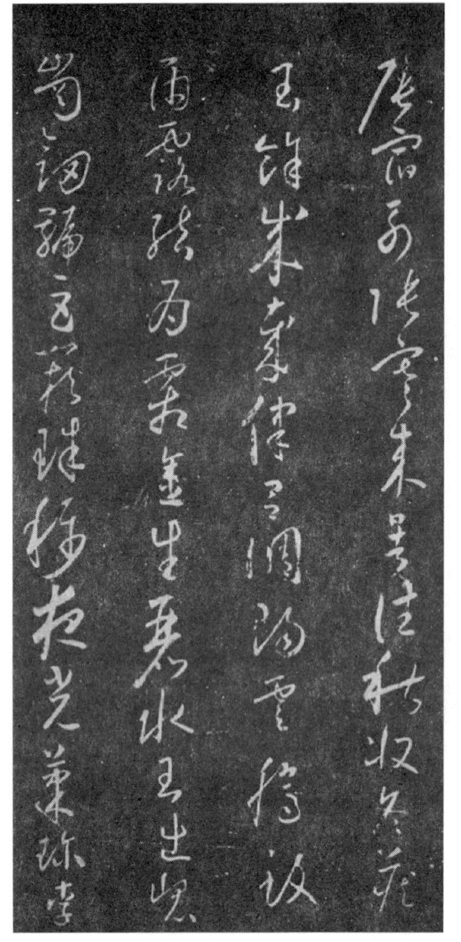

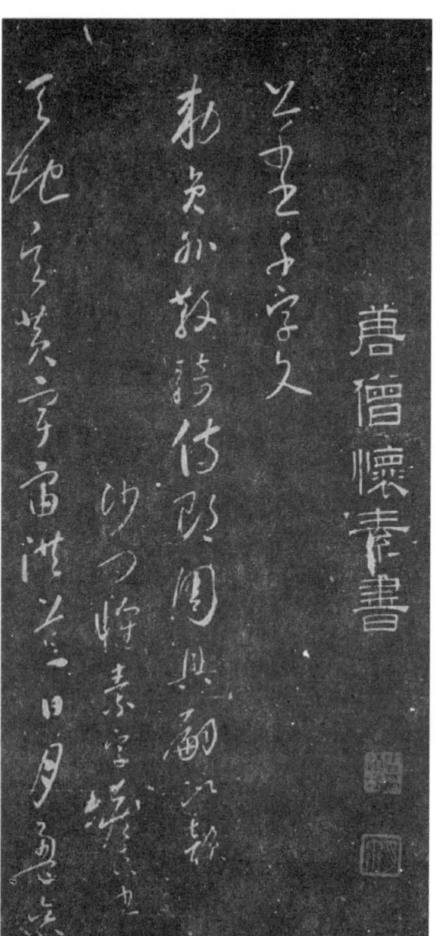

图37 《停云馆帖·怀素小草千字文》拓本（局部）

明万历拓本，载周道振编《停云馆帖汇考》，河南美术出版社2012年版

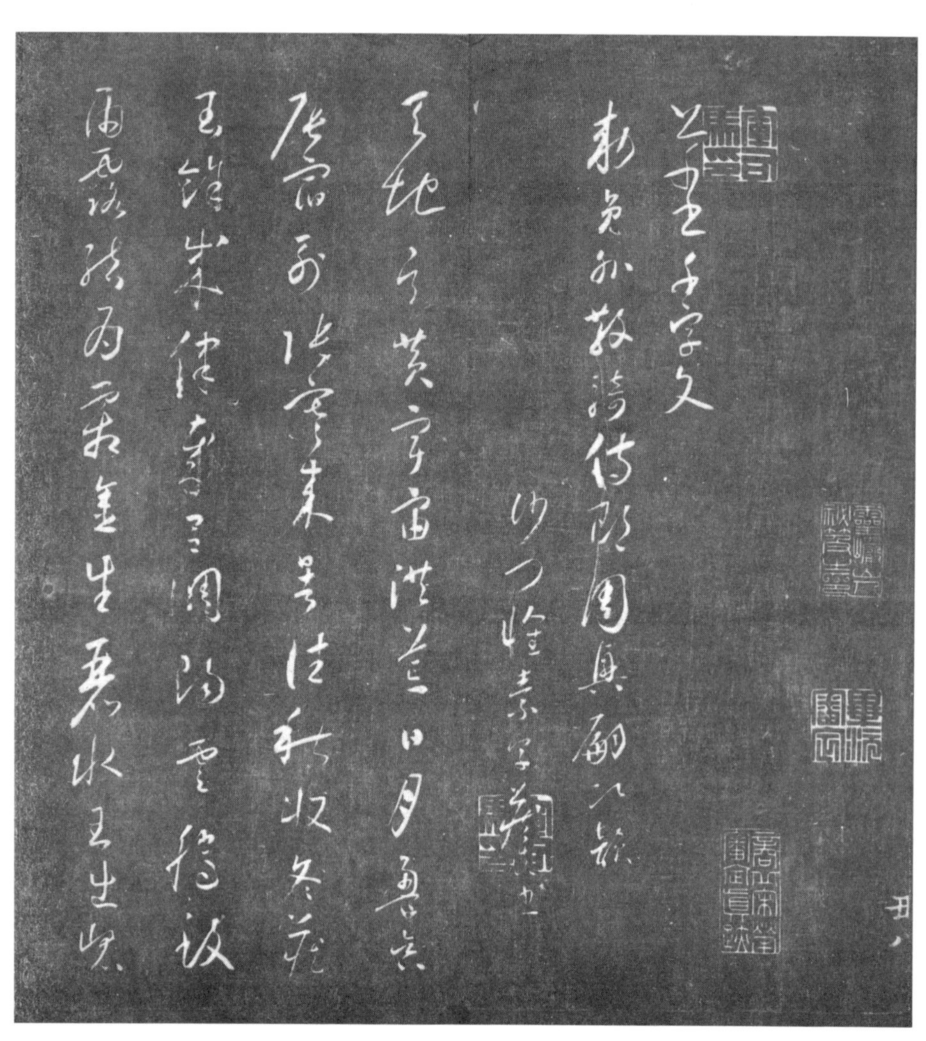

图38 《经训堂法书·怀素小草千字文》拓本（局部）
哈佛大学图书馆藏

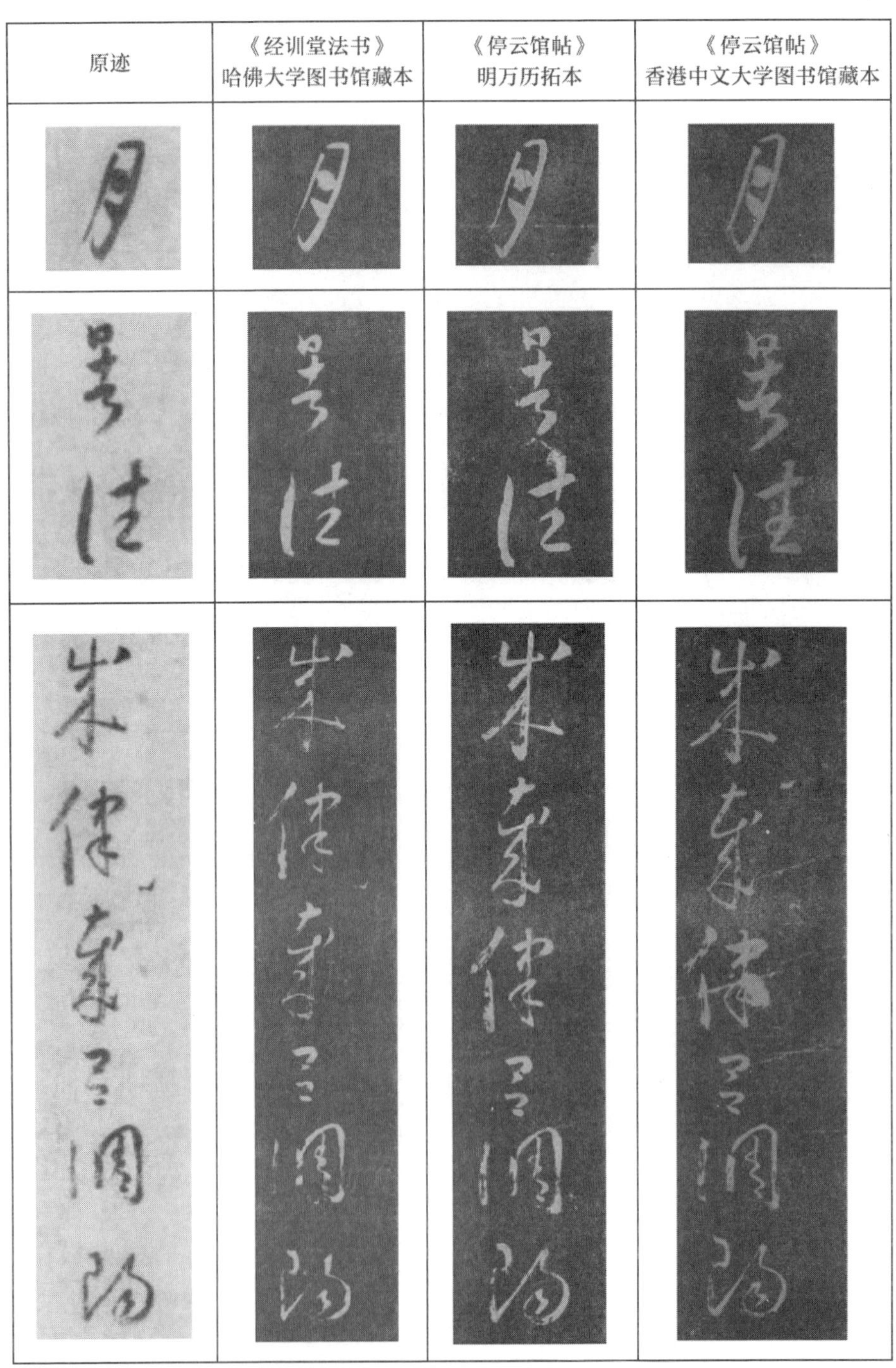

图39　怀素《小草千字文》各版本对照

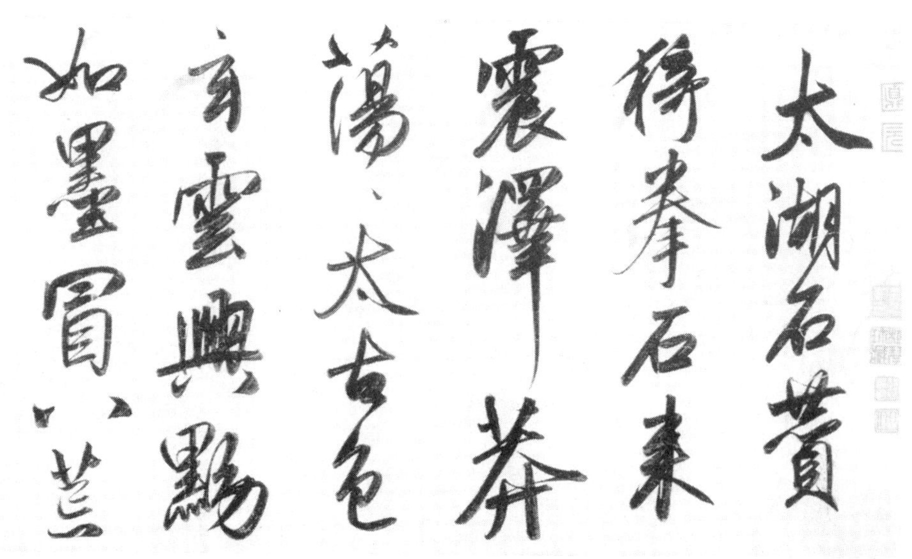

图40-1　赵孟頫《二赞二图诗卷》（局部）

北京故宫博物院藏

图40-2 《经训堂法书·二赞二图诗卷》拓本（局部）

哈佛大学图书馆藏

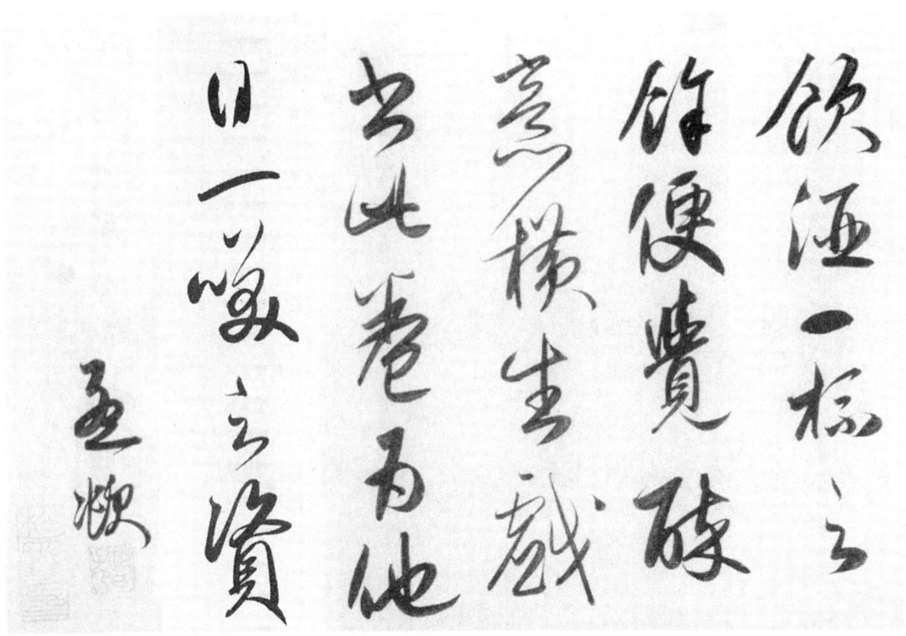

图 41-1　赵孟頫《二赞二图诗卷》(局部)

北京故宫博物院藏

图 41-2 《经训堂法书·二赞二图诗卷》拓本 (局部)

哈佛大学图书馆藏

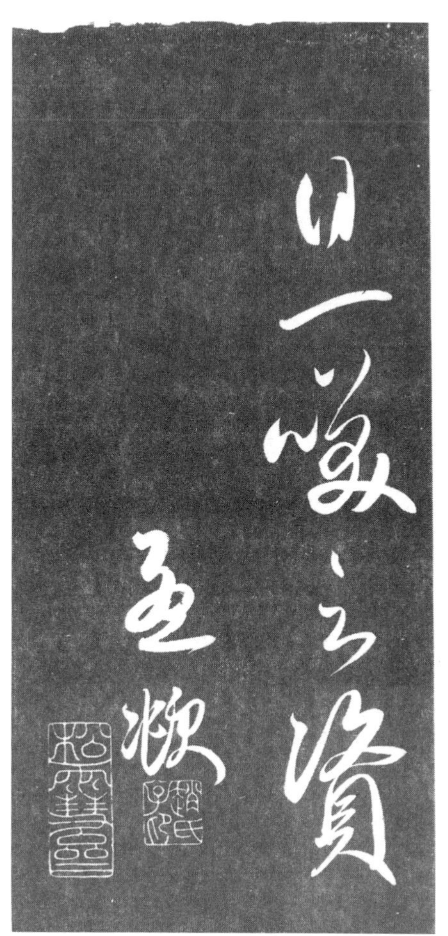

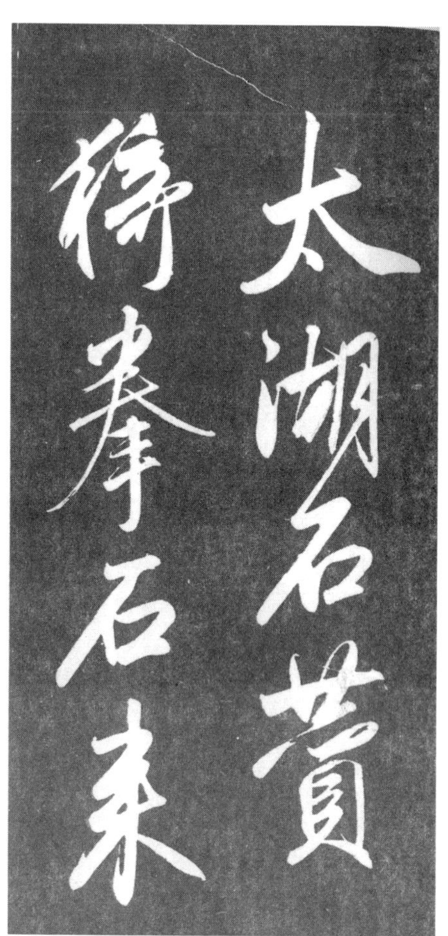

图42 《松雪斋法书·二赞二图诗卷》拓本影印本（局部）

广东人民出版社2016年版

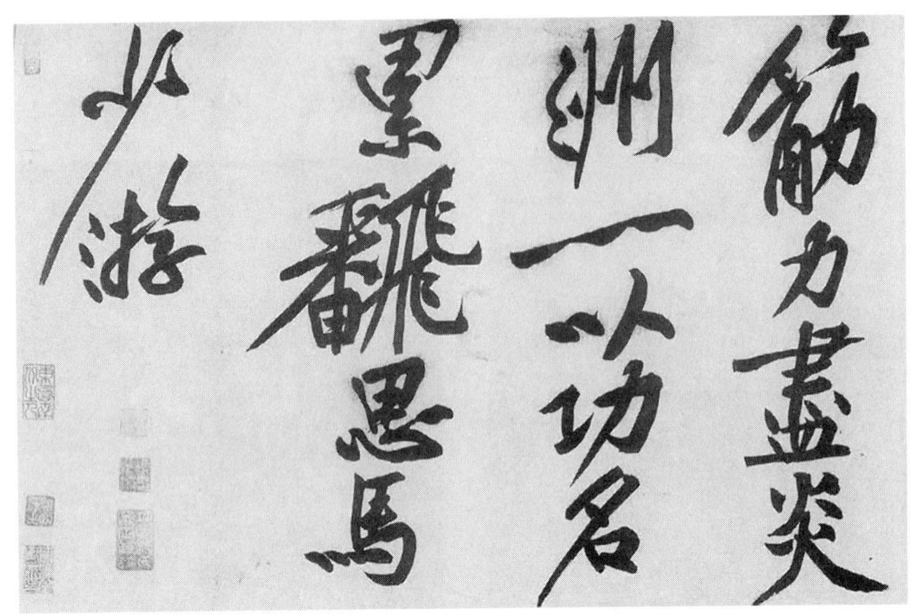

图 43-1　黄庭坚《经伏波神祠诗卷》(局部)

东京永青文库藏

图 43-2 《经训堂法书·经伏波神祠诗卷》拓本(局部)

哈佛大学图书馆藏

图44 《小清秘阁帖·经伏波神祠诗卷》拓本（局部）

北京大学图书馆藏

故摠管管張公墓志銘 有序

故摠管張公墓志銘

通議大夫前建德路摠管
兼府尹方回譔
集賢直學士朝列大夫前
行江浙等處儒學提舉趙
孟頫書并篆額
公諱繼祖字善卿博之堂邑人
博於今為東昌大父山保義校
尉堂邑縣丞父泰亨宣威將軍

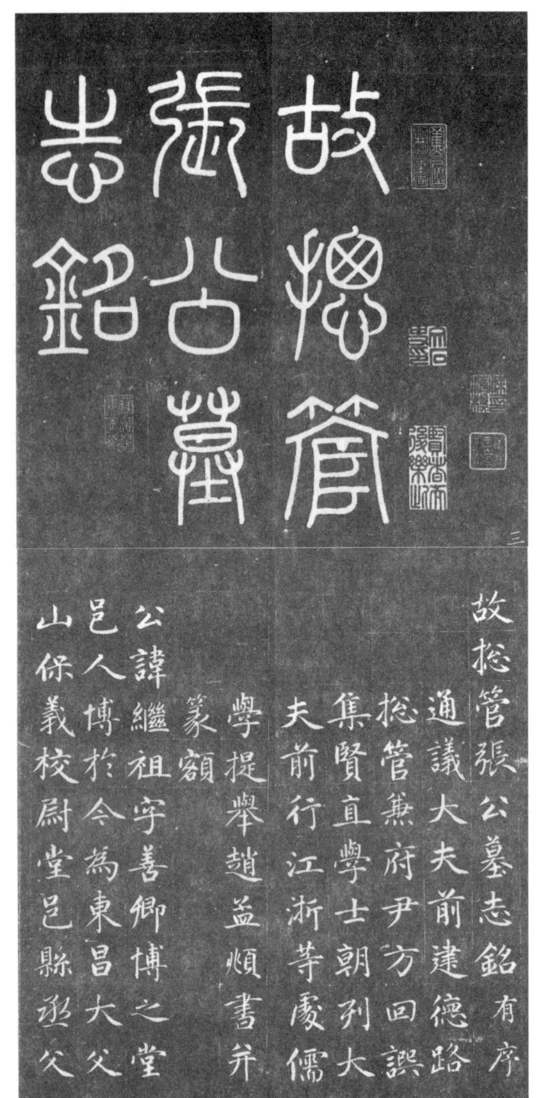

左：图 45-1　赵孟頫书《故总管张公墓志铭》（局部）
北京故宫博物院藏

右：图 45-2 《松雪斋法书·故总管张公墓志铭》拓本影印本（局部）
广东人民出版社 2016 年版

图 46-1　赵孟頫书《玄妙观重修三门记》(局部)

东京国立博物馆藏

图 46-2 《松雪斋法书·玄妙观重修三门记》拓本影印本(局部)

广东人民出版社2016年版

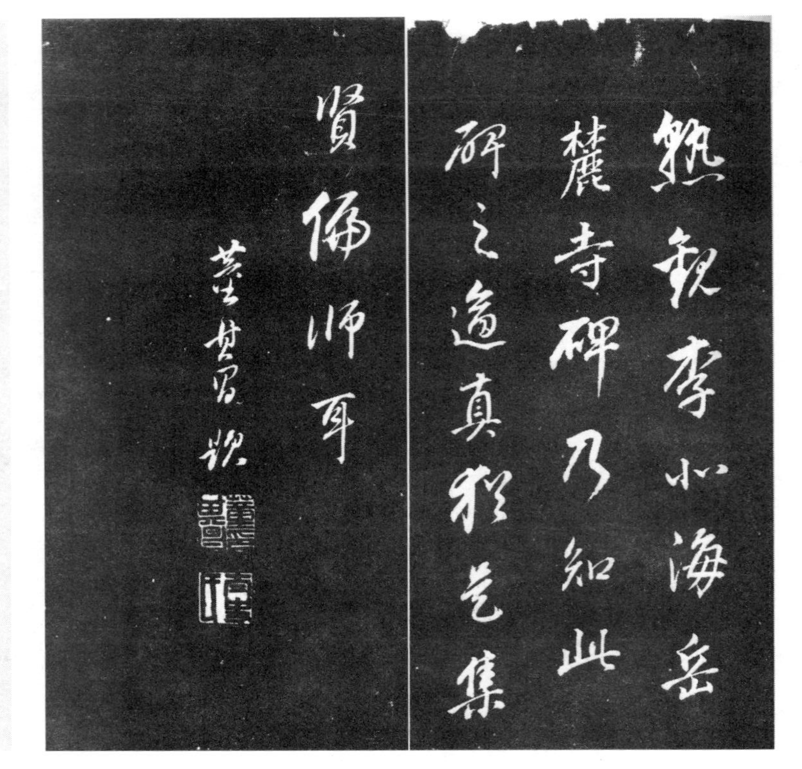

左：图47-1　赵孟頫书《玄妙观重修三门记》
董其昌题跋，东京国立博物馆藏

右：图47-2 《松雪斋法书·玄妙观重修三门记》拓本影印本
董其昌题跋，广东人民出版社2016年版

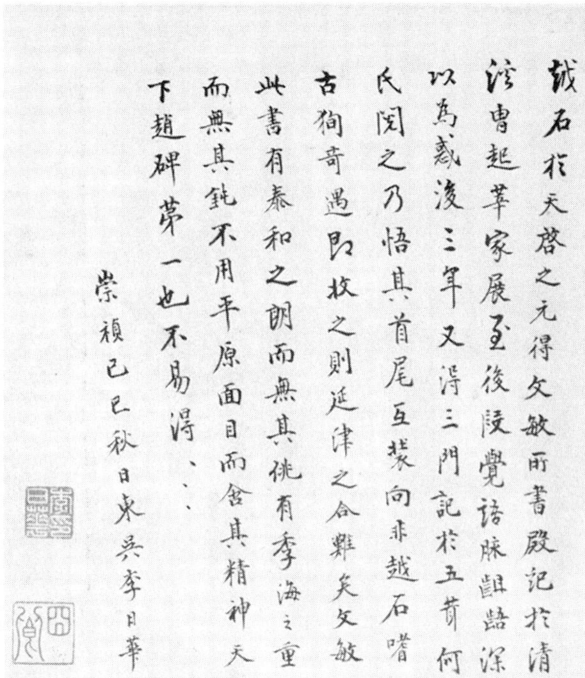

图 48–1　赵孟頫书《玄妙观重修三门记》

李日华题跋，东京国立博物馆藏

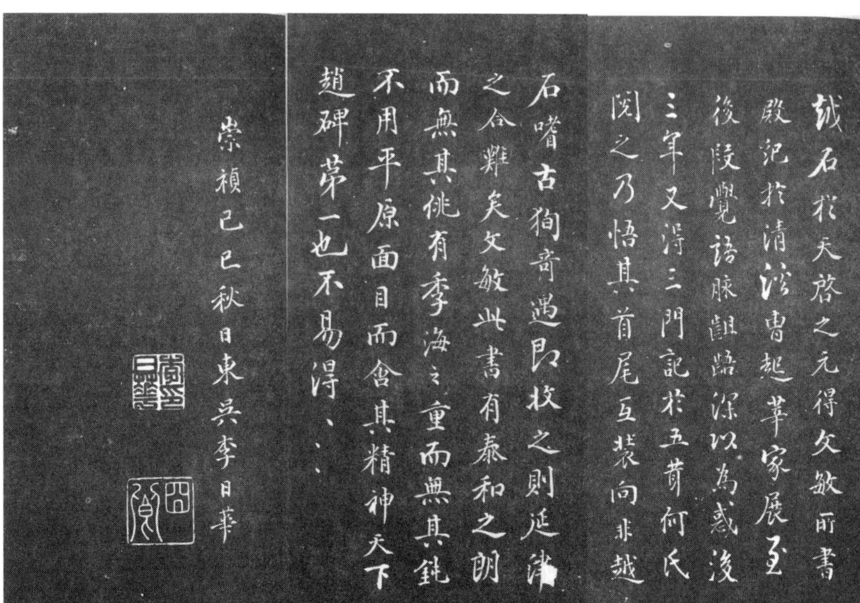

图 48–2　《松雪斋法书・玄妙观重修三门记》拓本影印本

李日华题跋

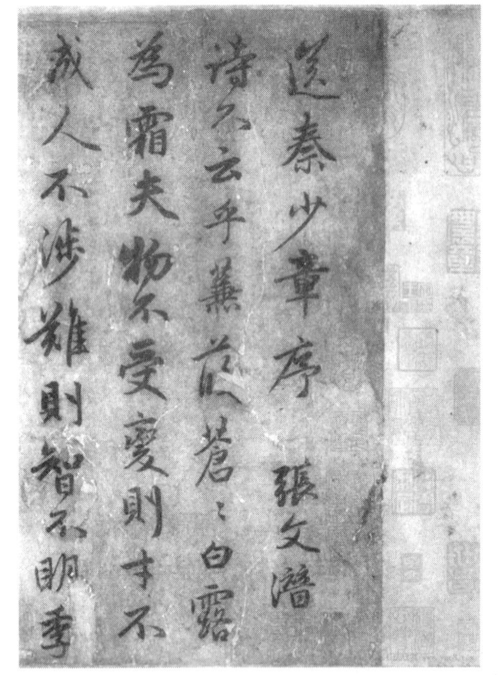

左：图49-1　赵孟頫书《张文潜送秦少章序》(局部)

上海博物馆藏

右：图49-2　《松雪斋法书·张文潜送秦少章序》拓本影印本(局部)

广东人民出版社2016年版

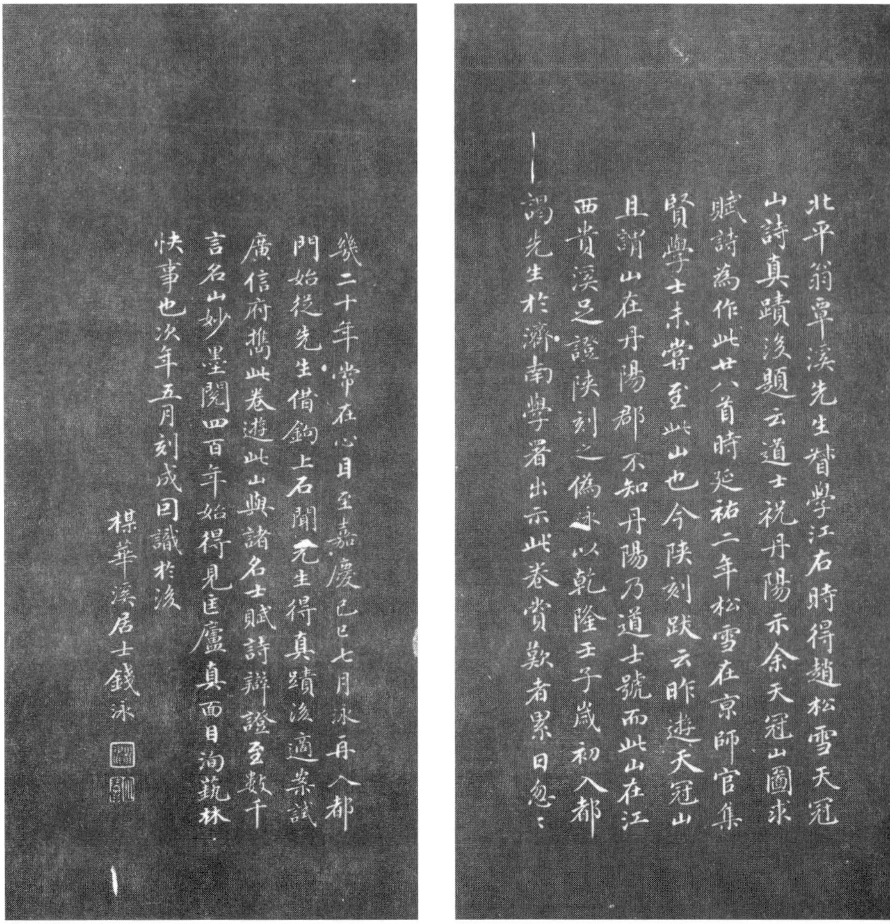

北平翁覃溪先生督學江右時得趙松雪天冠山詩真蹟後題云道士祝丹陽示余天冠山圖求賦詩為作此廿八首時延祐二年松雪在京師官集賢學士未嘗至此山也今陝刻跋云昨遊天冠山且謂山在丹陽郡不知丹陽乃道士號而此山在江西貴溪足證陝刻之偽泳以乾隆壬子歲初入都謁先生於濟南學署出示此卷賞歎者累日怱怱幾二十年常在心目至嘉慶己巳七月泳再入都門始從先生借鉤上石聞先生得真蹟後適案試廣信府攜此卷遊此山與諸名士賦詩辯證至數千言名山妙墨閱四百年始得見匡廬真面目洵藝林快事也次年五月刻成因識於後

楳華溪居士錢泳

图50 《松雪斋法书·天冠山题咏》拓本影印本，钱泳题跋

广东人民出版社2016年版

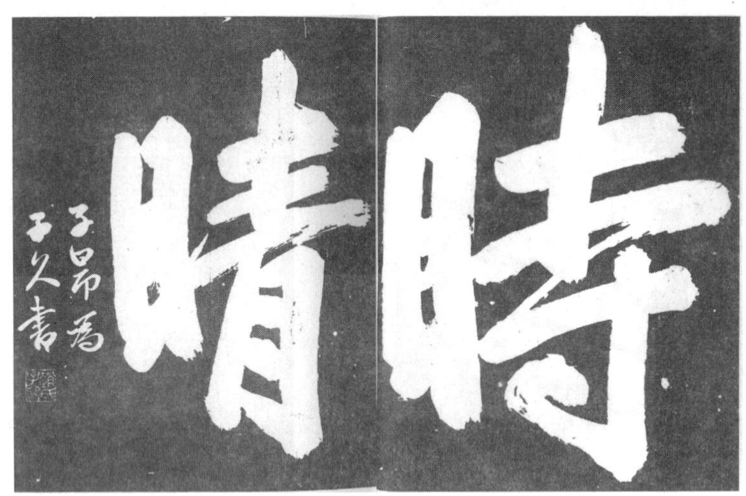

图51 《松雪斋法书·快雪时晴四字》拓本影印本

广东人民出版社2016年版

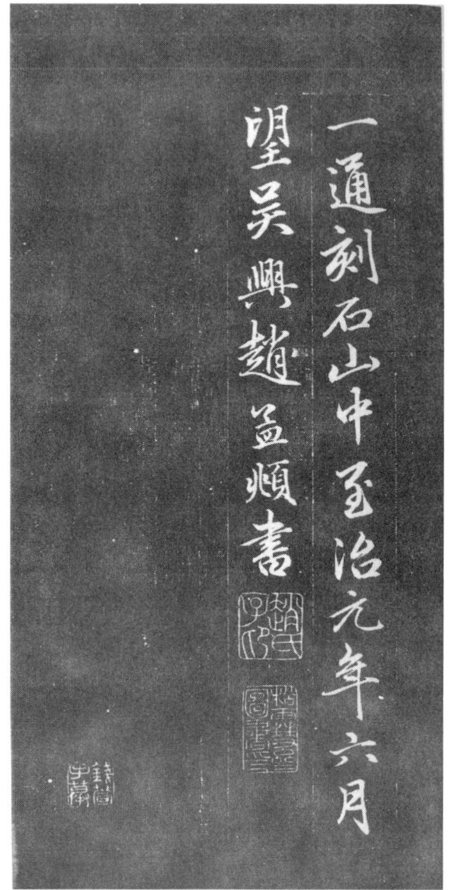

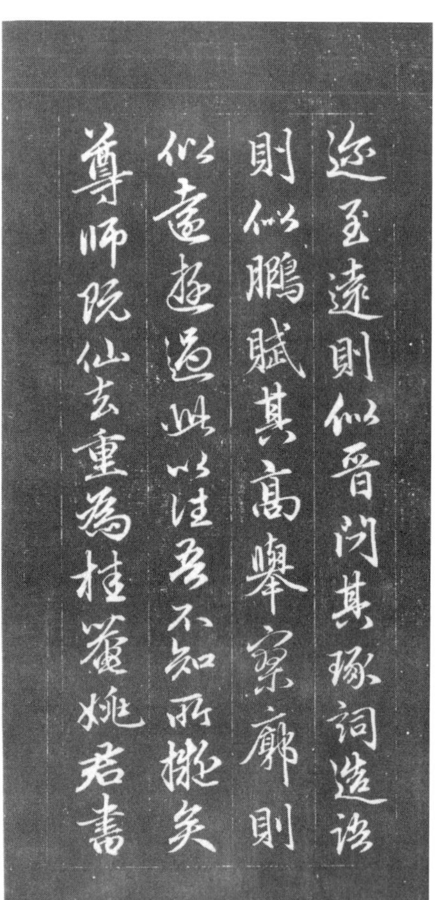

图52 《松雪斋法书墨刻·谷仙赋》拓本影印本（局部）

广东人民出版社2016版

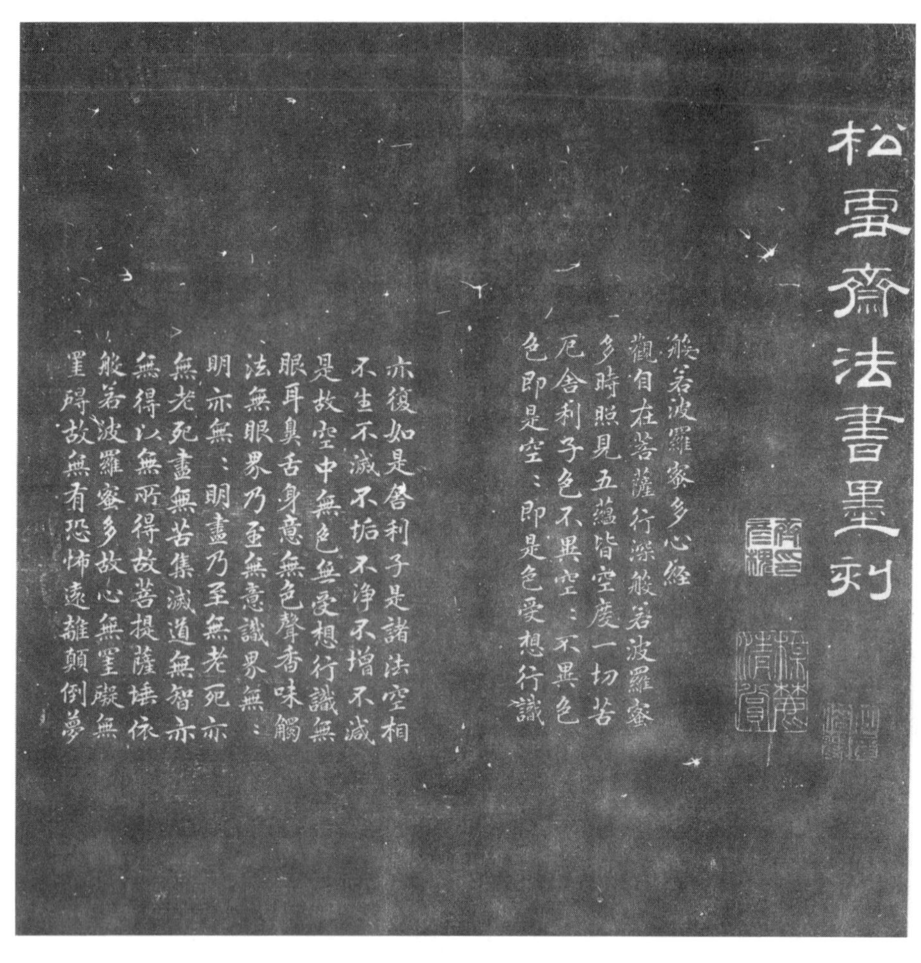

图53 《松雪斋法书墨刻·般若波罗蜜多心经》拓本影印本（局部）

广东人民出版社2016年版

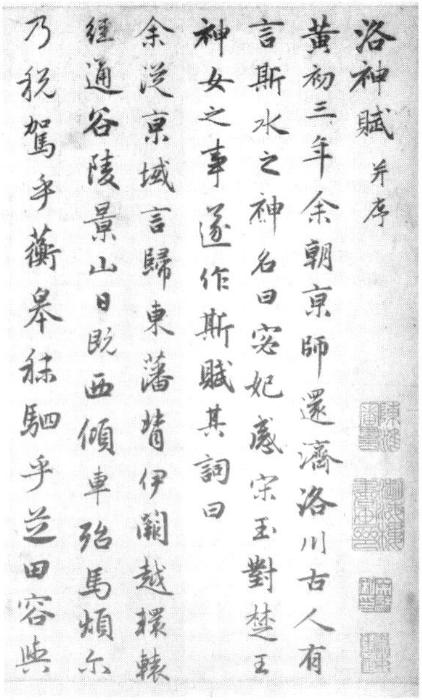

图 54–1　赵孟頫书《洛神赋》（局部）

天津博物馆藏

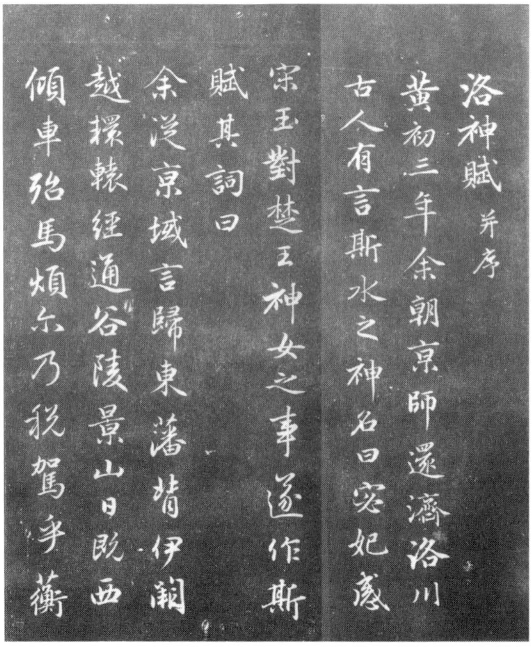

图 54–2 《松雪斋法书墨刻·洛神赋》拓本影印本（局部）

广东人民出版社 2016 年版

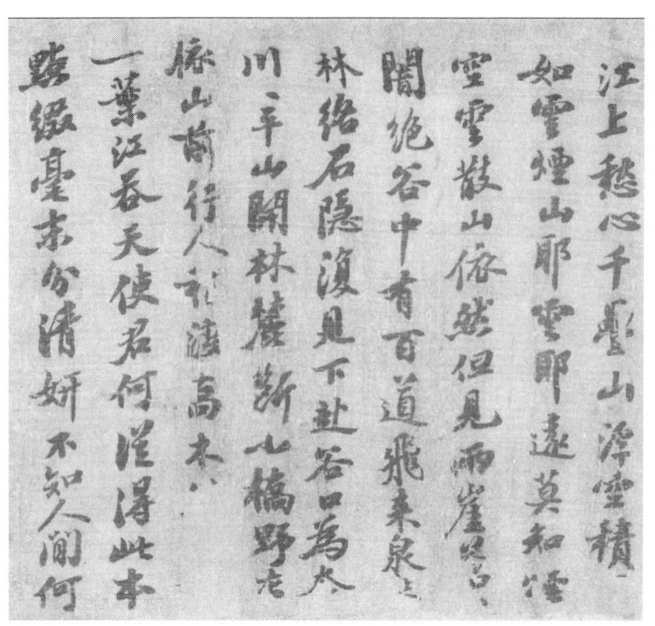

图 55-1　苏轼：王诜《烟江叠嶂图》题诗（局部）

上海博物馆藏

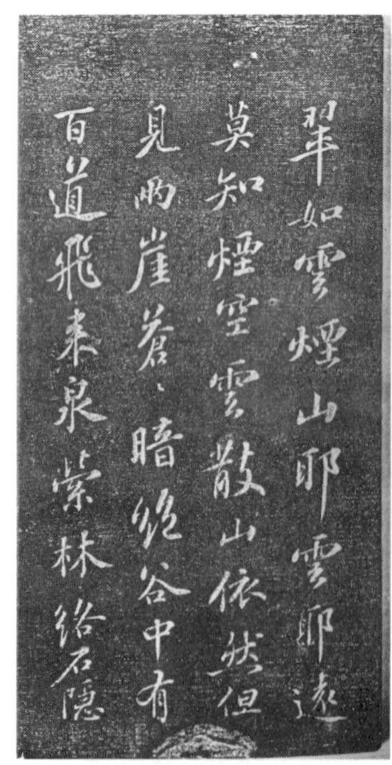

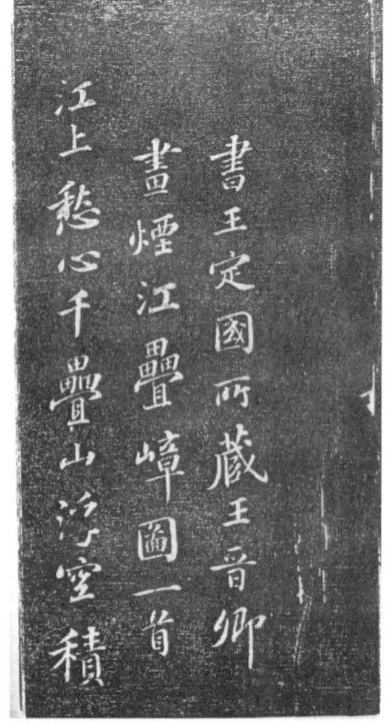

图 55-2 《秦邮帖·烟江叠嶂图诗》拓本影印本（局部）

台北：书法文物馆 1977 年版

图 56-1 《秦邮帖·张文潜送秦少章序》（赵孟頫）原石（局部）

现存于江苏高邮市文游台

图 56-2 《秦邮帖·清虚堂诗》（苏轼）原石（局部）

现存于江苏高邮市文游台

图 56-3 《秦邮帖·墨妙亭诗》（苏轼）原石（局部）

现存于江苏高邮市文游台

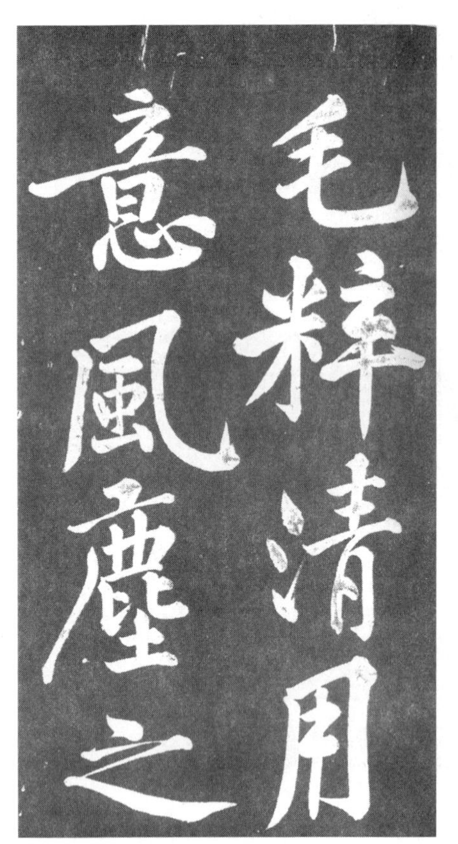

图57 《黄文节公法书石刻·刘明仲墨竹赋》拓本影印本（局部）

广东人民出版社2016年版

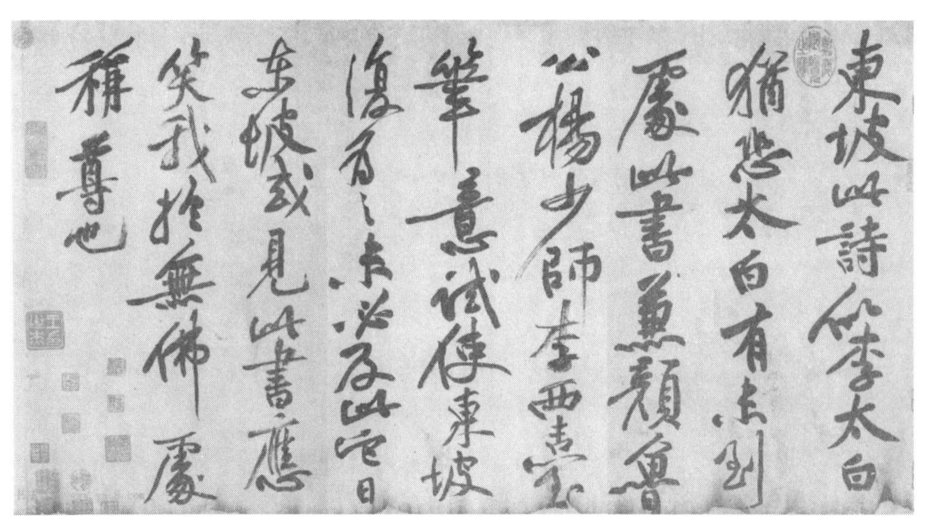

图 58-1　黄庭坚跋苏轼《黄州寒食诗帖》

台北故宫博物院藏

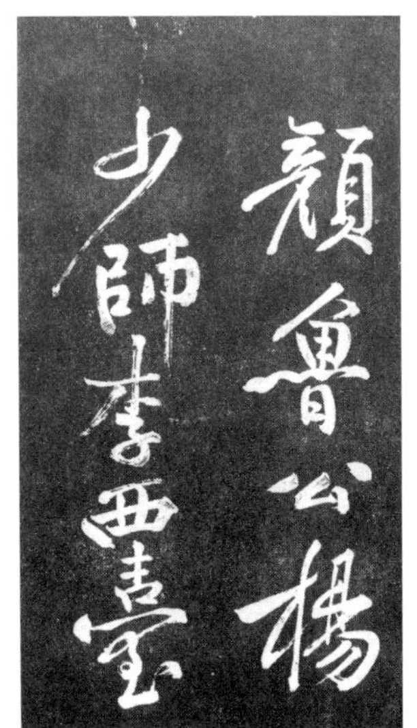

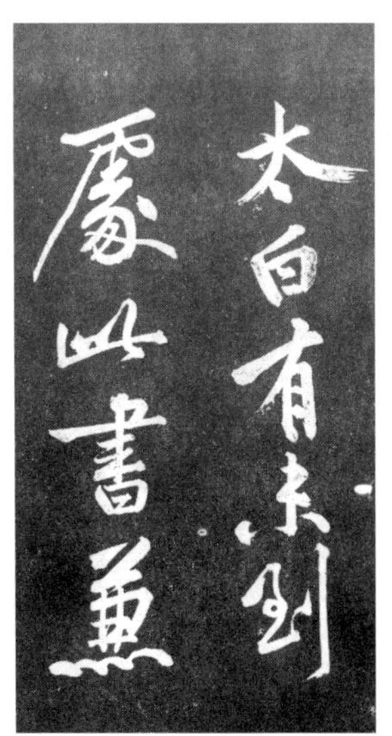

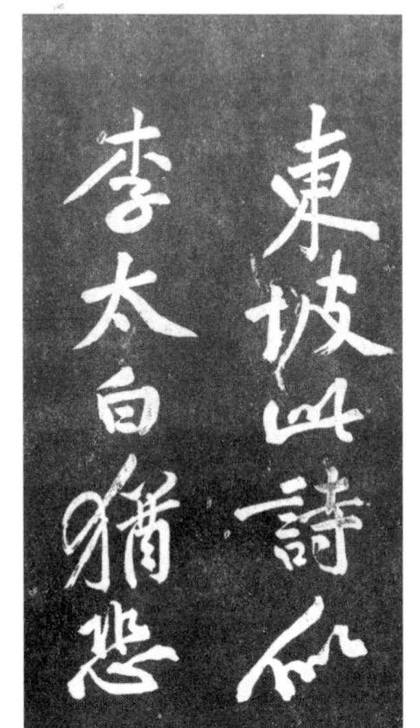

图 58-2 《黄文节公法书石刻·黄州寒食诗跋》拓本影印本（局部）

广东人民出版社2016年版

图59 《抱冲斋石刻·不自弃文》（赵孟頫）拓本影印本（局部）
广东人民出版社2016年版

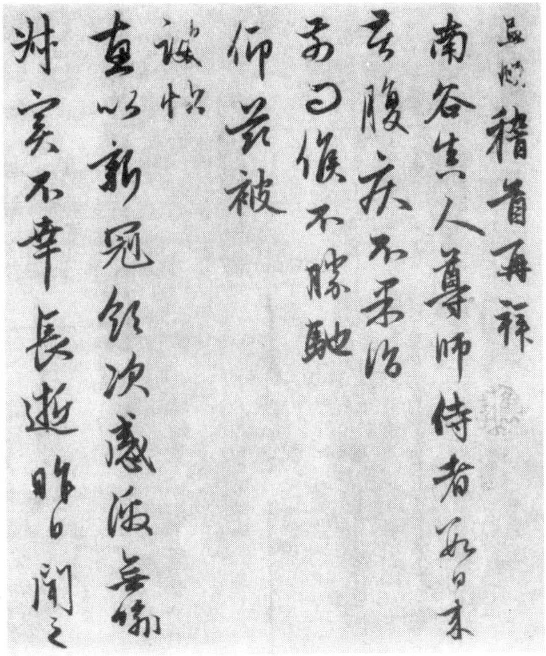

图 60-1　赵孟頫书《南谷帖》（局部）

上海博物馆藏

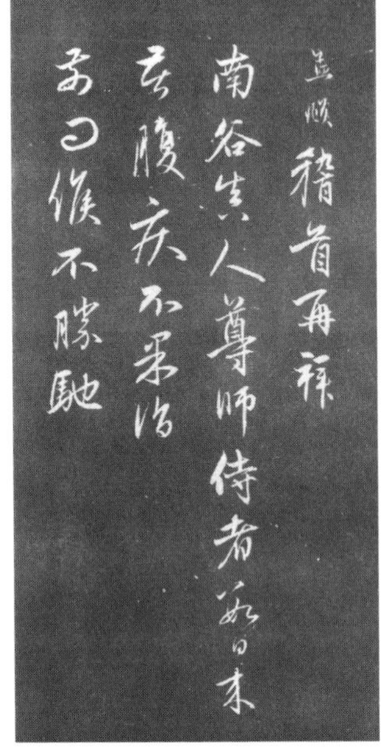

图 60-2 《抱冲斋石刻 · 与南谷真人书》拓本影印本（局部）

广东人民出版社 2016 年版

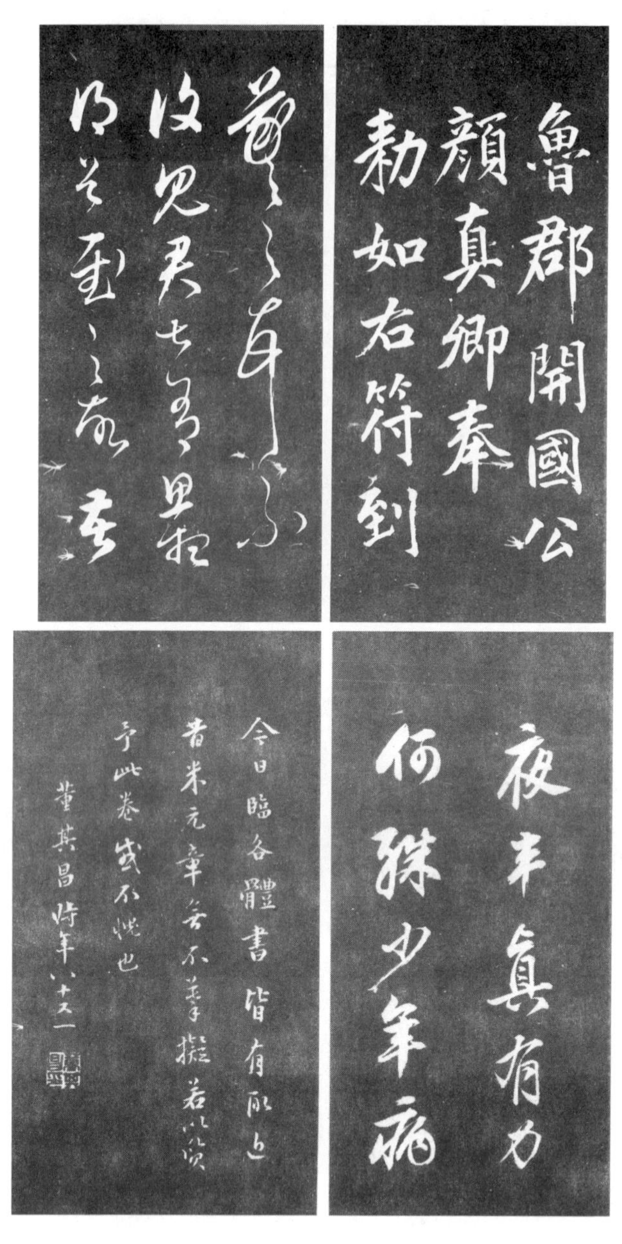

图61 《抱冲斋石刻·临晋唐宋人杂帖并跋》（董其昌）拓本影印本（局部）
广东人民出版社2016年版

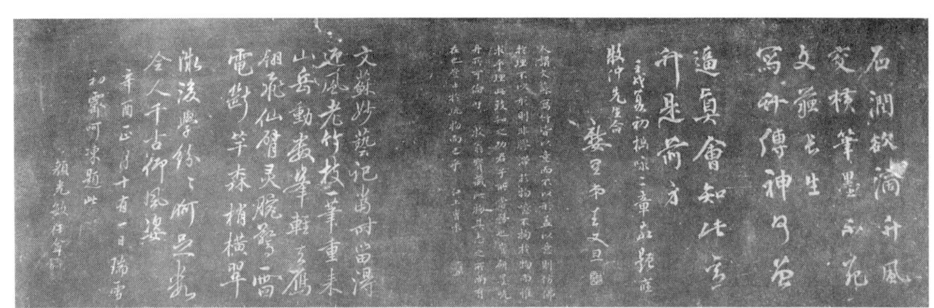

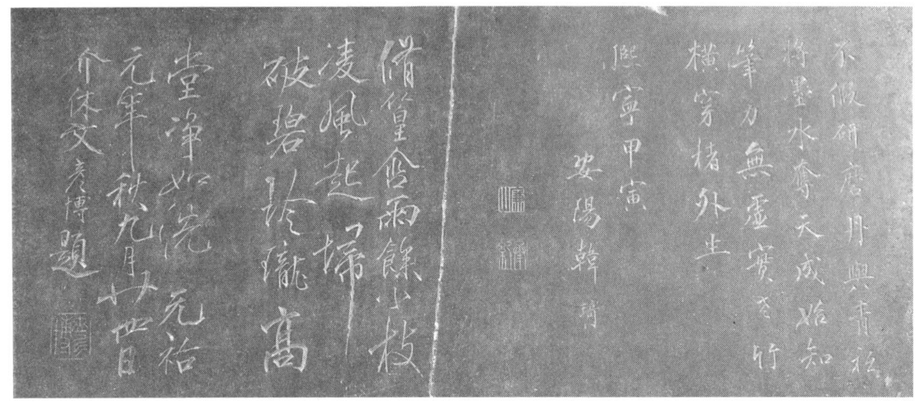

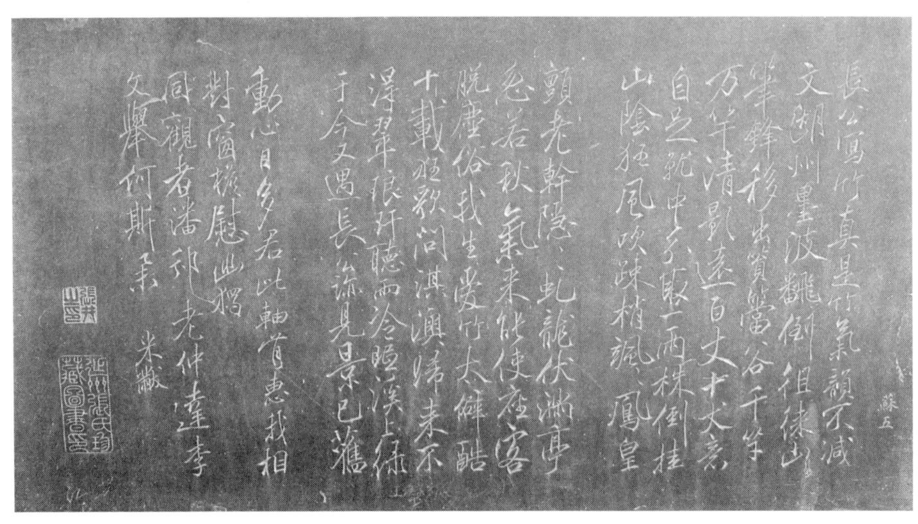

图62 《澄鉴堂石刻》原石（局部）

现存于江苏镇江焦山碑刻博物馆

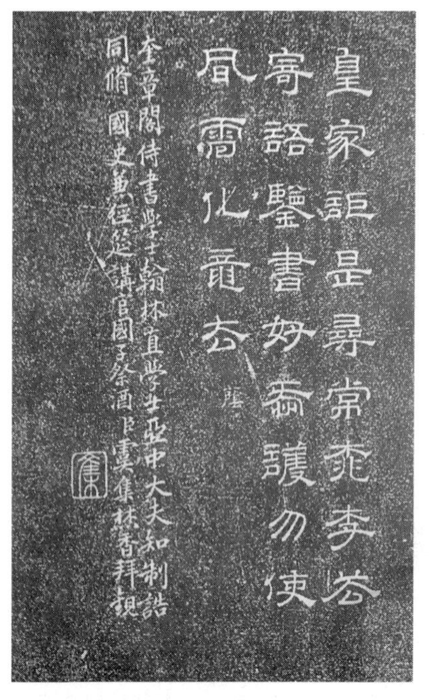

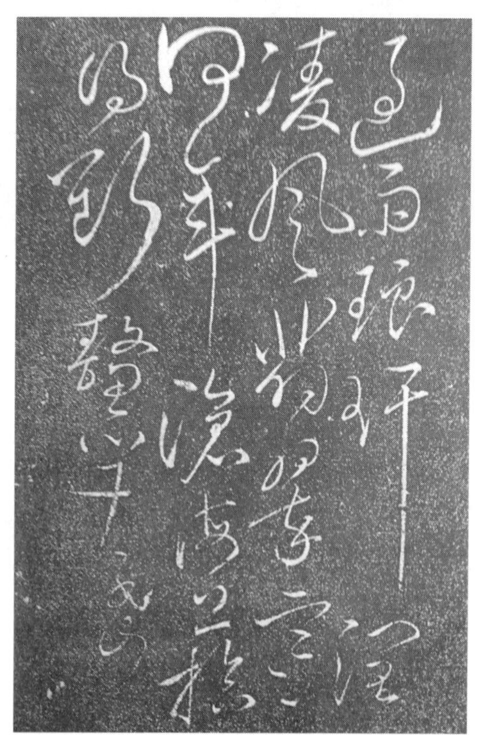

图63 《澄鉴堂石刻》拓本影印本（局部）

文物出版社2012年版

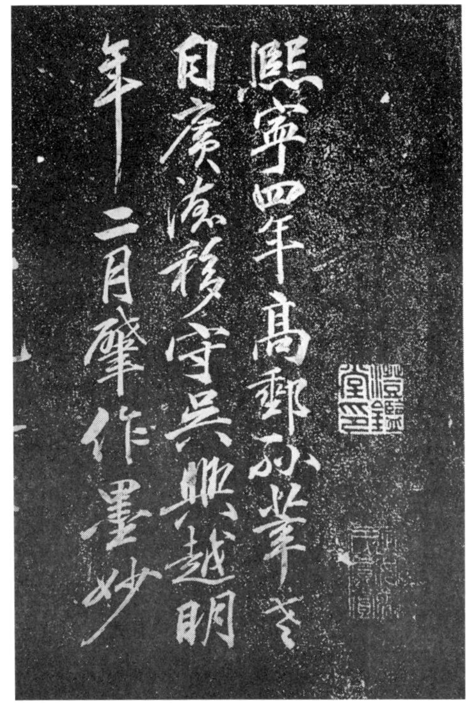
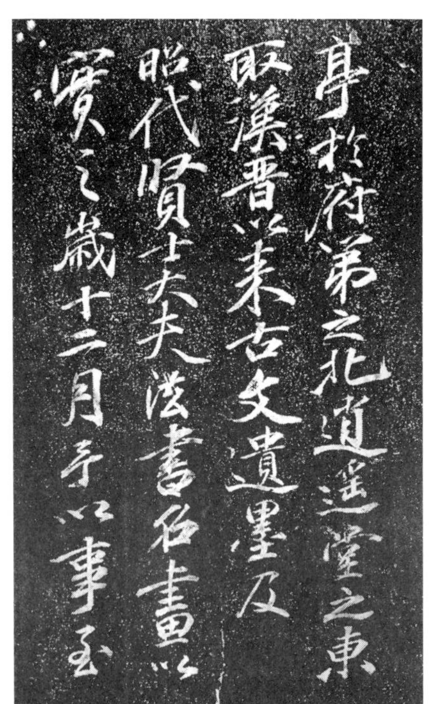

图64 《澄鉴堂石刻》拓本影印本，苏轼题跋（局部）

文物出版社2012年版

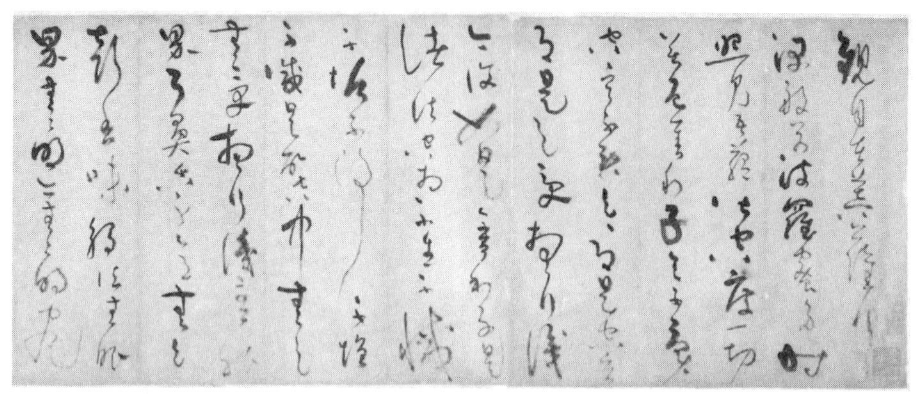

图65-1　吴镇草书《心经》（局部）

北京故宫博物院藏

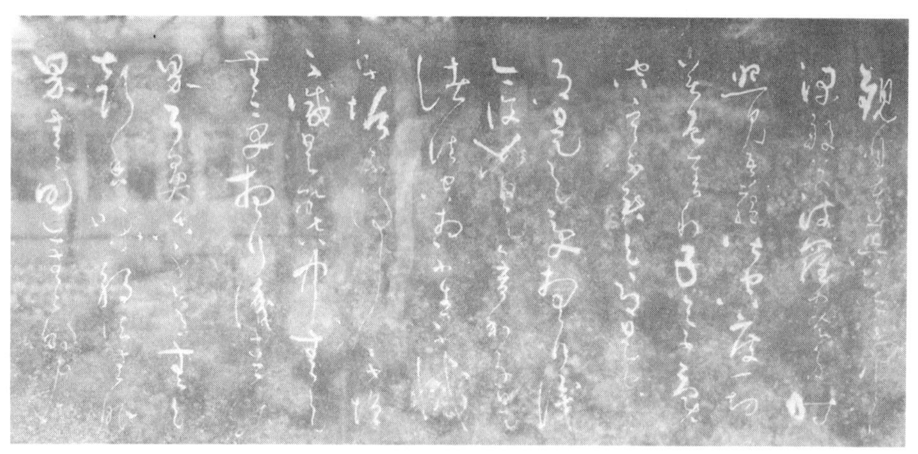

图65-2　吴镇草书《心经》石刻（局部）

钱泳刻，浙江嘉善吴镇纪念馆藏

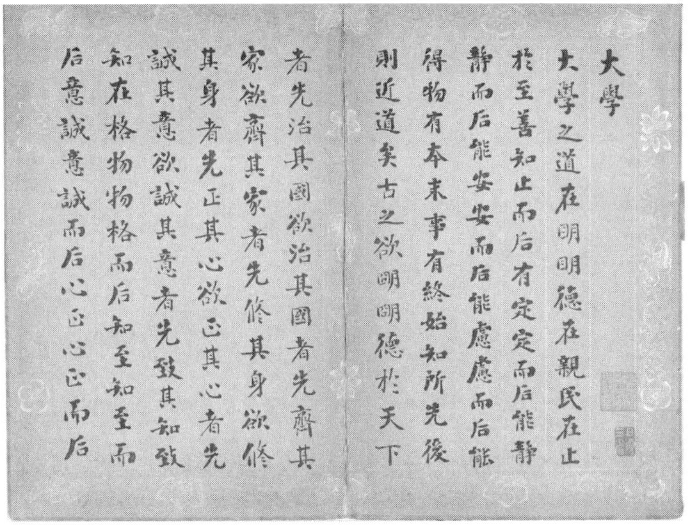

图66-1　刘墉楷书《大学》（局部）

台北故宫博物院藏

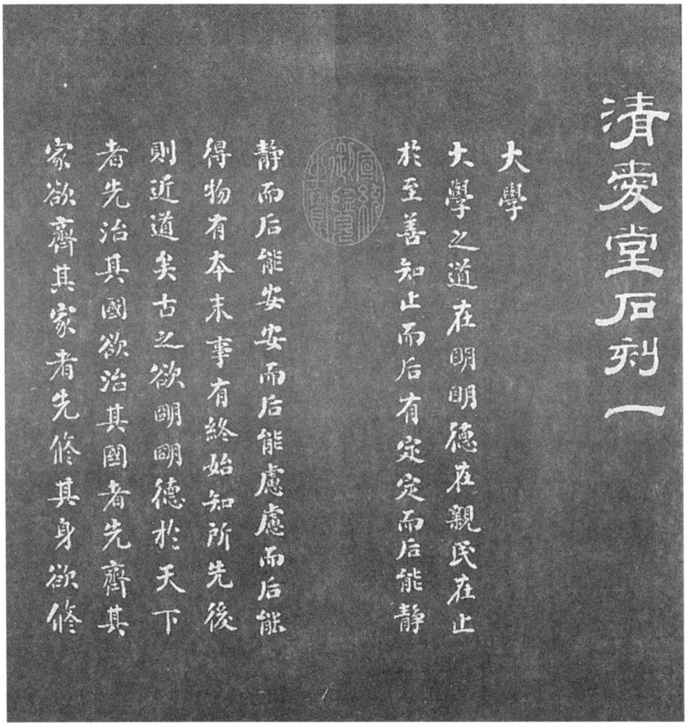

图66-2 《清爱堂石刻·大学》拓本（局部）

台北故宫博物院藏

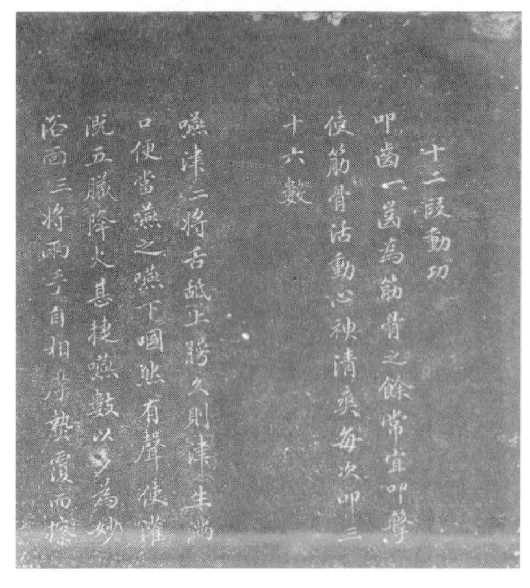

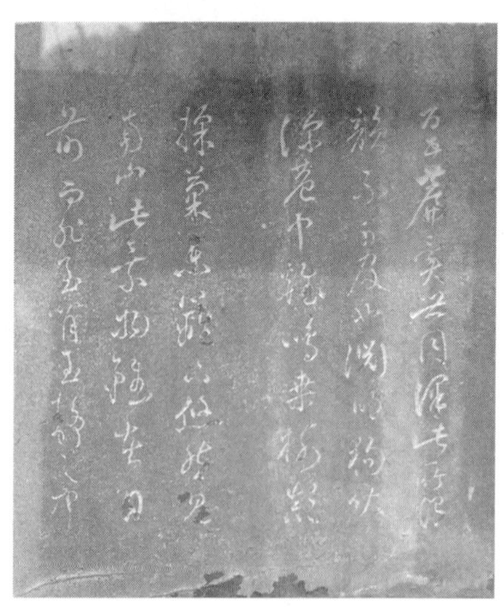

图67 《仁本堂墨刻》原石（局部）

浙江省嘉善县博物馆藏

图 68-1 《诒晋斋法书·进学解》拓本（局部）

香港中文大学图书馆藏

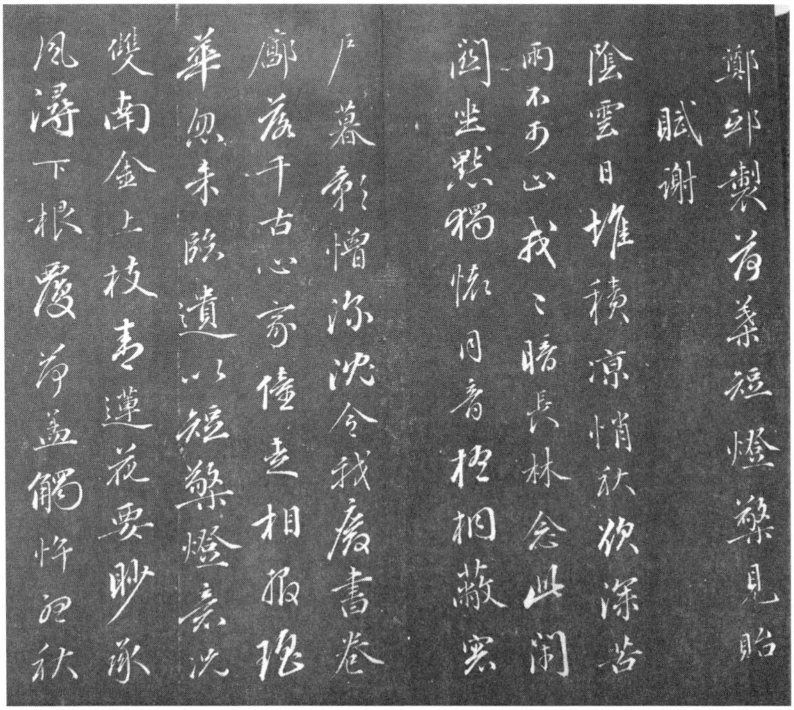

图 68-2 《诒晋斋法书·自书与郑亲王十札三诗》拓本（局部）

香港中文大学图书馆藏

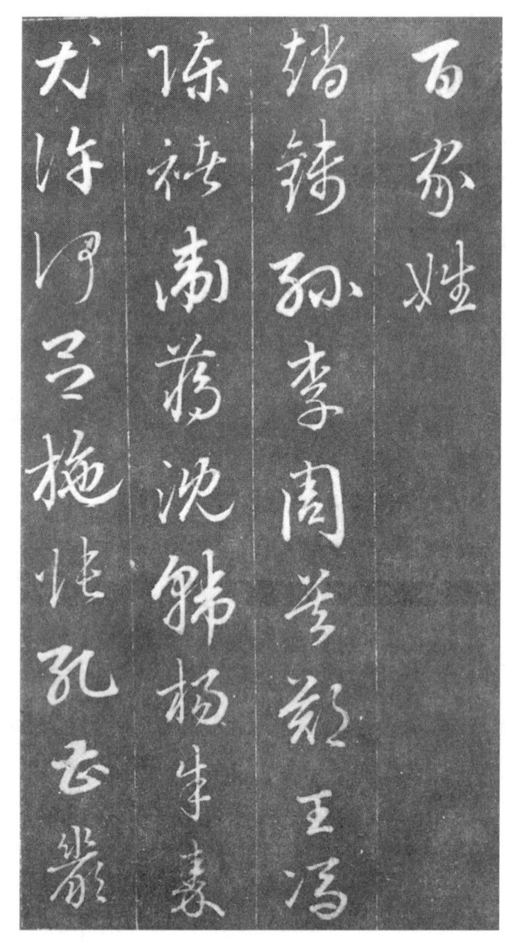

图69 《诒晋斋法书·草书百家姓》拓本（局部）

香港中文大学图书馆藏

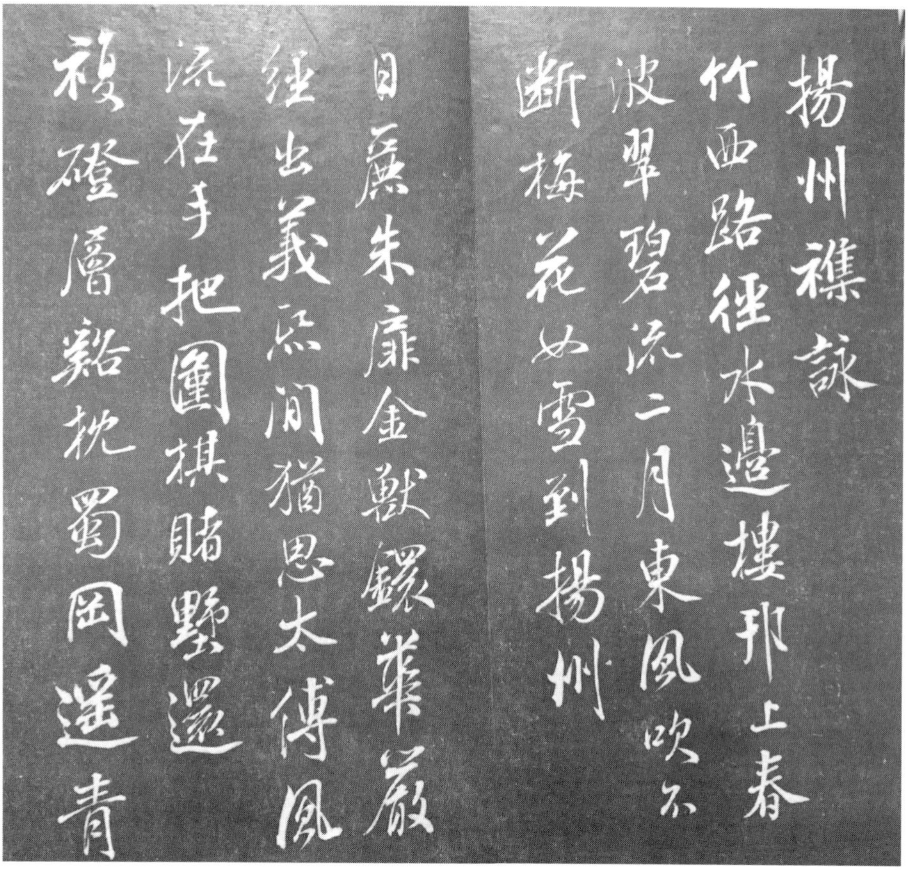

揚州襍詠
竹西路徑水邊樓邗上春
波翠碧流二月東風吹不
斷梅花如雪到揚州
日麗朱扉金獸鐶華嚴
經出義熙間猶思太傅風
流在手把圍棋賭墅還
複磴層巒枕蜀岡遙青

图70 《诒晋斋法书·自书扬州杂咏》拓本（局部）
香港中文大学图书馆藏

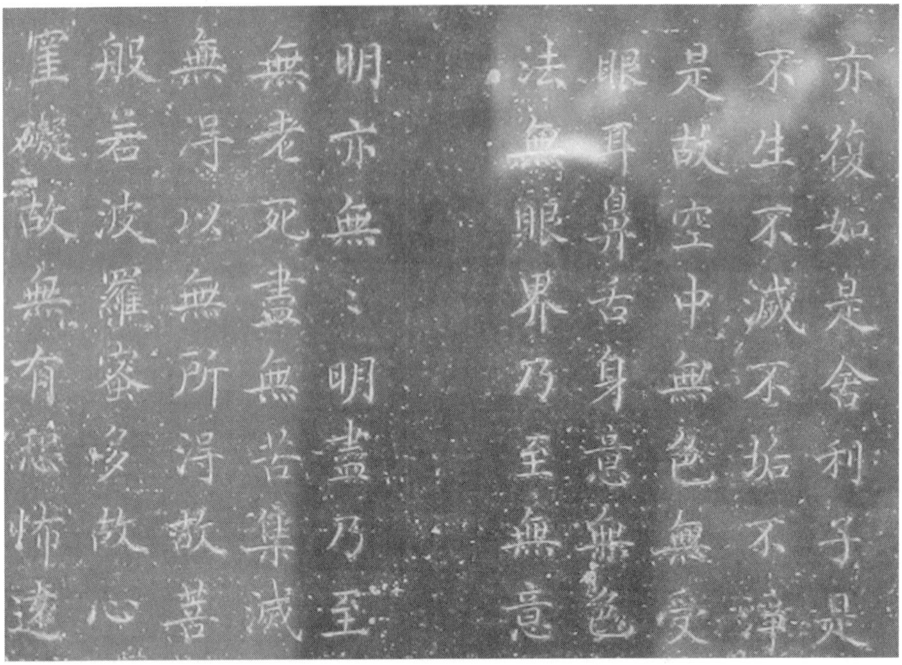

图71　钱泳摹刻孙钟书《心经》帖石（局部）

现存于江苏常熟碑刻博物馆

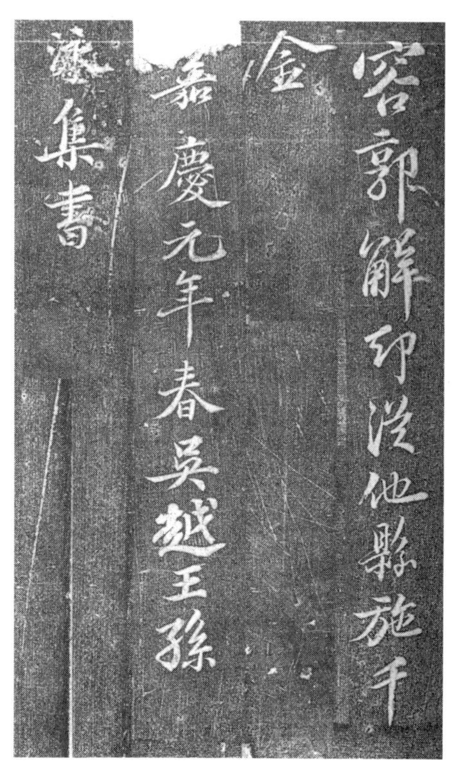

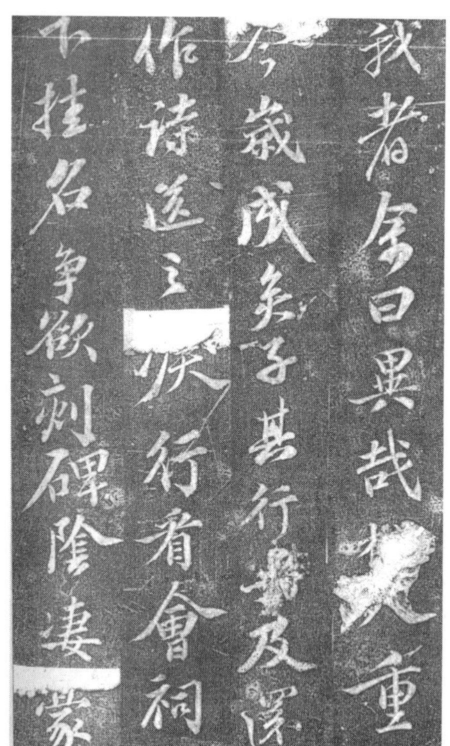

图72　钱泳集苏轼书《送表忠观钱道士归杭》拓本影印本（局部）

载《宋刻表忠观碑》，西泠印社2000年版

图73　宋刻《表忠观碑》石柱题名（重修表忠观新落成时的题名）拓片（局部）
载《宋刻表忠观碑》，西泠印社2000年版

图74　宋刻《表忠观碑》石柱题名（重修完成后嘉庆道光年间增刻的题名）拓片（局部）

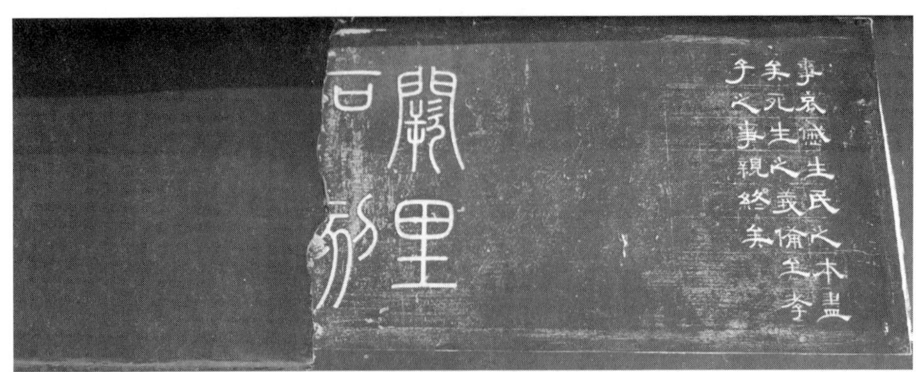

图75 《阙里石刻》原石（局部）

现存于江苏苏州碑刻博物馆

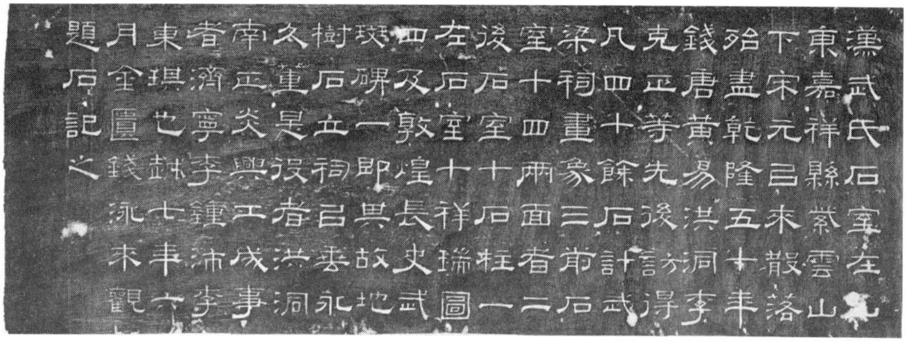

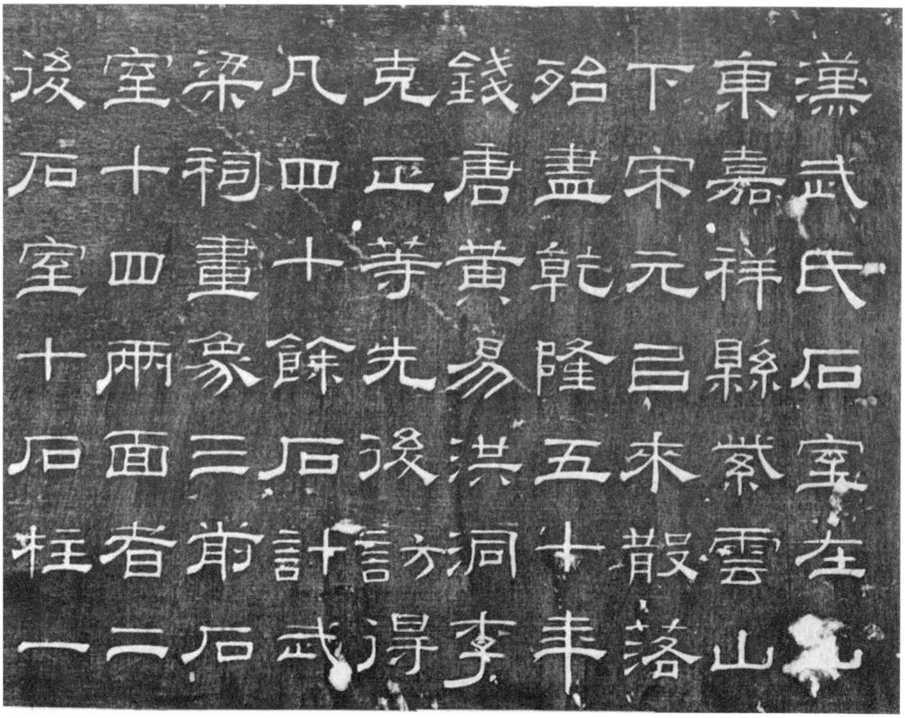

图76 《汉武氏石室画像后记》拓片全貌及局部

普林斯顿大学博物馆藏

图77　钱泳焦山题名原石

现存于江苏镇江焦山碑刻博物馆

图78　钱泳常熟题名原石

现存于江苏常熟碑刻博物馆

图79-1　钱泳自撰自书《梅花溪居士传》

图79-2 《自刻戴笠小像》刻石（局部）

现存于江苏常熟碑刻博物馆

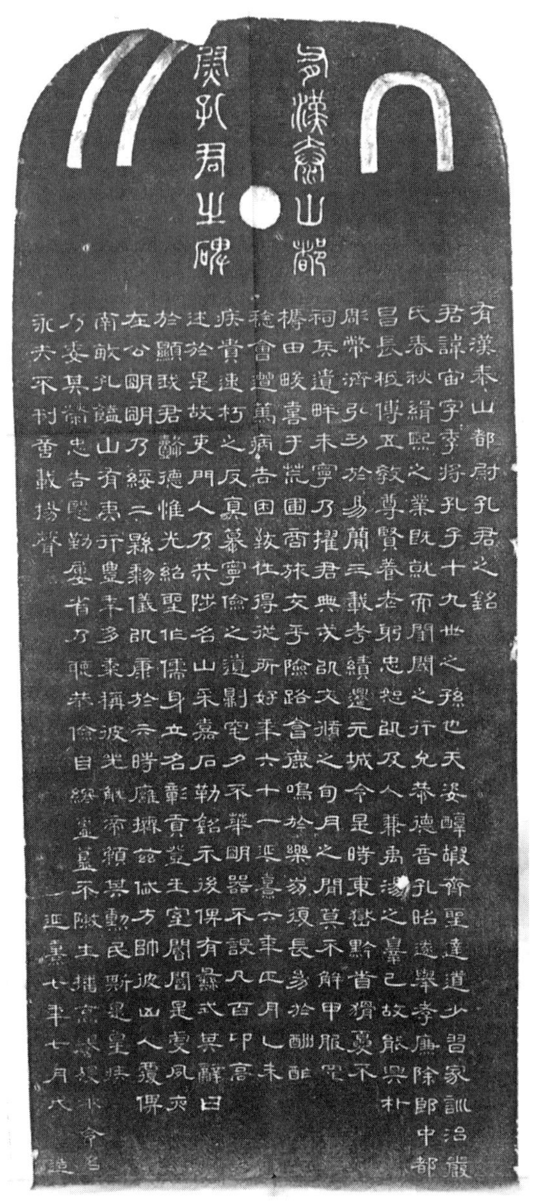

图80　钱泳缩刻《泰山都尉孔宙碑》拓片，《缩本汉碑》之一

香港中文大学图书馆藏

图81　钱泳缩刻《北海淳于长夏承碑》拓片，《缩本汉碑》之一

香港中文大学图书馆藏

图82　钱泳书刻《东海庙碑》拓片，《缩本汉碑》之一

香港中文大学图书馆藏

图83　钱泳缩刻《巴郡太守樊敏碑》拓片（局部），《缩本汉碑》之一
香港中文大学图书馆藏

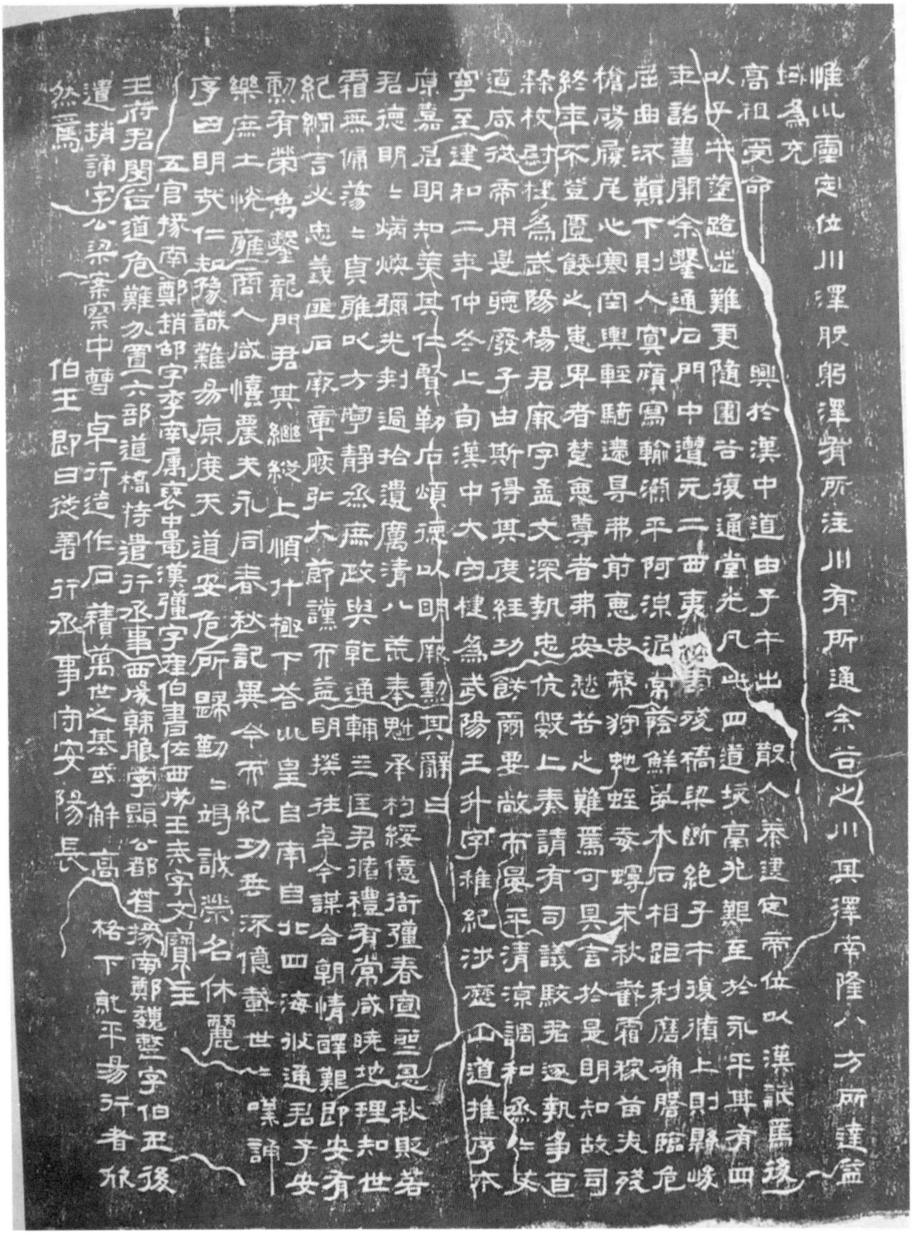

图84　钱泳缩刻《石门颂》拓片，《缩本汉碑》之一

北京大学图书馆藏

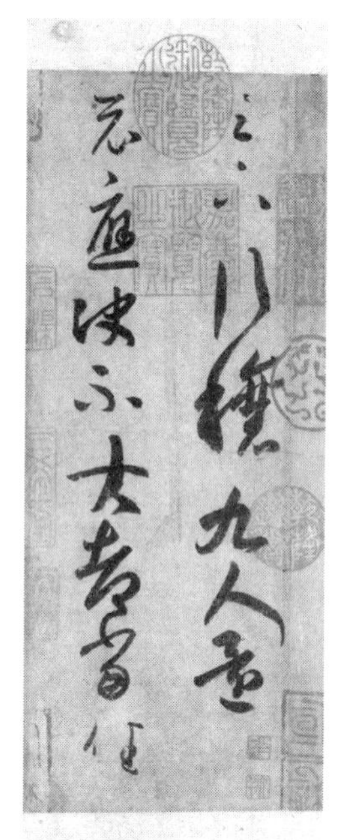

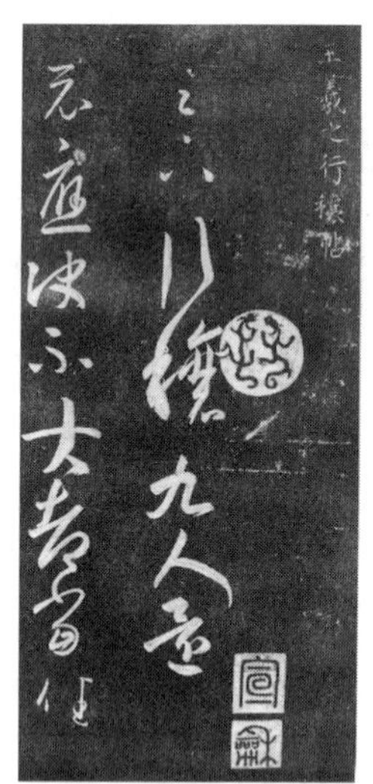

左：图85-1 《小清秘阁帖·行穰帖》拓本
北京大学图书馆藏

右上：图85-2　王羲之《行穰帖》唐摹本
普林斯顿大学博物馆藏

右下：图85-3 《余清斋续帖·行穰帖》拓本影印本
载《中国法帖全集·卷十三》，湖北美术出版社2002年版

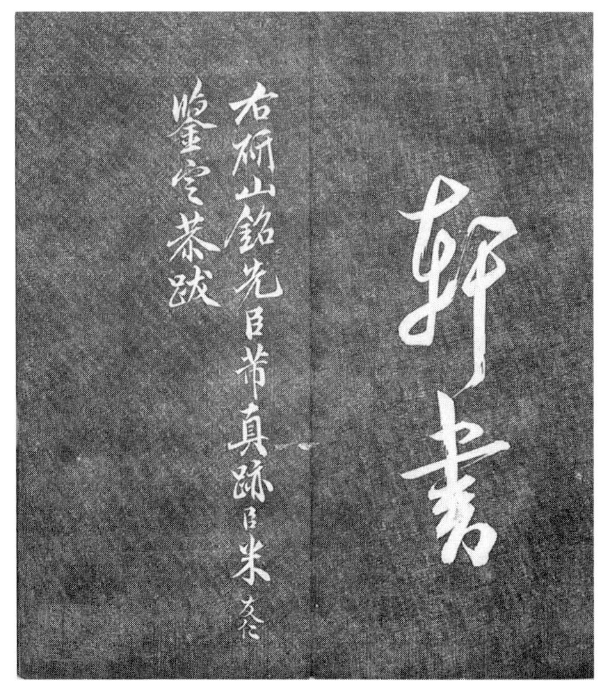

图86 《小清秘阁帖·研山铭》拓本（局部）

北京大学图书馆藏

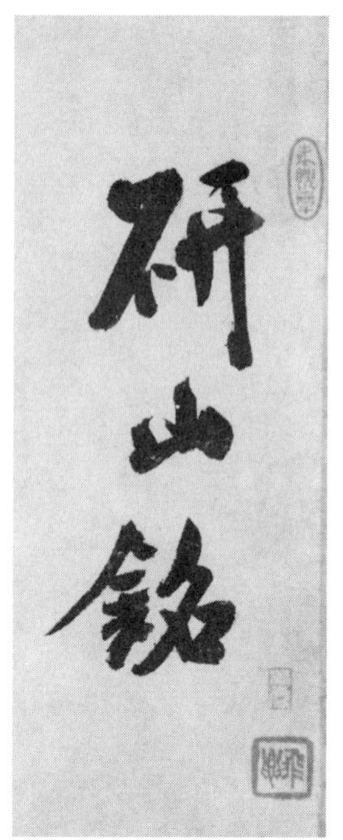

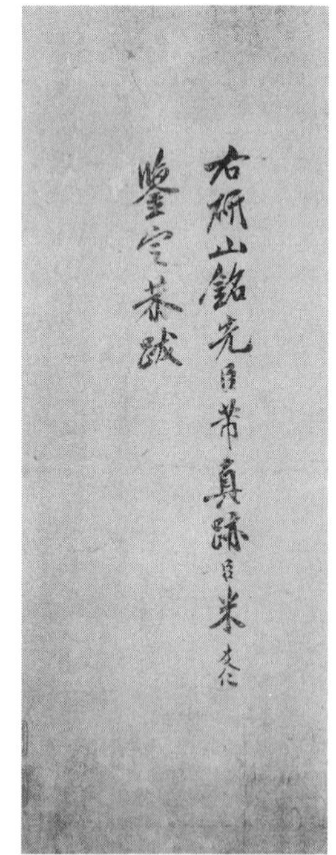

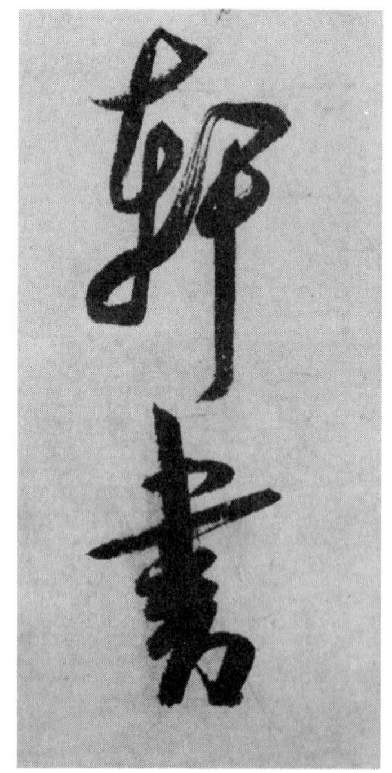

图87　米芾《研山铭》墨迹本（局部）

北京故宫博物院藏

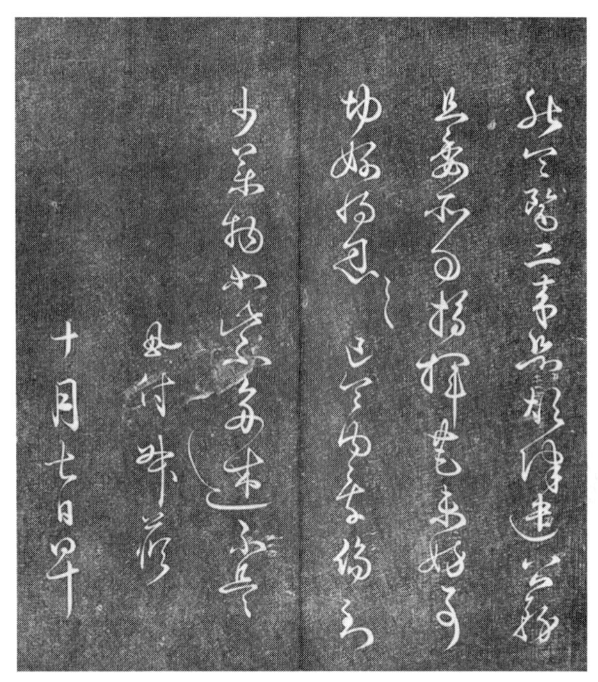

图88-1 《小清秘阁帖·钱俶手简》拓本（局部）

北京大学图书馆藏

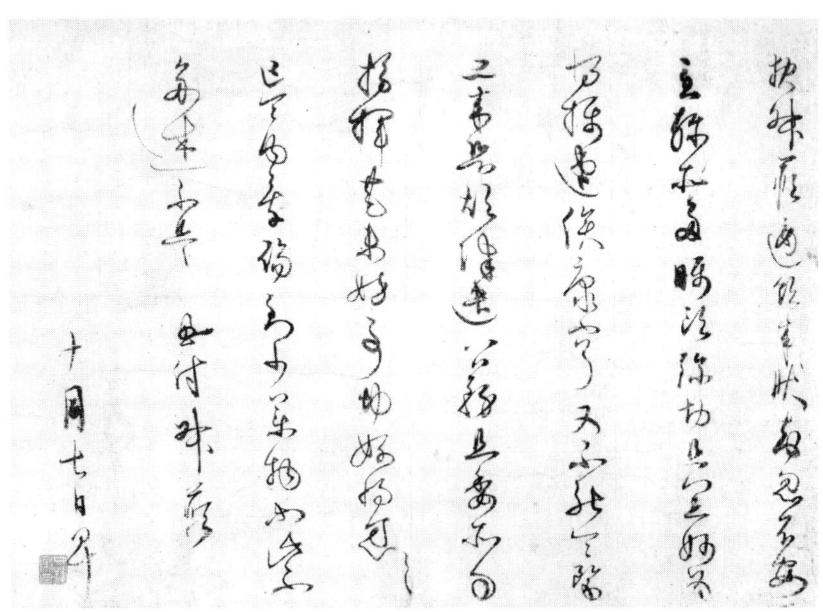

图88-2 钱俶手简原迹（局部）

中国嘉德2015年春拍“大观之夜”拍品

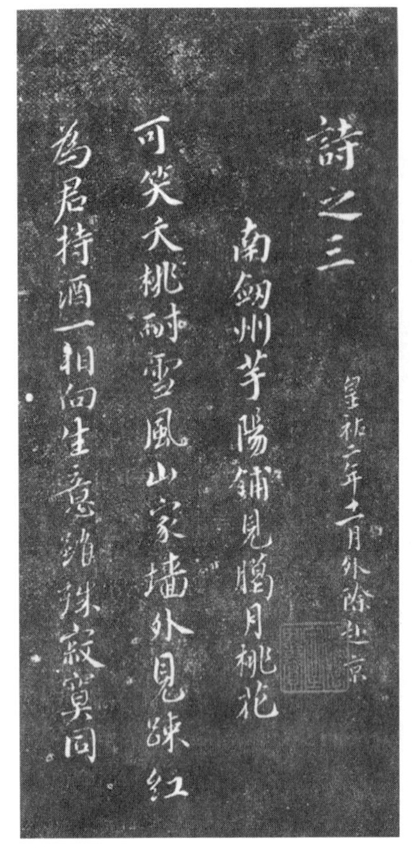

詩之三
南劒州芋陽鋪見臘月桃花
皇祐二年十一月外除赴京
可笑夭桃耐雪風山家墻外見疎紅
為君持酒一相向生意雖殊寂寞同

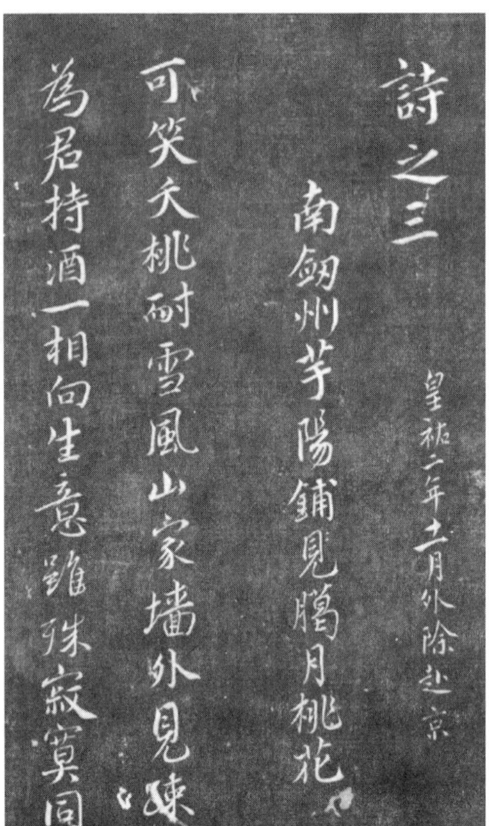

詩之三
南劒州芋陽鋪見臘月桃花
皇祐二年十一月外除赴京
可笑夭桃耐雪風山家墻外見疎
為君持酒一相向生意雖殊寂寞同

左：图 89–1 《福州帖·蔡襄自书诗稿》拓本影印本（局部）
广东人民出版社 2016 年版

右：图 89–2 《经训堂法书·蔡襄自书诗稿》拓本（局部）
哈佛大学图书馆藏

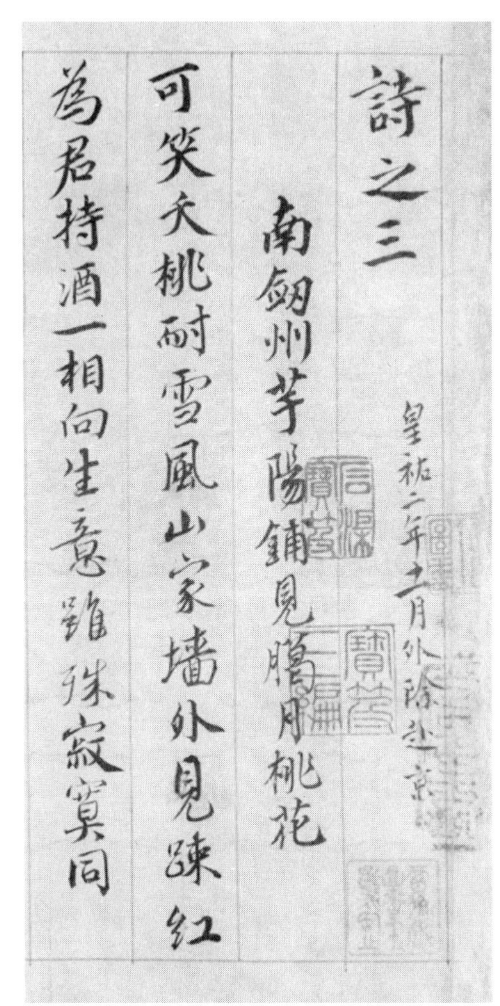

图90　蔡襄《自书诗稿》墨迹本（局部）

北京故宫博物院藏

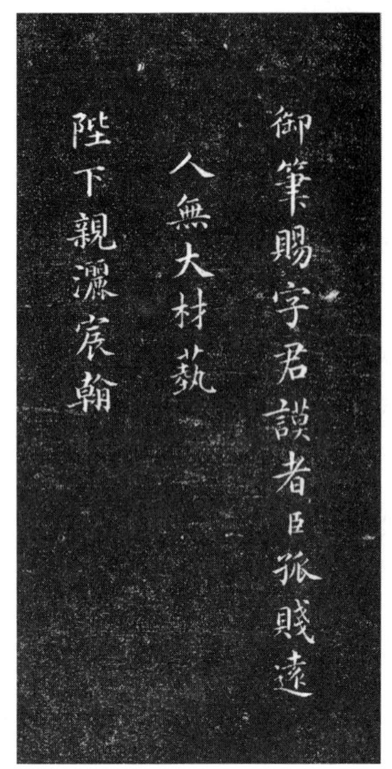

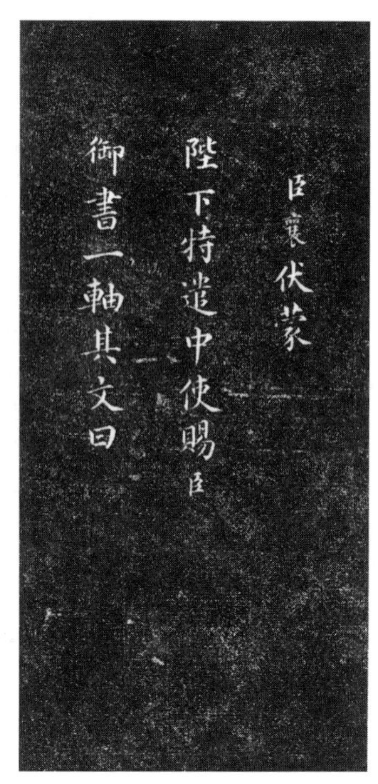

图 91–1 《福州帖·蔡襄谢赐御书诗表》拓本影印本（局部）

广东人民出版社2016年版

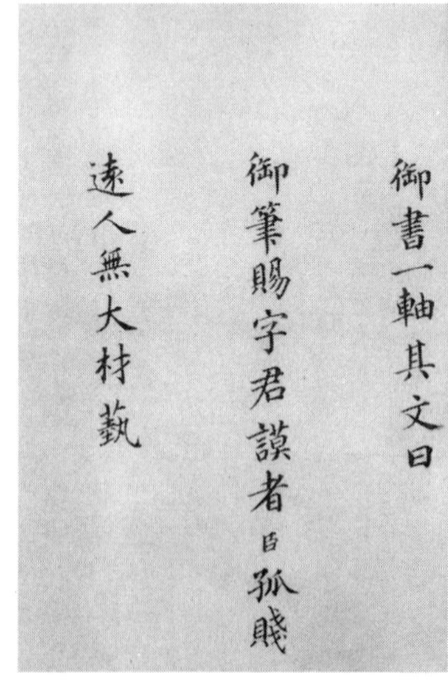

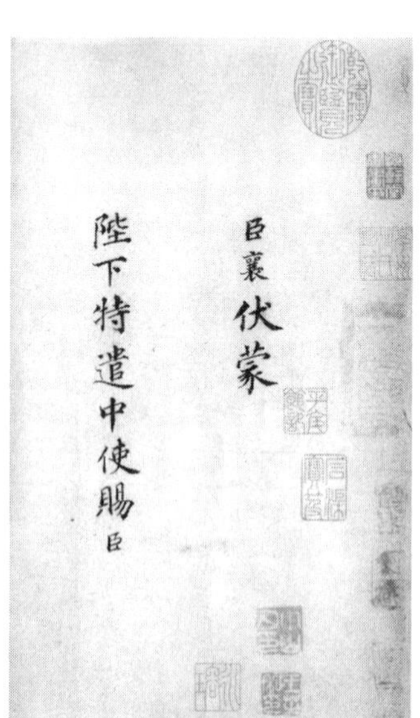

图 91–2 蔡襄《谢赐御书诗表》墨迹本（局部）

日本东京台东区书道博物馆藏

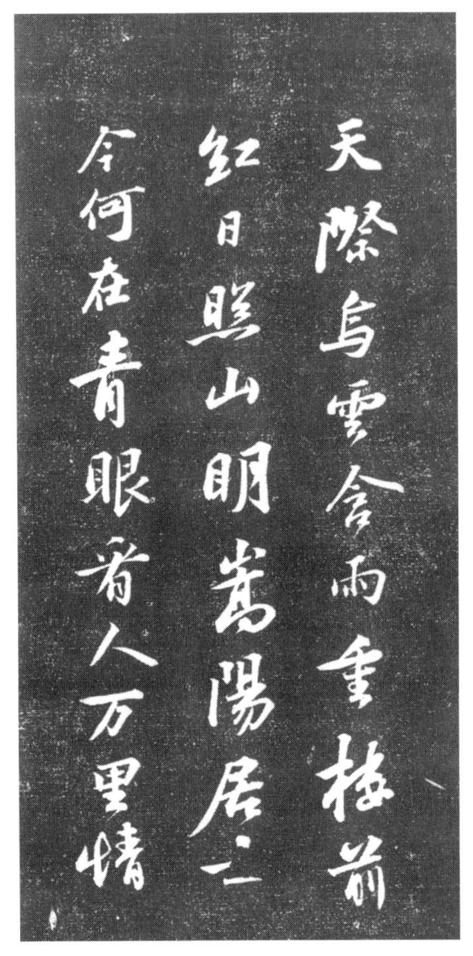

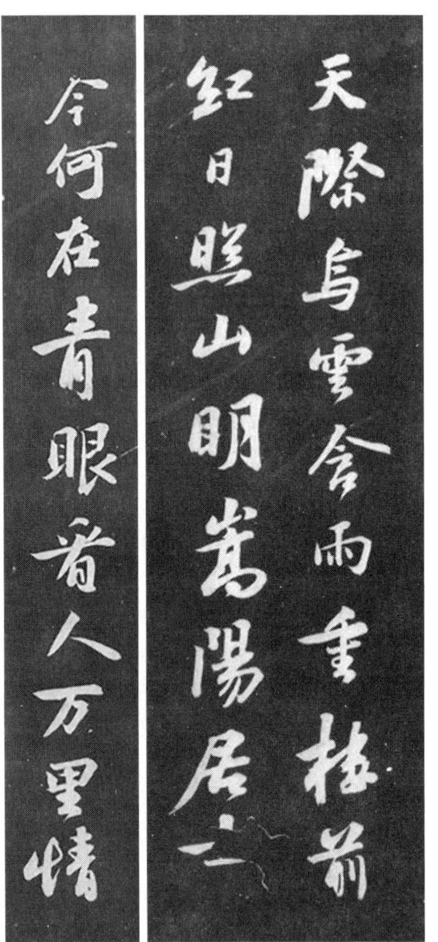

左：图 92-1 《福州帖 · 苏轼天际乌云帖》拓本影印本（局部）
广东人民出版社2016年版

右：图 92-2 《快雪堂法书 · 苏轼天际乌云帖》拓本（局部）
台北故宫博物院藏

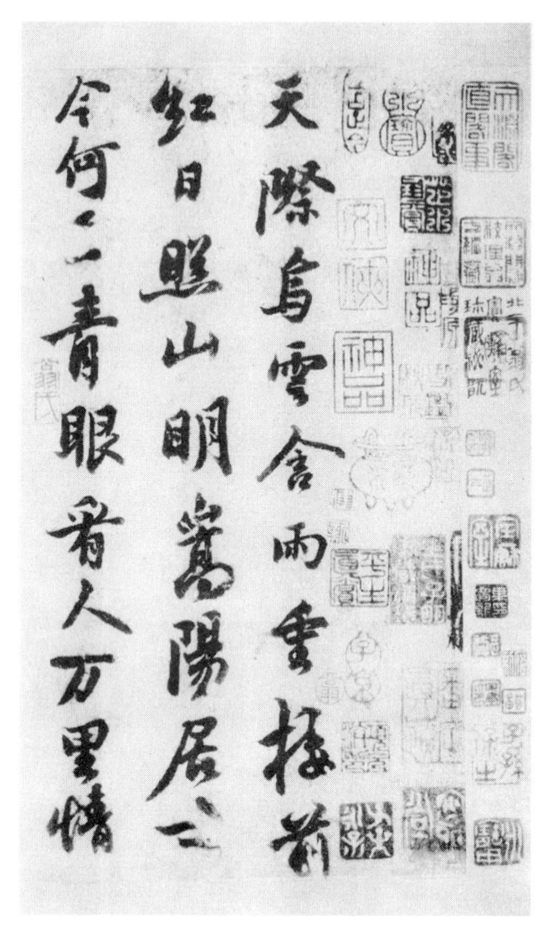

图93 《苏轼天际乌云帖》(局部)

翁方纲旧藏本，上海书画出版社2002年版

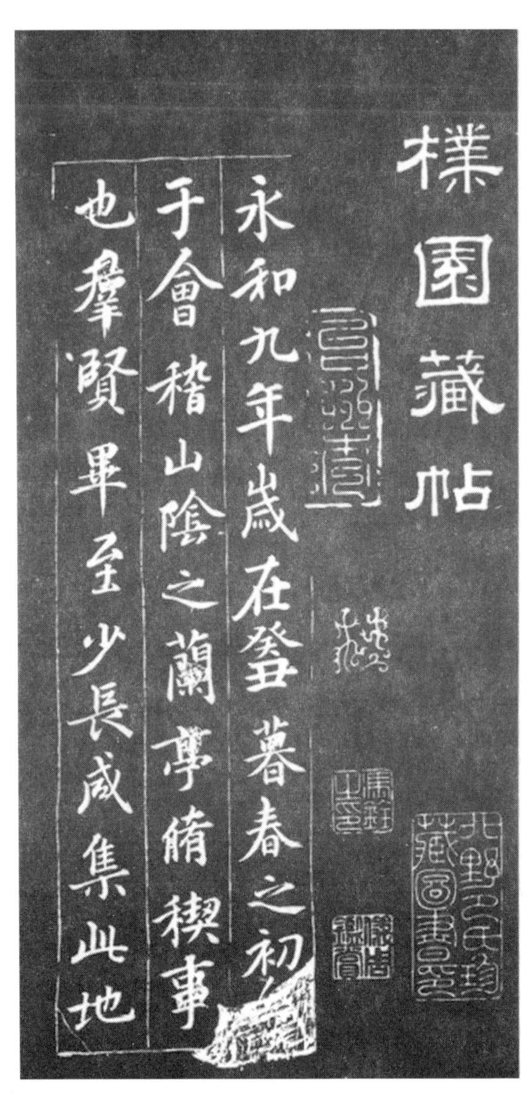

图94 《朴园藏帖·“独孤长老本”定武兰亭序》拓本影印本（局部）
广东人民出版社2016年版

图 95 《诒晋斋法书·饯吴穀人先生诗》拓本

哈佛大学图书馆藏

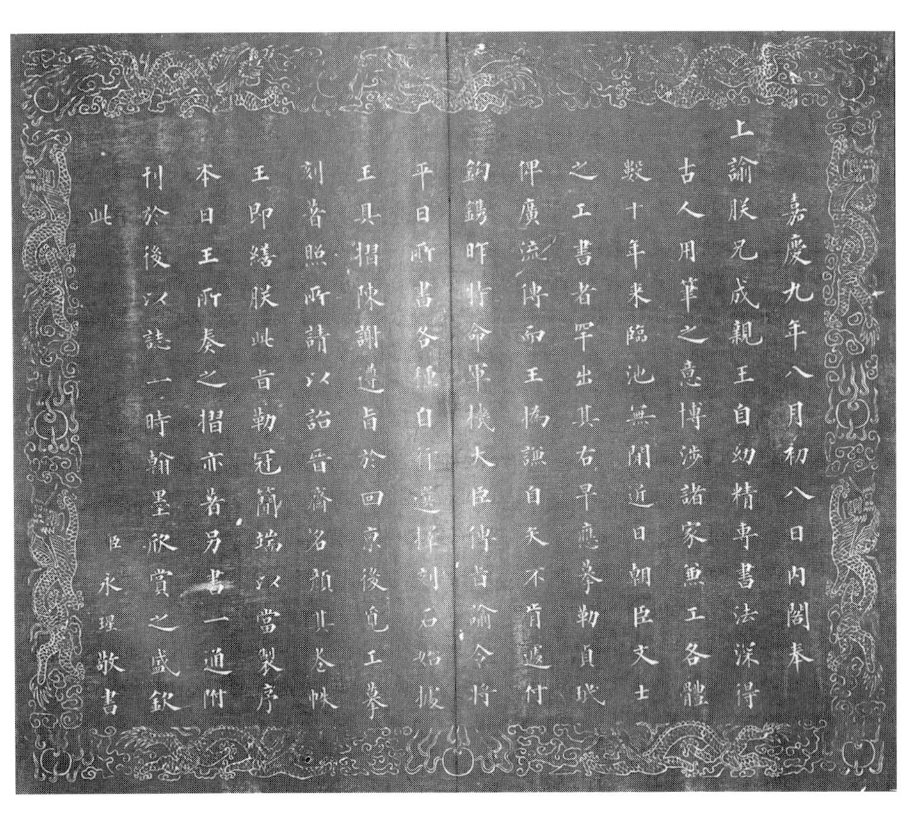

嘉慶九年八月初八日內閣奉
上諭朕兄成親王自幼精專書法深得
古人用筆之意博涉諸家兼工各體
數十年來臨池無閒近日朝臣文士
之工書者罕出其右早應摹勒貞珉
俾廣流傳而王撝謙自矢不肯遽付
鈎鐫昨特命軍機大臣傳旨諭令將
平日所書各種自行選擇刻石始據
王具摺陳謝遵旨於回京後覓工摹
刻著照所請以詒晉齋名顏其卷帙
王即繕朕此旨勒冠簡端以當製序
本日王所奏之摺亦著另書一通附
刊於後以誌一時翰墨欣賞之盛欽
此
臣永瑆敬書

图96 《诒晋斋书》圣旨页

北京大学图书馆藏

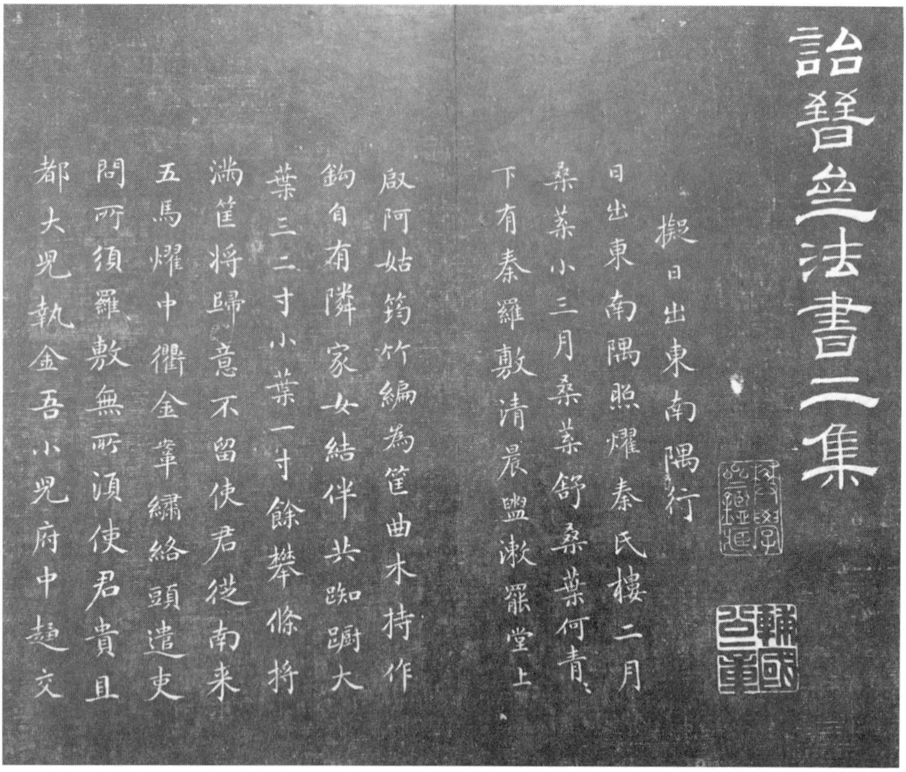

图97 《诒晋斋法书·自书古今体诗四十首》拓本（局部）

香港中文大学图书馆藏

图98 《诒晋斋法书·近光楼诗》拓本（局部）
香港中文大学图书馆藏

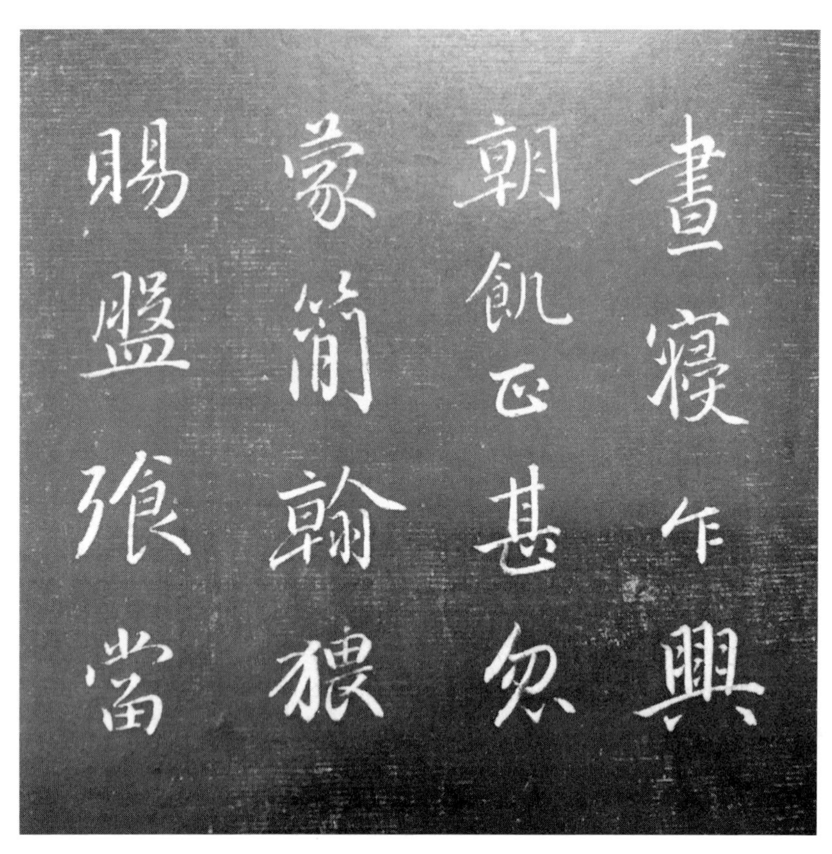

图99 《诒晋斋法书·临杨凝式韭花帖》拓本（局部）
香港中文大学图书馆藏

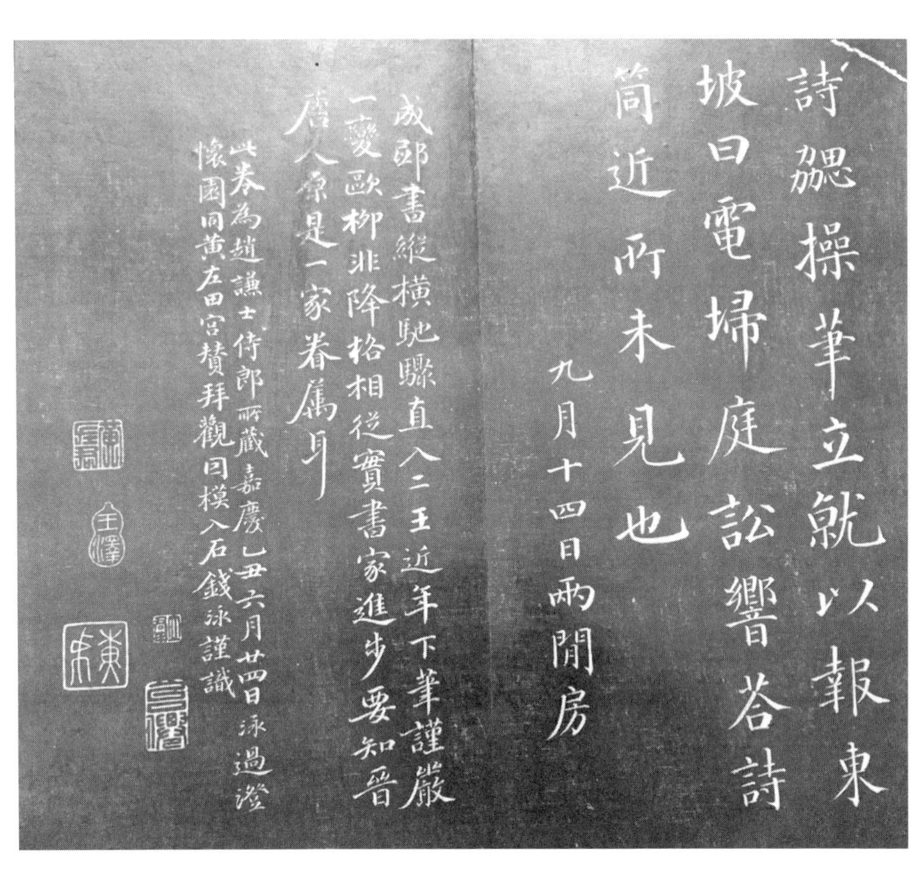

图100 《诒晋斋法书·书宋名臣言行》拓本（局部）

香港中文大学图书馆藏

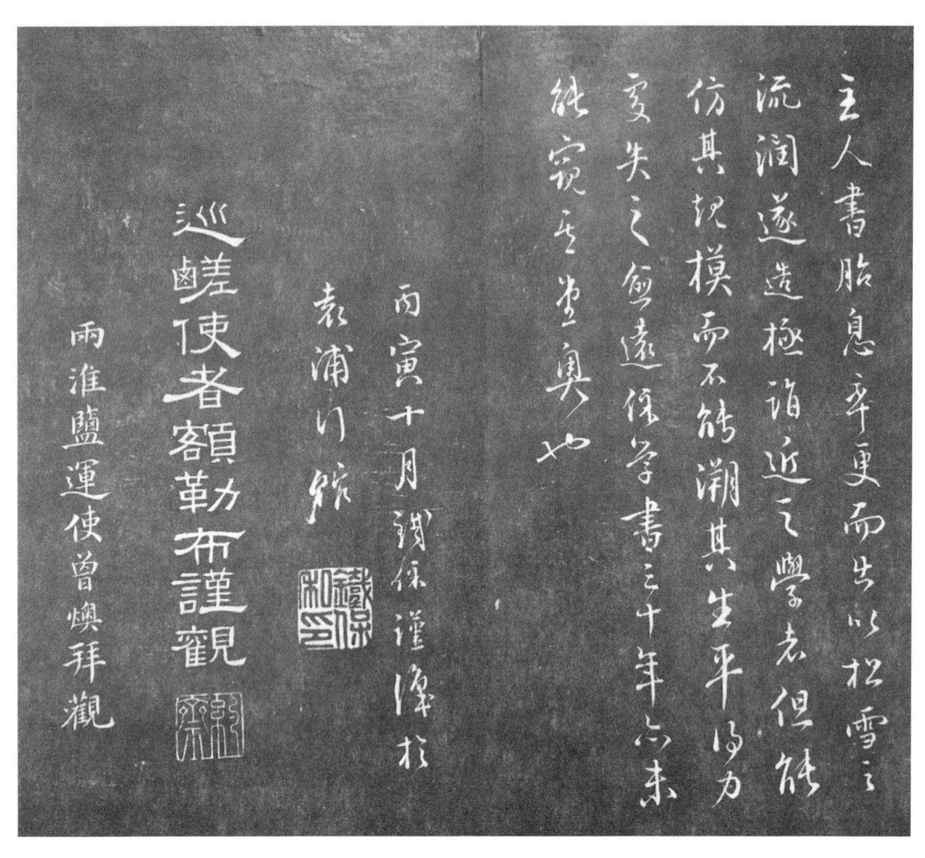

图 101 《诒晋斋法书》铁保题跋及额勒布、曾燠观款

香港中文大学图书馆藏

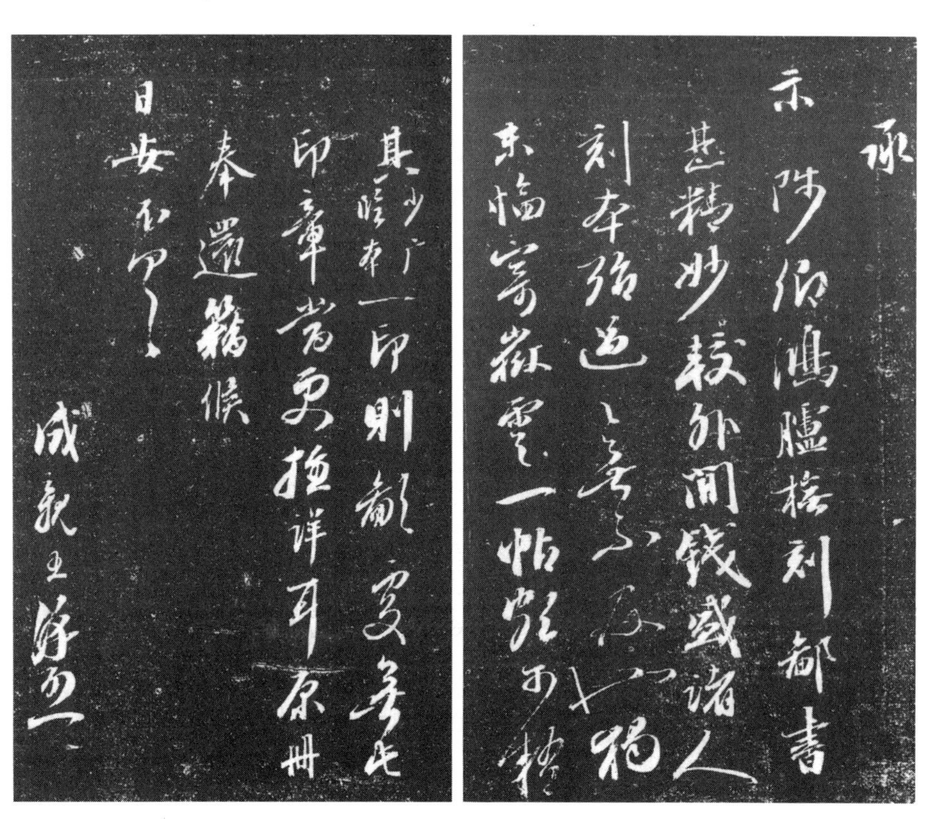

图102 《话雨楼法书·论刻郁书帖》拓本影印本

广东人民出版社2016年版

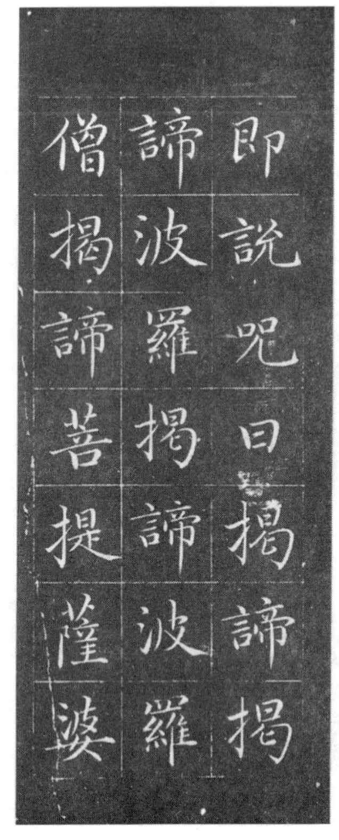

图103 《诒晋斋巾箱帖·般若波罗蜜多心经》拓本影印本（局部）

广东人民出版社2016年版

左：图104-1 《攀云阁临汉碑·曹全碑》拓本（局部）
中国国家图书馆藏

右：图104-2 《曹全碑》拓本（局部）

左：图105-1 《攀云阁临汉碑·张迁碑》拓本（局部）
中国国家图书馆藏

右：图105-2 《张迁碑》拓本（局部）

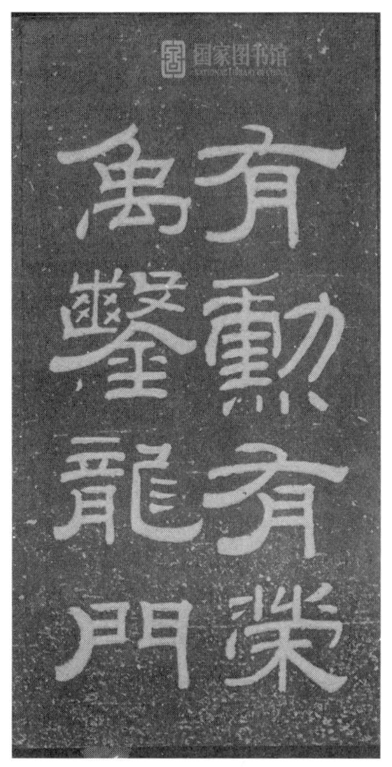

左：图 106-1 《攀云阁临汉碑·石门颂》拓本（局部）
中国国家图书馆藏

右：图 106-2 《石门颂》拓本（局部）

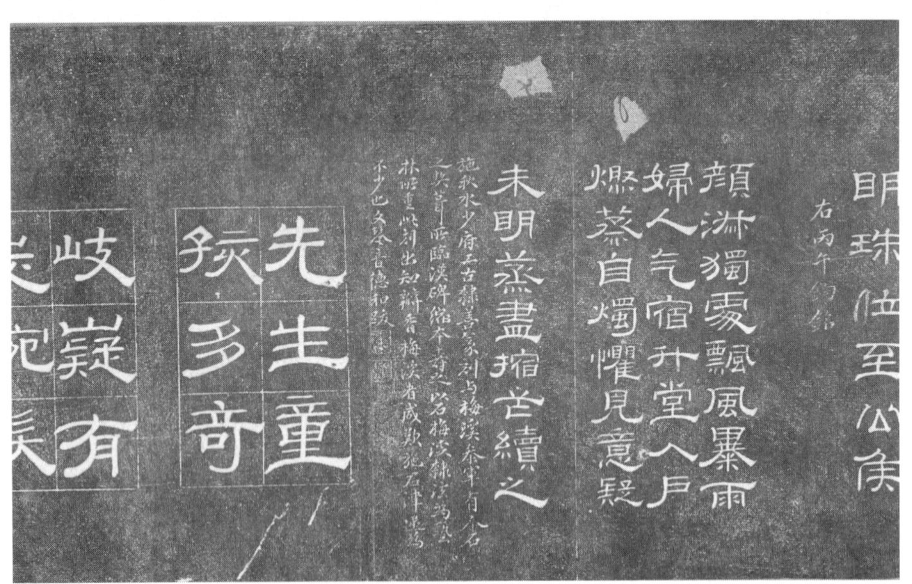

图 107 《问经堂帖》拓本（局部）

日本早稻田大学图书馆藏

兩都賦序
或曰賦者古詩之流也昔
成康沒而頌聲寢王澤竭
而詩不作大漢初定日不
暇給至於武宣之世乃崇
禮官考文章內設金馬石
渠之署外興樂府協律之
事以興廢繼絕潤色鴻業
是以衆庶悅豫福應尤盛
白麟赤雁芝房寶鼎之歌
薦於郊廟神雀五鳳甘露
黃龍之瑞以為年紀故言
語侍從之臣若司馬相如
虞丘壽王東方朔枚皋王
褒劉向之屬朝夕論思日
月獻納而公卿大臣御史

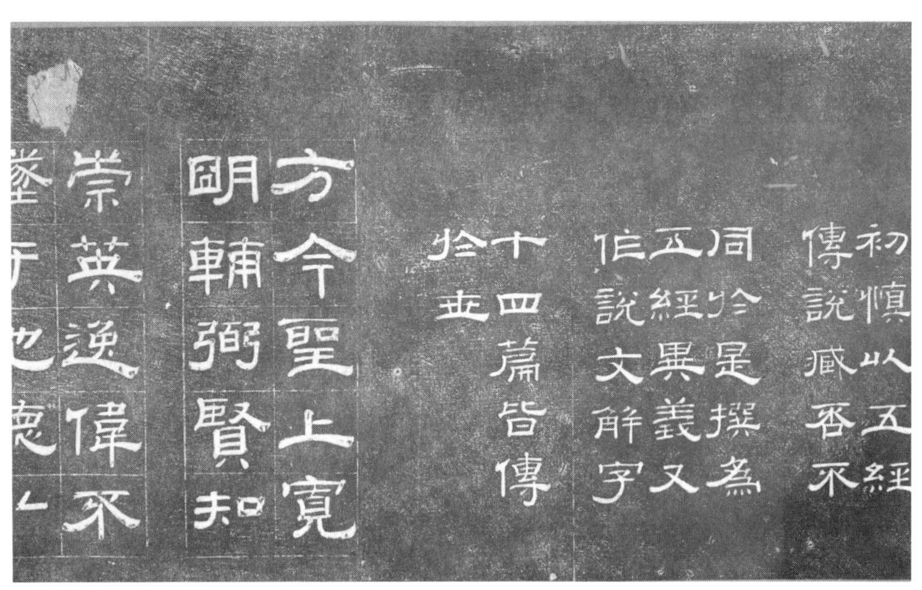
初慎以五經
傳說臧否不
同於是撰為
五經異義又
作說文解字
十四篇皆傳
於世
方今聖上寬
明輔弼賢知
崇英逸偉不

图 108 《问经堂帖》拓本（局部）

日本早稻田大学图书馆藏

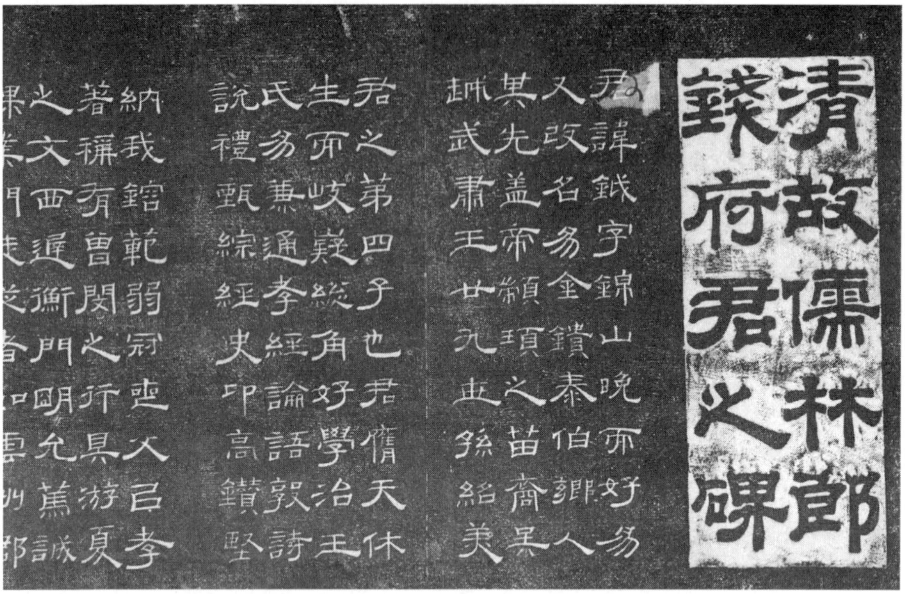

图109 《问经堂帖·儒林郎钱府君碑》拓本（局部）

日本早稻田大学图书馆藏

將刊貞石式表幽隧乃命臣度稱伐言時
其詞曰
建中季年大盜忽焉皇輿避狄狩于梁川
顧謂太師汝才汝略將威致討必殄寇虐
太師泣奉捐軀擅衆度其成城可以利用
赫矣鋪敦傅于墉垣手搏足蹄如衝如櫌
一鼓而破一麾而奔掃清宮闈剷盡妖昏
我師莅止我令行矣都人不知已事方喜
龍章告慶飭駕言旋鴻烈耀古讙聲動天
車服之錫河山之擅九命而俯一心若厲
俾侯于岐阜安邊陲藩政既成袞職攸宜
獄降帝眷矣言詭辭我后嘉猷我躬何為
道直氣和勞謙終吉福履所綏未享萬一
上天不惠厚穸遄歸垂裕流光用延恩暉
翼子肥家將壇台席繼立奇功代傳休績
聽與伯仲永懷高蹤請于朝廷表是丘封
帝曰孝哉胡可不從宣我祖之丕業緊爾
父之嘉庸乃詔作銘以觀億齡
大和三年歲次己酉四月庚戌朔六日
乙卯建

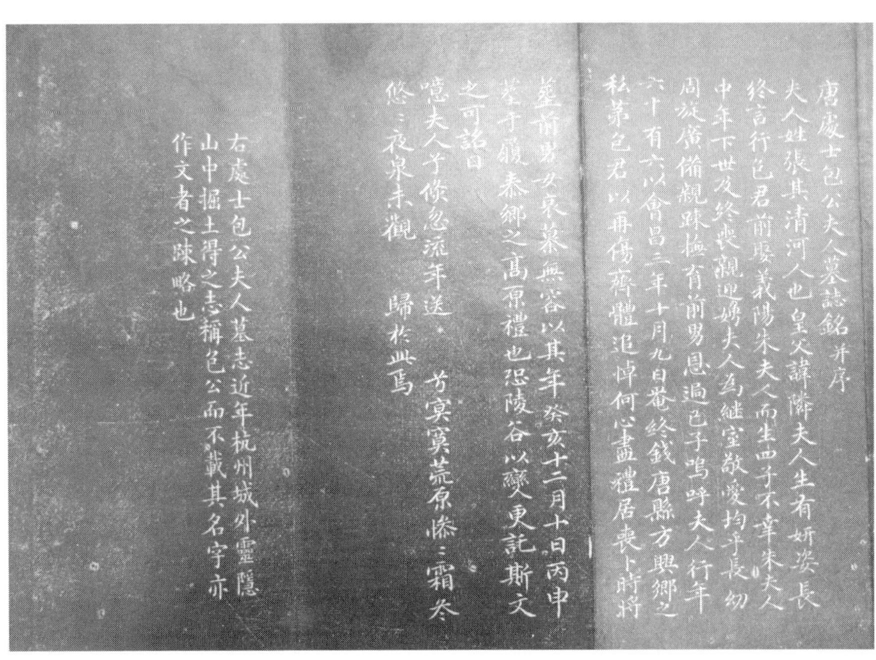

唐處士包公夫人墓誌銘并序
夫人姓張其清河人也皇父諱隣夫人生有姸姿長
終言行色君前娶義陽朱夫人而生四子不幸朱夫人
中年下世及終喪覲迎娉夫人爲繼室敬愛均平長幼
周旋備覩踪撫育前男恩過已子嗚呼夫人行年
六十有六以會昌三年十月九日卷終錢唐縣方興鄉之
私第邑君以垂傷齊體追悼何心盡禮居喪卜時將
瘞前男女泉慕無容以其年癸亥十二月十日丙申
葬于履泰鄉之高原禮也恐陵谷以變更記斯文
之可銘曰
噫夫人兮倏忽流年送　芳宴寞荒原慘慘霜冬
悠悠夜泉未觀　歸於此焉
右處士包公夫人墓志近年杭州城外靈隱
山中掘土得之志稱邑公而不載其名字亦
作文者之疎略也

图110 《缩本唐碑》拓本（局部）

苏州图书馆藏

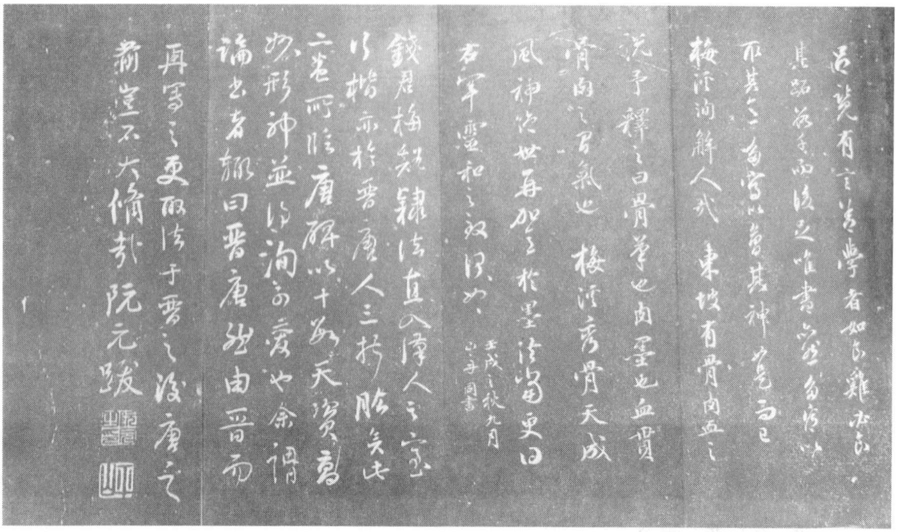

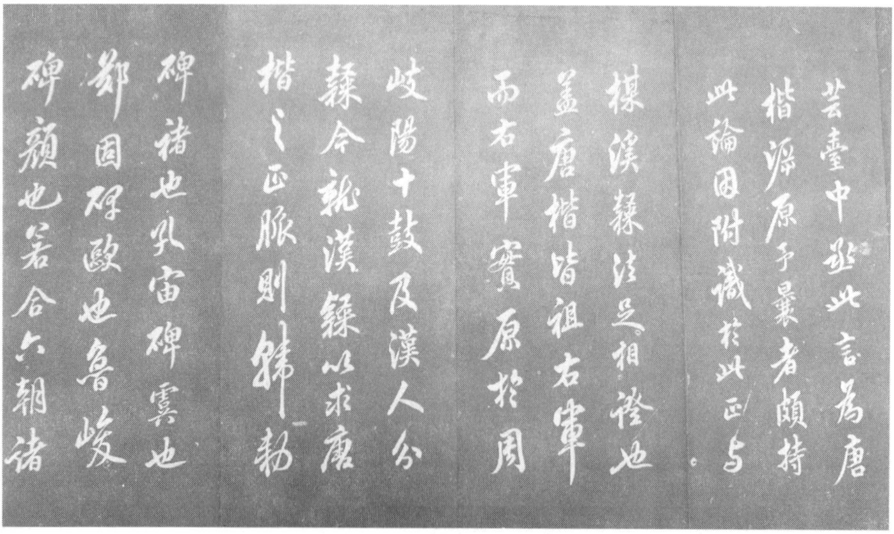

图111 《缩本唐碑》拓本（局部），题跋部分

苏州图书馆藏

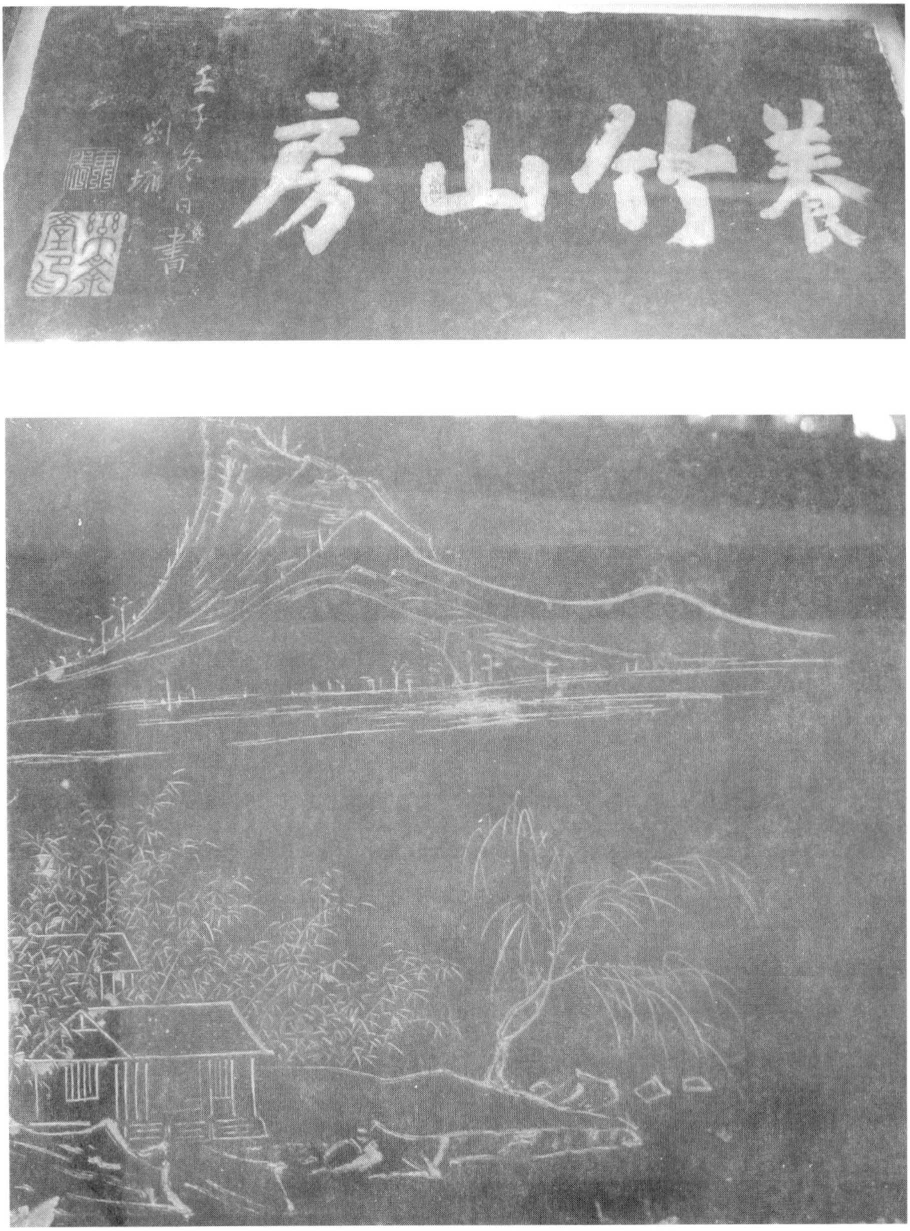

图112 《养竹山房图咏》帖石（局部）

江苏常熟碑刻博物馆藏

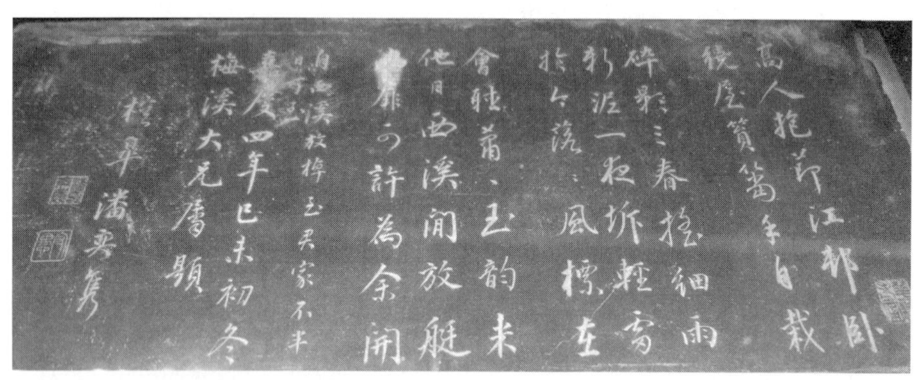

图113 《养竹山房图咏》帖石（局部）

江苏常熟碑刻博物馆藏

图114　奚冈《写经楼图》(上为全图，下为局部)
北京故宫博物院藏

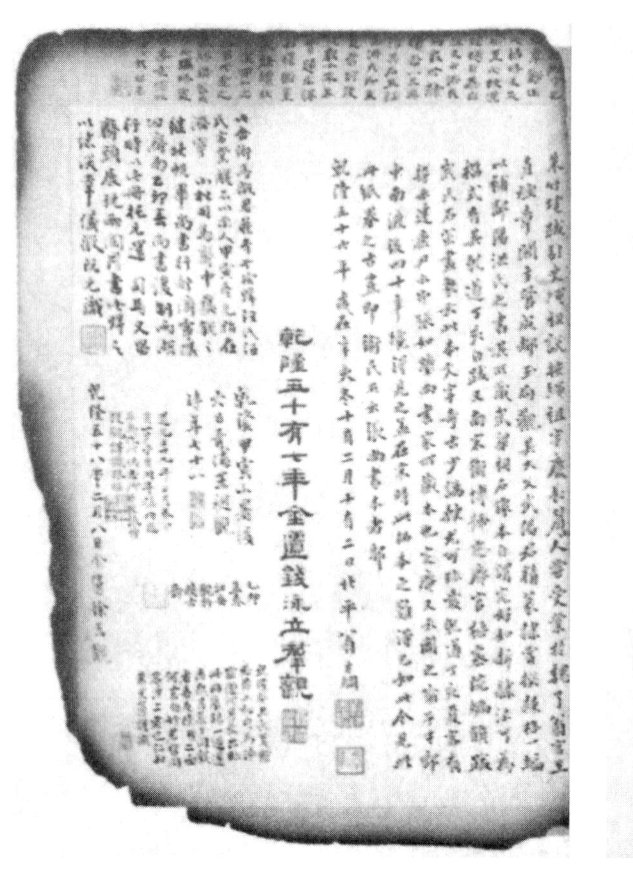

左：图115-1　黄易旧藏宋拓《武梁祠堂画像题字》钱泳观款

载故宫博物院编《蓬莱宿约——故宫藏黄易汉魏碑刻特集》，紫禁城出版社2010年版

右：图115-2　黄易旧藏宋拓《魏元丕碑》钱泳观款

载故宫博物院编《蓬莱宿约——故宫藏黄易汉魏碑刻特集》，紫禁城出版社2010年版

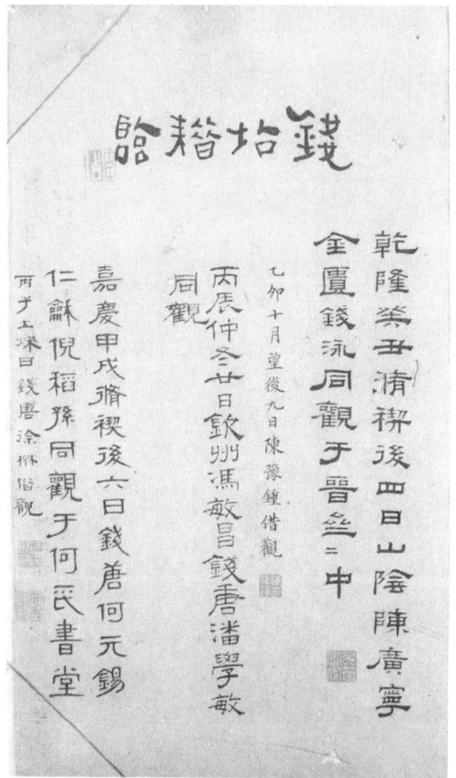

图116　赵魏旧藏宋拓《许真人井铭》钱泳观款页

上海图书馆编《上海图书馆藏善本碑帖》，上海古籍出版社2005年版

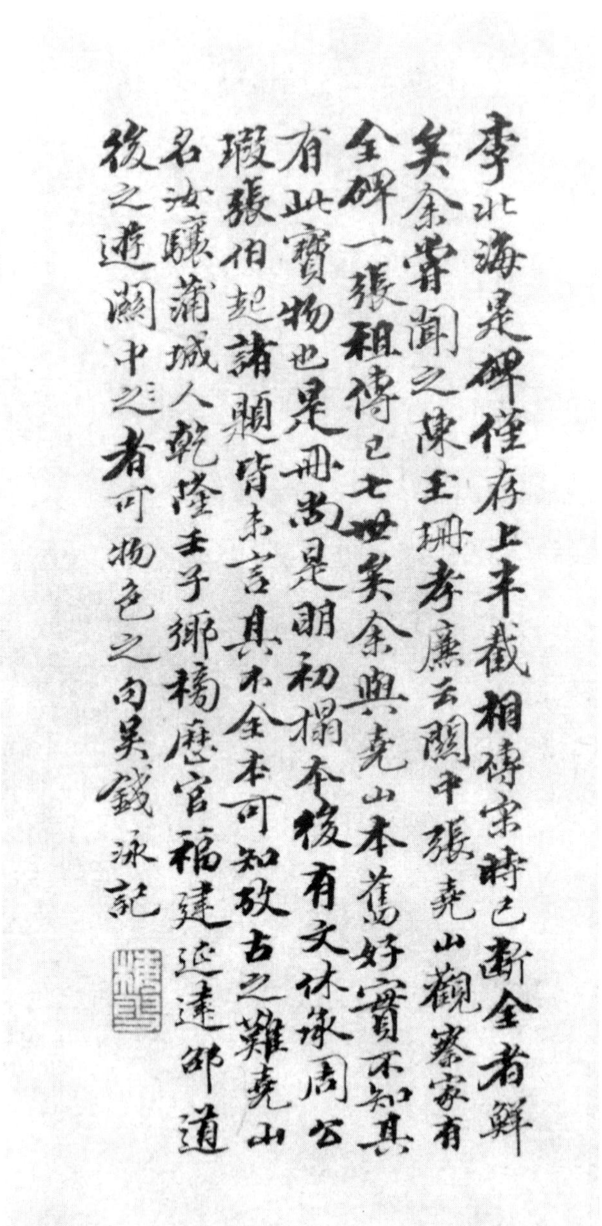

李北海是碑僅存上半截相傳宋時已斷全者鮮
矣余嘗聞之陳玉珊孝廉云關中張堯山觀察家有
全碑一張祖傳已七世矣余與堯山本舊好竟不知其
有此寶物也是冊尚是明初搨本後有文休承周公
瑕張伯起諸題皆未言其不全本可知攷古之難堯山
名汝驤蒲城人乾隆壬子鄉榜歷官福建延建邵道
後之遊關中者可物色之句吳錢泳記

图117　梁章钜旧藏宋拓《李思训碑》钱泳题跋页

载任继愈主编《中国国家图书馆碑帖精华》第五册，北京图书馆出版社2001年版

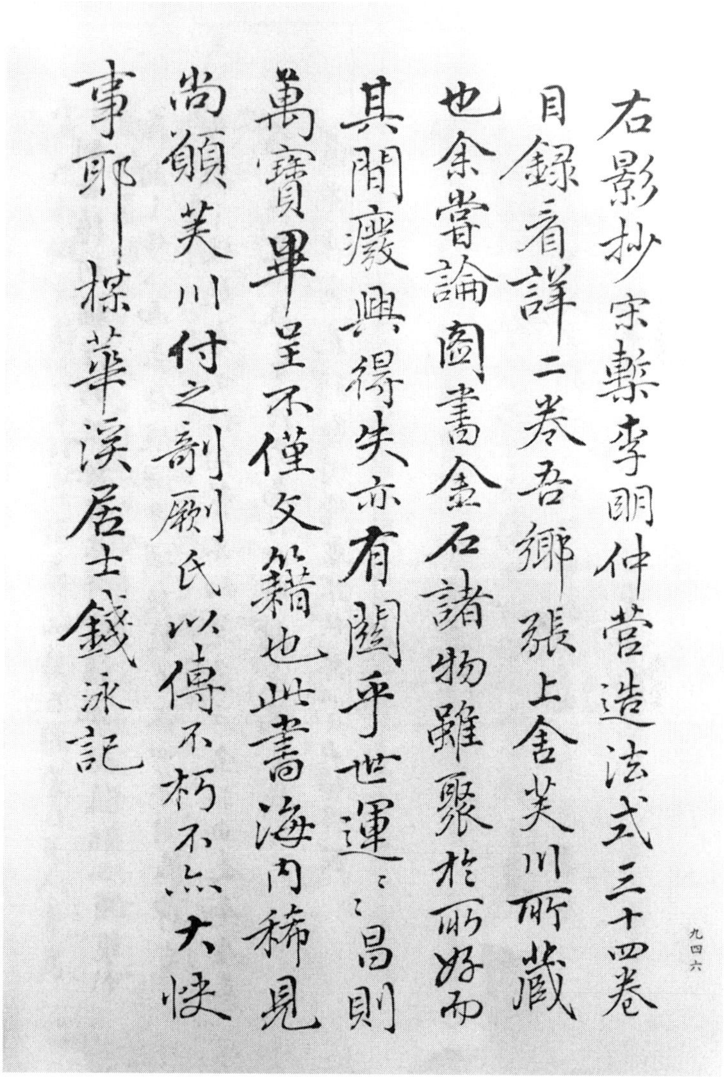

右影抄宋槧李明仲營造法式三十四卷
目録看詳二卷吾鄉張上舍芙川所藏
也余嘗論圖書金石諸物雖聚於所好而
其間廢興得失亦有關乎世運世運昌則
萬寶畢呈不僅文籍也此書海内稀見
尚賴芙川付之剞劂氏以傳不朽不亦大快
事耶 楳華溪居士錢泳記

九四六

图118　琴川张氏小琅嬛福地精钞本《营造法式》钱泳题跋
载台北“中央图书馆”编印《国立中央图书馆善本题跋真迹》(二),
台北“中央图书馆”1982年版

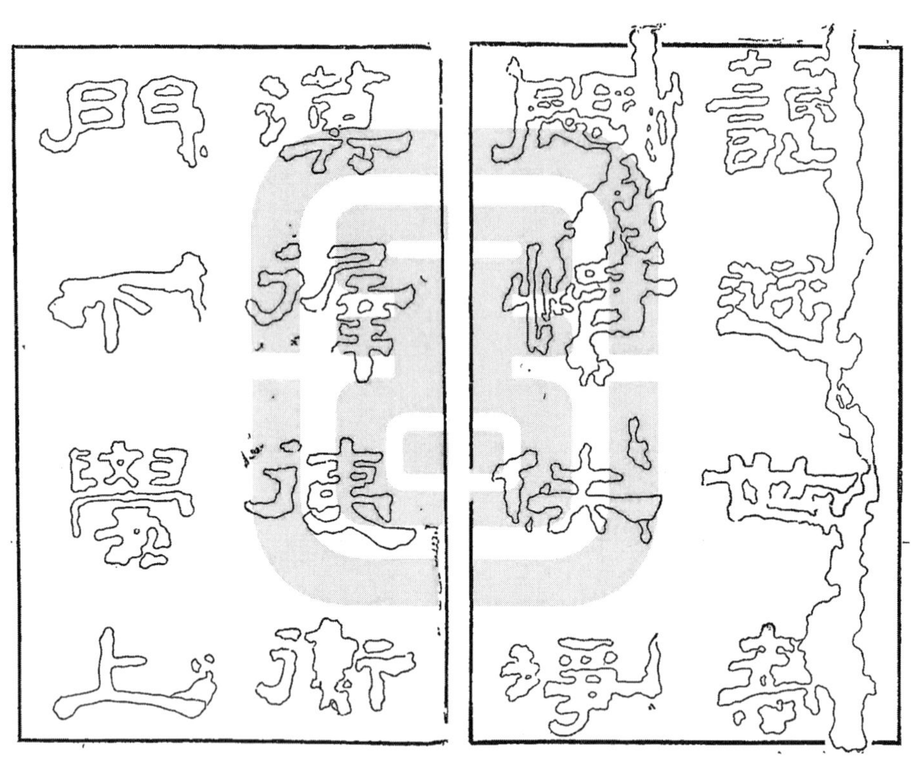

图119　钱泳双钩《娄寿碑》(局部)

中国国家图书馆藏北京琉璃厂近文斋刻本

附　钱泳年表[①]

乾隆二十四年，己卯，1759年，一岁

正月二十八日，出生于常州府金匮县泰伯乡。

乾隆二十五年，庚辰，1760年，二岁

父钱钺教导钱泳诵读王澍楹联。

乾隆二十六年，辛巳，1761年，三岁

乾隆二十七年，壬午，1762年，四岁

乾隆二十八年，癸未，1763年，五岁

开蒙。

乾隆二十九年，甲申，1764年，六岁

乾隆三十年，乙酉，1765年，七岁

乾隆三十一年，丙戌，1766年，八岁

乾隆三十二年，丁亥，1767年，九岁

乾隆三十三年，戊子，1768年，十岁

① 本表的主要文献来源如下：徐颖编、钱泳校订《梅溪先生年谱》；胡源、褚逢春编《梅溪先生年谱》；钱泳《履园丛话》；钱泳《登楼杂记》；余金：《熙朝新语》；钱泳《梅花溪诗草》；钱泳《梅花溪续草》；钱泳《写经楼金石目》清刻本；钱泳《写经楼金石目》未刊本；钱泳《履园文集》；钱泳《古虞石室记》；钱泳《辛壬集》；钱泳《倖游纪胜》；钱泳辑《写经楼题赠集》；钱泳辑《兰林集》；钱泳辑《梅华溪上图题咏》；钱泳辑《题赠集》；钱泳辑《护碑图题诗》；钱泳辑《翁庄小筑图题咏》；钱泳辑《守望新书》；钱泳镌刻、题跋的各类碑帖原石及拓片；翁方纲《复初斋诗集》；翁方纲《复初斋文集》；翁方纲《复初斋集外文》；潘奕隽《三松堂集》；潘奕隽《三松自定年谱》；梁章钜《浪迹丛谈》；梁章钜《归田琐记》；庞元济《虚斋名画录》；叶昌炽《缘督庐日记抄》；张绍南编、王德福续编《孙渊如先生年谱》；陶湘辑《昭代名人尺牍续集》；沈津《翁方纲年谱》；沈津辑《翁方纲题跋手札集录》；陈烈编《小莽苍苍斋藏清代学者书札》；薛龙春《黄易友朋往来书札辑考》；《蓬莱宿约——故宫藏黄易汉魏碑刻特集》；《林则徐全集》；《翁心存日记》；等等。

乾隆三十四年，己丑，1769 年，十一岁

四书五经读毕，读《左传》。能习篆隶，好写生。

乾隆三十五年，庚寅，1770 年，十二岁

春，病剧。勤习书法。

乾隆三十六年，辛卯，1771 年，十三岁

始习八股文，兼及五言、七言诗。出游苏州。

乾隆三十七年，壬辰，1772 年，十四岁

正月，赴县试。约在三月，始习汉隶。秋，于虎丘碑帖铺购汉魏碑十三通。

乾隆三十八年，癸巳，1773 年，十五岁

已工小楷，能作古文及诗，但不喜八股文。嗜篆刻，始见张锡珪。

乾隆三十九年，甲午，1774 年，十六岁

乾隆四十年，乙未，1775 年，十七岁

年初，再赴县试。六月，院试落榜。八月十二日，在虎丘因书艺而获金祖静赏识，被收为弟子，从此得以结识苏州名流。冬，娶妻于本乡望族华氏。

是年，始见王鸣盛、蒋廷恩、钱中铣、钱中钰。[1]

乾隆四十一年，丙申，1776 年，十八岁

正月，业师金祖静逝世。是年，在苏州坐馆于金阊门外咸宁街潘氏。

乾隆四十二年，丁酉，1777 年，十九岁

十月廿五日，母华氏六十大寿。是年，寓苏州范庄前姚氏书楼，与苏州工书法者韩敏、吴三锡、蒋香泾、毛怀、闻诗、沈敏来、顾曾等相往来。学习双钩、临摹、镌碑、刻帖等技艺。

约在此际，学琴、喜临黄庭坚。

是年，在苏州书肆见到罗隐手书《谢铁券表》稿，为与钱镠有关之故物。

乾隆四十三年，戊戌，1778 年，二十岁

二月十九日，毕姻。是年，在苏州坐馆于碧城坊巷张德基家。

① 《履园丛话》中称始见钱中铣、钱中钰于乾隆甲午岁金祖静家中，但此时钱泳尚未结识金祖静并拜入其门下，无由得见其家人，《履园丛话》应误，此事应发生于乙未年。

乾隆四十四年，己亥，1779年，二十一岁

是年有无馆之情形，寓申衙前石榴亭。秋，参办皇差，于御屏、玉山、玉屏上写刻隶书，得润笔缓解生计之急。从此益用功于隶书之学。十二月，长女如玉生。

乾隆四十五年，庚子，1780年，二十二岁

二月二十三日，乾隆皇帝第五次南巡抵苏，钱泳观赏盛况。约五月至十月，坐馆于苏州元妙观前张诚一家。冬十月，经顾公燮引荐至郭毓圻家中坐馆。

乾隆四十六年，辛丑，1781年，二十三岁

正月十六日，开馆于双林巷郭毓圻家。九月十八日，父钱钺六十寿辰。

乾隆四十七年，壬寅，1782年，二十四岁

仍坐馆于郭毓圻家，结识郭毓圻、潘奕隽。

乾隆四十八年，癸卯，1783年，二十五岁

仍坐馆于郭毓圻家，结识韩是升、蒋耀宗、彭绍升、陆恭。陆端夫遣子就学于钱泳。

在陆绍曾处遇到吴骞，得见其新拓之《吴禅国山碑》。

乾隆四十九年，甲辰，1784年，二十六岁

春，乾隆皇帝第六次南巡，钱泳观其盛况。是年，迁馆于陆端夫家，与其兄陆允康、陆绍曾品鉴金石书画。与鲍廷博、陈焯、张燕昌、吴槎等交往。同馆者陆楷。

是年，见《樊敏碑》拓本并临之。

是年，始识江声。

是年，为潘世荣、潘世恩作《棣萼联芳图》。

乾隆五十年，乙巳，1785年，二十七岁

三月，始游杭州。始识段玉裁。

七月，父钱钺患病，钱泳归家侍疾月余。

七八月间，偶于苏州书肆中购得明刻《管子》，内有汉隶双钩本，钱泳考证其为《熹平石经》残字，得五百余字，亲自刻石，三月始成，后将拓本散布海内。

冬，与王三锡、张复纯游毕沅之乐圃。

是年，为陆彦曾生圹书丹刻石。

乾隆五十一年，丙午，1786年，二十八岁

是年，仍在陆家坐馆。二月庚辰，三岁之子和儿去世。

五月，为表母舅夫人黄氏书丹刻石《黄氏卓氏碑》。

秋，淮水泛溢。钱泳以蝇头隶书替毕沅写刻御制《淮源记》于端砚上，进献于乾隆皇帝。毕沅欲聘钱泳入幕。

冬，张复纯招游，于舟中结识袁枚。与袁枚等人共游灵岩山，访《韩蕲王碑》。袁枚在钱泳重摹之《熹平石经》残字拓片后题跋。

冬，应徐应阶之聘入徐家坐馆，教授徐颖、徐颋。

乾隆五十二年，丁未，1787年，二十九岁

年初，在徐应阶家坐馆直至毕沅聘书寄至。与汪元亮订交。

五月初一，吴县陆建侯将毕沅所藏朱熹画像摹刻入石，毕沅为此事作跋。刻石工作由钱泳完成，钱泳并以隶书书刻毕沅跋语。

夏，洪亮吉题跋钱泳重摹之汉《熹平石经》残字拓本。

秋，游扬州平山堂。

九月，辞馆后应毕沅之聘前往开封。出行时绘有《山塘送别图》，友人蒋业晋、陈广宁等多位友人先后于图后题诗。

九月至十月，前往开封。一路游历、交友，有《游汴日记》。

十月底抵开封，将所著《乐圃小志》二卷呈于毕沅。与吴泰来、孙星衍、洪亮吉、章学诚、冯敏昌、方正澍、凌廷堪、徐嵩等名士同在毕沅幕中。

十二月九日，毕沅为苏轼作生日会，钱泳列席赋诗。

十二月十日，与方正澍、洪亮吉、徐嵩、凌廷堪出游并作诗。

除夕，与洪亮吉作诗唱和。

是年冬，在毕沅官署见到《受禅表》《桐柏山淮源庙碑》拓本。

是年，补书朱彝尊《明瑟园赋》于土犟图上。

钱泳入幕之后，为毕沅摹刻《经训堂法书》，前后三年。

乾隆五十三年，戊申，1788年，三十岁

正月，与洪亮吉论及褚遂良墓。

三月，与方正澍、洪亮吉、徐嵩、凌廷堪等登开封吹台。

三月，欲往洛阳寻钱氏先祖钱俶、钱惟演墓，不果。替毕沅校勘《中州金石记》。

五月，《经训堂法书》双钩起手。

是年在毕沅幕府时，与凌廷堪交往，结识武亿。获观欧阳询《梦奠帖》、李成《秋山行旅图》。

七月初一，毕沅获悉升任两湖总督，即日启程。钱泳留署中替毕沅整理书画文籍金石碑版等收藏，拟将之运回苏州。

七月，洪亮吉应钱泳之邀题诗于《养竹山房图》，兼作赠别诗。

八月，携带毕沅收藏回江南，有《归舟日记》。

九月廿三日抵毕沅苏州私宅，后寓于乐圃中摹刻《经训堂法书》。

十一月廿日，徐嵩赠诗钱泳。

约在是年，刻《攀云阁帖》二册。

乾隆五十四年，己酉，1789年，三十一岁

年初，毕沅致信钱泳。

三月，观黄庭坚《松风阁诗卷》于毕泷家。

三月十九日，应毕沅所招，启程前往湖北武昌毕沅官署。四月十七日抵南昌。一路游历，有《游楚日记》。

四月，在毕沅幕中见到阿桂。

五月廿三日，长子钱曰奇生。

八月，和珅生辰，毕沅赋祝寿诗并序，请钱泳缮写，被钱泳劝阻。

是年在武昌，读袁枚《小仓山房诗文集》，致信袁枚。于汉口肆中买宋钱三千枚，被洪亮吉、徐嵩、方正澍、孙云桂等分去一半。

因刻帖需要，钱泳于八月返回江南，九月六日抵苏州。有《归舟日记》。

是年，代毕沅作《金石文字类编序》。

是年，将重录之《籁记》赠送鲍廷博。

乾隆五十五年，庚戌，1790年，三十二岁

早春，与毕泷过太仓州城南之南园，见董其昌壁书。

二月十四日，与张复纯邀王文治、潘奕隽、潘奕基及陆恭等，至毕沅之灵岩山馆游览。

三月三日，钱泳邀彭绍升、潘奕隽、张应均、郭毓圻、陆恭、张复纯至毕沅乐圃，观赏法书名迹并作诗唱和。

三月，在毕泷家见赵孟頫自画小像。

三月，刘文澜题跋钱泳《熹平石经》残字缩本。

四月廿八日，作诗呈袁枚。

七夕，和王文治诗。

夏，题跋毕泷所藏《孔宙碑》拓片。

九月八日，同乔林、张复纯、徐嵩、江藩游虎丘。

十月，请王文治题跋《琉球国人草书石刻》。

是年，袁枚应邀题诗于《养竹山房图》。

乾隆五十六年，辛亥，1791 年，三十三岁

二月初五起行，拟经江宁至芜湖。初十，在江宁拜访袁枚，始游随园。十九日，至芜湖陈圣修长春园，观金涂塔。

八月，应李亨特聘，入其幕府。

十月，为李亨特书《重修绍兴府学宫碑记》并题额。

除夕，度岁于李亨特幕中。

是年，李亨特专札借观钱镠铁券。钱泳于卧龙山上城隍庙拓得钱镠撰文之《后梁镇东军墙隍庙碑记》。钱泳借观台州钱家所藏的钱镠赐崇吴院长老僧嗣匡墨牒一道，双钩收藏，后刻入《小清秘阁帖》中。

是年，初次致信黄易，约来年之会。

是年，将尹焞墓载入会稽郡志。

在幕期间，请李亨特重修会稽武肃王祠。

在幕期间，游览与钱氏先祖渊源甚深之蓬莱阁。

乾隆五十七年，壬子，1792 年，三十四岁

三月，与袁枚、平恕、徐嵩、陈栻宿于会稽智永禅师书阁。随李亨特拜宋六陵。

春，与平恕、徐嵩往拜禹陵。

在幕期间，重刻秦《会稽刻石》，重摹汉《熹平石经》于绍兴府学，替李亨特书刻隶书于绍兴清白堂。

四月，离李亨特幕府归乡后，出游京师。途中见黄易、翁方纲。六月廿三日抵京。有《游都日记》。

六月廿四日至十月十七日，在京游历、交友。

十月十七日至十一月初六日，自京师回江南。

是年冬，刘墉为《养竹山房图》题引首。

约在是年，应陈广宁之请替其曾祖父陈允恭作神道碑文。

乾隆五十八年，癸丑，1793年，三十五岁

二月，同陈栻、陈广宁、吴国宝拜谒禹陵，题名窆石。

三月三日，李亨特邀袁枚、平恕等二十一人在兰亭作修禊之会，钱泳列席，后临百本《兰亭序》散布。

三月七日，与陈广宁在赵魏斋中观《许真人井铭》拓本。

春，应李亨特之邀前往杭州，谒钱氏先祖钱元瓘、钱佐墓，已为他姓所占，为之立石。请李亨特重修西湖表忠观，未果。

四月，陈广宁任职象山，钱泳一同前往，遇英吉利使船。

六月，回杭州。

七月初四归乡，病。

八月，重检明刻《管子》，又得双钩本熹平石经《论语》三十八字，刻石。

九月二十九日，次子钱曰祥生。

九月，钱泳在杭州访得吴越忠献王神道碑。

十月，钱泳书《忠献王墓前碑》。

在杭游幕期间，钱泳拜谒梁同书。

乾隆五十九年，甲寅，1794年，三十六岁

正月，因去年于钱元瓘、钱佐墓所立之石产生纠纷，钱泳告之官员，久不决。

二月，鲍廷博赠钱泳抄本书籍，内有《临安坟庙碑记》。九月，钱泳作跋于表忠观刻本后。

三月，在鲍廷博西湖寓中见管道升墨竹一卷。

五月至八月廿四日，监修杭州表忠观。

七月，金德舆向钱泳出示岳珂所造铜爵。

八月，辑《铁券考》二卷、《金涂塔考》二卷。

九月二十日，翁方纲因钱泳赠《熹平石经》残字新摹本，赋诗为谢。

冬，应赵魏之请书《郭有道碑》。

是年，题跋赵魏所藏的宋高宗、宋孝宗墨迹。

十一月，前往福建，十一月初四起行，十二月初四抵福州，有《游闽日记》。

十二月初五至次年二月初六，在福州。

乾隆六十年，乙卯，1795年，三十七岁

二月初六至闰二月初九日，自福州回杭州。

春，应陈广宁之请书《陈太丘碑》。①

三月，为吴越国恭懿夫人吴氏墓立石。

五月，为浙江宗人修家谱并寻找先世坟墓，六月家谱刻成。

五月，刻《金塔图碑》于锡山家祠。

八月二十四日，父钱钺逝世。

是年，钱泳双钩《娄寿碑》寄予翁方纲。九月廿一日，翁方纲复信致谢。后桂馥将《娄寿碑》刻于京。

十月十日，与秦瀛、黄易、张燕昌、陈广宁等同游杭州水乐洞。

十一月廿三日，与黄易观青衣泉唐人题名。

冬，与黄易同游飞来峰。观赏黄易收藏的《范式碑》《魏元丕碑》拓本并题观款。

冬，请阮元作《重修表忠观记》并书丹刻石。

十二月，将宋刻苏轼《表忠观碑》移至表忠观，增设石柱。后石柱上不断有官员文士增加题名。

① 《履园丛话》记载此碑书于嘉庆元年，此处采用《写经楼金石目》清刻本之记载。

是年，浙江布政使汪志伊将宋高宗赐岳飞墨敕草书十四行装池，题一诗一跋，刻于石上，钱泳将拓本寄予翁方纲，翁赋诗寄之，钱请汪并刻之。

约在是年，翁方纲因《表忠观碑》等事致信钱泳。

嘉庆元年，丙辰，1796年，三十八岁

是年，游幕于张映玑署中，为掌书记。

二月二日，同阮元、秦瀛谒表忠观。

二月，在梁同书家观赵孟頫《玄妙观重修三门记》墨迹本。

三月三日，同潘奕隽登虎丘梅花楼，题跋《晋王小令四帖》。

三月，缩临唐韦坚书《令长新诫碑》，汪志伊有跋。

三月，将王羲之《乐毅论》冠于自刻丛帖《小清秘阁帖》之首。

三月，观王羲之《迟汝帖》墨迹本。

春，集苏轼书刻《表忠观送钱道士归杭》，立于表忠观中。

春，见王昶收藏的汉杨氏四碑拓本。

春，同张映玑访皋园，园主人托故不纳。

春，制作铜如意一百十四柄。

春，为侄子钱萱临定武本《兰亭》。

六月，双钩《云麾将军李秀碑》寄予翁方纲，翁有诗相赠。

七月，立《铁券图碑》于表忠观。

八月十五日夜，与许铉等友人泛舟西湖赏月。

八月，游绍兴羊石山并题名。

八月，翁方纲题跋《金涂塔碑》。

九月八日，至临安拜钱镠墓。

冬，为翁方纲觅得《孟法师碑》缪氏摹刻本。

是年，常至杭州府学观宋高宗御书石经，立志仿《熹平石经》体书《孝经》《论语》《大学》《中庸》并刻石。

是年，从关槐家中得明人抄本《吴越钱氏传芳集》。

是年，与张映玑、陈焯同观赵孟頫《寿春堂记》。

是年，制作小铜碑、蟾灯。

是年，替族人补刻王羲之《十七帖》敕字。

是年，阮元邀桂馥、钱泳等人同游西湖，题名表忠观。

是年，在杭州常往钱元瓘墓拜谒。

是年，曾至扬州，常在吴绍浣家居住。双桐书屋主人张琴溪曾邀之聚会。

嘉庆二年，丁巳，1797年，三十九岁

是年，在秦震钧幕中。

三月，为关槐书《关氏孝感记》。

四月十六日，谢启昆收到钱泳所拓的青衣泉唐开成题名后，赋诗报之。

五月初三，张燕昌题跋钱泳所藏之顾从义《缩本石鼓》拓本。

闰六月，叶含青将钱泳所临缩本《乐毅论》刻石，钱泳作跋。

七月十八日，谢启昆请钱泳书《重修镇江府治碑记》。

七月，秦瀛题跋钱泳文稿。

七月，见成亲王永瑆赠予吴锡祺的手迹《饯吴谷人先生诗》，双钩后命弟子刻石。十二月廿日作跋。

十一月，为恽敬书刻《清河夫人权厝志》。

是年，始游扬州康山。

是年，谢启昆得永平砖八块，赋诗纪之，钱泳和诗。

嘉庆三年，戊午，1798年，四十岁

年初，仍在两浙转运使幕中。

二月十日，将赴京师，与陈鸿寿、许铉泛舟湖上道别。

三月三日，在陆恭家观游相《兰亭》。

三月将赴京，因母病而推迟。

春，奚冈为钱泳画《写经楼图》。

六月十日，题跋《重模秦会稽刻石》。

十月，与阮元结伴入京，十一月抵京。

十二月十九日，翁方纲应邀题跋《吴越钱武肃王像》。

十二月廿五、廿六日，与童槐、陈文述、阮常生在京师观朝鲜、琉球、暹罗、回部诸贡使。

在京，识内廷画家胡桂。

嘉庆四年，己未，1799年，四十一岁

年初，在京师。

二月廿九日，伊秉绶应邀题跋《养竹山房图》。

三月朔日，谒国子监，瞻仰乾隆石经。

三月，郑亲王乌尔恭阿召法式善、王芑孙及钱泳同游惠园。钱泳在惠园居住约三个月。

春，在质郡王绵庆府邸见赵孟頫所绘陶渊明画像。

春，应乌尔恭阿、绵庆之请摹刻永瑆书法。集永瑆书法刻成《诒晋斋法书》四卷。

夏，为法式善《小西涯诗意图》《诗龛图》题写引首。

在京时，题跋彭元瑞所藏五代《楚王马殷铜柱铭》拓本。

五月望日，辞别郑亲王乌尔恭阿回江南。回江南途中，缩临唐碑。

冬，潘奕隽应钱泳之邀题跋《养竹山房图》。

是年，移居常熟钓渚。

嘉庆五年，庚申，1800年，四十二岁

正月初八，将母亲华氏迎至常熟新居。

春，梁同书题跋《成亲王书〈进学解〉》石刻。

三月进京，五月抵京，在京停留一个月。

四月，进京途中，见何道生、黄易，观赏黄易收藏。

闰四月五日，黄易题跋《重模〈熹平石经〉〈尚书〉〈论语〉残碑》。

五月，应胡逊邀请，与翁方纲、法式善等人同观新刻的李邕《云麾将军李秀碑》。翁方纲、法式善作诗送钱泳南归。

在京期间，为黄钺书“归去来堂”。

六月十二日，赠诗杨婉春。

七月，应王秉韬之请书《大学古本》。

十月，钱樾题跋《养竹山房图》。

是年，得观马远《松阴高士图》。

是年，为阮元书《大禹陵庙碑》。

是年，为王芑孙画杏花图并题诗。

嘉庆六年，辛酉，1801年，四十三岁

二月，长女出嫁。

春初，阮元捐钱助钱泳书刻《孝经》。

是年，书刻《重修邗沟王庙碑》。

是年，赠诗蒋茝香。

约在嘉庆四年至六年间，于钱樾处观恽寿平临宋元各家山水画十二幅。

嘉庆七年，壬戌，1802年，四十四岁

是年始刻《阙里石刻》。三月朔日，开刻隶书《孝经》，至七月告成。

春，重书《冷泉亭记》，刻石于灵隐。

四月，题跋《㝨乍父己鬲》拓本。

夏，作诗和袁枚。

秋，应汪为霖之请，将陈邦彦缩临之《多宝塔碑》摹刻上石。七月十六日，与汪为霖、张增、孙星衍、徐大榕、方临、顾金寿、江士相、陈广宁等同观。

八月，开刻隶书《论语》。

八月，上书江苏按察司使李亨特，治罪泰伯乡贼人。

九月，梁同书题跋《缩本唐碑》。

十月，在扬州吴绍浣家观王齐翰《挑耳图》卷。

是年，阮元为《阙里石刻》之《孝经》《论语》作后记。

是年，翁方纲为钱泳所造之墨题字作诗。

嘉庆八年，癸亥，1803年，四十五岁

是年，在扬州吴绍浣家中见独孤本《兰亭》。

嘉庆九年，甲子，1804年，四十六岁

二月，曾燠为《阙里石刻》之《大学》《中庸》作后记。

三月，同钱昌龄过嘉兴倦圃。

四月十五，翁方纲题跋钱泳所寄之《李秀碑》双钩本。

四月，张问陶应邀题跋《养竹山房图》。

十月，在丹徒见翁悟情。

冬，题跋《晋王大令书诀表》石刻。

是年，书《诰授资政大夫汪公墓志铭》《山阴陈氏重修青藤书屋记》《天池山人自题像赞》。

是年，在扬州见到一枚秦权，后认为是仿造。

嘉庆十年，乙丑，1805年，四十七岁

春，书《重修褚公祠碑记》《例授奉直大夫礼部主事吴公墓志铭》《例赠修职佐郎国子生归君墓志铭》《诰赠宜人赵宜人叶氏神诰》。

二月，盛时彦得永瑆临定武《兰亭序》双钩本，谋于钱泳后刻石。

二月北上京师，三月抵京，八月出京返回江南。在京期间，双钩永瑆书迹及刘墉书迹，返乡后刻石。

四月十日，过质郡王府。

四月，见宋张孝伯手迹，后刻入《写经堂帖》。

五月，陈传经赠诗钱泳。

五月，翁方纲题跋《缩本唐碑》。

六月七日，钱樾为《诒晋斋法书》题观款。

六月廿日，过澄怀园，与黄钺同观赵秉冲所藏的永瑆《书宋名臣言行》，后借钩入石。

七月，至裕瑞斋中，裕瑞赠诗。

七月，随法式善、孙尔准等人，由西苑门至万善殿查道藏诸经。

闰七月，在周厚辕斋中观永瑆《自书近光楼诗》，后借钩入石。

闰七月，吴鼒、吴荣光等多人为《诒晋斋法书》题观款。

立秋后一日，与陈传经、法式善、李鼎元、杨芳灿等人同集法源寺。

秋，孙星衍题跋《缩本唐碑》。

在京期间，叶应祺出示张旭《郎官石记》，钱泳双钩一本藏之。

十月，题跋阮元所刻的《诒晋斋清爱堂法书合刻》。

嘉庆十一年，丙寅，1806年，四十八岁

是年，在家中令工将《诒晋斋法书》《清爱堂石刻》等勒石。八九月告成。

春，包世臣应邀题诗《写经楼图》。

六月，题跋《诒晋斋法书·自书古今体诗四十首》。

七月，再题《诒晋斋法书·饯吴谷人先生诗》。

八月朔日，伊秉绶为《诒晋斋法书》题写观款。

秋，盛时彦题跋《诒晋斋法书·苏东坡赤壁赋》。

十月，书一百本隶书《心经》，广为散布。

十月，铁保题跋《诒晋斋法书·王大令黄著帖》，并为《诒晋斋巾箱帖》题写观款。

十二月初八，清安泰为《诒晋斋法书》题写观款。

嘉庆十二年，丁卯，1807年，四十九岁

元日，题跋《诒晋斋巾箱帖·孙虔礼狮子赋》。

正月，题跋《诒晋斋巾箱帖·心经》。

二月，孙尔准为《诒晋斋巾箱帖》题写观款。

三月，清安泰为《缩本唐碑》题写观款。

春，在吴绍浣家观米芾小楷《千字文》，双钩一通收藏，后刻入《述德堂帖》。在钱昌龄处见到双钩本苏轼《九歌》，后刻石。

八月，为阮元书《焦山仰止轩记》。

十月二十四日，为长子钱曰奇完婚。十月二十五日，母华氏九十寿辰。

是年，与李符清、吴绍浣观杜甫《赠卫八处士》墨迹、颜真卿《竹山书堂联句诗》墨迹于虎丘。

是年，黄钺为钱泳母亲九十寿诞画《金萱图》。

嘉庆十三年，戊辰，1808年，五十岁

新春，王芑孙题跋《晋王大令洛神十三行》拓本。

二月，往杭州进香。三月，谒钱元瓘墓，为作石冢并立碑。

三月，应潘世恩之请摹刻《成亲王书〈道德经〉小楷》四卷。

春分后二日，与范来宗、郭毓圻、潘奕隽、钱锋聚于息园赏梅。

春，开刻《攀云阁临汉碑》。

四月初八，同陈鸿逵、陈鸿磐游吼山。

约在四月底，钱樾因代售《诒晋斋法书》事致信钱泳。

五月，谒表忠观，再题宋刻《表忠观碑》。

五月，阮元谒曹娥庙，后请钱泳以隶书补书《曹娥碑》，九月书毕。

八月，孙星衍为钱泳题《护碑图》。

九月，至山东。与孙星衍同过费县，访得曾点、澹台灭明二墓及季桓子井，钱泳为之书丹立碣。[①]

九月，《攀云阁临汉碑》初集完成。

十月入京，十数日后出京。

冬，在孙星衍处见《淳熙秘阁续帖》中之《张九龄告身帖》。

十一月十日，翁方纲跋《吴越文穆王神道碑》。

十一月廿六日，孙星衍题诗于《养竹山房图》。

冬，钱泳书丹之《贝君墓表》立石。

冬，王泽为钱泳绘《梅华溪上图》。

是年，为孙星衍祖茔连理木石刻题字。

是年，为吴桓刻铁保书迹成《惟清斋书帖》四卷。

是年，为阮元书《褚公庙碑记》。

是年，应陶惟模之请，书陶渊明《停云诗》《敕赠文林郎刑部司务陶君墓志铭》。

嘉庆十四年，己巳，1809年，五十一岁

二月京师有人相招，三月启程北上，四月抵京，在京期间与翁方纲频繁往来。

春，书丹《诰授奉直大夫布政司理问胡可园墓志铭》，立碑《元故处士明赠文林郎天锡钱君墓表》。

① 见胡源、褚逢春编《梅溪先生年谱》，第229页；钱泳《履园丛话》，第496页；钱泳《登楼杂记》，第110页；张绍南编、王德福续编《孙渊如先生年谱》，第502页；《季桓子井铭》拓片；钱泳《写经楼金石目·费县曾皙墓碣、费县复圣曾子墓碣、费县季桓子井石碣》，清刻本。按：《写经楼金石目》时间记载有误。《写经楼金石目》称钱泳书有曾子墓碣，未有澹台灭明墓碣，而《履园丛话》及《孙渊如先生年谱》俱无曾子墓碣，而有澹台灭明墓碣，在此暂以后两者之记载为是。

六月，陈用光请钱泳摹刻翁方纲书《关圣帝君觉世真经》。

六月廿四日，英和于澄怀园命钱泳钩刻赵孟頫法书。六月廿五日起，钱泳寓于澄怀园近光楼二十余日，为英和钩摹《松雪斋法书》，同寓者姚元之、席煜。

夏，姚元之、赵秉冲题跋钱泳为钱萱所临之《兰亭序》。

七月一日，姚元之题跋《松雪斋法书·草书千文》。

七月九日，姚元之为《护碑图》题诗，为《攀云阁临汉碑》题观款。

七月十五日，席煜为《护碑图》题诗。

七月，在英和斋中观赵孟頫《黄庭经》墨迹本并双钩，从翁方纲处借钩赵孟頫《天冠山题咏》墨迹本。

八月初一，吴嵩梁为《护碑图》题诗。

秋，王斯年赠诗。

八月，回到虞山家中。

十月一日，翁方纲为《攀云阁临汉碑》题写观款。

十二月十日，为次子钱曰祥完婚。

十二月，见赵孟頫书《灵隐大川济禅师塔铭》，摹入《松雪斋法书》。

嘉庆十五年，庚午，1810年，五十二岁

正月初七，陈鸿寿题跋钱泳《石鼓石经缩本》册页。

春，与族弟钱锋向县府告发钱元璙墓被盗一事，自此涉讼两年。

春，立碑《明故处士少岩公墓碣》《明故处士继岩公墓碣》。

五月，《攀云阁临汉碑》三集刻成。

六月二十八日，母华氏去世。

六月，毓兴题跋钱泳重刻之唐孙过庭《书谱》二卷。

九月，书《昭文文昌里归氏敦礼堂义庄规条》。

九月，重新刊印《吴越钱氏传芳集》。

秋，过燕子矶。

十二月，将母华氏与父亲合葬于祖茔。

是年，与族弟钱锋商议，在苏州立武肃王祠，以广陵郡王父子配享。

嘉庆十六年，辛未，1811年，五十三岁

二月，请潘奕隽撰《重修北禅寺碑记》，后钱泳书丹，并题字于石牌坊。

春，在钱樾处观吴镇草书《心经》，后刻石梅花庵中。

约在四月，书《吴郡新建钱氏家庙碑》。

五月，书《重建分水龙王庙碑记》。

七月下旬，潘奕隽题跋钱泳文稿。

八月，长孙女出生。

九月，长孙庆荣出生。

十月廿日，于谢恭铭处获观《灵飞经》。

十月，潘奕隽赠诗。

十一月，立《广陵郡王墓前碑》。

十二月廿二日，见江藩所藏《鼎帖》并题观款。

冬，立《先伯桂山公墓碣》。

冬，题跋《元赵松雪书李太白诗》。

是年，监修苏州武肃王祠，并重修钱元璙墓。

是年，齐彦槐出任金匮县令，钱泳请其修吴泰伯墓。

是年，书《重修鄞县儒学碑记》。

嘉庆十七年，壬申，1812年，五十四岁

二月十二日，潘奕隽为《攀云阁临汉碑》题写观款。

三月，立《清故处士翌明华公墓碣》。

春，立《清故处士钱君墓碣》。

春，题跋《五代钱武肃王崇吴禅院牒》石刻。

六月廿日，题跋《书谱》石刻。

七月廿日，题跋《宋文潞公书》。

七月，刻成《小清秘阁帖》十二卷。

十月九日，黄嵋赠诗。

十月十六日，钱樾题跋《成亲王书〈进学解〉》石刻、《元俞紫芝临定武〈兰亭〉》石刻。

是年，为宗人修谱，始著《吴越新书》。

嘉庆十八年，癸酉，1813年，五十五岁

三四月时，移居常熟翁家庄，多位友人赠诗。

三月，钱曰奇题跋杨凤梧摹刻之钱泳旧临定武《兰亭》。

春，书张翰语并刻石。

四月，题跋《宋赵德麟手简》。

夏初，访吴宝书于虞山官廨，吴赠诗。

五月，孙星衍为《小清秘阁帖》题观款。

约在夏间，书《梅麓汤君传》。

秋，前往松江。

初冬，至湖州拜访赵学辙、彭志杰。寻访墨妙亭。在赵学辙处观归云庵明人墨迹卷。

十月，书《元赵文敏公故里石碣》。

十月，为施淦书《问经堂帖》。

是年，《阙里石刻》已完成之刻石暂置于扬州府学明伦堂。

是年，为沈恕集刻《小楷集珍帖》八卷。

嘉庆十九年，甲戌，1814年，五十六岁

二月，应高邮知州冯馨之聘修州志。

三月三日，在息园发起雅集。

三月，至淮安见阮元，阮元出示《南北书派论》。

三月，《攀云阁临汉碑》二集刻成。

春，阿克当阿捐资助刻《阙里石刻》，此年《阙里石刻》完成，共一百二十四石。

五月，次孙庆榴出生。

五月，吴锡麒题诗《护碑图》。

五月，题跋米芾《小楷千文》石刻。

重阳，吴俊题诗《护碑图》。

秋，过西庄桥旧宅。

冬，与师亮采、汪宝树同游高邮善因寺。

十一月，由高邮返家，途中遇王绍兰，同游焦山。王绍兰托钱泳摹刻《碣石门刻石》于焦山，并委托摹刻秦刻石缩本五种。

冬，摹刻《福州帖》，次年完工。

是年，在高邮王天寺中，见吴道子观音大士像。

嘉庆二十年，乙亥，1815年，五十七岁

二月，题跋沈慈《种石山房印谱》。

三月三日，在王绍兰虎丘诗刻后题名。

三月，在虎丘遇潘奕隽，并拜谒钱氏家祠。

三月，同潘奕隽、潘奕藻及其子潘世璜、潘世荣游拙政园。

三月，王绍兰请钱泳缩临《熹平石经》残碑并刻石。

春，潘奕隽为《小清秘阁帖》题写观款。

初夏，吴翌凤题跋钱泳文稿。

五月，王绍兰请钱泳缩临《石鼓文》并刻石。

五月，题跋《宋苏文忠公墨妙亭诗》。

新秋，潘奕隽题《翁庄小筑图》。

闰七月，应师亮采之请，刻云台山题名。

八月，为师亮采刻《秦邮帖》四卷。

九月，钱泳题跋为王绍兰重刻之秦《碣石门刻石》。

九月，钱泳题跋《福州帖》。

秋，拜访无锡校官郭晴川。

秋，刘嗣绾为《护碑图》题诗。

十月，潘奕隽题跋《福州帖》。

十月，为冯馨书刻《明故处士冯君墓表碑阴》。

冬，阮元题跋《秦邮帖》。

是年，刻《写经堂帖》，施淦集钱泳之书刻《问经堂帖》。

是年，与齐彦槐论及赵孟頫小楷《过秦论》。

是年，书《吴泰伯墓碣》。

是年，为钱谦益墓立“东涧老人墓”之碣。

是年，仿造乾宁铁券。

是年，为钱樾刻《鬫堂先生小像石刻》。

嘉庆二十一年，丙子，1816年，五十八岁

三月，王绍兰题跋《秦刻石缩本五种》。

四月，《问经堂帖》刻成。

四月，应胡崧之请书丹《敕封儒林郎候选州同知胡君墓志铭》。

五月，应师亮采之邀至海州。

闰六月初五日，在海州州廨见到琉球国官员毛朝玉，作诗赠之。

七月，游云台山。

七月，施淦题跋《问经堂帖》。

八月，侯云松题跋《问经堂帖》。

八月，见黄庭坚书《赠宋完序》，双钩后刻入《黄文节公法书石刻》。

十一月，三孙庆椿出生。

十二月廿六日，钱泳题跋《黄文节公法书石刻·刘明仲〈墨竹赋〉》，黄仁溥为《黄文节公法书石刻》书观款。

是年，为昭文令黄嵋刻黄庭坚书为《黄文节公法书石刻》。

是年，书丹《虎邱钱氏家祠记》。

是年，书刻钱樾、钱锋墓志铭。

约在是年，缩临《东海庙碑》。

嘉庆二十二年，丁丑，1817年，五十九岁

二月廿三日，翁方纲赠诗。

三月，至吴兴游览。

春，序《梅花溪诗草》。

四月，次孙庆榴去世。

端午，师亮采、王豫康、单寿昌、单禄昌、金铎、陈鸿寿等人同观《缩本唐碑》，陈鸿寿题观款。同日，陈鸿寿题《梅华溪上图》。

七月，师亮采跋钱泳书刻之《唐玄宗令长新诫碑》。

十月，应师亮采之请摹刻李尧栋书小楷《道德经》。

冬，刻《吴兴帖》六卷以赠彭志杰。

是年，应师亮采之请书刻《唐玄宗令长新诫碑》《蜀王孟昶官箴碑》，钩刻《明神宗赐云台山藏经墨敕》。

是年，应金匮知县齐彦槐之请刻《松雪斋法书续刻》。

是年，命钱曰奇书、钱曰祥刻《履园铭》。

是年，为潘世荣之子潘曾彦、潘曾锜作《紫薇双照图》并赠诗。

嘉庆二十三年，戊寅，1818年，六十岁

正月二十八日，六十寿辰，作《感怀诗》十首。

二月十五日，题跋《吴兴帖》。

二月，与斌良等人同游兴福寺，钱泳书写题名，并为斌良书《虞山兴福寺八咏石刻》。

二月，观看斌良收藏的《金瓶梅》画册。

春，绍兴城外墓中掘出砂缸，内贮五铢钱数万枚，陈鸿奎携以示于钱泳。

四月，同范来宗、潘奕隽、吴熊光到瞿园看芍药。

五月二十五日，鲍崇城题跋《缩本唐碑》。

五月，鲍崇城为《攀云阁临汉碑》题观款，同观者张镠、阮亨等人。

夏，游海州云台山。

七月廿日，题跋《写经堂帖·唐定武兰亭真本》。

七月，书《苏州东洞庭山新建文昌宫碑记》。

八月，巴光诰题跋《朴园藏帖》。钱泳将六十四帖石“赠予”巴光诰，名曰“朴园藏帖”。

九月，《攀云阁临汉碑》四集刻成，全帖完成。

十月，书《元故诸生农隐钱公墓碣》。

十一月二日，钱之鼎题《护碑图》。

是年，侯云松画《松竹图》贺钱泳六十寿辰。

是年，于陈鸿熙处见张墨岑《嵩山古柏图》。

是年，刻《述德堂帖》。

嘉庆二十四年，己卯，1819年，六十一岁

是年，在江苏粮储道斌良幕中。

三月初十，参加潘奕隽八十寿宴。同坐者余集、秦瀛、潘奕基、胡翔云、严荣。

三月，赵魏携一唐镜至吴门，钱泳观之。

三月，在斌良舟中观赵孟頫书《头陀寺碑文》。

闰四月廿五日，汪端光题诗《梅华溪上图》。

七月，书《明赠光禄大夫宫保礼部尚书景行钱公墓碣》。

初秋，江凤彝题跋《攀云阁临汉碑》。

十月，为斌良刻《抱冲斋石刻》，次年三月告成。

十二月，次孙女出生。

冬，题诗于叶树滋山水册后。

是年，得苏轼《游虎邱次刘孝叔韵二首》旧拓本，摹刻上石。

是年，鲍崇城将《缩本唐碑》刻石。

嘉庆二十五年，庚辰，1820年，六十二岁

正月，为夫人华氏六十寿辰作诗。

二月初六，夫人华氏六十寿辰。

春，请求江苏巡抚陈桂生将《阙里石刻》从扬州府学移于苏州府学。

春，仿造雁足灯四具赠送斌良。

四月初六，夫人华氏去世。

六月初五，石韫玉因《阙里石刻》事致信钱泳。

八月，纳妾吴氏。

九月，书丹《重修常熟昭文两县学宫碑记》。

秋，在林溥处观曾鲸所绘董其昌、陈继儒画像。

十月廿六日，在赵学辙处观吴琚《归去来辞》墨迹。

是年，撰书钱俊选墓志铭。

是年，撰《清故诗僧铁舟塔铭》。

道光元年，辛巳，1821年，六十三岁

春日，过福慧庵圆公塔院，有诗。

四月,《阙里石刻》兴工安置于苏州府学。

五月，四孙庆端出生。

六月，题跋张旭《率意帖》石刻。

八月，前往扬州。

八月十五，赠诗小妾吴氏。

是年，为曾祖母张氏立墓碣。

约在是年，撰《例赠文林郎国子监生蕴亭史君墓志铭》。

道光二年，壬午，1822年，六十四岁

三月，经通州、如皋至扬州。与陈阶平、冯馨、汪为霖相聚。

三月，为丁淮在扬州桃花庵摹刻的唐寅《桃花庵诗刻》题诗。

三月,《述德堂枕中帖》刻成。三月三日，钱曰祥题跋。是年，胡源、钱曰奇题跋。

闰三月，为张宝《泛槎图》题“天阙归樵”。

五月，书丹《恩旌屈节妇言孺人祠堂碑》并题额。

五月，蒋廷恩为《梅花溪诗草》作序。

夏，为孙原湘隶书梁简文帝《招真治碑》。

七月一日，造金钟一口。

七月，五孙庆相出生。

八月，自刻戴笠小像。

九月，晤蒋志伊于扬州席上。

九月，乘坐阮元“沧江虹”船至江宁。

九月，重游随园。

是年，书丹并题额《常熟邑侯李公浚琴河碑记》。

道光元年及二年，为鲍崇城刻《缩本唐碑》。

道光三年，癸未，1823年，六十五岁

正月，自题《小像诗刻》。

二三月，至浙江祭扫钱氏先祖祠墓并游历。

三月三日，为丁淮在扬州桃花庵摹刻的唐寅《桃花庵诗刻》作记。是日，详记孝子周芳容生平。

三月十九，吴荣光题诗《梅华溪上图》。

三月，书刻《光禄寺典簿席君妻陈宜人墓志铭》。

四月，自营生圹。

四月，游常熟东皋草堂。

四月，席药阶出示钱泳《宋敕周孝子灵惠庙额牒》，将刻石。

夏，在席药阶处观吴伟业手书《后东皋草堂歌》。

八月，为曾燠刻《四并堂铭》。

九月，自扬州往游朴园。

冬，孙原湘题跋《梅花溪续草》。

是年，辑《水学赘言》。

是年，为周补年书《近仁室记》。

是年，摹刻《成亲王〈扬州杂咏诗〉八首》。

道光四年，甲申，1824年，六十六岁

二月廿八日，夫人华氏下葬。

春，回金匮省墓，倡修西庄桥。

六月，林溥题诗《翁庄小筑图》。

七月，为张青选刻《景贤楼书像辨正记》。

八月十三日，重游灵岩山馆。

九月八日，谒毕沅墓，于无隐庵题壁。

十二月，书“云林手翰”。

是年，为曾燠书刻《重修董子祠记》。

道光五年，乙酉，1825年，六十七岁

二月廿三日，题诗虎丘西山庙。

三月，与潘奕隽及其子、孙游于山塘。

四月，观米友仁《云山图卷》。

四月，题名焦山。

五月，令弟子华士仪刻“梵天游”三字石刻。

七月，弟子华士仪为《攀云阁临汉碑》题观款。

八九月，至天台修缮钱氏祖墓。

十月，孙原湘为《履园丛话》作序。

十二月，西庄桥新修落成，作诗记之。

是年，请潘奕隽题跋钱景臻像及所书墓志圹志二通。

道光六年，丙戌，1826年，六十八岁

二月，作《重修天台山会稽郡王暨贤穆大长公主墓记》。

三月，将《重修天台山会稽郡王暨贤穆大长公主墓记》刻石常熟世恩祠。

春，在齐彦槐处观赵孟頫临《黄庭经》卷。

四月，至嘉兴王店镇看关帝会。

夏，为孙春洲书《节孝王孺人传》。

七月，三孙女生。

九月，为徐应阶书丹墓志铭并题盖。

十月，前往嘉善为周以辉选刻周升恒书迹为《仁本堂墨刻》。

是年，钩摹《仁本堂墨刻·明朱伯庐治家格言》并题跋。

是年，辑《履园丛话》二十四卷。

道光七年，丁亥，1827年，六十九岁

元月上旬，为梁章钜书刻《重修沧浪亭记》。

初春，集苏轼书，刻《苏州阊邱江君二家雨中饮酒诗》于息园。

春分前一日，韩崶题诗《梅华溪上图》。

三月，彭希郑题诗《翁庄小筑图》。

三月，题跋《仁本堂墨刻》。

闰五月十五日，书《无隐庵记》。

九、十月，病。

十二月十九日，参加韩崶所办之寿苏会。潘奕隽、朱珔、石韫玉、吴廷琛、张吉安、尤兴诗等人列席。

除夕，韩崶赠诗。

道光八年，戊子，1828年，七十岁

正月二十八日，七十寿辰，作《七十自寿诗》。

正月，为梁章钜书刻《新建汉高士梁伯鸾先生祠碑》。

二月，与祭惠山宗祠，募资重建祠门。

二月，弟子周芳容为《攀云阁临汉碑》题观款。

三月，入江南河道总督张井幕。在幕中，著有《登楼杂记》。

春，为张井摹刻《澄鉴堂石刻》。

八月，张井题跋《澄鉴堂石刻》。

秋，捐钱重修泰伯乡之归鹤庵。

是年，自刻《学古斋四体书刻》。

道光九年，己丑，1829年，七十一岁

二月，自清江浦回常熟，涉讼半载。

三月初，撰书《重修归鹤庵记》。

三月，长孙女出嫁。

八月，四孙女出生。

十月返回清江浦，至年底均在张井官署。

十二月，毕简为钱泳作《梅花溪上图》，钱泳赠诗为谢。

是年，为梁章钜题诗《玉带还山图》。

是年，在张井署中见到文焞。

道光十年，庚寅，1830年，七十二岁

正月初七，赋诗赠梁章钜。

立春，姚元之题诗《梅华溪上图》。

四月，与张井、齐彦槐等聚于澹园，有诗。

闰四月，返回常熟。

五月十一日，在苏州与范玉琨入山同游。

五月，与梁章钜、程恩泽同观虎丘古鼎，拓其铭文并考订之。

夏至后七日，朱为弼题诗《梅华溪上图》。

八月，至清江浦。

十月，张祥河题诗《梅华溪上图》。

十二月，返回常熟。

冬，见程芳墅所画《南园瘦鹤图》，回忆昔日游南园之事，题绝句于后。

是年，为梁章钜之《韩蕲王灵隐题名》拓本题诗。

道光十一年，辛卯，1831年，七十三岁

二月，同族弟懋溪往浙江祭奠钱氏祠墓。

四月，至清江浦。

四月，在张井官署见杨振麟。

四月，在张井官署见张澍，知《樊敏碑》尚在芦山。

约在四月，书《皇清例授征仕郎候选中书科中书朗亭俞君墓志》。

五月，观朱熹注经草稿。

五月，汤锡光题诗《翁庄小筑图》。

七夕，同汤锡光作诗。

八月，回常熟。

十月十日，第三子曰寿出生。

十月，为长孙庆荣完婚。

十二月，至清江浦。

是年，蒋因培题诗《梅华溪上图》。

道光十二年，壬辰，1832年，七十四岁

正月初十，作诗辞别张井。

二月，张井再跋《澄鉴堂石刻》，请钱泳将帖石送至焦山。

二月，返回常熟。

四月，往嘉善。应钱樾之子邀请为钱樾刻神道碑，立于墓左。

九月，三孙庆椿去世。

冬至，单学傅题诗《梅华溪上图》。

十二月，据王大海《海岛逸志》录西洋诸国事毕，作记于后。

是年，应杨氏后人之请，重刻《汉太尉杨伯起碑》。

是年，《吴越新书》脱稿，将《履园丛话》发刻。

道光十三年，癸巳，1833年，七十五岁

二月，与祭惠山宗祠，后因拟重修钱镠墓，往浙江募捐。

三月，曾孙邦宝出生。

春，过西庄桥旧居，有诗。

八月，与祭惠山宗祠。

九月，因修钱镠墓至临安。

秋，瞿溶、斌良题诗《梅华溪上图》。

十一月，钱宝琛题诗《护碑图》。

十一月，因修墓往杭州。在杭期间，拜访张青选、至杭州玉玲珑馆、与范玉琨访杭州皋园。

十二月，回常熟。六孙庆锠出生。

是年，徐松题诗《梅华溪上图》。

道光十四年，甲午，1834年，七十六岁

三月，至杭州拜表忠观。

四、五月，监修临安钱镠墓，共六十余日。

六月初一，题跋黄道周手书《洞霄宫记游卷》。

六月二日，在时枢处观朱彝尊所撰《杭州洞霄宫提举题名记》刻本。

八月，与祭惠山宗祠、息园宗祠。

是年，观日本国人著作《离屋集初编》并题诗于卷首。

是年，于肆中得金祖静诗集抄本。

道光十五年，乙未，1835年，七十七岁

正月，作《言子》二卷序。钱泳辑言子佚文，用《熹平石经》体书之，拟刻石苏州府学。约在是年，林则徐因《言子》刻石事致信钱泳。

二月，与族人往临安省钱镠墓，并游历。

三月，应孙展霖之请刻孙振远所书《心经》。

三月，拓《阴晋左库戈》赠蔡锡恭。

四月，禀请钦差吴椿重修临安钱镠墓。

四月，朱琦题诗《梅华溪上图》，陈銮题诗《古虞石室记》。

端午，题跋《历鼎》拓本。

五月，林则徐题《梅华溪第二图》。

夏，重刻《陈仲弓碑》。

八月，为修缮钱氏先祖坟墓事致书钱宝琛。

九月，撰书《吴兴张氏族墓记》。

十一月，为日本国中斋先生作铭。

十二月二十二日，与蒋因培、张筠、李彦昭至林则徐处用饭。

道光十六年，丙申，1836年，七十八岁

正月，序《海外新书》。

正月，至临安省钱镠墓。是年仍为修墓事奔走。

二月，黄钺、王泽题诗《梅华溪上图》。

七月五日，杨文荪题诗《梅华溪上图》。

九月，童槐、冯登府题诗《梅华溪上图》。

冬，禀请浙江布政使钱宝琛修钱倧墓。

道光十七年，丁酉，1837年，七十九岁

正月，次孙女出嫁。

三月，游天目山。

五月，游惠山。

六月，题跋《受禅表》拓本。

七月，六孙庆镅去世。

八月，刻《四老神坐题字》。

是年，在天一阁见《酸枣令刘熊碑》拓本，缩摹之。

是年，结识孙三锡。

道光十八年，戊戌，1838年，八十岁

正月二十八日，八十寿辰。

正月，弟子浦洽大为《攀云阁临汉碑》题观款。

二月，至杭州游西湖。

五月，第二曾孙邦琛生。

夏至，观《方寅戈》拓本并题跋。

六月，借寓杭州长丰山馆楼上，有诗赠主人朱彦甫。

大暑后十三日，姚元之题《会稽郡王墓图卷》。

七月，见姚元之于无锡，呈请兴修三吴水利。

七月，《履园丛话》刻成。

九月，长子钱曰奇去世。

九月，在宁波见童槐。

秋，刻《古虞石室记》五卷，撰《古虞石室小记》。

是年，应蔡锡恭之请题跋《虢叔旅作皇考惠叔钟二》拓片。

是年，俞焯将家藏古铜器刻石，钱泳审定之并为题跋。

道光十九年，己亥，1839年，八十一岁

四月，游洞庭山，途中题跋投龙简拓本。

四月，往松江见陈阶平。

十一月上旬，齐彦槐题诗《翁庄小筑图》。

冬，为许潜庵题跋杨宾《补臂图》册。

是年，游鄞县，寓于冯登府书斋。

道光二十年，庚子，1840年，八十二岁

正月十九日，拜访翁心存。

二月廿二日，赠送新刻《四老神坐》及《武肃王投水府龙简》拓本给翁心存。

三月廿三日，翁心存题诗《梅华溪上图》。

三月，在镇江游览。

十月四日，翁心存收到钱泳信札及赠书。

十月，五孙庆相完婚。

十二月，四孙庆端完婚。

是年，观《子执戈盾形父乙觯》拓本于蔡锡恭之醉经阁。同观者张廷济、张开福、方晋珊、何澍、达受、徐渭仁、翁大年。

是年，为支丰宜修家谱。

道光二十一年，辛丑，1841年，八十三岁

正月廿六日，拜访阮元。

十一月二十九日，第四子曰富出生。

十二月十九日，闻余姚失守，有诗。

是年，在家检点平生所著书籍。

是年，因三吴水利事上书阮元。

是年，《养竹山房图咏》上石。

道光二十二年，壬寅，1842年，八十四岁

元旦，作《守望新书》自序。

正月，曾孙邦和出生。

二月，梁章钜题《养竹山房图》。

三月八日，翁钱两家联姻。

三月，游惠山。

三月，扬州朴存堂刻《守望新书》。

四月一日，与阮元、梁章钜、黄又原赏芍药。

四月，梁恭辰为钱泳《石鼓石经缩本》题观款。

约四、五月，与阮元、梁章钜聚会于文选楼。

五月十四日，由镇江返乡。

夏至，董国华题诗《梅华溪上图》。

六月三日，赠送翁心存《守望新书》。

六月，题跋明项圣谟《山水诗画册》。

六月，钱萱题跋《养竹山房图咏》。

十月廿五日，自序《梅花溪续草》。

是年，将《吴越新书》发刻。

道光二十三年，癸卯，1843年，八十五岁

二月，曾孙邦桢出生。

三月初，为支丰宜题《曲目新编》。

三月，撰《安安先生小传》。

春，顾康之重摹《养竹山房图》并题跋。

四月，曾孙邦琛去世。

六月，题跋支丰宜《倖游纪胜图》四十八幅。

秋，游江宁，与侯云松、汤贻芬、包世臣等相聚。

是年，将《履园金石目》《安安先生诗集》发刻。

是年，再次缩刻《熹平石经残字》。

道光二十四年，甲辰，1844年，八十六岁

五月，作《辞世诗》。

七夕，作《凤仙花谱序》。

七月，至江宁参加老人会，谒明孝陵。

八月三十日酉时，病逝。

后　记

这本书是在我博士论文的基础上修订而成的。断断续续地伴随着钱泳的人生历程走过了几年，阅读的各类刻本、抄本、信札，走访的江浙多处古迹，都在笔下和心中留下了诸多印记。在学术研究的旨趣之外，自己的光阴和种种经历似乎也与两百年前的人物与事迹融合在了一起。在这个过程中，与尽力撰述一份历史叙事同时，自己对于古往今来人世的感性理解也在逐步加深，虽然难以一一形诸文字，但关于具体历史人物，尤其是小人物的研究带给写作者的心有戚戚，有类似探究经历者必定能够深有体会。

学术研究诚然不易，但在世间生活中，有更多的较之学术研究远为困难的境遇。相形之下，研究过程中天然带来的专注反而成了一个可贵的避风港，研究行为也成了与世界相处的一种有效方式。或许乾嘉道时期的风雅文士们在专注于法书碑帖与学问探索之时，也有着类似的心境。

这本书最终得以完成，首先要感谢我的博士生导师莫家良老师。莫老师学养深厚，为人谦逊温和，在提供学术指导之余，常常细致周到地为学生考虑，这些都使我在博士学习生涯中感铭不已，并从中获益良多。博士论文答辩时周晋老师、唐锦腾老师和卢慧纹老师给予的宝贵建议使我能够更加深入地思考研究角度。博士在读期间结识的许珂、延雨、陶淑慧、童宇、夏小双等同窗在资料搜集及各类交流中对我帮助甚多。此外，在研究资料的搜集过程中，我还得到了苏州大学毛秋瑾老师、北京大学韩策老师、林云竹先生、张鸿鸣先生、姚质彬先生以及各处图书馆馆员的帮助，在此一并致以诚挚的感谢。

我还要特别感谢孙鹤老师，在她的引领下我才得以走进艺术史研究的大门，从本科到博士，她持续关心着我，她对我的影响不止于学术，而是在更为深远的人生意义上。每当遇到困境之时，她总能让我看到珍贵的曙光。

此外，衷心感谢我的妈妈，没有她的倾力支持，此项研究无法完成。感谢一直关心我的家人和朋友，在温暖情谊的陪伴下，学术研究才有了更多的意义。

本书得以出版，得益于中国政法大学科研经费的资助，并受益于韩策老师的协助，同时也要感谢人文学院的支持。社会科学文献出版社历史学分社总编辑宋荣欣女士和责任编辑石岩女士高效细致的工作和提供的宝贵意见是本书最终质量的保证，在此深表感谢，唯文责由作者自负。

由于学力和资料搜集能力所限，本书的研究议题自然还有诸多可以开拓的空间，舛误之处亦在所难免，在此恳请各位专家及读者不吝赐教，及时给予批评指正。

图书在版编目（CIP）数据

风雅与生计：钱泳与乾嘉道时期的碑帖镌刻 / 姚灵著. -- 北京：社会科学文献出版社，2023.10

ISBN 978-7-5228-2003-3

Ⅰ. ①风… Ⅱ. ①姚… Ⅲ. ①碑刻 - 研究 - 中国 - 清代 Ⅳ. ①K877.424

中国国家版本馆 CIP 数据核字（2023）第 114866 号

风雅与生计：钱泳与乾嘉道时期的碑帖镌刻

著　　者 / 姚　灵

出 版 人 / 冀祥德
责任编辑 / 石　岩
责任印制 / 王京美

出　　版 / 社会科学文献出版社 · 历史学分社（010）59367256
地址：北京市北三环中路甲 29 号院华龙大厦　邮编：100029
网址：www.ssap.com.cn
发　　行 / 社会科学文献出版社（010）59367028
印　　装 / 三河市龙林印务有限公司

规　　格 / 开 本：787mm × 1092mm　1/16
印 张：25.5　　字 数：399 千字
版　　次 / 2023 年 10 月第 1 版　2023 年 10 月第 1 次印刷
书　　号 / ISBN 978-7-5228-2003-3
定　　价 / 148.00 元

读者服务电话：4008918866

版权所有 翻印必究